Exilforschung · Ein internationales Jahrbuch · Band 24

EXILFORSCHUNG

EIN
INTERNATIONALES
JAHRBUCH

Band 24
2006
KINDHEIT UND JUGEND IM EXIL –
EIN GENERATIONENTHEMA

Herausgegeben im Auftrag der
Gesellschaft für Exilforschung / Society for Exile Studies
von Claus-Dieter Krohn, Erwin Rotermund,
Lutz Winckler und Wulf Koepke unter Mitarbeit von
Inge Hansen-Schaberg

edition text + kritik

Anschrift der Redaktion:

Prof. Dr. Inge Hansen-Schaberg
Birkenweg 15
27356 Rotenburg

Satz: Fotosatz Schwarzenböck, Hohenlinden
Druck und Buchbinder: Laupp & Göbel GmbH, Nehren
Umschlag-Entwurf: Thomas Scheer/Konzeption: Dieter Vollendorf
© edition text + kritik in Richard Boorberg Verlag GmbH & Co KG, München 2006
ISBN 3-88377-844-3

Eine detaillierte Auflistung aller bisherigen Beiträge in den Jahrbüchern
EXILFORSCHUNG sowie ausführliche Informationen über alle Bücher
des Verlags im Internet unter: www.etk-muenchen.de

Inhalt

Kindheitsexil als fortdauerndes Thema

*

Den langjährigen Herausgebern des Jahrbuchs

Claus-Dieter Krohn
und
Lutz Winckler
zum 65. Geburtstag

Vorwort

Die Themen »Kindheit und Jugend« und »Schulen« sind in grundlegenden Übersichtsbeiträgen im 1998 erschienenen *Handbuch der deutschsprachigen Emigration 1933–1945* abgehandelt worden. Wenn sich nun ein Jahrbuch diesen Themenfeldern erneut widmet, ist dies dem zunehmenden Interesse an der Auseinandersetzung mit dem Kindheitsexil zuzuschreiben und dem zwischenzeitlich gewonnenen Erkenntniszuwachs geschuldet. Ausdruck fand dies auch in zwei zurückliegenden Tagungen der Gesellschaft für Exilforschung. Die Arbeitsgemeinschaft »Frauen im Exil« veranstaltete in Kooperation mit der Deutschen Bücherei Leipzig 2003 eine Tagung zum Thema »Als Kind verfolgt: Anne Frank und die anderen«, dokumentiert im gleichnamigen Sammelband (siehe Rezension in diesem Jahrbuch), und die Jahrestagung der Gesellschaft in Nonantola und Carpi im März 2004 galt dem Thema »Kindheit und Jugend im Exil«. Die Beiträge im vorliegenden Jahrbuch basieren zu einem Teil auf der Überarbeitung der in Italien gehaltenen Vorträge, zudem werden weitere Ergebnisse aktueller Forschungsprojekte vorgestellt.

Kindheit und Jugend unter den Bedingungen von Verfolgung und Exil sind, wie sich unschwer erahnen lässt, ein komplexes Geschehen mit oftmals traumatischen Wirkungen über mehrere Generationen. Es kann aber auch in einzelnen Fällen nach der Katastrophe zu produktiven, kreativen Lebensentwürfen geführt haben, so dass die Erfahrung des Exils von den Betroffenen in der nachträglichen Betrachtung als Bereicherung gewertet wird. Diesen Tatsachen soll im vorliegenden Band konzeptionell und inhaltlich nachgegangen werden.

Im ersten Abschnitt zur »Flucht und Rettung« wird über verschiedene Rettungsaktionen und Maßnahmen berichtet und reflektiert, die den Aufenthalt und die Betreuung von Kindern und Jugendlichen ohne familiären Zusammenhang in Exilländern ermöglichten. Dabei stehen neu erschlossene Quellen, in denen die Erlebnisse, Erfahrungen und Erinnerungen bewahrt sind, im Vordergrund, aber auch die Berücksichtigung von Dokumenten der Hilfsorganisationen, Institutionen und der beteiligten Personen.

Klaus Voigt stellt Josef Indigs Bericht über die »Kinder der Villa Emma« vor, der eine der ersten Aufzeichnungen über die Rettung jüdischer Kinder aus Deutschland und Österreich ist, denen in Nonantola spontane und umfassende Hilfe zuteil wurde, so dass schließlich die Auswanderung nach Palästina glückte. Auf der Grundlage des Originalmanuskripts von 1945 hat Klaus Voigt eine neu bearbeitete und stark gekürzte Fassung herausgegeben.

In seinem Beitrag porträtiert er Josef Indig als engagierten Pädagogen und zuverlässigen Berichterstatter, weist aber auch auf einige signifikante Auslassungen in der historischen Quelle hin.

Susanne Urban geht ausführlich auf Recha Freier als Initiatorin der Jugend-Alijah in Israel ein und wertet Tagebücher, Interviews und Briefe der jungen Einwanderer aus der Zeit von 1932 bis 1940 aus, um die Probleme der Ankunft und der Eingliederung in die fremde, von harter Arbeit geprägte Umgebung im Kibbuz und in den Ausbildungsstätten zu erfassen. Unter der Fragestellung, Exil in der Fremde oder Heimat in Erez Israel untersucht sie also die Voraussetzungen und Bedingungen der Jugend-Alijah und ihre Bewertung durch die Betroffenen, während der Beitrag von Gabriele Rosenthal ebenfalls hier ansetzt und dann die transgenerationellen Folgen thematisiert.

Claudia Curio gibt einen kurzen Überblick über die Kinderemigration und befasst sich mit den Kindertransporten nach Großbritannien 1938/39. Insbesondere widmet sie sich den Konzepten der beteiligten Hilfsorganisationen hinsichtlich der Auswahl, der Durchführung sowie der Integrationsmaßnahmen. Dabei deckt sie eine widersprüchliche Praxis auf, denn obwohl die Wiedervereinigung mit der Herkunftsfamilie beabsichtigt war – die Shoah war noch nicht abzusehen –, wurde die Anglisierung forciert. Trotz der Begrenztheit der Fürsorge wurde bei den Kindern ein enormer Anpassungsdruck und die Verpflichtung zur Dankbarkeit erzeugt.

Andrea Hammel stellt das Forschungsprojekt vor, eine Datenbasis nicht nur der auf den Kindertransport bezogenen biografischen Quellen in Großbritannien aufzubauen, sondern eine Internet-Metadatenbank über »German-Speaking-Refugees« 1933–1950 zu schaffen. Voraussetzung für die Aufnahme ist, dass es sich um Originale handelt und um Sammlungen, die in Großbritannien lagern.

Über die spezifische Exilsituation von jugendlichen KZ-Überlebenden aus Buchenwald, die für ursprünglich geplante sechs Monate (meist wurde es deutlich länger) zur Erholung in die Schweiz gebracht wurden, berichtet Madeleine Lerf. In ihrer Studie zur wechselseitigen Wahrnehmung stellt sie Misstrauen und Enttäuschung auf beiden Seiten fest, weil die vorgefundenen Bedingungen, insbesondere die Lagersituation, nicht den Hoffnungen entsprachen bzw. weil die Fremdheit vor allem aufgrund der grauenhaften Erlebnisse zu groß und die erwartete Dankbarkeit oft nicht zu erkennen waren.

Im zweiten Abschnitt geht es um die »Betreuung, Bildung und Erziehung der Kinder und Jugendlichen im Exil« in verschiedenen Zufluchtsländern. Im Mittelpunkt steht dabei die kritische Untersuchung der pädagogischen und politischen Überlegungen und der tatsächlich geleisteten Arbeit der verschiedenen Organisationen und Einrichtungen. Insbesondere die im Exil gegründeten Schulen waren Orte der Zuflucht und der Bewahrung pädagogischer Neuerungen, wie Hildegard Feidel-Mertz in ihren Untersuchungen herausgestellt hat. Sie gibt in ihrem Beitrag einen Überblick über die italienischen Gründungen und stellt die Geschichte und das Programm der »Schule am Mittelmeer« in Recco/Italien (1934–1937/38) vor, die der Privatdozent der Frankfurter Universität Hans Weil aufgebaut hat. Unter besonderer Berücksichtigung der von ihm gehaltenen »Sonntagsansprachen« analysiert sie die hier praktizierte »Erziehung zur sozialen Humanität«.

Eine weitere pädagogische Einrichtung war mit dem von Irmtraud Ubbens vorgestellten Landschulheim in Florenz gegeben, das von Werner Peiser gegründet und anfangs zusammen mit Moritz Goldstein, dann mit Robert Kempner, dem späteren stellvertretenden amerikanischen Hauptankläger bei den Nürnberger Prozessen, geleitet wurde. In dem Beitrag geht es um die Geschichte des Landschulheims, das als eine ernst zu nehmende Konkurrenz für die seit über 50 Jahren existierende offizielle Deutsche Schule wurde, und um die Darstellung von Leben und Alltag in dieser Einrichtung.

Das Schweizer Hilfswerk für Emigrantenkinder (SHEK) 1933–1947 ist Gegenstand der Untersuchung von Salome Lienert. Nach der bereits 1952 publizierten Darstellung *Jugend auf der Flucht 1933–1948* von Nettie Sutro setzt sich der Beitrag mit der Entstehung und Geschichte des SHEK auseinander, das rund 10.000 Kinder und 5.000 Ferienkinder betreute. Der Beitrag beleuchtet u. a. die »Befreiung« der Kinder aus den Lagern, die die Trennung von den Eltern und eine Unterbringung in Pflegefamilien bedeutete, und die Weiterwanderungspflicht, die erst ab 1947 in wenigen Ausnahmefällen zu einem Dauerasyl umgewandelt werden konnte.

Charmian Brinson und Marietta Bearman befassen sich mit der Exilorganisation »Junges Österreich«, später auch »Young Austria« genannt, die ab 1939 in Großbritannien, anfangs politisch nicht festgelegt, kulturelle Veranstaltungen organisierte, für junge Exilschriftsteller den Verlag »Jugend voran« aufbaute und als Fürsorgeeinrichtung tätig war. Die zunehmend kommunistische Orientierung und damit einhergehende Forderungen an das Engagement und die Disziplin führten bei einigen Mitgliedern zu erheblichen Belastungen und z. B. bei Erich Fried zum Austritt. Ab Herbst 1944 wurde mit der Einrichtung der »Jugendführerschule« versucht, die Rückkehr vorzubereiten und die Weichen für die Erneuerung Österreichs zu stellen.

Die besondere Situation in dänischen Flüchtlingslagern, in denen Exilanten und Ostflüchtlinge aufeinander trafen, spiegelt sich in der von 1945–1948 erschienenen Zeitung »Deutsche Nachrichten« wider und ist Gegenstand des Beitrags von Oliver Sadowsky und Søren Seitzberg. Die wöchentlich in 10.000 Exemplaren verbreiteten Ausgaben werden unter dem Aspekt der intendierten demokratischen und antinazistischen Aufklärungs- und Schulungsarbeit untersucht. Der Beitrag arbeitet u. a. heraus, dass es in der demokratiefernsten Zielgruppe der 14- bis 20-Jährigen gelang, eine Debatte über die NS-Zeit zu initiieren.

Das »Kindheitsexil als fortdauerndes Thema« ist Gegenstand des dritten Abschnitts. Dabei geht es zum einen um die Langzeitwirkungen bei von Verfolgung und Exil direkt Betroffenen, zum anderen um die Folgen für die Kinder und Enkel in diesen Familien. Das als Kind erfahrene Unrecht ist vielfach einer der Beweggründe, im späteren Lebensalter Zeugnis abzulegen und trotz aller Hindernisse und Widrigkeiten oft mit Genugtuung auf ein erfolgreiches Leben zurückzublicken. Anhand der Auswertung autobiografischer Texte arbeitet Inge Hansen-Schaberg Voraussetzungen und Bedingungen heraus, die zur Integration und Akkulturation in den Exilländern führen konnten.

Sabine Hillebrecht befasst sich in ihrem Text mit deutschsprachigen Emigrantenkindern im türkischen Exil, die mit ihren Eltern, meist aus akademischen Kreisen, »Freiheit in Ankara« fanden. Sie geht auf die schulische Situation ein, gibt ein Porträt der Lehrerin Leyla Kudret, die Privatstunden erteilte, und stellt die Besonderheit der türkischen Verhältnisse heraus, die, wie die Interviews zeigen konnten, zu positiven Erfahrungen für die Kinder führten und ihr Leben bereicherten.

»I think I got a sense of being different.« – so überschreibt Doris Ingrisch ihren Beitrag über als Kinder und Jugendliche aus Österreich Vertriebene und heute in den USA lebende Intellektuelle. In den von ihr geführten Interviews stellt sich die Exilerfahrung als lebensgeschichtlich so bestimmend dar, dass sie zentrale Denkanstöße gegeben hat, die in sozialen und politischen Fragen und bis in die Forschungsansätze der unterschiedlichen Disziplinen hinein nachzuvollziehen sind.

Gabriele Rosenthal befasst sich in ihrem Beitrag mit den transgenerationellen Folgen einer Emigration ohne Eltern und Geschwister. Durch Interviews in israelischen Familien von ehemals jugendlichen ZwangsemigrantInnen aus Deutschland kann sie exemplarisch die Verarbeitung der Alijah bei den Betroffenen und in den nachfolgenden Generationen aufzeigen. Es zeichnen sich jeweils typische Muster des Umgangs mit der Vergangenheit vor der Emigration und der Haltung zum Einwanderungsland und zu Deutschland ab. Damit bietet dieser Beitrag nach der Auseinandersetzung von Susanne Urban mit der ersten Generation im ersten Abschnitt dieses Bandes die Weiterführung der Fragestellung bis in die Gegenwart.

Am Beispiel aus Österreich vertriebener Jüdinnen und Juden und ihrer Nachkommen stellt Andrea Strutz Aspekte der Erinnerung und des intergenerationellen Gedächtnisses vor. Die von ihr in New York geführten Interviews brachten die Tradierung kultureller Versatzstücke, die Weitergabe von Gewohnheiten, Erinnerungen und insbesondere österreichischer (Tisch-)Kultur zum Vorschein: »Something you can recreate without being there.«

Generationenforschung hat seit dem 19. Jahrhundert periodisch bei Soziologen, Historikern und Literaturwissenschaftlern Konjunktur gehabt. Begriffe wie »Generationslagerung« und »Generationenprofile« gehören seit Karl
Mannheims und Wilhelm Pinders Arbeiten in den 1920er Jahren zum festen Instrumentarium der Analysen. Anstelle von sozialen Schichten und
Milieus haben sie die Bedeutung von Altersgruppenzugehörigkeit in den
Blick genommen. Vor dem Hintergrund der gesellschaftlichen Brüche und
Verwerfungen im 20. Jahrhundert suchten sie nach den Prägekräften des
sozialen Umfeldes sowie den Wahrnehmungshorizonten und Verarbeitungs-
strategien zu Identifikationsmustern, wobei im Mittelpunkt des Interesses
natürlich die Frage nach den intergenerationellen Kontinuitäten oder den
»Generationenkonflikten« stand. Die Profilierung der Altersgruppen nach
solchen Kategorien lässt sich von außen durch Einordnung in bestimmte So-
zialbezüge oder von innen durch Selbstdefinition der Individuen oder
Gruppen vornehmen. Der kleine, aber umso tiefer gehende existenzielle Ausschnitt, den dieser Band unter dem Thema »Kindheit und Jugend im Exil«
skizziert, will dazu einen Beitrag liefern. Seine Bedeutung ist daran zu emes-
sen, dass die hier vorgestellten Altersgruppen zunächst nur Objekte brutaler
Entwurzelung waren, durch diese Zäsuren und unter den Akkulturations-
bedingungen ihrer Zufluchtsländer aber auch mit Instrumentarien ausge-
stattet wurden, die sie häufig zu profunden Selbstreflexionen befähigte. Den
Nachgeborenen vermitteln sie damit einen authentischen Eindruck in die
damaligen Lebenswelten, die in den Konstruktionen der abstrakteren histo-
riografischen Analysen leicht verschüttet werden können.

Klaus Voigt

Josef Indigs Bericht über die »Kinder der Villa Emma«

Josef Indig – in Israel nahm er den hebräischen Namen Ithai an – gehörte zu den erwachsenen Begleitern der jüdischen Kinder und Jugendlichen, die sich nach ihrer Flucht aus Deutschland und Österreich längere Zeit in Zagreb und in Lesno brdo in Slowenien aufhielten und von dort in die Kleinstadt Nonantola bei Modena gelangten, wo sie von Juli 1942 an über ein Jahr in der Villa Emma verbrachten. In den ersten Tagen der deutschen Besetzung Italiens wurden sie im Priesterseminar der örtlichen Abteikirche und von einheimischen Familien, Bauern, Handwerkern und Kaufleuten, versteckt, was ihnen ermöglichte, in die Schweiz zu fliehen. Die Rettung der Kinder der Villa Emma verdient deshalb so große Aufmerksamkeit, weil es in Italien wohl kein zweites Beispiel für eine so spontane und umfassende Hilfe für jüdische Kinder durch Einwohner einer Stadt gibt. Indig stand den Kindern über vier Jahre ununterbrochen zur Seite, nachdem Recha Freier, eine bekannte Berliner Zionistin, deren Name eng mit der Entstehung der Jugend-Alijah verknüpft ist[1], sie ihm im Frühjahr 1941 in Zagreb anvertraut hatte. Er organisierte die Flucht der zu der Zeit 42 Kinder im Alter von 8 bis 18 Jahren von Zagreb in den von Italien annektierten Teil Sloweniens, als unter dem Ustascha-Regime des Ante Pavelić in dem von der deutschen Besatzungsmacht errichteten »Unabhängigen Staat Kroatien« eine Verfolgung der Juden einsetzte, die ihr Leben bedrohte. Auch in Nonantola war Indig die treibende Kraft bei der Durchführung der Flucht in die Schweiz. In Lesno brdo, wo die Kinder in einem abgelegenen Jagdschloss wohnten, war er der anerkannte Leiter der Gruppe. Aber auch in Nonantola, wo die Delasem, die Hilfsorganisation der italienischen Juden, aus den Reihen ihrer Mitarbeiter einen Direktor der Villa Emma ernannte, und in Bex in der französischen Schweiz, wo ein Schweizer Zionist das Jugend-Alijah-Heim leitete, war er der Spiritus Rector der Gruppe, dessen pädagogische Ideen das Gemeinschaftsleben prägten. Er scheute kein persönliches Opfer für seine Schützlinge, und in Momenten der Gefahr bewies er Mut, Entschlusskraft und zugleich Umsicht. Man darf sagen, dass die Kinder trotz der Hilfe, die ihnen auf ihrer fünfjährigen Wanderung bis zur Ankunft in Palästina von vielen Seiten zuteil wurde, ihm an erster Stelle ihr Leben verdankten.[2]

Indigs Bericht ist der bei weitem ausführlichste über die Kinder der Villa Emma und wurde schon zu einem sehr frühen Zeitpunkt – im Herbst 1945 im Kibbuz Gat – geschrieben. Er umfasst den Zeitraum von Ende 1940, als

Indig in Zagreb zu der Kindergruppe stieß, bis zur Ankündigung der Aufnahme in die Schweiz nach der nächtlichen Überquerung der Grenze im Oktober 1943. Als Zeugnis des Mannes, der das Geschick der Kinder entscheidend beeinflusst hat, kommt dem Bericht besondere Bedeutung zu. Es sind auch Tagebücher zweier Mädchen mit Eintragungen zu bestimmten Zeitabschnitten und eine Anzahl kleinerer Berichte vorhanden, unter denen die Aufzeichnungen Leo Kofflers, eines der älteren Jungen, hervorragen, die sogar schon im August 1944 und somit noch früher als Indigs Bericht verfasst wurden.[3] Doch kein zweiter Text bietet einen so reichhaltigen und vielfältigen Einblick in das Leben der Kindergruppe und so viele in keiner anderen Quelle verzeichnete Einzelheiten wie dieser.

Josef Indig wurde am 30. Januar 1917 in Virovitica, einer östlich von Zagreb nahe der ungarischen Grenze gelegenen Stadt in Kroatien geboren. In seiner Familie wurde Deutsch gesprochen. Sein Vater hatte am reformierten Rabbinerseminar in Budapest studiert und sich nach dem Ersten Weltkrieg als Kantor an der Synagoge in Osijek niedergelassen. Indig beschreibt in einer in seinem Nachlass aufgefundenen Schrift einfühlsam und mit leiser Ironie seine Kindheitseindrücke in dieser Synagoge.[4] Er besuchte in der Stadt an der Drau mit einer der größten jüdischen Gemeinden Jugoslawiens die Volksschule, die Mittelschule und das Gymnasium, an dem er das Abitur ablegte. Unter dem Einfluss seiner älteren Schwester, die später nach Palästina auswanderte, trat er schon als Neunjähriger dem zionistischen Jugendverband HaSchomer HaZair (Der junge Wächter) bei, der damals in Ost- und Südwesteuropa, aber auch in Österreich großen Zulauf hatte. Dessen areligiöse Ausrichtung brachte ihn in Konflikt mit seinem Elternhaus, ohne dass dadurch die gemeinsamen Bindungen abgebrochen wären. Er stieg in dem Verband zum Menahel, dem eine Basisgruppe anvertraut war, zum Madrich, der für eine Ortsgruppe oder mehrere Basisgruppen verantwortlich war, und im Alter von 20 Jahren zum Mitglied der jugoslawischen Landesleitung auf. In dieser Eigenschaft führte er Wanderfahrten und Zeltlager durch und wirkte am Aufbau landwirtschaftlicher Ausbildungsstätten, Hachscharot, zur Vorbereitung auf die Einwanderung nach Palästina mit. Er lernte etwas Hebräisch und studierte die Landeskunde Palästinas, über die er eine Broschüre verfasste. Sein zionistisches Ideal war so tief verankert, dass er auf ein Studium verzichtete und zur Vorbereitung auf praktische Arbeit in Palästina eine Automechanikerlehre absolvierte.[5]

Palästina erreichte Indig schließlich im Juni 1945, zusammen mit einer größeren Zahl von Kindern der Villa Emma, mit dem ersten Transport, der nach dem Ende des Krieges von der Schweiz dorthin führte. Er ließ sich bald nach der Ankunft mit seiner aus Berlin stammenden Frau Lilli, geb. Bernhard[6], die er in der Schweiz kennen gelernt und geheiratet hatte, im Kibbuz Gat im Süden des Landes nieder, das er bereits in Kroatien als künftigen

Wohnsitz ausgewählt hatte. Hier betätigte er sich anfangs in der Landwirt-schaft; später war er Lehrer und Leiter der Schule des Kibbuz. Zeitweise arbei-tete er auch in Tel Aviv in der Lehrerfortbildung und in der Leitung des HaSchomer HaZair. 1964 begab er sich zum ersten Mal wieder nach Nonan-tola, um dort Giuseppe Moreali und Don Arrigo Beccari, die seinerzeit dafür gesorgt hatten, dass sich die Kinder verstecken konnten, nach Jerusalem ein-zuladen, wo sie von der Gedenkstätte Yad Vashem mit je einem Baum in der Allee der Gerechten geehrt wurden.[7] Indig starb 1998 im Alter von 81 Jah-ren im Kibbuz Gat, wo er auf dem kleinen Friedhof am Rande der Siedlung beigesetzt ist.

Im Herbst 1945, nur wenige Monate nach der Niederlassung in Gat, stell-te ihn der Kibbuz auf seinen Wunsch drei Monate von der Arbeit frei, um ihm Gelegenheit zu geben, einen Bericht über die Zeit mit den Kindern der Villa Emma niederzuschreiben. Sein in Zagreb, Lesno brdo und Nonantola geführtes Tagebuch, das sich auf der Flucht in die Schweiz in seinem Gepäck befand, war mit diesem bei der nächtlichen Durchquerung der Tresa, des Flusses an der Schweizer Grenze, fortgespült worden und verloren gegan-gen.[8] Aber da das Erlebte erst kurze Zeit zurücklag, war es leicht aus der Er-innerung zu rekonstruieren. Für eine wirklichkeitsnahe Darstellung bot der ungewöhnlich frühe Zeitpunkt der Abfassung die besten Voraussetzungen. Indig verfasste seinen Bericht auf Deutsch, der Sprache seines Elternhauses und seiner Kindheit, das er gut, aber nicht vollkommen bis in alle Feinhei-ten beherrschte. In den ihm zur Verfügung stehenden drei Monaten brach-te er 443 Schreibmaschinenseiten zu Papier, die am besten als Rohentwurf zu bezeichnen sind, mit Wiederholungen, Überschneidungen, Streichungen, Unausgewogenheiten und stilistischen und vereinzelt sogar grammatikali-schen Mängeln. In der Eile der Abfassung war das kaum zu vermeiden. Beim Abschluss des Manuskripts muss er sich im Klaren darüber gewesen sein, dass es noch nicht für eine Veröffentlichung geeignet war.[9] Man fragt sich dennoch, weshalb er es dann fast 40 Jahre unverändert liegen ließ. Eine mög-liche Erklärung hierfür könnte unter anderem sein, dass ihn die Aufgaben in seinem Kibbuz derart in Anspruch nahmen, dass er sich in der ihm ver-bleibenden, knappen Zeit eine gründliche inhaltliche und sprachliche Über-arbeitung nicht zutraute. Erst 1983 erschien in Tel Aviv eine fast um die Hälfte gekürzte, ins Hebräische übersetzte Ausgabe mit dem von Anfang an vorgesehenen Titel *Yaldei Villa Emma (Die Kinder der Villa Emma).*[10] Eine deutschsprachige Ausgabe ist zeitlebens Indigs Wunsch gewesen. Sie wird demnächst, 60 Jahre nach der Niederschrift, auf der Grundlage des Ori-ginalmanuskripts in einer neu bearbeiteten und wiederum stark gekürzten Fassung unter dem Titel »Joškos Kinder« im Verlag Das Arsenal in Berlin erscheinen.[11] Das lebhafte Interesse, auf das die Geschichte der Kinder der Villa Emma in Italien stößt, hat dazu geführt, dass bereits im vergangenen

Jahr eine italienische Ausgabe erscheinen konnte, die auf der Textfassung der deutschen Ausgabe beruht.[12]

Indigs Bericht ist in vier Hauptteile gegliedert: Der erste bezieht sich auf Zagreb, der zweite und dritte auf Lesno brdo und der vierte oder nur etwas über ein Viertel der Gesamtdarstellung auf Nonantola und die Flucht in die Schweiz. Diese im ersten Moment überraschende Gewichtung hat augenscheinlich ihren Grund darin, dass Indig im Jagdschloss von Lesno brdo die günstigsten Bedingungen vorfand, weil er dort in völliger Unabhängigkeit – im Gegensatz zu Nonantola, wo ihm die Delasem Auflagen machte – sein zionistisches, demokratisches und sozialistisches Erziehungsideal verwirklichen konnte. Dennoch wählte er den Titel »Die Kinder der Villa Emma« und begründete dies im Vorwort zur hebräischen Ausgabe mit den Worten: »Alle Mühsal und Leiden, aber auch alle positiven Ergebnisse erzieherischer und kollektiver Arbeit waren in dem großen Haus ›Villa Emma‹ konzentriert. Mit Stolz tragen alle Beteiligten den Namen ›Kinder der Villa Emma‹.« Ganz überzeugt diese Erklärung nicht, denn sie könnte ebenso gut für Lesno brdo gelten. Man möchte deshalb vermuten, dass letztlich die mit Nonantola und der Villa Emma verknüpfte Rettung in den ersten Wochen der deutschen Besetzung den Ausschlag für den Titel gegeben hat.

Sowohl die Anordnung der vier Hauptteile als auch die in ihnen enthaltenen insgesamt 72 Abschnitte oder Kapitel folgen dem chronologischen Verlauf der Ereignisse. Die Abschnitte wurden von Indig erst in der hebräischen Ausgabe vollständig mit Überschriften versehen, die – entgegen der Regel, wonach die Erstfassung von 1945 maßgebend ist – in die deutsche und italienische Ausgabe übernommen wurden. Die Abschnitte dienen vielfach der Herausarbeitung einzelner, nur locker miteinander verbundener Episoden, die in den fortlaufenden Bericht einfließen und Schwerpunkte setzen. Die Episoden sind ihrer Thematik und Darstellungsweise nach sehr unterschiedlich angelegt. Eine gewisse Unausgewogenheit lässt sich nicht verleugnen. Einige Episoden halten Charakteristika des Alltagsgeschehens fest, andere greifen umgekehrt das aus dem Alltag Herausfallende auf, das sich der Erinnerung besonders stark eingeprägt hat. Der Leser trifft auf dramatische, tragische und paradoxe Situationen. Einige Geschehnisse sind mit Ironie, bisweilen mit Selbstironie nachgezeichnet. Manchmal führt Indigs Wahrheits- und Gerechtigkeitspathos zu kritischer, unbequemer, ja verletzender Offenheit. Eine Szene, in der das Tragische des Moments ergreifend zum Ausdruck kommt, ist im Hauptteil zum Aufenthalt in Zagreb wiedergegeben in dem Abschnitt »Die dreihundert, die nicht wiederkehren«. Das kroatische Ustascha-Regime hatte 300 junge Juden zu Zwangsarbeit verpflichtet. Stolz wollten sie ihren Feinden beweisen, dass sie hart arbeiten können. Indig gelang es, einige von ihnen für die Tätigkeit in den zionistischen Verbänden von der Zwangsarbeit freizustellen. Zwei Brüder, Hannan und Eli, würfelten vor seinen Augen, wer mit der Gruppe mitfährt und wer in Zagreb bleibt, weil sie sich nicht anders entscheiden konnten. Es war, wie sich später herausstellen sollte, ein Würfeln über Leben und Tod. Die 300 Jugendlichen wurden von der Ustascha-Miliz in einem Lager in Jadovno ermordet.

Das vorherrschende Darstellungsmittel der Episoden ist der Dialog, überwiegend von Kindern untereinander, aber auch zwischen Indig und einzelnen von ihnen, wobei er sich in seine Rolle als Erzieher zurückversetzt und bisweilen auch selbstkritisch über diese reflektiert. Die der Wirklichkeit nachempfundenen Gespräche sind mehr oder weniger stark durch die erzählerische Fantasie ausgestaltet. Oft sind den Dialogen Charakterskizzen oder Psychogramme zur Seite gestellt, die meist mit einer Betrachtung über die Lebensumstände eines Kindes vor der Flucht in einem bestimmten sozialen Milieu einhergehen. Die Psychogramme deuten an, dass Indig elementare Kenntnisse der Psychoanalyse hatte, über die im jugoslawischen HaSchomer HaZair wahrscheinlich lebhaft diskutiert wurde.

Bei der Abfassung der Erinnerungen nahm sich Indig vor, wie er im Vorwort zur Erstfassung von 1945 betont, sein Leben mit den Kindern »in einfacher und plastischer Darstellung nachzuzeichnen und das Verständnis für die Mentalität dieser in den Wanderjahren gereiften Jugend zu vertiefen«. Er führt dazu genauer aus: »Die Begebenheiten, die erzählt werden, entsprechen den Tatsachen. Hinzugedichtet ist nichts (…)«. Wie sehr dieser Vorsatz auch ernst zu nehmen ist, so sehr war Indigs Urteilshorizont doch durch bestimmte geistige Einflüsse und spezifische Lebenserfahrungen vorgeprägt, die sich deutlich in seinem Bericht niederschlagen. Als er in Zagreb im Alter von nur 23 Jahren die Verantwortung für die Kinder übernahm, lag keine Ausbildung als Lehrer und Erzieher hinter ihm. Zu der unerwartet auf ihn zugekommenen Aufgabe, die größte Anforderungen an ihn stellte, befähigte ihn weitgehend nur der Umgang mit den ihm anvertrauten Jugendlichen als Menahel und Madrich im HaSchomer HaZair, mit dessen Ideenwelt er sich zutiefst identifizierte.[13] Das Erziehungsideal des HaSchomer HaZair war der Pionier (Haluz), der praktisch und theoretisch auf das Leben in einem Kibbuz in Palästina vorbereitet war und nach seiner Übersiedlung dorthin aktiv am Aufbau eines demokratischen und sozialistischen Erez Israel mitwirkte. Im Gegensatz zu strengen marxistischen Positionen, wonach das Bewusstsein durch den ökonomischen Prozess determiniert ist, vertrat der HaSchomer HaZair einen ethischen Sozialismus und war, ähnlich wie andere linkssozialistische, auch außerhalb des Zionismus stehende Organisationen – erwähnt sei der Internationale Sozialistische Kampfbund (ISK) –, der Auffassung, dass Erziehung das Bewusstsein verändern könne. Der Heranwachsende soll sein Ziel klar vor Augen haben, schon frühzeitig Verantwortung für die Gemeinschaft (Hewra) oder das Kollektiv übernehmen und lernen, ihm seine individuellen Bedürfnisse unterzuordnen. Der Stärkung des Bewusstseins dienen Aussprachen, Diskussionen und Mehrheitsbeschlüsse, für die der Einzelne einzutreten habe. Der Menahel und der Madrich als Leiter einer oder mehrerer Basisgruppen überzeugen durch ihr Vorbild und ihre Argumente – keinesfalls aber durch leere, nicht rational begründete Autorität. Religion galt im HaSchomer HaZair als rückständig und überlebt, wurde jedoch als Bestandteil der jüdischen Tradition geachtet. Entschieden wandte sich der Verband gegen jede Form der Assimilation. Die Geschichte des Judentums fand ihr Ziel und ihre Erfüllung in Erez Israel.[14]

Indig war ein leidenschaftlicher Leser, der jede freie Minute für ein »gutes Buch« nutzte. Auch dies bestimmte seine geistige Entwicklung mit. In seiner Lektüre setzte er sich intensiv mit den sozialistischen Theoretikern der verschiedenen Schulen auseinander, zumal mit Lev Borochov, dem Gründer der zionistischen Arbeiterpartei Paole Zion, der eine Synthese von Marxismus und Zionismus anstrebte. Grundsätzlich interessierte ihn alles über Palästina. Für die Auswahl seines Lesestoffs war jedoch nicht allein das zionistische Engagement ausschlaggebend. Seine Vorliebe für literarische Werke entsprang einer darüber hinausgehenden, ganz persönlichen Neigung. Bevorzugt wurden von ihm die modernen deutschsprachigen Schriftsteller der Jahre nach dem Ersten Weltkrieg. Zum Abiturthema im Fach Deutsch wählte er zum Entsetzen seiner Lehrer die Dramen Ernst Tollers. Die Beschäftigung mit Literatur verfeinerte seine Einfühlungs- und Beobachtungsgabe, steigerte sein Sprach- und Stilgefühl und ermutigte ihn zu eigenständigem Urteil. Zeitweise scheint er mit dem Gedanken gespielt zu haben, eines Tages selbst schriftstellerisch tätig zu sein. Er hatte auch Freude an Musik, über das Singen und Musizieren in den Jugendgruppen des HaSchomer HaZair hinaus, und war besonders für Werke zeitgenössischer Komponisten empfänglich. Seine Musikliebe bewog ihn später in Ljubljana, einen Pianisten und Musikpädagogen, Boris Jochvedson, in die Kindergruppe aufzunehmen.[15]

Als historische Quelle ist Indigs Bericht unersetzlich. Ohne ihn ließe sich die Geschichte der langen Flucht wesentlich weniger genau und umfassend nachzeichnen. Während der Aufenthalt der Kinder in Nonantola durch die Korrespondenz der Delasem mit ihrer Vertretung in Modena und dem Direktor der Villa Emma gut dokumentiert ist, fehlt es für die Zeit in Lesno brdo, vor allem aber zum Versteck im Seminar der Abteikirche und bei Einwohnern von Nonantola sowie zur Flucht in die Schweiz weitgehend an aussagekräftigen Quellen. Als Berichterstatter ist Indig zuverlässig und wird seinem Vorsatz gerecht, den Tatsachen nichts hinzuzudichten. Der chronologische Ablauf ist bis hin zu den einzelnen Daten exakt festgehalten. Es fällt jedoch manch eine signifikante Auslassung auf, die nicht in jedem Fall zu erklären ist. So ist eindeutig bezeugt, dass sich Indig am Abend des 8. September 1943 unmittelbar nach der Verkündung des Waffenstillstands der Regierung Badoglio mit den Alliierten im Radio, die der Anlass der deutschen Besetzung war, mit einigen Begleitern zu dem Arzt Giuseppe Moreali begab und ihn um Rat bat, wo sich die Kinder verstecken könnten. Moreali sprach daraufhin mit Don Arrigo Beccari, dem mit ihm befreundeten Ökonom des Seminars der Abteikirche, der bei dem Rektor des Seminars, Don Ottaviano Pelati, die Zustimmung zur Aufnahme der Kinder einholte. Indig stellt hingegen die Vorgänge so dar, als hätte er sich direkt an Don Pelati gewandt und daraufhin die Zustimmung erhalten. Wie jedoch die spätere Einladung Morealis nach Jerusalem zur Ehrung durch die Gedenkstätte Yad Vashem beweist, war sich Indig durchaus dessen Rolle bei der Rettung der Kinder bewusst.[16]

Ein weiteres Beispiel für Unvollständigkeiten in Indigs Bericht bietet die Darstellung der Flucht in die Schweiz. Sie wurde von Indig gemeinsam mit Goffredo Pacifici, einem italienischen Juden, durchgeführt, der bei den Kindern sehr beliebt war und von ihnen Cicibù genannt wurde, weil sie seinen Namen so schwer aussprechen konnten. Es ist jedoch sicher bezeugt, dass auch Gino Friedmann, der Vertreter der Delasem in Modena, der in Nonantola nahe der Villa Emma wohnte, und Salvatore Donati, der Sekretär der Modeneser Vertretung, Verdienste um die Rettung der Kinder hatten. Beide bleiben jedoch unerwähnt. War der Grund hierfür Indigs schwieriges Verhältnis zur Delasem? Oder erinnerte er sich einfach nur an Pacifici, dessen selbstloser Einsatz für die Kinder tatsächlich überwältigend war? Pacifici, der früher für eine Speditionsfirma gearbeitet hatte, kannte das italienische Grenzgebiet zur Schweiz. Er reiste zweimal mit Indig dorthin, das erste Mal nach Ponte Tresa, um dort Schmuggler als Wegführer anzuwerben, und das zweite Mal nach Ponte Chiasso, wo Indig mit Hilfe eines ungenannten Schweizer Spediteurs den Kontakt zu Nathan Schwalb, dem Vertreter des zionistischen Jugendverbands Hechaluz in der Schweiz, herstellen konnte, der sich danach mit Erfolg bei der Schweizer Regierung für die Aufnahme der Kinder verwandte. Während der Flucht erwartete Pacifici jede aus Nonantola abgefahrene Kindergruppe auf dem Mailänder Hauptbahnhof und begleitete sie anschließend nach Ponte Tresa, wo er sie den Schmugglern übergab.[17] Pacifici ist einer der vergessenen Helden dieser Schreckenszeit, der sein Leben für das Leben anderer aufs Spiel setzte und es dabei verlor. Indig hat ihm in seinem Bericht als Einziger ein Denkmal gesetzt. Als die Kinder schon in der Schweiz in Sicherheit waren, wurde Pacifici bei Ponte Tresa von einer italienischen Polizeistreife festgenommen, vermutlich bei einem erneuten Versuch, Juden in die Schweiz zu bringen. Er wurde der deutschen Polizei übergeben und kam dadurch nach Auschwitz, von wo er nicht zurückkehrte. Indig muss im Herbst 1945 bei der Abfassung seines Berichts bereits gewusst haben, dass Pacifici die Deportation nicht überlebt hatte. Mit ergreifenden Worten schildert er den Abschied von ihm bei der Trennung vor der Schweizer Grenze, nachdem er vergeblich versucht hatte, ihn zum

Mitkommen zu bewegen: »Cicibù, lieber, gib acht auf Dich! Ich möchte Dich später gern wiedersehen. Du warst unser Freund und hast es uns bewiesen. Du bist als einziger bei uns geblieben, als die anderen fortgegangen sind, und hast uns geholfen!«[18]

Am überraschendsten ist aber wohl, dass in Indigs Bericht jeder Hinweis auf Salomon Papo fehlt, einen Jungen aus Sarajevo, der als Einziger der Kinder der Villa Emma deportiert und in Auschwitz ermordet wurde. Er gehörte zu einer Gruppe von 33 Jungen und Mädchen, die im Frühjahr 1943 von Split nach Nonantola kamen und sich dort den Kindern in der Villa Emma anschlossen. Schon wenige Wochen nach seiner Ankunft wurde er in ein Sanatorium in Gaiato di Pavullo im Apennin westlich von Modena gebracht, weil er an Tuberkulose erkrankt war. Er befand sich in dem Sanatorium auch noch zum Zeitpunkt der Flucht in die Schweiz, wohin er nicht mitgenommen werden konnte, weil die Überquerung der Grenze in unwegsamem bergigem Gelände mit einem körperlich geschwächten Kind ein zu großes Risiko bedeutet hätte. Wie neueste Quellenfunde ergeben haben, wurde er im Frühjahr 1944 als geheilt aus dem Sanatorium entlassen, woraufhin ihn die Carabinieri in Pavullo verhafteten und seine Überführung in das Deportationslager Fossoli bei Carpi anordneten. Von dort führte sein Weg mit dem Transport vom 5. April 1944 nach Auschwitz. Man fragt sich, ob es nur Leichtfertigkeit und Unwissenheit war, die zur Entlassung aus dem Sanatorium führten, wo er doch, wie andere Beispiele zeigen, hätte Schutz finden können. Indig wusste nach der Niederlassung in Palästina sicherlich nichts von dem Schicksal des Jungen, denn dessen frühere Gefährten aus der Villa Emma, die heute in Israel leben, glaubten bis zum Nachweis der Deportation durch historische Dokumente, er sei in dem Sanatorium an seiner Krankheit gestorben.[19]

Als wichtiger Punkt wäre schließlich noch zu erwähnen, dass in dem Bericht nicht deutlich wird, ab wann Indig von der Vernichtung der Juden durch den nationalsozialistischen Staat wusste. Die Nachricht muss ihm im Spätsommer 1943 von der Delasem übermittelt worden sein, kurz nachdem diese sie aus der Schweiz erhalten hatte.[20] Anders wäre sein rascher Entschluss, sich mit den Kindern zu verstecken, kaum zu erklären. Noch in Lesno brdo und in der ersten Zeit in Nonantola, als noch vereinzelt Postkarten von deportierten Müttern und Geschwistern der Kinder aus den Ghettos im besetzten Polen eintrafen, glaubte er, dass sie dort an Entbehrungen, Hunger und Krankheiten stürben. In dem Bericht liest man, führende Männer der Jüdischen Gemeinde in Modena – es können nur Friedmann und Donati gemeint sein – hätten über italienische Dolmetscher bei der nächstgelegenen deutschen Militärkommandantur erfahren, »daß in wenigen Tagen die Ausrottung der Juden in der Provinz Modena und überall in Italien beginnen sollte.«[21] Diese Mitteilung lässt vermuten, dass Gerüchte über die Vorbereitung der am 16. Oktober 1943 in Rom von der deutschen Polizei durchgeführten Razzia, der ersten in Italien mit anschließender Deportation nach Auschwitz, in Umlauf waren. Indig versetzte die Mitteilung in panikartige Sorge, dass die Kinder noch im letzten Moment vor ihrer Abfahrt in die Schweiz verhaftet werden könnten. Richtig ist aber, dass er schon vor der deutschen Besetzung in groben Zügen über den nationalsozialistischen Völkermord Bescheid wusste.

Das Leben der Kinder an den Stationen ihrer Flucht wird von Indig anschaulich bis ins Einzelne beschrieben. Doch gilt seine Aufmerksamkeit in besonderem Maß stets den erzieherischen Problemen. Wie ein roter Faden durchzieht die Darstellung sein nie nachlassendes Bemühen, die Kinder auf ihr späteres Leben in einem Kibbuz in Palästina vorzubereiten. Dies diente nicht allein der Verwirklichung des zionistischen Ideals. Indig war sich auch bewusst, dass eine Zukunftsperspektive und ein festes Ziel Kindern, deren Eltern einen gewaltsamen Tod erlitten hatten – der Vater in einem Konzentrationslager in Deutschland, die Mutter nach der Deportation irgendwo im nationalsozialistischen Herrschaftsbereich in Osteuropa –, inneren Halt verlieh. Zugleich sollte ein gestärktes Zusammengehörigkeitsgefühl und Gemeinschaftsbewusstsein dem Verlust der familiären Bindungen entgegenwirken und den Kindern helfen, über ihre traumatischen Erfahrungen und Erlebnisse hinwegzukommen.

Schon in Zagreb musste Indig erkennen, dass er trotz der im HaSchomer HaZair gesammelten Erfahrungen nur ungenügend auf die neue Aufgabe vorbereitet war: »Im Leben dieser ungewöhnlichsten aller Jugendgemeinschaften zerschellte jede Theorie.«[22] Im HaSchomer HaZair beruhte die Mitgliedschaft auf Freiwilligkeit, die aktive Mitarbeit in einem festen organisatorischen Rahmen zur Folge hatte. Die Gruppe der über 40 Jungen und Mädchen in Zagreb hingegen war vom Zufall – oder, wie Indig sagt, vom Schicksal – zusammengewürfelt und somit von äußerster Heterogenität im Hinblick auf das Alter, die soziale Herkunft, die Mentalität, die religiöse Einstellung und die Vertrautheit mit zionistischen Ideen. Nur weniger als die Hälfte der Kinder und Jugendlichen hatte vor der Flucht einem zionistischen Jugendverband angehört oder war auf die Jugend-Alijah vorbereitet worden. Einer von ihnen war Ehud aus dem Wiener Blau-Weiß – die Namen wurden von Indig geändert –, der als Menahel an der Spitze der ersten, bereits in Zagreb entstandenen Basisgruppe (Kwuza) stand. Die 16 Berliner Mädchen stammten überwiegend aus orthodoxen polnisch-jüdischen Familien, die in der Regel jedoch dem Zionismus gegenüber aufgeschlossen waren. Andere wiederum waren in assimiliertem Milieu aufgewachsen und geflohen, als die Verfolgung immer bedrohlicher wurde. Entweder wollten sie gar nicht nach Palästina gehen oder Palästina war für sie nur ein Emigrationsziel wie viele andere. Manch einer verschloss sich bis zuletzt der zionistischen

Erziehung. Bisweilen befiel Indig deshalb regelrecht Resignation: »Erziehung, ach was – sie erziehen sich selbst, so wie es ihnen paßt! Die Ziele, von denen ich spreche, Jugendalija und Kibbuz, sind fern für sie, sehr fern.«[23] Aber er durfte nicht verzagen, denn er hatte Recha Freier beim Abschied in Zagreb versprochen, ja geradezu feierlich gelobt, die Kinder bis zu ihrer Ankunft in Palästina nicht zu verlassen. Diesem Versprechen wollte er treu bleiben. Das Gegenteil hätte er als Verrat empfunden.

Die Heterogenität der Gruppe betraf auch die erwachsenen Begleiter. In Zagreb standen Indig bei der Betreuung der Kinder eine Madricha und ein Madrich des HaSchomer HaZair, Zehava Weiner und Armand Moreno, zur Seite, die beide die Gruppe nicht nach Slowenien begleiten konnten. Indig musste deshalb zwei seiner wichtigsten Mitarbeiter, Boris Jochvedson und Marko Schoky, unter den Emigranten in Ljubljana auswählen. Jochvedson stand der zionistischen Erziehung indifferent gegenüber und lebte nur für das Klavierspiel und den Musikunterricht.[24] Schwieriger gestaltete sich das Verhältnis zu Schoky, den Indig in die Gruppe aufnahm, weil er sich auf dem Schwarzmarkt auskannte und deshalb für die Versorgung mit Lebensmitteln unentbehrlich war. Schoky stammte aus Polen und war in seiner Jugend Zionist gewesen, war aber nach einem längeren Aufenthalt in Palästina von dort ernüchtert nach Polen zurückgekehrt. Er war den Kindern nicht nur wegen seiner Geschäfte auf dem Schwarzmarkt ein schlechtes Vorbild. Er fügte sich auch nicht in die Gemeinschaft ein, bevorzugte einen kleinen Kreis von Kindern, die er mit Geschenken bedachte, und wies etwa bei Tisch vor aller Augen das Essen zurück, wenn es ihm nicht schmeckte. »Die Tatsache, daß einer von uns besser leben konnte und tat, was ihm beliebte, mußte an die Moral der Hewra rühren.«[25] Wiederholt kam es zu Auseinandersetzungen zwischen ihm und Indig. In Erziehungsfragen vertrat Schoky autoritäre Auffassungen, die Indig ablehnte. Indig suchte beharrlich das Gespräch mit jedem Einzelnen seiner Schützlinge, um ihn für das zionistische Ideal und die aktive Mitgestaltung des Gemeinschaftslebens zu gewinnen. Er sah in jedem einen – nicht nur vom zionistischen Standpunkt aus – entwicklungsfähigen Kern, wenn der Erzieher nur Verständnis und Geduld aufbrachte. Da stand in Zagreb der 17-jährige Tommy aus Wien vor ihm und bat ihn inständig, nach Slowenien mitgenommen zu werden, weil er in Österreich in einem Arbeitslager gewesen war und die Verhaftung durch die Ustascha-Polizei und erneute Einlieferung in ein Lager befürchtete. »Erst die letzten Tage haben ihm sein Judentum bewußt gemacht. Nicht daß er es tief empfände! Er begreift es als etwas von den Vätern Ererbtes, das ihm Sorge bereitet. Von jedem zionistischen Gedanken, von der Bewegung ist er meilenweit entfernt.«[26] Doch Indig glaubte, in seinem Blick »ein ihm selbst noch unbekanntes Feuer« zu entdecken, und nahm ihn deshalb mit. Auch Otto aus Wien hatte keine zionistischen Bindungen und konnte sich nicht in die Grup-

pe eingewöhnen. Er fühlte sich deshalb vereinsamt. In einem langen, klären-
den Gespräch kamen er und Indig einander näher. Danach übernahm er willig Aufgaben für die Gemeinschaft. Moritz, einem Jungen aus Frankfurt,
stand Indig aber, im Widerspruch zu seiner sonstigen Einstellung, bis zuletzt
merkwürdig abweisend gegenüber: »An ihm war nichts mehr zu erziehen. Er
war achtzehn oder neunzehn Jahre alt, ein gefestigter Typ.«[27] Am liebsten
hätte er ihn fortgeschickt, aber er sah ein, dass es unmöglich war.

Als Erzieher empfand sich Indig ganz allgemein als Ratgeber und Freund
der Kinder, die ihn mit Joško anreden durften. Für ihn war es wichtig, dass
sie Vertrauen in ihn hatten. Strafen suchte er zu vermeiden, und wenn er
gelegentlich doch auf sie zurückgreifen musste, dachte er kritisch und selbstkritisch über sie nach. Er wusste, wie sehr die Kinder unter der Trennung
von der Familie, dem Tod des Vaters oder der Mutter litten und deshalb auf
menschliche Nähe und Wärme angewiesen waren. Es war für ihn jedes Mal
ein ernstes Problem, auf welche Art er eine Todesnachricht überbringen sollte. Auf einer Versammlung (Siha) wurde nach einer Aussprache gemeinsam
von den Erwachsenen und Kindern beschlossen, dass er die Post von Verwandten öffnete, bevor er sie an ihren Empfänger weitergab, damit er einem
Kind den Tod eines Verwandten behutsam, mit tröstenden Worten mittei-
len konnte. Wenn von der Mutter oder den Geschwistern nach ihrer Deportation lange Zeit keine Post mehr einging, lastete dies schwer auf dem Gemüt
der Kinder. Indig schildert eine Szene, die er sein Leben lang nicht mehr vergessen würde. Beim gemeinsamen Rosch-HaSchana-Gebet stürzten die
Mädchen, von Schmerz überwältigt, plötzlich eine nach dem anderen aus
dem Gemeinschaftsraum. Indig fand sie weinend und schluchzend in den
Schlafzimmern auf ihren Betten wieder: »Ich kann niemanden trösten. Wie
kann man überhaupt ein Kind trösten, wenn es die Eltern beweint? – Weint
Euch aus, Schwestern, Brüder, heute ist Rosch HaSchana, laßt Euren Trä-
nen freien Lauf! Sie müssen doch einmal heraus!«[28]

Die Jungen und Mädchen zu solidarischem Handeln zu erziehen, ihnen
beizubringen, ihre persönlichen Bedürfnisse gegenüber denen der Gemeinschaft zurückzustellen, erwies sich alles andere als leicht. Viele Jungen zeigten einen ausgeprägten Erwerbstrieb, einen »merkantilen Geist«, der von
Indig wohl etwas überzeichnet wird. Er rührte zum Teil von der Armut her,
in der manch einer aufgewachsen war. Einige ältere Jungen hatten nach der
Verschleppung des Vaters in ein Konzentrationslager oder nach dessen er-
zwungener Emigration ganz allein für ihren Unterhalt sorgen müssen. In diesem jugendlichen Existenzkampf hatten sie gelernt, dass der Stärkere, der
Gerissenere, derjenige, der, wie Indig es ausdrückt, über »Fähigkeiten« verfügt, die besseren Karten hatte. Deshalb imponierte vielen die Tüchtigkeit
Schokys auf dem Schwarzmarkt. Indig kämpfte beständig gegen diese Mentalität an, die es für ihn in einem sozialistischen Kibbuz nicht mehr geben

durfte, erlitt dabei aber immer wieder Rückschläge. In Zagreb ertappte er einen Jungen, von dem er es am wenigsten erwartet hätte, dabei, wie er ein der Gemeinschaft gehörendes Dominospiel verhökerte. In Lesno brdo fälschte ein Junge die Milchrechnung, um etwas Geld für sich zurückzubehalten. Zur Rede gestellt, zeigte er sich reuig und forderte für sich eine gerechte Bestrafung, die Indig deshalb für das pädagogisch Richtige hielt. Zwei Jungen brachten in Lesno brdo die bei den Bauern für die Gruppe gekaufte Butter, statt sie abzugeben, zu dem Onkel des einen nach Ljubljana, der sie verkaufen wollte und sich als Anstifter der Veruntreuung herausstellte. Ja selbst während des Verstecks im Seminar in Nonantola musste Indig zu seinem Entsetzen feststellen, dass Sachen aus den dort aufbewahrten Beständen der Villa Emma – Strümpfe, Wäsche, Spielzeug – aus einer Kammer verschwunden waren. Auf seine energische Ermahnung hin kamen sie wieder an ihren Ort.

In den Gesprächen mit den Jungen und Mädchen wurde Indig deutlich, dass die meisten von ihnen von einem Leben in bürgerlichem Wohlstand träumten, das dem Ideal des Pioniers (Haluz), der unter Verzicht auf materielle Güter harte körperliche Arbeit leistete, schroff entgegenstand. Die Mädchen träumten von Schönheit, eine wollte sogar Filmschauspielerin werden – für Indig Äußerlichkeiten! Bei Gita aus Berlin, und nicht bei ihr allein, verband sich der Wunsch nach Wohlstand mit lähmendem Überdruss an ihrem Flüchtlingsdasein: »Soll ich mich vielleicht aufopfern wie Du?« hielt sie ihm trotzig entgegen: »Ich will es schön haben, nicht dieses langweilige Elend, in dem jeder Tag wie der andere vergeht!«[29] Indig deutete ihre Haltung mit »dem dumpfen Aufbegehren gegen alles, was sie bisher erlebt hat, gegen all die Grausamkeit der Jahre 1933 bis 1942. Nur neue, positive Ergebnisse können darüber hinweghelfen«.

»Empfindungslosigkeit«, »Abstumpfung«, »Apathie«, »Schwermut« als Folge traumatischer Erfahrungen stellte Indig immer wieder an den Jungen und Mädchen in seiner Obhut fest. Als sie etwa in das Jagdschloss in Lesno brdo einzogen, hätte er Begeisterung erwartet, aber sie saßen stumm herum und interessierten sich kaum für ihr neues Heim. Apathie konnte durch Untätigkeit noch verstärkt werden. Es war deshalb für Indig so wichtig, die Kinder sinnvoll zu beschäftigen. In Lesno brdo wurde auf einer Terrasse ein Garten angelegt, in dem gepflanzt und geerntet werden sollte. In Nonantola boten sich wesentlich günstigere Beschäftigungsmöglichkeiten. Hier wurde im Ansatz die Idee einer Hachschara verwirklicht, indem ein Bauer eine Anzahl von Jungen auf dem Grundstück der Villa Emma bei landwirtschaftlicher Arbeit anleitete, alle Jungen und Mädchen bei der Ernte halfen und eine Tischlerwerkstatt sowie eine Nähstube eingerichtet wurden. Nachdem die Delasem ihr Magazin von Genua in die Villa Emma verlegt hatte, halfen dort viele Jungen und Mädchen mit großem Eifer beim Versand der Hilfsgüter an die in vielen Teilen Italiens internierten jüdischen Flüchtlinge mit.

Den Widerständen und Rückschlägen bei der Erziehung standen mit der Zeit aber auch deutliche Fortschritte gegenüber. Gegen Ende des Aufenthalts in Lesno brdo sah sich Indig in seinen Erziehungsidealen bestätigt. Die Verantwortungsbereitschaft für die Gemeinschaft und das Zusammengehörigkeitsgefühl waren nicht zuletzt durch die betont demokratischen Erziehungselemente – die Mitarbeit der Kinder an der Planung und Vorbereitung von Ausflügen, bunten Abenden und Feiern, die Diskussionen in den Versammlungen (Sihot) und die Tätigkeit der von den Kindern gewählten Vertretung (Waad) – gestärkt worden.

Umso schmerzlicher waren für Indig die Erfahrungen in Nonantola, wo die Delasem in der Villa Emma einen förmlichen Leitungs- und Erziehungsstil einführte, der sich an den jüdischen Schulen in Italien orientierte. Es wurde schriftlich eine für alle, Erwachsene wie Kinder, verbindliche Hausordnung aufgestellt. Der Direktor, Umberto Jacchia, hielt einmal wöchentlich in seinem Büro eine Sprechstunde ab, in der sich die Kinder an ihn wenden konnten, und verkündete seine Beschlüsse mit einem Anschlag am schwarzen Brett. Der Direktor unterlag den Weisungen der Delasem und erteilte seinerseits Weisungen an die ihm unterstellten Mitarbeiter, so auch an Indig als stellvertretenden Direktor. Zwar blieben die in Zagreb und Lesno brdo eingeführten Sihot und Kwuzot auch in der Villa Emma bestehen – abgeschafft wurde hingegen der Waad als gewählte Vertretung der Kinder gegenüber der Leitung –, der zionistischen Erziehungsarbeit waren aber enge Grenzen gesetzt. Für Indigs Begriffe war ein »Dualismus« zwischen den Erziehungsmethoden Jacchias und seinen eigenen entstanden, der sich negativ auf die Entwicklung der Kinder auswirken musste. Ein Konflikt war deshalb unvermeidlich. Indig trat schließlich als stellvertretender Direktor und Verantwortlicher für die Kulturarbeit zurück und beschränkte sich auf die Rolle eines Iwrit-Lehrers. Sogar den Titel »Madrich« legte er ab. Durch diese Entscheidung fühlte er sich erleichtert, denn er brauchte jetzt nicht mehr die Mitverantwortung für die Disziplin zu tragen, ohne über die Inhalte der Erziehung bestimmen zu können.

Indigs Bild von Italien und den Italienern war vor seinem Aufenthalt in Slowenien, wo er wahrscheinlich überhaupt zum ersten Mal Italienern begegnete, einseitig politisch, das heißt durch die theoretische Auseinandersetzung mit dem Faschismus bestimmt, der in schroffem Gegensatz zu seinen demokratischen und sozialistischen Ideen stand und für ihn ein Grundübel seiner Zeit darstellte. Die italienische Kultur und Mentalität waren ihm fremd und blieben es im Grunde selbst noch in Nonantola, wenngleich er sich hier auch neuen Eindrücken öffnete. Beim Umgang mit den Einwohnern der Stadt interessierte ihn in starkem Maß die Einstellung eines jeden zum Faschismus. Seine Freundschaft mit Giuseppe Moreali und Don Arrigo Beccari beruhte weitgehend darauf, dass beide Gegner der faschistischen Diktatur waren.

Sein in Zagreb gefasster Entschluss, mit den Kindern von dort aus in den von Italien annektierten Teil Sloweniens zu gehen, beruhte auf der gewonnenen, richtigen Einsicht, dass die Verfolgung der Juden in Italien, die mit den von Mussolini im Herbst 1938 erlassenen Rassengesetzen begonnen hatte, anders als unter der deutschen Besetzung und dem Ustascha-Regime in Kroatien, nicht lebensbedrohend war.[30] Dies bestätigte sich ihm bei seinem ersten Aufenthalt in Ljubljana zur Vorbereitung der Flucht nach Slowenien: »Welch ein Gegensatz zwischen Zagreb und Ljubljana! Dort Mord und Sadismus, hier ›besetztes Gebiet‹, in welchem man ausländische Sender hören und Zeitungen neutraler Länder lesen kann. Sogar in die Oper kann man gehen. Niemand denkt daran, einen als Juden zu beschimpfen.«[31]

Die Italiener, die Indig in Slowenien kennen lernte, waren durchweg Vertreter der Staatsmacht: Soldaten, Carabinieri, Milizionäre – für ihn somit Faschisten. Doch nach kurzer Zeit entdeckte er an ihnen dank seiner konkreten Beobachtungsgabe Wesenszüge, die sein schematisches Bild in Frage stellten. Schon auf der Fahrt von Zagreb nach Ljubljana machte er eine überraschende Erfahrung: Die italienischen Soldaten und Offiziere, die nach der Grenze in den Zug stiegen, waren zu den Kindern freundlich und bedachten sie mit kleinen Geschenken: »Es war uns noch nicht klar«, heißt es dazu in dem Bericht, »wie man einem faschistischen Offizier des mit Deutschland verbündeten Italien auf die Frage nach der Herkunft der Kinder antwortet. Aber eine Sensation für unsere Hawerim war, daß die Erklärung ›jüdische Flüchtlingskinder‹ nur sympathische Reaktionen hervorrief.«[32] Und etwas weiter unten liest man im selben Zusammenhang: »Wir lernen die Mentalität der Italiener kennen. Wir beginnen zu verstehen, wie das Wort ›bambini‹ jede Niedertracht verhindert und Menschen zu Hilfsbereitschaft verpflichtet. Man verspürt ein tiefes, inneres Bedürfnis, dem Kind gegenüber lieb zu sein. Der Faschist mag Augenblicke zuvor jemanden gequält und getötet haben, aber das Wort ›bambini‹ ändert seine Stimmung im Nu.«

Indigs Fähigkeit, Vorurteile abzustreifen, zeigt sich auch daran, wie er den im Jagdschloss von Lesno brdo mit Zittern erwarteten Besuch des Kommandanten des nächstgelegenen Carabinieripostens beschreibt. »Binnen kurzem ist er kein amtlicher Inspektor mehr. Er ist einfach Mensch, Familienvater. Er fragt nach den Kindern, erzählt sehnsüchtig von seinen eigenen Kindern, die er schon lange nicht mehr gesehen hat. Daß die meisten unserer Hawerim keine Eltern mehr haben, kann er nicht begreifen. Daß man sie so einfach ermordet hat, nein! ›Porca miseria!‹ Ein Fluch.«[33]

Indigs Verhältnis zu den italienischen Juden gestaltete sich vom Beginn des Aufenthalts in Nonantola an schwierig und wurde durch den Konflikt mit der Delasem zusätzlich belastet. Die italienischen Juden, mit denen er zusammentraf, stammten überwiegend aus dem assimilierten Großbürgertum, dem er entsprechend den bescheidenen Verhältnissen, unter denen er aufgewachsen war, und seinen demokratischen und sozialistischen Anschauungen an sich schon mit Vorbehalten gegenüberstand: »Die meisten waren bis vor einigen Jahren Faschisten gewesen, hatten achtbare Stellungen im öffentlichen Leben eingenommen und waren vor allem sehr reich.«[34] Ihre »Philanthropie«, von der die Hilfe der Delasem abhing, war ihm unangenehm, weil sie auf sozialen Privilegien beruhte und seinem Gleichheitsideal widersprach. So verstieg er sich zu der Formulierung, die Kinder lebten in der Villa Emma wie in einem »philanthropischen Kerker«.[35] Hinzu kam die durch die Verfolgung und Flucht verursachte soziale und psychische Kluft: »Auf der einen Seite Großgrundbesitzer, Industrielle und Advokaten, noch vollkommen fest in ihren Positionen, auf der anderen Seite Flüchtlinge, die dem Tod entkommen waren.«[36]

Die faschistische Verfolgung wurde von ihm, wie von vielen Emigranten, die an erster Stelle ihr eigenes schweres Los im Auge hatten, nicht richtig erkannt und unterschätzt. Er verstand etwa nicht, weshalb die italienischen Juden Angst hatten und nicht selbstbewusster auftraten. Echte Freundschaft verband ihn nur mit Goffredo Pacifici und dem Kreis junger Florentiner Zionisten um Matilde Cassin, die einmal auf Fahrrädern zu Besuch nach Nonantola kamen. Bei ihnen verspürte er die sonst vermisste Brüderlichkeit Gleichgesinnter. Trotzdem blieb auch ihnen gegenüber etwas Trennendes bestehen: »Die eine war eine durch den Zwang der Umstände zusammengewürfelte Gemeinschaft von Flüchtlingen (...), die andere die Perle der Florentiner jüdischen Jugend, die sich geheim versammelt und unbeschwert von Haluziut träumt, der sie aus freiem Willen zustimmt.«[37]

Auch bei der Beschreibung der slowenischen Partisanen springt Indig über den Schatten seiner politischen Grundeinstellung. Er und unter seinem Einfluss auch die Kinder hielten den Befreiungskampf der slowenischen Partisanen gegen die italienischen Faschisten, die ihr Land unterworfen hatten und es unterdrückten und ausbeuteten, für gerecht. Zu den Partisanen, die nachts in das Jagdschloss kamen, entwickelte sich bald ein freundschaftliches Verhältnis. Trotzdem ist Indigs Urteil bemerkenswert nuanciert: Als bei verschiedenen Gelegenheiten Menschen, die er persönlich kannte, in der Umgebung des Jagdschlosses als Verräter erschossen wurden, fragte er sich, ob sie tatsächlich Verräter waren. Den örtlichen Partisanenkommandanten, mit dem er in einem Fall zum Schutz der Kinder verhandeln musste, beschreibt er wie folgt: »Černi war ein primitiver und verbissener Kämpfer, der gewohnt war, ohne viel Gerede jedem Feind den Garaus zu machen. Er war mir unsympathisch, weil er mit seinen Opfern protzte. Er war der Typ des kleinen Kommandanten, des verwegenen Angreifers, des Partisanen schlechthin. An seiner Seite befand sich ein Student aus Ljubljana, kaum siebzehn Jahre alt, der auch äußerlich angenehm wirkte.«[38]

Indigs Bild von den Deutschen war von der deutschen Kultur geprägt, die er, wie viele Juden in den Ländern der ehemaligen Habsburger Monarchie, bewunderte, nicht zuletzt weil er mit der deutschen Sprache aufgewachsen war. Die von den Nationalsozialisten in Deutschland und nach 1938 auch in Österreich begangenen Verbrechen waren für ihn nur schwer vorstellbar. Er selbst erlebte unmittelbar nur die Verfolgung durch den Ustascha-Staat mit, erkannte aber, dass dieser dabei von der deutschen Besatzungsmacht angespornt und unterstützt wurde. Genauere Einzelheiten über die Verfolgung in Deutschland erfuhr er vor allem durch die erschütternden Berichte von nach Zagreb gelangten Flüchtlingen, so auch von einigen der ihm anvertrauten Jungen. Sie hielten die kroatischen Juden für naiv und gutgläubig und warnten Indig: »Paßt auf, jetzt kommt noch mehr! Ihr dürft den Deutschen nicht trauen und euch nicht irreführen lassen!«[39] Im Rückblick war dies durchaus auch als Selbstkritik gemeint.

Deutsche Soldaten sah Indig meistens nur von fern auf der Straße, in Zagreb ebenso wie in Nonantola, nachdem hier im Sommer 1943 in der Volksschule eine »Krankensammelstelle« eingerichtet worden war, und während der deutschen Besetzung. Unmittelbaren Kontakt zu deutschen Soldaten hatte er nur bei den Kontrollen der Feldgendarmerie in den Zügen zwischen Modena und Mailand, die aber stets glimpflich verliefen, weil die von der Stadtverwaltung in Nonantola ausgestellten Kennkarten nicht beanstandet wurden. Aber die Angst in ihm saß doch so tief, dass er nach der nächtlichen Durchquerung der Tresa die Schweizer Grenzwächter für deutsche Soldaten hielt, die ihn und die Kinder festnehmen wollten. Die einzige signifikante Begegnung mit einem deutschen Soldaten spielte sich in Slowenien ab: Als einige Jungen mit ihm zum Einkauf von Lebensmitteln bei Bauern unterwegs waren, wurden sie von den Carabinieri angehalten. Plötzlich kam auf einem Motorrad ein deutscher Soldat herangefahren, der von den Carabinieri Auskunft über die Stellungen der Partisanen erhalten wollte. Widerwillig musste Indig als Dolmetscher dienen. Die auf Anhieb paradox anmutende, aber durchaus glaubwürdige Beschreibung des Vorfalls bezeugt erneut seine spontane Offenheit für neue Eindrücke: »Als wir vor dem Deutschen stehen, grinst uns dieser mit einem breiten Lächeln an: ›Was macht Ihr denn hier? Endlich, nach einem Jahr, kann man wieder anständig deutsch reden! Wo seid Ihr her?‹ Was soll ich von diesem freundlichen Deutschen halten? Scheinbar kein Nazi ... aber? Wie so oft in ähnlichen Fällen entscheide ich mich für die Wahrheit: ›Wir sind Juden, ich aus Kroatien, die anderen drei aus Wien. Wir leben hier!‹ Wieder eine Überraschung. Sein Gesicht bleibt unverändert, und er sagt: ›Und wie behandeln euch diese da?‹ Dabei macht er eine wegwerfende Bewegung in Richtung der Königlichen

Polizeistreitmacht und ihres Chefs, der still daneben steht: ›Es geht‹, entgegne ich.«[40]

In Indigs Bericht spiegeln sich der Sinn des Verfassers für das Politische, seine Ideale und Hoffnungen, seine Verwurzelung im Judentum und sein selbstloser Einsatz für die Kinder wider. Sein Urteil ist Ausdruck einer starken Individualität und tiefen Humanität. Er lässt sich von der konkreten Beobachtung leiten, die vorgefasste Schemata durchbricht, und ist in seinem Urteil bisweilen provozierend unkonventionell. Er versetzt sich in die Geschehnisse zurück, wobei ihm der geringe zeitliche Abstand zu ihnen zugute kommt, und trägt sie mit der ihm eigenen Aufrichtigkeit und Ehrlichkeit vor. Dabei ist das Schicksal des Einzelnen stets in die politischen und gesellschaftlichen Verhältnisse eingebunden. Zwischen dem Individuum und der Gesellschaft besteht eine unlösliche Verknüpfung. Man denkt dabei an den Ausspruch Thomas Manns: »In allem Geistigen ist das Politische latent.«

Als Erzieher hatte Indig eine natürliche Begabung, und er war, man darf sagen, Autodidakt. Wie sein Bericht zeigt, war er sich bald darüber im Klaren, dass in der Ausnahmesituation der Flucht die im HaSchomer HaZair gesammelten Erfahrungen nicht ausreichten. Er meisterte seine Aufgabe auch deshalb, weil er trotz seiner Prinzipienfestigkeit neuen Erfahrungen gegenüber stets aufgeschlossen war. Er begriff sich in einem ständigen Lernprozess, bei dem er sich selbstkritisch befragte – und bisweilen auch gegen Selbstzweifel und Resignation ankämpfte. In den kritischen Momenten der Flucht wuchs er über sich hinaus, bewies nicht nur Mut und Willensstärke, sondern handelte auch mit Überlegung und nie überstürzt.

Unter den autobiografischen Berichten von Überlebenden der Shoah sind Indigs Aufzeichnungen bisher wenig bekannt, und doch verdienen sie in vielerlei Hinsicht Beachtung. Endgültigen Aufschluss über ihre Bedeutung können erst eine Gegenüberstellung mit anderen Texten und eine vergleichende Betrachtung erbringen. Ungewöhnlich ist jedenfalls der Gegenstand der Darstellung: die gelungene Flucht unter schwierigsten Umständen der zuletzt 73 Kinder von Zagreb über Lesno brdo und Nonantola in die Schweiz und ihre Rettung in Nonantola mit Unterstützung beherzter Einwohner der Stadt. Unüberhörbar ist die Botschaft: Hilfe war möglich, freilich unter hohem Risiko, wenn nur Mut und Selbstlosigkeit vorhanden waren. Die bis hin zur Vernichtung führende Verfolgung der Juden durch die Nationalsozialisten steht in Indigs Bericht ständig als existenzielle Bedrohung im Hintergrund. Der Schrecken bricht von fern in das Leben der Kindergemeinschaft ein, wenn etwa Post von Verwandten nach ihrer Deportation ausbleibt und Ungewissheit über ihr Schicksal besteht oder wenn Todesnachrichten eintreffen. Unmittelbar an Leib und Leben bedroht waren die Kinder nur zeitweise, vor allem als während des Verstecks in Nonantola und auf der Flucht in die Schweiz ihre Verhaftung zu befürchten war. Den breitesten

Raum in dem Bericht nehmen der Alltag der Kinder und die mit ihm einhergehenden erzieherischen Probleme ein. Die Jungen und Mädchen werden mit ihren Stärken und Schwächen gezeigt – wie sie eben waren. Indig ist der eigenwillige Chronist der ihm anvertrauten Kindergruppe auf der Flucht. Es liegt ihm fern, sich selbst herauszustellen, und er will trotz der Freude am Erzählen – und gelegentlich auch am Ausschweifen – das Vorgefallene so wahrheitsgetreu wie nur möglich nachzeichnen, als jemand, der sich der Tatsache bewusst ist, seine Pflicht getan zu haben.

1 Siehe den Beitrag von Susanne Urban in diesem Band. — **2** Zur Geschichte der Kinder der Villa Emma vgl. Klaus Voigt: *Villa Emma. Jüdische Kinder auf der Flucht 1940–1945.* (= Solidarität und Hilfe für Juden während der NS-Zeit. Bd. 6) Berlin 2002, und als knappen Überblick: Klaus Voigt: »Fünf Jahre auf der Flucht und gerettet. Die jüdischen Kinder der Villa Emma in Nonantola.« In: *Galerie. Revue culturelle et pédagogique* 21 (2003), Nr. 3, S. 383–404, sowie den Ausstellungskatalog: Ombretta Piccinini, Klaus Voigt: *I ragazzi ebrei di Villa Emma a Nonantola – Die jüdischen Kinder der Villa Emma in Nonantola.* Nonantola 2002. Zu Recha Freier vgl. Gudrun Maierhof: *Selbstbehauptung im Chaos. Frauen in der jüdischen Selbsthilfe 1939–1945.* Frankfurt/M. 2002, S. 227–234; Gudrun Maierhof: »Recha Freier – Zwischen Zionismus und Widerstand.« In: Inge Hansen-Schaberg, Christian Ritzi (Hg.): *Wege von Pädagoginnen vor und nach 1933.* Baltmannsweiler 2004, S. 139–150. Gudrun Maierhof: »Wege der Rettung. Recha Freier und Käte Rosenheim.« In: Gudrun Maierhof, Chana Schütz, Hermann Simon (Hg.): *Aus Kindern wurden Briefe. Die Rettung jüdischer Kinder aus Nazi-Deutschland.* Berlin 2004, S. 48–69. Dieser Band enthält auch eine Übersetzung von Recha Freiers autobiografischen Aufzeichnungen: *Let the Children Come. The Early History of Youth Aliyah.* London 1961. — **3** Tagebücher von Schoschana Harari (Sonja Borus), Aschkelon, und Hilda Meiron (Hildegard Steinhardt), Haifa, im Besitz der Verfasserinnen. Die Erinnerungen Leo Kofflers: »Die Entstehung unserer Jugendgemeinschaft und ihr Leben bis zum Zusammenbruch Italiens. Zagreb – Lesno brdo – Nonantola.« In: *Zwischenwelt. Zeitschrift für Kultur des Exils und des Widerstands* 22 (2005) Nr. 3, S. 40–48. — **4** Auf Hebräisch verfasst und in italienischer Übersetzung veröffentlicht in: Josef Indig Ithai: *Anni di fuga. I ragazzi di Villa Emma a Nonantola. A cura di Klaus Voigt.* Florenz 2004, S. 261–269. — **5** Gespräche des Verfassers mit Josef Ithai, Kibbuz Gat, 1. Dezember 1995 und 6. und 7. Juni 1996. Vgl. Klaus Voigt: *Villa Emma* (s. Anm. 2), S. 94 f. — **6** Ihr Fluchtschicksal ist aufgezeichnet in: Lilli Bernhard-Ithai: *Erinnerung verpflichtet. Von Berlin über Brüssel nach Lyon und in die Schweiz.* Konstanz 1999. — **7** Ombretta Piccinini, Klaus Voigt: *I ragazzi ebrei* (s. Anm. 2), S. 66 ff. — **8** Gespräche mit Josef Ithai (s. Anm. 5). — **9** Das Manuskript befindet sich im Besitz von Lilli Ithai, Kibbuz Gat. — **10** Josef Ithai: *Yaldei Villa Emma.* Tel Aviv 1983. — **11** Josef Indig: *Joškos Kinder. Flucht und Alija durch Europa 1940–1943. Josef Indigs Bericht.* Hg. v. Klaus Voigt, Berlin 2006. — **12** Zit. unter Anm. 4. — **13** Klaus Voigt: *Villa Emma* (s. Anm. 2), S. 84 f. — **14** Zum HaSchomer HaZair vgl. Angelika Jensen: *Sei stark und mutig. Chasak We'emaz! 40 Jahre jüdische Jugend in Österreich am Beispiel der Bewegung »Haschomer Hazair« 1903–1943.* Wien 1995; Yehuda Reinharz: »Hashomer Hazair in Germany (I), 1928–1933«. In: *Leo Baeck Institute Year Book* 31 (1986), S. 173–208; »Hashomer Hazair in Germany (II). Under the Shadow of the Swastica 1933–1938«. In: *Leo Baeck Institute Year Book* 32 (1987), S. 183–223. — **15** Gespräche mit Josef Ithai (s. Anm. 5). — **16** Klaus Voigt: *Villa Emma* (s. Anm. 2), S. 242 f. —

17 Ebd., S. 265 ff. — 18 Josef Indig: *Joškos Kinder* (s. Anm. 11), S. 241. Siehe Klaus Voigt: *Villa Emma* (s. Anm. 2), S. 290. Die Festnahme erfolgte nicht, wie hier angegeben, durch die faschistische Miliz, sondern durch die Polizei der Quästur von Varese. Freundliche Mitteilung von Franco Giannantoni auf Grund von Akten im Archivio di Stato in Varese. — 19 Klaus Voigt: *Villa Emma* (s. Anm. 2), S. 291 ff.; Ombretta Piccinini, Klaus Voigt: *I ragazzi ebrei* (s. Anm. 2), S. 56 f. Die Umstände der Verhaftung und Deportation Papos erhellen sich aus einem von Enrico Ferri im Archivio di Stato in Modena aufgefundenen Dokument. Der Verfasser dankt ihm für diese Mitteilung. — 20 Klaus Voigt: *Zuflucht auf Widerruf. Exil in Italien. 1933–1945.* Bd. 2. Stuttgart 1993, S. 401 f.; Klaus Voigt: *Villa Emma* (s. Anm. 2), S. 244. — 21 Josef Indig: *Joškos Kinder* (s. Anm. 11), S. 236. — 22 Ebd., S. 46. — 23 Ebd., S. 51. — 24 Vgl. Klaus Voigt: »Wer war Boris Jochvedson?«. In: Federico Steinhaus, Rosanna Pruccoli (Hg.): *Storie di ebrei – Jüdische Schicksale. Contributi storici sulla presenza ebraica in Alto Adige e nel Trentino – Beiträge zu einer Geschichtsforschung über die jüdische Ansässigkeit in Südtirol und im Trentino.* Meran 2004, S. 105–120. — 25 Josef Indig: *Joškos Kinder* (s. Anm. 11), S. 124. — 26 Ebd., S. 64. — 27 Ebd., S. 106. — 28 Ebd., S. 111. — 29 Ebd., S. 193. — 30 Vgl. vor allem Michele Sarfatti: *Gli ebrei nell'Italia fascista. Vicende, identità, persecuzione.* Turin 2000, S. 103 ff. — 31 Josef Indig: *Joškos Kinder* (s. Anm. 11), S. 59. — 32 Ebd., S. 68. — 33 Ebd., S. 95. — 34 Ebd., S. 177. — 35 Ebd., S. 180. — 36 Ebd., S. 178. — 37 Ebd., S. 190. — 38 Ebd., S. 167. — 39 Ebd., S. 47. — 40 Ebd., S. 153.

Susanne Urban

Die Jugend-Alijah 1932 bis 1940

Exil in der Fremde oder Heimat in Erez Israel?[1]

Bereits 1932, ein Jahr vor der offiziellen Gründung und Anerkennung durch die zionistischen Organisationen, hatte Recha Freier die Bewegung der Jugend-Alijah[2] ins damalige Palästina ins Leben gerufen. Sie hatte eine Programmatik sowie die Struktur der Ausbildung der jungen Einwanderer konzipiert. Die integrativen Leistungen der Jugend-Alijah können daher nicht präsentiert werden, ohne die Geschichte Recha Freiers und ihren nachhaltigen Einfluss auf diese neuartige zionistische Jugendbewegung zumindest bis ins Jahr 1940 hinein zu erzählen.

Von den Anfängen der Jugend-Alijah bis 1941

Die Gründung der Jugend-Alijah erfolgte in ihrer Grundstruktur bereits 1932. Die in Berlin lebende Rabbinersgattin und Volkskundlerin Recha Freier[3] hatte im Frühjahr 1932 Besuch von fünf 16-jährigen Jungen ostjüdischer Herkunft bekommen, die sie um Hilfe baten, da ihnen ihre Stellen gekündigt worden waren.[4] Während das jüdische Arbeitsamt die Entlassungen beschwichtigend der allgemein schlechten wirtschaftlichen Situation zuschrieb, wusste Recha Freier den Vorfall ganz richtig als antisemitische Handlung der Arbeitgeber einzuordnen. Die energische und visionäre Recha Freier, von ihrer Tochter Maayan als »mit dem Kopf in den Wolken oder mit dem Kopf durch die Wand« beschrieben[5], wurde 1892 im ostfriesischen Norden geboren. Recha Freier studierte nach Abitur und Prüfung zur Religionslehrerin in Breslau und München Pädagogik und Volkskunde. 1919 heiratete sie den Rabbiner Dr. Moritz Freier (1889–1969). Nach einem dreijährigen Aufenthalt im bulgarischen Sofia ließ sich die Familie 1925 mit ihren inzwischen zwei Söhnen in Berlin nieder. Moritz Freier wurde Rabbiner in den Synagogen Rykestraße, Kaiserstraße und Heidereutergasse. Zwei weitere Kinder folgten.

Die erste Konfrontation mit Antisemitismus erlebte Recha Freier als Vierjährige in Norden. Jahre später entstand daraus das Gedicht »Erdbeben«.[6] »Ich war (...) Zionist und das bedeutete, daß ich verstand, die Existenz des Juden, des einzelnen und die Existenz des ganzen Volkes hängt von einer Sache ab, daß sie von der Sklaverei und vom Geduldetwerden und von der

Abhängigkeit des Gastvolkes frei (…) und verantwortlich für ihren ganzen nationalen Aufbau werden. Also, daß sie nach Palästina gehen müßten, in das Land, das Gott ihnen auf dieser Erde verheißen hat.«[7]

Nach dem Besuch der Jugendlichen zu Beginn des Jahres 1932 und deren Bitte um Hilfe erachtete Recha Freier in der Auswanderung der Gruppe nach Palästina die einzig richtige Antwort auf die antisemitische Atmosphäre der ausgehenden Weimarer Republik. Die Jugendlichen sollten nach Palästina gehen und dort frei und als bewusste Juden ein neues Leben beginnen. Sie sollten sich am Aufbau von Erez Israel[8] beteiligen, landwirtschaftlich betätigen und den Zionismus aus der Theorie in die Praxis überführen. Recha Freier bekam jedoch von allen Seiten Widerstand zu spüren. Die zionistische Bewegung wollte die Kultivierung des Landes nicht Jugendlichen, sondern ausgebildeten Fachkräften anvertrauen. Seitens deutsch-jüdischer Repräsentanten wurde erklärt, die Heimat der deutschen Juden sei Deutschland und nicht ein imaginäres Erez Israel. Auch aus Palästina erfuhr sie zunächst kaum Unterstützung: Die amerikanische Jüdin Henrietta Szold, 1932 von dem Plan Recha Freiers in Kenntnis gesetzt, zeigte sich geradezu entsetzt und lehnte eine Unterstützung entschieden ab. In ihrer Begründung hieß es, dass sie bereits genug Probleme mit den Kindern in Palästina hätten.[9] Szold argumentierte, es gäbe sowieso schon zu viele Kinder, die aus Mangel an finanziellen Ressourcen keine Schulausbildung erhalten konnten oder die als verwahrloste Straßenkinder Betreuung benötigten. Henrietta Szold sah keinen Sinn darin, dass jüdische Kinder ihr sicheres Heim in Deutschland verlassen und ohne ihre Eltern nach Palästina kommen sollten: »Die reichen Juden sollten sich um die Kinder und Jugendlichen in Deutschland kümmern«.[10] Obgleich Szold in den USA nach dem Ersten Weltkrieg in der Betreuung jüdischer Flüchtlinge aus Osteuropa engagiert gewesen war und daher um antisemitische Bedrohungen wusste, verkannte sie die zunehmend schwierige Situation für jüdische Mädchen und Jungen in Deutschland. Szold war darüber hinaus Gründerin und erste Präsidentin der jüdischen Frauenorganisation »Hadassah«, lebte seit 1920 in Palästina und war seit 1929 Mitglied der dreiköpfigen Exekutive der Zionistischen Weltorganisation, zuständig für Gesundheitswesen und Erziehung.

Recha Freier ließ sich nicht beirren und stellte eine erste Jugendgruppe zusammen, in der sich auch die Jugendlichen aus Berlin befanden. Geld und Zertifikate für die Einreise ins britische Mandatsgebiet Palästina mussten nun ebenso beschafft werden wie ein Kibbuz gefunden werden musste, der den Jugendlichen ein neues Heim bieten würde. 1932 reiste sie mehrmals nach Palästina, knüpfte Kontakte, suchte und fand Kibbuzim, die Kinder aufnehmen würden. Zurück in Berlin war sie der Verzweiflung nahe, weil der Kibbuz Ein Harod, der später einen Teil der ersten »offiziellen« Gruppe der Jugend-Alijah aufnahm, seine Zusage zurückgezogen hatte. Genau zu dieser Zeit traf Recha Freier in Berlin jedoch Siegfried Lehmann, Leiter des Kinderdorfes Ben Shemen.[11]

Siegfried Lehmann ließ sich auf den Plan von Recha Freier ein, stellte aber eine Bedingung: Alles, was die Jugendlichen während ihrer zweijährigen Ausbildung im Jugenddorf benötigten und was die Ausbildung koste, müsse finanziell abgesichert sein. Eine Bekannte Recha Freiers veräußerte daraufhin ihren Schmuck. Am 12. Oktober 1932 verließ die erste Jugendgruppe von zwölf Jungen den Anhalter Bahnhof in Berlin. »Alle Mitglieder der verschiedenen Jugendbewegungen säumten die Bahnsteige am Anhalter Bahnhof und viele andere Kinder dazu. Und sie sangen hebräische Lieder. Der Bahnsteig schien unter meinen Füßen zu zittern. Nun hatte die Arbeit begonnen: Niemand würde sie mehr unterbrechen können, es würde weitergehen und sich entwickeln, und alle diese Kinder, die voller Hoffnung, aufgeregt und begeistert um mich herumstanden, würden ihr Ziel erreichen.«[12]

Am 30. Januar 1933 gründete Recha Freier bei einem Rechtsanwalt das »Hilfskomitee für jüdische Jugendliche«. Durch den Zusammenschluss mit der »Jüdischen Waisenhilfe« und dem Kinderheim »Ahawa« wurde am 30. Mai 1933 die »Arbeitsgemeinschaft für Kinder- und Jugend-Alijah« ins Leben gerufen. Finanziert wurde die Jugend-Alijah in Zusammenarbeit mit dem Palästina-Amt und ab September 1933 auch von der »Reichsvertretung der deutschen Juden«. Im September 1933 wurde Recha Freier in der »Reichsvertretung« Vorstandsmitglied der Abteilung »Jüdische Jugendhilfe«. Bis Henrietta Szold im November 1933 das Amt der Direktorin der Jugend-Alijah in Jerusalem übernahm, brauchte es aber noch Einiges an Überredungskünsten. Chaim Arlosoroff (1899–1933), Vertreter der Jewish Agency[13], reiste 1933 nach Berlin, um mit Vertretern der zionistischen Organisation über die Auswanderung deutscher Juden nach Palästina zu diskutieren. Arlosoroff war besonders an der Einwanderung Jugendlicher interessiert und suchte das Büro der Jüdischen Jugendhilfe auf. Er ließ sich für die Idee der Jugend-Alijah begeistern und versprach, sich um Einreisepapiere für etwa 600 bis 700 Jugendliche zu kümmern. Im Juni 1933 fiel Arlosoroff in Tel Aviv einem Attentat zum Opfer, und Henrietta Szold wurde gebeten, sich um sein Vermächtnis zu kümmern – das hieß: Einreisepapiere für jüdische Kinder und Jugendliche aus Deutschland zu besorgen. So beantragte sie im August 1933 500 Zertifikate für den Zeitraum von September 1933 bis April 1934 für jüdische Jugendliche aus Deutschland im Alter von 14 bis 17 Jahren. Die Jugendlichen sollten vor allem in Kibbuzim untergebracht werden. Ihre Skepsis gegenüber der Idee einer organisierten Jugend-Alijah war aber noch nicht gänzlich verschwunden. Im Herbst 1933 nahm Szold an einer Konferenz in London teil, diskutiert wurde die Situation der Juden in Deutschland. Sie reiste anschließend nach Berlin, wo sie das Büro der »Jüdischen Jugendhilfe« aufsuchte. Die Gespräche drehten sich vor allem um die organisatorische Struktur der Jugend-Alijah. Bevor Henrietta Szold im November 1933 nach Jerusalem zurückkehrte, hatte Arthur Ruppin (1876 bis 1943) von der Jewish Agency bereits ein Büro für die Jugend-Alijah eingerichtet und Szold zur Leiterin benannt – nun musste sie einwilligen. Die erste offizielle Gruppe der Jugend-Alijah sollte nun sobald wie möglich auf die Reise geschickt werden – im Februar 1934 trafen 43 Mädchen und Jungen in Haifa ein und wurden in den Kibbuzim Ein Harod und Rodges untergebracht. Henrietta Szold fuhr nach Haifa, wo sie die Gruppe begrüßte. Sie machte daraus eine Tradition, und es kam nur selten vor, dass sie – z. B. krankheitsbedingt – die Jugendlichen in ihrer neuen Heimat nicht persönlich in Empfang nahm. In Palästina selbst war Henrietta Szold äußerst aktiv und daher auf der eigentlichen »Bühne« der Jugend-Alijah auch sehr präsent. Sie nahm sich der Aufgabe und der Jugendlichen schließlich mit ganzem Herzen an. Deshalb und auch auf Grund historiografischer Umdeutungen der Geschichte der Jugend-Alijah wurde Szold als »Mutter der Jugend-Alijah« bekannt und benannt, und in dieser Form wird zumeist auch ihr Andenken gewahrt. Dies ist jedoch historisch unkorrekt, da die Initiative zur Jugend-Alijah von Recha Freier ausgegangen war, sie zudem die Arbeit in Deutschland leitete sowie die Verbindungen zu den bis Mitte 1939 gegründeten Zweigstellen der Jugend-Alijah außerhalb Deutschlands aufrechterhielt. In Berlin war das Netz der Jugend-Alijah gewoben worden, in Jerusalem liefen die Fäden zusammen, um die Jugendlichen vor Ort zu betreuen.

Ein Grund für die oftmals sogar völlige Minimierung der Rolle Recha Freiers liegt unter anderem in Ereignissen, die 1939 einsetzten und zu einem schwer wiegenden Konflikt zwischen Recha Freier und der zentralen jüdischen Organisation, ihrer Suspendierung und Flucht führten: Im Winter 1939 benötigte Recha Freier, um in Genf an einer Besprechung über die Zukunft der Jugend-Alijah und die Alijah Beth, die »illegale« Einwanderung nach Palästina, teilzunehmen, einen Sichtvermerk im Pass über die genehmigte Aus- und Wiedereinreise nach Deutschland. Auf Genfer Seite stand Alfred Silberschein[14] mit Recha Freier in Kontakt. Die Inhalte der in Genf anberaumten Besprechung wurden der Reichsvereinigung, wie die jüdische Dachorganisation sich seit Anfang 1939 nennen musste, von Recha Freier vorgelegt. Die Reichsvereinigung übernahm in der Regel für ihre Mitarbeiter die Antragstellung auf die Aus- und Wiedereinreise. Zuständig war Paul Eppstein, der Recha Freier in dieser Angelegenheit jede Unterstützung versagte. Deshalb wandte sie sich eigenmächtig an die zuständige Behörde und erhielt den notwendigen Sichtvermerk im Pass. »Ich setzte mich deswegen mehrmals mit Herrn Dr. Eppstein in Verbindung, der mir erklaerte, dass es keinesfalls moeglich ist, einen Ausreise-Sichtvermerk zu erhalten, und er daher garnicht den Versuch unternehmen wuerde. (...) Nachdem feststand, dass Herr Dr. Eppstein diese auch von ihm als notwendig anerkannte Reise nicht zur Durchfuehrung bringen wird, erhielt ich durch Herrn Dr. Silberschein das Schweizer Visum zugleich mit der telegraphischen Mitteilung, dass mein Nichtkommen viele wertvolle Auswanderungsmoeglichkeiten zunichte machen wuerde, worauf ich den Versuch auf Erlangung eines Sichtvermerks selbst unternahm. (…) Alle an mich gelangenden Telegramme von Dr. Silberschein, die fast taeglich eintrafen, wegen guenstiger Auswanderungsmoeglichkeiten, die verloren gehen werden, wenn die persoenlichen Verhandlungen nicht sofort stattfinden koennten (…), habe ich Herrn Dr. Eppstein und anderen Herren unverzueglich zur Kenntnis gebracht. (…) Ich entschied mich das Aeusserste zu versuchen, um diese Erfolge zu sichern.«[15]

Im Rahmen der Alijah Beth wurden auch in Deutschland Transporte organisiert – unter dem Namen »S.H.«, dem Kürzel für »Sonder-Hachschara«.[16] Die Reichsvereinigung duldete diese Transporte, auch bei der Devisenbeschaffung wurde geholfen. Eine offene Unterstützung der »illegalen« Transporte gab es jedoch nicht, da die Reichsvereinigung auf die akkurate Einhaltung der Vorgaben und Richtlinien großen Wert legte. Auch Henrietta Szold lehnte so genannte illegale Maßnahmen im Rahmen der Jugend-Alijah als Gefährdung der gesamten Arbeit strikt ab. Recha Freier hatte jedoch spätestens ab Sommer 1938 keinen Hehl daraus gemacht, dass sie bereit war, auch illegale Aktivitäten zu unterstützen oder selbst in die Wege zu leiten, um Transporte der Jugend-Alijah nach Palästina zu schleusen.

Unterstützung erhielt sie dabei vor allem von Aron Menczer, dem Leiter der österreichischen Jugend-Alijah in Wien, sowie dem Direktor des Hechaluz[17] in Genf, Nathan Schwalb. Hinzu kam ein weiteres Ereignis, auf das Recha Freier einfach reagieren musste: Noch Anfang September 1939 waren alle noch in Deutschland lebenden männlichen polnischen Juden über 16 Jahren in Konzentrationslager verschleppt worden. Viele der 2.000 bis 3.000 Inhaftierten starben bereits binnen weniger Tage an den Misshandlungen. Ihre Frauen und Kinder blieben hilf- und mittellos zurück. »Die Frauen haben sich in ihrer Verzweiflung zuerst an die Reichsvereinigung gewandt, denn damals konnte man mit einem Schreiben, mit dem man sich verpflichtete, binnen 24 Stunden Deutschland zu verlassen, Menschen noch rausholen aus den Lagern. Die Reichsvereinigung stellte solche Ausweise namentlich aus. Die Frauen hörten dies und baten das Palästina-Amt sowie die Auswanderungsbehörde, solche Bescheinigungen zur Verfügung zu stellen, um die Männer aus den KZ herauszubringen. Man hat den Frauen aber nicht geholfen.«[18] Daraufhin suchten sie Recha Freier auf: »Da wurde zu gleicher Zeit in Berlin im Palästinaamt die Auswanderung von Juden organisiert, und ich verlangte zuerst für die polnischen Juden die Zertifikate. Das wurde abgelehnt, denn die deutschen Juden sagten: Zuerst muß man mal die deutschen Juden retten.«[19] Empört über diese Haltung entwendete Recha Freier gemeinsam mit Rudolf Pick, Rechtsanwalt und selbst Mitarbeiter des Palästina-Amtes, die zur Freilassung notwendigen Papiere. Pick unterschrieb die Papiere. »Es gelang mir (…) im Palästinaamt einen zu finden, der mir hundert solche (Papiere, Anm. d. Autorin) auf meine Verantwortung stahl. Mit diesem Diebstahl also ging ich gleich zu den Frauen und bat sie, ihren Männern das zu verteilen. Und schon kamen die Männer heraus, und schon fing ich an, mit einer Stelle in Genf über ein Schiff zu verhandeln, und schon war das Schiff da, und schon fuhren die Männer ab. Na, das war eine Ermutigung, wieder hundert zu stehlen.«[20]

Die Zusage der Reichsvereinigung, die Frauen und Kinder der internierten polnischen Juden finanziell zu unterstützen, wurde plötzlich zurückgezogen. Recha Freier protestierte. Die Reichsvereinigung wollte diese Querelen nicht länger hinnehmen. Am 9. Februar 1940 bekam Recha Freier Post: »Das Präsidium des Palästina-Amtes und der Vorstand der Jugendhilfe haben mich beauftragt, Ihnen folgendes mitzuteilen: Beide Gremien haben heute in Übereinstimmung beschlossen, mit Rücksicht auf die Vorkommnisse der letzten Tage Ihre vorläufige Suspendierung von Ihren sämtlichen Ämtern zu verfügen.«[21] Eine Aussprache am 25. Februar, zu der sie in Begleitung von Rudolf Pick erschien, endete trotz ihrer ausführlichen Darlegungen ergebnislos. »Ich werde Ihnen die Motive meiner Handlung erklaeren, und ich werde von Ihnen Aufklaerung verlangen fuer die Ihren. (…) Sie haben mich von meinen Aemtern suspendiert. Sie haben mein Arbeitszimmer abgeschlossen. (…) Sie haben in meinem speziellen Ressort einen ›kommissarischen‹ Leiter eingesetzt, der beauftragt war, saemtliches Material von mir zu verlangen, nicht aber die Richtlinien meiner Arbeit zu uebernehmen. (…) Als ich vom Kongress in Genf zurueckkam, habe ich meinen Mitarbeitern mehrfach die Notwendigkeit und die Moeglichkeiten einer groesseren Alija Beth aus Deutschland vorgetragen. (…) Ich habe die Wege zur Realisierung selbst mehrfach angegeben und als den wesentlichen: Die Schaffung eines fuer den Zweck der Alija Beth bestimmten Fonds im Auslande. (…) Die Anfaenge der Schaffung eines solchen Fonds fanden einen konkreten Anlass in der Frage der Alija fuer die internierten Juden frueherer polnischer Staatsangehoerigkeit. Hier lag eine Aufgabe vor, deren Loesung unsere erste menschliche und zionistische Pflicht darstellt. (…) Mit dieser Notwendigkeit begann nun meine Disziplinlosigkeit. (…) Ich befand mich in dem Konflikt, mich entweder von den oeffentlichen juedischen Stellen (…) durch selbststaendige Bemuehungen fuer diesen Fall zu emanzipieren oder zuzusehen, dass alle (…) fuer uns so wertvollen Erfolge zunichte werden. (…) Warum haben Sie mich bei den Behoerden desavouiert? (…) Ich war doch im Gegenteil gezwungen, allein Schritte zu unternehmen und allein zu handeln. (…) Ich jedenfalls erklaere meinen Anspruch darauf, in diesem Hause den wichtigen Gremien anzugehoeren und deren Verantwortung mitzutragen. (…) Sie aber, meine Herren, drehen die Sache um und nennen das Disziplinlosigkeit. Fangen Sie doch bei sich selbst an, zeigen Sie Ihren Willen zur Hilfe und zur Bereitschaft zur Tat, dann werden Sie mich in vollster Disziplin in Ihrem Kreise haben.«[22]

Einem Einigungsvorschlag der Reichsvereinigung, der sie von ihren Ämtern in der Jugendhilfe auf Grund ihrer »Disziplinlosigkeit« suspendieren sollte und sie allein für die Transporte der »S.H.« vorsah, stimmte sie nicht zu. Daraufhin schrieb Herr Lyon, Leiter des Palästina-Amtes der Reichsvereinigung im März 1940: »(…) Das Präsidium stellt fest: Frau Freier hat die Disziplin der jüdischen Organisationen verletzt, und es sieht keine Möglichkeit, künftig eine aktive Mitarbeit von Frau Freier im Palästina-Amt anzunehmen.«[23]

Maayan Landau dazu: »Sie wurde zu Adolf Eichmann bestellt. (…) Eichmann nahm den Pass meiner Mutter, stempelte ihn ungültig und schleuderte ihn ihr ins Gesicht. Sie war denunziert, rechtlos, vollkommen auf sich alleine gestellt. Die Reichsvereinigung hatte sie preisgegeben.«[24] Während ihr Mann und die drei Söhne bereits in England waren, lebte die knapp elfjährige Tochter Maayan noch mit ihrer Mutter in Berlin. Recha Freier floh im Juli 1940 gemeinsam mit ihrer Tochter – und der Hilfe von Schmugglern – durch Österreich nach Jugoslawien. Von Zagreb aus organisierten Recha Freier, Aron Menczer und Nathan Schwalb gemeinsam und ebenfalls mit Hilfe der Schmuggler einen letzten illegalen Transport u. a. für polnisch-jüdische Kinder aus Berlin und Wien nach Jugoslawien. Die Reichsvereinigung weigerte sich, die Auswanderung der Kinder zu genehmigen. »Also mußte ich etwas tun. In ratlosen Situationen fürchte ich mich vor nichts, auch nicht vor Schwindel und Lüge. Ich schickte ein Telegramm nach Berlin: Hunderte Zertifikate, Einwanderungszertifikate (nach Palästina, Anm. d. Autorin) liegen hier, wenn die Kinder nicht kommen, mache ich einen Weltskandal!«[25]

Recha Freier und ihre Tochter sowie rund 90 der Kinder flohen nach dem deutschen Überfall auf Jugoslawien im April 1941 weiter und kamen im Sommer 1941 in Jerusalem an. Die anderen Kinder der insgesamt 140-köpfigen Gruppe, die nicht mitkommen konnten, gelangten durch Jugoslawien nach Italien und wurden bekannt als die »Kinder der Villa Emma«.[26] Recha Freier wurde nach ihrer Ankunft in Jerusalem die weitere Mitarbeit in der Jugend-Alijah verweigert. »Es gibt zwei Seiten der Jugend-Alijah, die eine ist voller Licht, die andere ist dunkel.«[27]

Der Weg nach Palästina: Formulare und »Ertüchtigung«

Die Jugend-Alijah war, im Vergleich mit den nach dem Novemberpogrom 1938 organisierten Kindertransporten[28] und der Kinderauswanderung in die USA[29], keine reine Rettungsbewegung, die ein beliebiges Land suchte, das Kinder aufnahm. Die Jugend-Alijah war vielmehr als programmatisch-ideologische Bewegung ins Leben gerufen worden. Dass sich diese Bewegung spätestens ab November 1938 auch zu einem Gutteil als Rettungswerk ver-

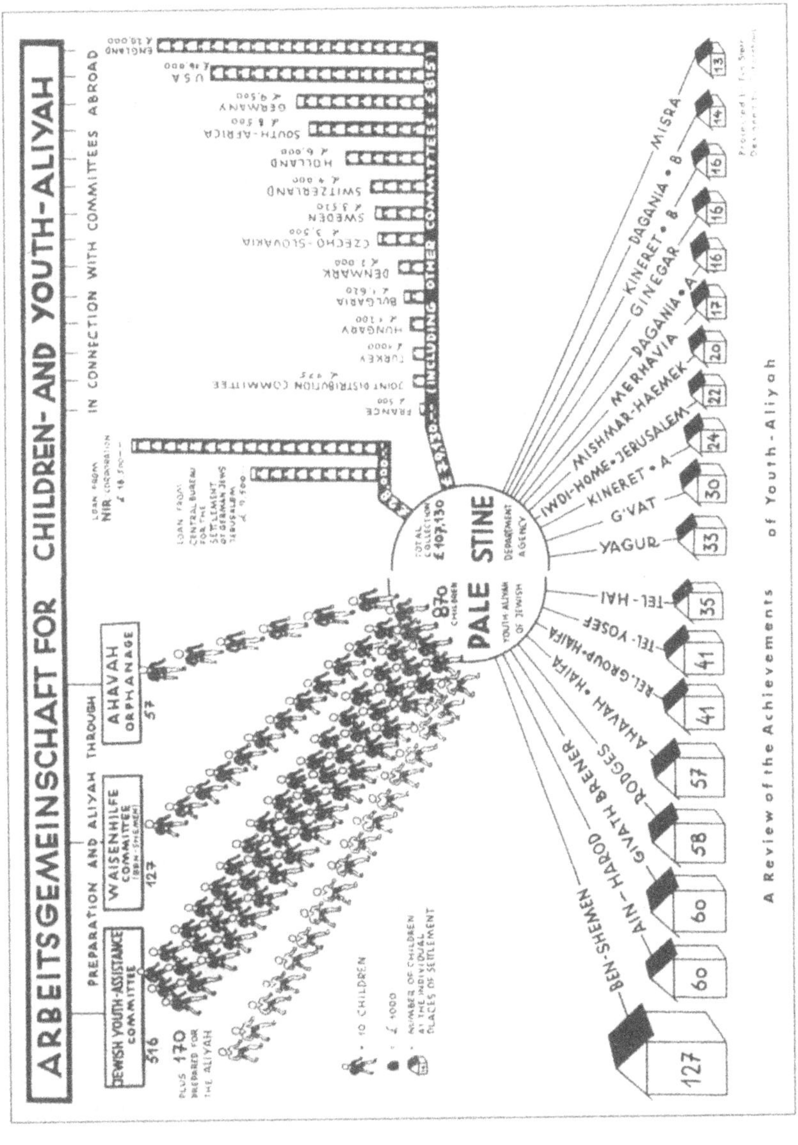

Abb. 1: Jüdische Jugendhilfe (Hg.): *Der Weg zur Jugend-Alijah.* Berlin 1938, S. 26 f.

stehen musste, war jedoch eine Folge der Zeitläufe. Trotzdem blieb die Grundstruktur der Jugend-Alijah auch für die auf den verschlungensten Wegen bis 1945 nach Palästina geholten Kinder und Jugendlichen gleich – es galt, sie in das zionistische Leben einzubinden und sie zu einem Teil des Aufbauwerks zu machen.[30] Geldmittel mussten beschafft und Zertifikate von den Briten ergattert werden. Auch mussten Kibbuzim und gegebenenfalls auch andere Unterbringungsmöglichkeiten für die Jugendlichen in Palästina fest an die Jugend-Alijah gebunden werden – dies waren die vordringlichsten organisatorischen Aufgaben. Finanziert wurde die Jugend-Alijah von der Reichsvereinigung, der Hadassah und Spenden aus dem Ausland. Bis 1936 waren in 18 Ländern Komitees zur Unterstützung der Jugend-Alijah ins Leben gerufen worden, die binnen drei Jahren 77.155 englische Pfund gesammelt hatten.[31]

Der erste Schritt eines Jugendlichen Richtung Palästina war die Einschreibung in die Jugend-Alijah. Das vorgegebene Alter: 14 bis 17 Jahre – wobei die Briten einen Jugendlichen, der einen Tag älter war als 17, nicht mehr ins Land ließen, da die der Jugend-Alijah vorbehaltenen Zertifikate eine besondere Kategorie bildeten. Die Einwanderung ins britische Mandatsgebiet Palästina war streng geregelt. Es gab verschiedene Einwandererkategorien, deren jeweilige Quoten die Mandatsmacht zweimal im Jahr neu festlegte. Es galten folgende Hauptkategorien für die Zertifikate: Kategorie A: Personen mit eigenem Vermögen. Unter A1 wurden so genannte Kapitalistenzertifikate verstanden, also Einwanderer mit einem Vorzeigegeld von 1.000 Palästina-Pfund. Kategorie B: Personen mit gesichertem Lebensunterhalt; Kategorie C: Arbeiterzertifikate; Kategorie D: Anforderung über Verwandte oder jüdische Organisationen, die den Immigranten die Existenz sicherten. Eine Sonderkategorie »Jugend-Alijah« für Jugendliche zwischen 15 und 17 Jahren, deren Unterbringung, Ausbildung und Lebensunterhalt auf zwei Jahre gesichert ist, existierte von 1935 an. Bis dahin wurde die Jugend-Alijah zunächst der Kategorie B3 – Studenten und Schüler, deren Lebensunterhalt bis zur Berufsausübung gesichert ist – zugeteilt. Eltern oder ein Vormund mussten der Einschreibung des Jugendlichen im Alter zwischen 14 und 16 Jahren in die Jugend-Alijah zustimmen. »Anmeldungen von 16–17jährigen können nur in Ausnahmefällen berücksichtigt werden, da zwischen Anmeldung und Alijah zumindest mehrere Monate vergehen. Hinzu kommt die pädagogische Erfahrung, die gezeigt hat, daß Jugendliche, die mit 17 Jahren erst die Jugend-Alijah beginnen, im Verlauf der zweijährigen Ausbildung aus dem Rahmen einer Jugend-Gemeinschaft herauswachsen.«[32]

Die nötigen Unterlagen zur Aufnahme umfassten einen von den Eltern auszufüllenden Fragebogen sowie einen Fragebogen, der von einem Leiter der jüdischen Jugendbewegung zu beantworten war, und ein ärztliches Attest.

Diese Unterlagen wurden von der Jugend-Alijah in eine Kartei eingeordnet, und zu gegebenem Zeitpunkt wurde ein Schreiben versandt, dass der Aufnahmeprozess beginne.

Die Kosten für die Jugend-Alijah betrugen um die 2.000 Reichsmark, wobei damit die Hachschara, die Reise und die zweijährige Ausbildung abgedeckt wurden. Weniger gut betuchte Eltern konnten einen Zuschuss oder die Übernahme der Kosten durch einen Fonds beantragen. Die Briten forderten zudem eine finanzielle Garantie auch in Form einer Bürgschaft, die bei Jugendlichen unter 16 Jahren 144 Pfund jährlich betrug, bei 16-Jährigen 96 Pfund und 48 Pfund für 17-Jährige. Diese Garantie übernahm die Jewish Agency. Im Übrigen konnte man mit rund 5 Pfund monatlich einigermaßen über die Runden kommen, d.h. die Bürgschaften waren recht hoch angesetzt.

Abb 2: Hachschara in Ahrensdorf, © Kinder- und Jugend-Alijah Deutschland.

Das Vorbereitungslager, eines der mehr als 40 Hachschara-Zentren, die es zunächst in Deutschland gab, war der nächste Schritt. »Das Lager steht meist unter der Leitung der Führer, die später mit der Gruppe nach Palästina gehen sollen. Das Vorbereitungslager dient dazu, die Eignung des Jugendlichen für die Alijah festzustellen und ihn zugleich mit der Gruppe bekannt zu machen, mit der er 2 Jahre zusammen leben soll.«[33]

Die Unterrichtsfächer in den Jugend-Alijah-Schulen und damit auch in den Hachschara-Zentren beinhalteten u. a. die so genannten Jüdischen Fächer: Hebräisch, Bibel, Jüdische Geschichte, Zionistische Geschichte und Palästinakunde – Letzteres im Jugendlichenjargon zu »Palku« verkürzt. Die »Allgemeinen Fächer« umfassten: Erdkunde, Naturkunde, Physik, Chemie, Literaturgeschichte, Gegenwartskunde, Musik, Gesang, Sport und Werken. Die Tage waren in etwa in vier Stunden praktische Arbeit, Land- und Hauswirtschaft sowie vier Stunden theoretischen Unterricht aufgeteilt.

»Schniebinchen ist größer, als ich gedacht habe, ca. 20 Höfe, eine Ziegelei und eine Wirtschaft. (...) Heute brauchen wir noch nicht zu arbeiten. (...) Abends gehen wir um ½ zehn zu Bett. Morgens stehen wir um ½ sieben auf. Von 8 – 12 Arbeit. Mittags Iwrith und Kurse. (...) Schlafen tun wir in einem großen Saale, in Feldbetten (...) Das Gut ist nach meinen Begriffen übrigens sehr groß. Außer uns sind auch noch ca. 20 junge Leute auf Mittleren-Hachscharah[34] (2 Jahre). Gesehen habe ich sie bisher noch nicht. Der Schlafraum ist sogar geheizt. Elektrisch Licht haben wir, und im Waschraum ist sogar fließendes Wasser. Brausen sogar und auch vorgewärmtes Wasser. (...) Das Kaff liegt wunderschön, viel Wald. Eine Ziegelei ist neben uns, sogar sehr groß. Die Luft ist hier wundervoll.«[35] – so Ernst Loewy im Dezember 1935 an seine Eltern.

Es gab am Ende der Vorbereitung – die zwischen vier und sechs Wochen betrug – eine Prüfung. Der 15-jährige Loewy schaffte es: »Ich bin bestätigt. (...) Jetzt finde ich endlich Zeit, euch ausführlicher zu schreiben. Wie ihr also gehört habt, bin ich also bestätigt. (...) Vor der Bestätigung haben wir alle mal mit den einzelnen Leuten gesprochen. Ich sprach mit Gisela und Hans Sternberg und Rülps, und alle drei sagten, dass für mich die Jugend-Alijah wohl der beste Weg sei, nach Erez zu gehen. Andere, die vielleicht noch besser waren als ich, sind nicht bestätigt worden, weil sie z.B. für die Mittleren-Hachschara geeignet sind. (...) Könnt ihr mir schon einen Pass besorgen? Es ist jetzt alles ziemlich eilig. Wir haben ungeheuer viel zu erledigen.«[36] Wer physisch oder auch psychisch als nicht geeignet befunden wurde, bekam jedoch keine »Bestätigung«, und es gab sogar Fälle, in denen die Jugendlichen von sich aus die Jugend-Alijah verließen: »Ingelore und Anneliese wollen nämlich freiwillig zurücktreten, sie wollen nicht mit hinübergehen. Ingelore sagt, sie könne sich nicht in die Chewrah (Gemeinschaft, Anm. der Autorin) eingewöhnen. (...) Hoffentlich komme ich auch nur mit. Es werden von hier doch eine ganze Menge zurückgeschickt werden.«[37]

Dass manche Jugendliche überhaupt keine »Bestätigung« erhielten, zog verständlicherweise Kritik auf sich. Doch es ist auch nicht zu unterschätzen, welchen Belastungen die Jugendlichen ausgesetzt waren: Trennung von den Eltern und der Familie, Verlust eines gewohnten Zuhause, Leben in einer relativ kleinen Gruppe mit recht straffer Organisation und zweijährigem

Lehrplan und nicht zuletzt das völlig ungewohnte Klima und eine im Vergleich mit westeuropäischen Verhältnissen völlig andere Lebensweise.

Nach der Bestätigung erfolgte der Versand der Examen nach Jerusalem an das Büro von Henrietta Szold, die daraufhin Kibbuzim um Aufnahme bat und die Zertifikate anforderte. In der Zwischenzeit kümmerten sich die Jugendlichen um ihre Ausrüstung. »Die Mitglieder der Gruppe bleiben während dieser Zeit untereinander in Verbindung und geben eigene Rundbriefe heraus. Es ist selbstverständlich von größter Wichtigkeit, daß sie ebenso wie vor dem Vorbereitungslager die Zeit bis zur Alijah intensiv ausnutzen und wiederum an den Lehrkursen der Jüdischen Jugendbünde teilnehmen.«[38]

Das »Material-Amt« in Berlin unterstützte bedürftige Jugendliche bei der Ausrüstung. Diese Hilfe nahmen im Laufe der Jahre fast alle Jugendliche in Anspruch, da die Eltern bereits durch die Fixkosten einer hohen Belastung ausgesetzt waren. Das »Material-Amt« bot Gepäck, Kleidung, festes Schuhwerk – zusammengestellt aus Spenden noch bestehender jüdischer Geschäfte, aber auch aus Warenlagern aufgelöster oder zwangsverkaufter jüdischer Betriebe.

Wenn alle Papiere zur Einwanderung eingetroffen waren und die Jugendlichen ihr Gepäck beisammen hatten, konnte die Reise losgehen. Zumeist starteten die Jugendlichen in Gruppen per Zug, mit dem es bis nach Triest ging, von wo die meisten Schiffe Richtung Palästina ablegten. Die Reise vom Ausgangspunkt bis Haifa dauerte in der Regel etwa eine Woche. »Einen Tag noch, und dann sind wir da. Ich bin ja so riesig gespannt auf alles. Die Seereise war aber doch bedeutend länger, als ich gedacht habe. (...) Wir sind gut hier angekommen, schon morgens um 6 Uhr. Um 5 Uhr mussten wir schon aufstehen. Ich bin noch auf dem Schiff. Miss Szold hat uns hier begrüßt. Wir fahren heute sofort nach Kirjat Anavim.«[39] Die Madrichim – Leiter der Gruppe – aus Deutschland sollten von nun an »ihre« Jugendlichen zwei Jahre lang bis zum Abschluss begleiten.

Die Situation der Juden in Deutschland und in Europa, aber auch die Bedürfnisse der Jugendlichen verlangte die Anpassung der Jugend-Alijah an ständig neue Gegebenheiten. So wurde bereits im Sommer 1934 ein eigenes Vorbereitungszentrum für eine religiöse Jugend-Alijah eingerichtet. Da es jedoch kaum Kibbuzim gab, die religiösen Jugendlichen eine angemessene Umgebung bieten konnten und die Kibbuzim selbst entschieden, ob sie Jugendliche aufnahmen, blieben diese in Deutschland. Die Kibbuzbewegung war säkular ausgerichtet, und religiöse Ansiedlungen verfügten entweder nicht über die Möglichkeiten, Jugendliche unterzubringen, oder ließen sich erst gar nicht in die Jugend-Alijah einbinden.

1937 gründete ein Jude aus Hamburg nahe Haifa das religiöse Jugenddorf Kfar Hanoar Hadati, und 1938 kamen dort die ersten Jugendlichen an, insgesamt 60 Kinder aus Deutschland. In der nächsten Gruppe waren bereits Jugendliche aus Polen, Österreich und der Tschechoslowakei dabei – die regionale Ausdehnung der Jugend-Alijah war logische Konsequenz der sich zuspitzenden Situation in Europa.

Nach dem »Anschluss« Österreichs am 13. März 1938 wurden sämtliche jüdischen und zionistischen Jugendorganisationen aufgelöst. Mit Einverständnis der NS-Behörden konnten jüdische Jugendbewegungen nach kurzer Zwangspause eingeschränkt weiterbestehen. Sie wurden unter dem Dach der Jugend-Alijah in Wien im Spätsommer 1938 zusammengefasst. Zur Auswanderung waren zu diesem Zeitpunkt 2.450 Jugendliche registriert, davon etwa 1.100 für die Jugend-Alijah. Es gab 16 Hachschara-Zentren in Österreich. Aron Menczer wurde im September 1938 Leiter der Jugend-Alijah Wien.[40] »Wer ihn kannte, vergisst ihn nicht. (…) Ich finde keine Worte für dieses stille Heldentum. Für mich wurde Aron Menczer das Symbol dessen, was das jüdische Volk und die Menschheit verloren haben.«[41]

Schließlich expandierte die Jugend-Alijah nach Prag, in die Slowakei und Polen. Ein Bericht aus dem Jahr 1938/39 besagte, dass im »Protektorat und der Slovakei (…) die Zahl der Jugendlichen zwischen 15 und 17 (…) in beiden Gebieten auf je 3.000 geschaetzt«[42] werde. In den Niederlanden, Dänemark, Luxemburg, Frankreich, Schweden, Jugoslawien, Litauen, Rumänien, Nordirland und England entstanden ebenfalls Jugend-Alijah-Zentren. Die meisten der Heime in diesen Transitländern dienten der Unterbringung Jugendlicher, die noch kein Zertifikat besaßen, aber aus dem »Dritten Reich« herausgeholt werden sollten.[43] 1938 wurde das Eintrittsalter in die Jugend-Alijah – nach scharfen Auseinandersetzungen mit den Briten und internen Diskussionen – auf 14 Jahre heruntergesetzt. So hatten bereits 13-Jährige eine Chance auf Rettung.

Nach dem Novemberpogrom 1938 versuchten etliche Ärzte der Jugend-Alijah, vor allem mit Hilfe Recha Freiers und Aron Menczers, auch jene Kinder als »geeignet« zu bestätigen, die es nach den üblichen Kriterien nicht waren. Angesichts der Ereignisse wurden die strengen Richtlinien in den Hintergrund gerückt und so wurden beispielsweise auch körperlich schwächere Kinder mitgeschickt. Um jedoch auch religiöse Jugendliche nach Palästina zu retten, wurden diese offiziell als Mitglieder säkularer, sozialistischer Jugendbewegungen geführt. 1938 nahm der Kibbuz Degania beispielsweise eine entsprechende Gruppe Jugendlicher auf. Selbstverständlich blieb dies nicht unentdeckt, da sich Beschwerden der Kibbuzim häuften: Jugendliche konnten die Arbeit nicht leisten oder verlangten mit Nachdruck lauthals nach einem ordentlichen Schabbat. Intensive Diskussionen zwischen Henrietta Szold, der Jewish Agency und den verschiedenen Zweigen der Jugend-Alijah mündeten in der Anweisung, die Regeln strikt zu befolgen.

Nach Beginn des Zweiten Weltkrieges versuchten Menczer, Freier und Nathan Schwalb nochmals alles in ihrer Macht stehende, um so viele Jugendliche wie möglich aus der Reichweite des »Dritten Reiches« nach Westeuropa zu retten. Derweil war es schier unmöglich, überhaupt noch Zertifikate der Briten zu erhalten. Im Mai 1941 wurde die Arbeit der Jugend-Alijah auf Anordnung der deutschen Behörden verboten. Im Oktober desselben Jahres wurde die Auswanderung von Juden generell verboten. Viele der Jugendlichen, die zu diesem Zeitpunkt noch in den Karteien der Jugend-Alijah verzeichnet waren, sind im Holocaust umgekommen. Ein Beispiel: Von 710 Jugendlichen, die im Mai 1941 in Wien registriert waren, überlebten nur 35 die Shoah, von den mehr als 30 Madrichim sogar nur zwei. Trotz interner Querelen, eigener administrativer Richtlinien und den Schwierigkeiten, die die britische Mandatsmacht bereitete: Der Jugend-Alijah gelang es, bis Oktober 1939 5.024 Jugendliche nach Palästina zu retten. Die meisten, rund 70 %, der Jugendlichen stammten aus Deutschland, 20 % aus Österreich und 7 % aus Prag. Angesichts der oben genannten Zahl der in Frage kommenden Jugendlichen aus Prag ist zu vermuten, dass die meisten von ihnen der Shoah zum Opfer fielen. Der Rest der bis dato Geretteten, ca. 3 %, verteilte sich auf Polen und andere Länder.

Bis 1935 zeigte die Statistik: Die Eltern der Jugend-Alijah-Mitglieder waren in ihren erlernten Berufen zu 42 % Geschäftsleute, zu 14 % Akademiker, zu 12 % Angestellte und zu 10 % Handwerker; 4 % gingen anderen Berufen nach. 12 % der Kinder hatten nur noch die Mutter, und diese war Witwe, 6 % der Kinder insgesamt sogar Vollwaisen. Mehr als ein Drittel aller Eltern war bereits arbeitslos.[44] Es ist anzunehmen und geht zudem aus Interviews hervor, dass sich diese Struktur kaum änderte, wobei die Arbeitslosigkeit der Eltern und damit die bereits erwähnte Abhängigkeit von der jüdischen Wohlfahrt von 1937 an erheblich zunahm.

Eine Mehrzahl der Jugendlichen kam erst nach 1933 mit den zionistischen Jugendbünden in Verbindung. Sie wurden entweder von Madrichim oder Geschwistern »rekrutiert«. Die Bünde boten den nach 1933 von deutschen Mitschülern oder Sportkameraden in steigendem Maße isolierten jüdischen Jugendlichen eine Alternative, neue Kameradschaft und ein Ziel – die Auswanderung nach Palästina. Die Jugend-Alijah war für die Betroffenen daher sowohl ideologisch als auch ethisch eine völlig neue Erfahrung und keineswegs eine Konsequenz aus früherer Erziehung durch die Eltern. Im Gegenteil: Spannungen zwischen Eltern und Kindern waren keine Seltenheit, wenn die Eltern eher assimiliert eingestellt waren und ihre Kinder nun an den Zionismus »verloren«. Zwischen 1933 und 1938 waren 70 % der Mitglieder in jüdischen Jugendbünden in Deutschland zwischen 14 und 17 Jahre alt, und damit genau im Alter der Jugend-Alijah. Mehr als 50 % der Eltern zeigten sich nicht einverstanden mit der Entscheidung ihrer Kinder für den Zionismus.[45]

Abb. 3: Jugendliche beim Hora-Tanz in einem Kibbuz, um 1937, © Kinder- und Jugend-Alijah Deutschland.

Für Mädchen war es nochmals schwieriger, ihre Eltern von einem Anschluss an die Jugend-Alijah zu überzeugen, denn der Irrglaube eines wilden, freien Lebens im Kibbuz und damit die Abwesenheit von Moral und Anstand war weit verbreitet. 1936 war nur ein Zehntel der Jugend-Alijah-Mitglieder Mädchen, und so rief die Jüdische Jugendhilfe gemeinsam mit der Reichsvertretung sogar Eltern dazu auf, gerade ihre Töchter registrieren zu lassen. Ein Jahr später zeigte sich ein erster Erfolg, die Zahl der Mädchen stieg an.[46]

Zustände wie in der Familie Freier – ein gelebter Zionismus – waren eher die Ausnahme im Leben deutscher Juden gewesen, weshalb es vielen Eltern auch suspekt erschien, ihre Kinder nun ausgerechnet dem Zionismus zu überlassen – von dem Schmerz der Trennung ganz abgesehen. Die Jugendlichen empfanden, obgleich sie ein »Abenteuer« und ein neues Leben in einem ersehnten Land erwarteten, die Trennung von den Eltern und Geschwistern durchaus als schmerzhaft. Es gab eine große Unsicherheit, wann oder, nach 1938, ob man sich überhaupt wiedersehen würde. »Meine Eltern haben nach der Kristallnacht gesehen, sie können nicht raus, aber die Kleinen – das waren meine Schwester und ich – müssen raus. (...) Ich kann es ehrlich sagen, ich wollte, dass der Zug auf dem Weg entgleist, wegen dieser Trennung von meinem Elternhaus, in dem ich so glücklich gewesen war, mich geborgen fühlte.«[47]

Auffallend ist, dass angesichts der »Trennung« von der einstigen Heimat in der Regel keine Wehmut entstand. Ausgrenzung und Isolation hatten bei den jungen Juden genug Spuren hinterlassen und Ablösungsprozesse von diesen Ländern in Gang gesetzt, um in dieser Hinsicht wirklich nach vorne schauen zu können – auch ungeachtet späterer Probleme in den Kibbuzim. Dies bedeutet aber wiederum nicht, dass die Abwendung von Deutschland oder Österreich einher ging mit Hass auf deutsche Kultur – im Gegenteil, Jugendliche vermissten die deutsche Sprache und Kultur durchaus.

Die Reise nach Palästina und das Erlebnis innerhalb der Gruppe selbst empfanden die meisten Jugendlichen aber als dermaßen aufregend und interessant, dass der Abschiedsschmerz zunächst überlagert wurde. Es gab demnach verschiedene Ebenen, auf denen diese Jugendlichen ihrer einstigen Heimat entgegentraten: zum einen eine manifeste ideologische und emotionale Abkehr, zum anderen eine auch durch die Eltern vermittelte, anhaltende Zuneigung zur Sprache und Literatur.

Nach den Jahren der »geregelten« Jugend-Alijah änderte sich alles – von Ende 1939 bis Mai 1945 konnten weitere rund 6.500 Jugendliche aus Europa mit Hilfe der Jugend-Alijah nach Palästina gelangen.[48] Nur eine verschwindend geringe Minderheit war nun noch per Hachschara auf das Leben im Land vorbereitet oder hatte eine zionistische Überzeugung im Gepäck. Die Mehrzahl der Kinder und Jugendlichen, die von 1941 an nun eintrafen, hatte den Holocaust überlebt.[49] Weitere 1.700 Jugendliche trafen in diesem Zeitraum vor allem aus Nordafrika und islamischen Staaten ein.[50]

Von der »Palästinakunde« zur Praxis

Einmal in Palästina gelandet, von Henrietta Szold in Empfang genommen und in offenen LKWs oder klapprigen Omnibussen über Schotterpisten in den jeweiligen Kibbuz oder die Ausbildungsstätte gefahren, die nunmehr das neue Zuhause sein sollten, brach die Realität über die Jugendlichen herein. Die deutschen Namen wurden gegen hebräische getauscht, aus Ingeborg wurde vielleicht Ruth und aus Hans Dov. Damit verlor man aber auch ein Stück Identität, denn der Name war mit dem Rufen, Schimpfen und auch den Zärtlichkeiten der Eltern verbunden gewesen.

Im Kibbuz Degania beobachtete ein »Alteingesessener«: »Da erhebt sich einer der Jugendlichen. Ein hochgewachsener Bursche. In noch unsicherem Hebräisch erzählt er vom Muß ihres Kommens. Noch zittert verhaltenes Abschiedsweh in seinen Worten. Er gedenkt der Eltern drüben. (…) Aber er hofft, daß das Leben im Lande, das Schaffen in Freiheit, der Lohn für den schweren Abschied sein werden.«[51]

Manfred schrieb aus Naaneh: »Jetzt beginnt unsere Arbeit, jetzt werden
wir uns bewähren müssen, (...) dieses Leben, das Aufbau heißt. Wir hoffen,
daß wir Erfolg haben werden. Wir wollen es.«[52] – und seine letzten Sätze:
»Jetzt, wo ich liege, bringt mir viermal am Tag ein Mädel (...) das Essen.
(...) Sie brachte Brühe mit Nudeln – und auch Kuchen. Ich sagte: Ihr sorgt
ja so gut für mich! Darauf sie: Nun, Deine Mutter ist doch nicht bei Dir! –
Da habe ich fast geweint.«[53]

Lisa aus Merchawia war hin- und hergerissen: »Ihr wundert euch vielleicht,
aber Ihr könnt nicht glauben, wie schwer es mir wird, mich in diese Chewra
einzuleben. (...) Ich merkte wieder ganz deutlich, wie anders ich bin als diese Menschen hier und wie wenig sie mich verstehen. (...) Es ist so, daß wir
Mädel fast alle weiter sind als die meisten unserer Jungen: das wirkt sich ziemlich schlecht aus. (...) Die Menschen des Kibbuz (...) sind ganz fabelhafte
Menschen, wie man sie bei uns kaum kennt.«[54]

Abb. 4: Feldarbeit in Ein Harod, um 1936, © Kinder- und Jugend-Alijah Deutschland.

Die Menschen, die Arbeit, das Essen – es war alles anders als in der alten
Heimat, und all diese Realitäten hatte die Jugend-Alijah auch in ihren Vor-
bereitungslagern nicht vermitteln können. Aus Ein Harod war zu verneh-
men: »Viel habe ich über das Land gehört und viele Vorstellungen habe ich
gehabt, auch viele falsche. (...) Ich laufe hinunter zum Auto, das uns zur
Arbeit fährt. (...) Kühle Luft bläst mir entgegen, ich friere. (...) Die Arbeit
ist schwer, besonders an Chamsintagen, wie wir sie neulich hatten. Dann

brennt die Sonne unbarmherzig (...) auf uns nieder. Und wir arbeiten, wir hacken (...). Die Hände sind voller Blasen, und wir haben Durst. Aber auch das ist Gewohnheit. Zuerst dachte ich nicht, daß ich das zwei Jahre und vielleicht das ganze Leben aushalten könnte. Aber jetzt freue ich mich an und mit der Arbeit.«[55] Rahel aus Ein Harod musste sogar ihre Eltern beruhigen: »Ihr habt Angst, daß ich krank werde usw. Wie kommt ihr denn nur auf solche Ideen? Es ist ganz klar, daß ich arbeite und nach der Arbeit müde bin. (...) Außerdem bin ich ja nicht zum Vergnügen hier, sondern ich will arbeiten, denn darauf bauen wir ja unser Leben auf.«[56]

Eine Auswertung von Tagebüchern verschiedener Gruppen der Jugend-Alijah, die sie meist etwa ein bis eineinhalb Jahre nach Ankunft im Land führten[57], sowie Interviews und Briefe machen folgendes Grundmuster deutlich:

Die Ankunft in Erez Israel war begleitet von der emotionalen und geradezu sinnlichen Überwältigung der Jugendlichen von der Landschaft, den Menschen und den Farben sowie Gerüchen des Landes. Nach der Einführung in das Kibbuzleben erfolgte die erste Konfrontation mit der Realität – Hauptprobleme waren zunächst: Die Umstellung auf das Hebräische als Alltagssprache und die ungewohnt harte Arbeit. Hinzu kam, was sich nach einigen Wochen in besonderem Maße herauskristallisierte, ein tiefer Antagonismus zwischen den Sabres[58] oder den schon mehrere Jahre im Land lebenden Kibbuzniks und den Neuankömmlingen aus Deutschland und Österreich. An die ungewohnte Arbeit konnten sich die meisten aus der Jugend-Alijah rasch gewöhnen, da sie dies als ihren Beitrag zum Aufbau begriffen. Die Sprachprobleme griffen jedoch tiefer und berührten die Wurzeln ihres Daseins. »Man ist teilweise angefeindet worden, wenn man Deutsch gesprochen hat. Das hatte zunächst mit der Schoah noch nichts zu tun. Wenn zum Beispiel während der Zeit in Kirjat Anawim in der Jugend-Alijah Leute aus dem Kibbuz uns junge Leute dort getroffen haben, dann sind sie über uns hergefallen, dass wir Hebräisch sprechen sollen. Aber das war 1936, 1937. Und für die spätere Zeit möchte ich sagen, dass gerade die, die aus Deutschland hierhergekommen sind, sicher die letzten waren, die diese furchtbaren Dinge, die geschehen sind, geglaubt haben. Das ist unmöglich, das kann nicht sein! Als es dann klar wurde, dass es doch so ist, hat es vielleicht auf alles mögliche Einfluss gehabt, aber ganz sicher nicht darauf, dass die Leute nicht weiter Deutsch gesprochen haben.«[59]

»Lamdu Ivrith!« – Sprecht Ivrith! – Die alt-neue Sprache sollte fester Bestandteil des Alltags werden, und die gemeinsame Sprache war auch Ausdruck der zionistischen Zukunft. Dabei wurde jedoch von vielen Kibbuzniks, die die Jugendlichen in Empfang nahmen, zunächst nicht bedacht, dass Deutsch als die Sprache, in und mit der sie aufgewachsen waren, auch die Sprache der Eltern war, die man hatte zurücklassen müssen. Deutsch war das Elternhaus, nicht Deutschland als Heimat. Deutsch waren die Kinderlieder, die ihre Eltern ihnen vorgesungen, und Deutsch waren die Bücher, die die Eltern im Regal stehen hatten. Deshalb war das Deutsche ein Bindeglied zu den Liebsten und den Freunden zu Hause. So kam es, dass Mitglieder der Jugend-Alijah ihre Eltern baten, ihnen Exemplare der deutschsprachigen *Jüdischen Rundschau* zu schicken, außerdem Bücher, nicht zuletzt Schallplatten und Noten – von Mozart, Beethoven und Bach.

»Für die Freizeit, die wir sehr selten haben, haben wir uns eine Bücherei eingerichtet, in der wir fast alle unsere Bücher abgegeben haben. Mir fällt dabei ein: schickt mir bitte deutsche Zeitungen (...).«[60] Rund zwei Drittel der während der zwei Jahre dauernden Ausbildung von diesen Jugendlichen ausgeliehenen Bücher waren in deutscher Sprache.[61] Aus dem Kibbuz Karkur kam sogar folgender Brief: »Am Weihnachtsabend haben wir im Radio Deutschland gehört: Glockenspiel aus den verschiedensten Städten des Reiches!«[62] Es war nicht nur der Verlust der Eltern und der einstigen Umgebung, sondern auch das geringe Interesse an einem wirklichen Kulturleben, was viele der Jugendlichen enttäuschte. Sie waren in kulturell interessierten Elternhäusern aufgewachsen, und trotz der harten Arbeit hungerten sie nach Kultur. Der geistig weit über sein Alter hinausgewachsene Ernst Loewy konstatierte wenige Monate nach seiner Ankunft: »Über das ganze innere Leben der Kwuzah bin ich persönlich äußerst enttäuscht. (...) An geistigen Dingen haben sie nicht das geringste Interesse. Am Tag arbeitet man, nachts schläft man, und am Schabbath geht man spazieren. Mit geistigen Dingen beschäftigt man sich nicht. Es gibt keine Vorträge, man liest keine Bücher. (...) Man ist mit dem Geringsten hier zufrieden. (...) Meiner Ansicht nach ist das Leben in der Kwuzah sehr unfrei, der einzelne Mensch hat keinen eigenen Willen mehr, was er tut, ist alles nur für die Kwuzah. Persönliches und Privates, soweit es das überhaupt gibt, kommt immer weit nach dem Allgemeinen. (...) Dass ich aber nicht mein ganzes Leben in einer Kwuzah bleibe, dessen bin ich mir schon jetzt ziemlich sicher.«[63]

Ein solch endgültiges Urteil fällten jedoch die Wenigsten, und im Gegensatz zu Ernst Loewy, der den Kibbuz verließ und zunächst Buchhändler in Tel Aviv wurde, blieben die meisten aus der Jugend-Alijah dem Kibbuzleben auch nach Ablauf der zwei Jahre zunächst treu. Doch ein Hunger nach Kultur blieb – und es waren oft die Absolventen der Jugend-Alijah, die in späteren Jahren Musik, Literatur, Kunst und Ausstellungen in die Kibbuzim holten. Die sprachlichen Barrieren waren zu überwinden, denn auf dem Stundenplan der Jugend-Alijah stand auch weiterhin Hebräisch. »Jugend-Alijah bedeutete zwei Jahre lang täglich vier Stunden Arbeit, vier Stunden lernen oder umgekehrt, und wir haben sehr intensiv gelernt. Es gab kein vorprogrammiertes Lehrverzeichnis, was zu lehren ist. Es war nicht auf Abitur gemünzt. Jeder Kibbuz oder jede Institution machte es nach seiner eigenen Façon.«[64]

Zentrales Problem der ersten Zeit war die Begegnung mit den Alteingesessenen. »Allmählich fangen die ersten Schwierigkeiten an (...). Besonders bei den Mädchen machen sich Enttäuschungen bemerkbar. Sie haben sich das ganze Leben hier, das Zusammenleben mit den Palästinensern (gemeint sind hier die Sabres, Anm. der Autorin) irgendwie romantischer vorgestellt.«[65]

»Wie oft hört und liest man die Behauptung, dass die Jugend aller Länder gleich ist. Wie gründlich falsch diese Behauptung ist (...). Nachdem wir ein halbes Jahr im Land waren, trafen wir zum ersten Mal mit palästinensischer Jugend (...) zusammen. Damals waren wir auch schon keine Neulinge mehr im Land. Wir hatten die Schwierigkeiten der Einordnung hinter uns und beherrschten auch schon bis zu einem gewissen Grade die hebräische Sprache, sodass wir uns verständigen konnten. (...) Das Erste, was wir erkennen mussten, waren die ganzen Unterschiede, die zwischen uns und dieser Jugend bestanden. Wir kommen aus der Galuth (Exil, Anm. der Autorin). Unser Leben dort, das Schwere des Judeseins, und nicht zuletzt die Faktoren, die unsere Alliyah verursachten, hatten uns gelehrt, alle Dinge, die um uns herum vorgingen, viel problematischer und schwerer zu sehen. Dann kamen wir auch aus Europa, aus einem Land, in dem alles schon sehr entwickelt und fertig ist. (...) So kamen wir dann mit dieser Jugend zusammen. Den Stempel der Galuth auf uns. (...) Wie dagegen sah das Leben der palästinensischen Jugend aus! (...) viel einfachere, unproblematischere Menschen (...). Diese Jugend hatte nie die Galuth erlebt. Erlebt, wie man Juden höhnt und schlägt. Sie war darum auch frei, ohne das Minderwertigkeitsgefühl der Galuth-Juden aufgewachsen. (...) Wir waren nicht einfach genug, ihre Leichtigkeit, ihre Schnelligkeit, mit der sie sich über alle Dinge hinwegsetzten, billigen zu können. (...) Die deutsche Jugend wurde von allen Seiten des Hochmutes beschuldigt. (...) Dass (...) man die Gemeinsamkeit mit uns, aus unseren Fehlern ableitend, ablehnte, musste natürlicherweise zu Abgründen zwischen beiden Teilen führen (...). Aber eine gemeinsame Basis musste doch gefunden werden. Wir haben ja gemeinsame Ziele, eine gemeinsame Jugendbewegung (...). Beide Teile können sich gegenseitig viel geben und ergänzen. Für uns wäre es gut, wenn wir ein bisschen von unserer Schwerfälligkeit verlieren würden, und dafür etwas leichter und einfacher werden würden. Für die Palästinenser gilt dieser selbe Prozess in umgekehrt. (...) Es muss uns ein Ziel werden, dies Problem in eine positive Richtung hin zu lösen.«[66]

Unterschiede zu den Sabres, aber auch innerhalb der Gruppenmitglieder, die zwei Jahre zusammen verbringen sollten, bestanden ohne Zweifel: »Deshalb mussten sich schon sehr bald, nachdem die erste große Freude über die Errettung aus der Hölle Österreichs und über die Alijah verflogen waren, verschiedene Probleme herauskristallisieren, die sich durch verschiedene Unterschiede innerhalb der Chevrah (Gemeinschaft, Gruppe, Anm. d. Auto-

rin), wie Bildungsniveau, Herkunft aus verschiedenen Kreisen usw., ergeben
haben, (…) glaube ich, daß wir das Ziel der Einigung der Chevrah erreichen
werden.«[67] Diesem sehr analytischen Blick und dem Willen zur Verständigung kann folgende Aussage als Ergänzung dienen: »Nachdem wir unser
Leben hier schon geregelt haben, lösen sich viele Chevrafragen von selbst
(…). Auch fängt man an, sich mit der Chevra zu beschäftigen, und sich als
solche zu fühlen.«[68]

Abb. 5: Pause während der Arbeit, © Kinder- und Jugend-Alijah Deutschland.

Der innere Zusammenhalt der Chevra entstand durch das gemeinsame Lernen und Arbeiten, die gemeinsamen Probleme mit den Sabres und nicht selten auch durch in der Gruppe entstehende tiefe Freundschaften und, je nach
Alter, auch durch Paarbildungen. Hinzu kam, dass allen gemeinsam die Sorge um Eltern und Freunde war. Die Angst vor arabischen Überfällen, bei
denen es sogar Tote gab – auch Mitglieder der Jugend-Alijah starben bei
Angriffen auf Kibbuzim –, schweißte sie ebenfalls zusammen. Erste Tijulim –
Ausflüge – durch das Land und das nicht enden wollende Staunen über dessen Vielfalt und Schönheit ließ die Verbundenheit mit Erez Israel und nicht
zuletzt das Verständnis für manche Schroffheit der Sabres wachsen.

Auf der anderen Seite gab es eindringliche Appelle von jüdischen Organisationen und auch der Jugend-Alijah an die Kibbuzniks, den Jugendlichen bei der Eingewöhnung zu helfen und sie nicht als verwöhnte, bourgeoise Salonzionisten zu diskreditieren. Hinzu kam, dass die sich stetig verschlimmernden Nachrichten über die Judenverfolgung und, nach 1939, den Massenmord an den Juden Europas dazu führten, dass den Jugendlichen mehr Zuneigung und Feingefühl entgegengebracht wurde.

Bis Ende 1939 kann das Erfahrungsmuster der meisten Jugend-Alijah-Mitglieder in folgende »Jahresringe« eingeteilt werden: Nach etwa vier bis sechs Monaten der Begeisterung für Land und Leute erfolgte Ernüchterung und eine Phase tiefer Enttäuschung, während derer eine erneute Zuwendung zu deutscher Kultur festzustellen war. Es folgten rund zwölf Monate der Auseinandersetzungen, des Ringens um neue Wurzeln und ein »Wir-Gefühl«. Die meisten Probleme konnten, nicht selten mit Hilfe von Mitarbeitern der Jugend-Alijah, gelöst werden. In den letzten sechs bis acht Monaten der Ausbildung konnten somit eine Anpassung an das Leben und eine neue Zuneigung zu Land und Leuten entstehen. Die Jahre in der Jugend-Alijah waren für die Jugendlichen eine Phase der Neupositionierung und des selbst erkämpften Neuanfangs. Am Ende stand die Erkenntnis: »Es ist kein leichter Weg von Vergil zur Mistgabel. (...) Aber je länger wir hier sind, desto näher fühlen wir uns am Ziel (...).«[69]

»Es gibt eine Hoffnung für deine Kinder« (Buch Jeremias 31.17)

»Schade, daß mein Bruder noch nicht sein Zertifikat bekommt. (...) Am Kai wollte ich ihn abholen, und dann hätte ich mir meinen Bruder unter den Arm geklemmt und wäre mit ihm losgefahren: rauf nach Tel Chaj und weiter zum Hermon, wo immer Schnee liegt. Runter zum Toten Meer, wo es heiß ist wie im Backofen. Und dann in die Wüste, dann hin zum grünen Emek, dann in die Hule-Sümpfe, dann auf den Gilboa, wo Saul und David Schlachten schlugen. Im Mittelländischen Meer hätten wir gebadet, und nur mit Mühe hätten wir uns aus den Strudeln des Jordan retten können. Und mitten aufs Tote Meer hätten wir uns gesetzt. Der Mond scheint, wir sitzen auf dem Wasser, lesen Zeitung, essen Spiegeleier und nehmen ab und zu etwas Salz aus dem Wasser, um die Spiegeleier zu bestreuen. – Land voller Wunder, wundervolles Land! Mensch, Bruder, (...) kümmere Dich um Dein Zertifikat. (...) Der Orient! Hier geht die Sonne früher auf, hier fällt Dir Dein Schatten nur ein Stückchen um die Füße, hier sprechen die Araber arabisch und die Juden jüdisch, (...) hier laufen die Kamele auf den Straßen herum, (...) hier ist die Eisenbahn Schmalspur, hier sind die Lokomotiven von Hartmann aus Chemnitz. Wo keine Eisenbahn fährt, da fährt der Omni-

bus, und wo kein Omnibus fährt, da fliegen Flugzeuge, und wo keine Flugzeuge fliegen, da ziehen Karawanen – und das ist mitten in der Wüste. Dort
ist weit und breit kein Strauch, dort kannst Du mit Dir selber Versteck spielen. Da stehst Du auf einer Sanddüne, hältst beschattend die Hand über die
Augen, und auf Deinen Wink sprengen vierzig arabische Hengste mit ihren
Reitern hervor, und Du raubst Diamanten und Opium, und die Sonne
bleicht der Toten Gebein! Und Du spielst Ali Baba und die vierzig Räuber,
und Du wirst sagen können: Man nennt mich den Herrn der Wüste, ich bin
der Räuber Orbasan. (…) Das Abenteuer wartet! (…) Dies soll kein Propa-
gandabrief sein für den Fernen Osten; denn es ist die lautere Wahrheit.«[70]
Das Leben der Jugendlichen war jedoch trotz dieser Schilderung eines
Jugendlichen alles andere als ein orientalisch-märchenhaftes Abenteuer, denn
es bedeutete eine immense Umstellung. Es war ein absoluter Neuanfang, und
es gab Momente oder gar Wochen und Monate der Trauer und der Verzweiflung, obgleich die Jugend-Alijah sowohl vorbereitend-konzeptionell als
auch praktisch und damit im Land selbst das Möglichste unternommen hatte, den Jugendlichen den Wert ihres Wirkens und ihrer Arbeit als Teil des
Aufbaus einer jüdischen Gemeinschaft zu vermitteln. Es gab immer wieder
innerhalb der Gruppen Beratungen und Gespräche und vielfältige Versuche,
Konflikte zwischen den Kibbuzniks und den jungen Pionieren zu schlich-
ten – in der Regel erfolgreich. Wer gar nicht im Kibbuz zurechtkam, erhielt
in seinem Bestreben, einen anderen Beruf zu ergreifen, Beistand. Sicher, es
sind Fälle von tiefer Verzweiflung bekannt – vor allem bei Jugendlichen, die
ihre Eltern und Verwandten im Holocaust verloren. Es sind auch Fälle von
Selbstmord bekannt. Trotzdem – insgesamt gesehen war die Arbeit der
Jugend-Alijah erfolgreich. Von jenen, die bis Mai 1939 ihren Abschluss in
der Jugend-Alijah machten, blieben 76% in einem Kibbuz, 15% entschieden sich, in einer anderen genossenschaftlichen Kommune wie z. B. einem
Moshav, zu leben, 8% gingen in die Stadt und nur 1% verließ das Land. Von
jenen, die bis 1940 nach Palästina kamen und demnach bis 1942 ihren Abschluss machten, blieben 70% in den Kibbuzim. Nur 2% der Jugendlichen
wurden zwischen 1933 und 1939 wegen gravierender Probleme aus dem Programm herausgenommen. Zwischen 1939 und 1945 stieg diese Zahl auf 5%
an, weil die traumatischen Erfahrungen der Kinder, die den Holocaust erlebt
hatten, dort nicht aufgefangen werden konnten.[71] Diese Kinder wurden in
besonderen Einrichtungen oder bei Einzelfamilien untergebracht.
Geboren aus der Situation des Jahres 1932, erweitert zu einem europäischen Netzwerk, basierend auf zionistisch-humanistischen Prinzipien und
einer straffen internen Organisation, getragen von Persönlichkeiten, die das
Wohl der Jugendlichen nicht aus den Augen verloren, bedeuteten die Jahre
in der Jugend-Alijah und auch das Leben »danach« nicht nur Rettung, sondern auch Neuorientierung. Die Jugendlichen und später auch Kinder wur-

den aus der Isolation in eine neue zukunftsweisende Welt hinübergerettet. So wurden sie nicht nur physisch vor dem Holocaust bewahrt, sondern in vielerlei Hinsicht auch seelisch geborgen.

Aus dem märchenhaft-fernen Erez Israel wurde zunächst die harte Realität, doch aus dem Boden, den man beackerte und dem man Früchte und Gemüse abtrotzte, wurde das Land, dem man sich zugehörig fühlte. Die Jugend-Alijah bedeutete in diesen Jahren der Verfolgung und Vernichtung nicht nur die Rettung, sondern führte auch zu einer neuen Verwurzelung in einem Land, das man mit den Problemen und Schwierigkeiten des Alltags als das seine annahm.[72] Daher kann die Geschichte der Jugend-Alijah bis 1940 als Erfolgsgeschichte bezeichnet werden und steht damit in großem Gegensatz zu anderen Rettungsaktionen für Kinder und Jugendliche, denn die Erfahrungen vieler, die nach 1938 mit den »Kindertransporten« nach England kamen, waren oft auch Geschichten der Ausbeutung und Demütigung.[73]

Hilfe für Überlebende

Rund 90 % der Jugendlichen und Kinder der Jugend-Alijah mussten bereits vor oder spätestens nach dem Ende des Zweiten Weltkrieges den Verlust ihrer Familien durch den Holocaust verkraften. Eine nicht genau bestimmte Anzahl männlicher Jugend-Alijah-Absolventen – es ist von mindestens 1.000 auszugehen – verließ nach 1943 kurzzeitig den Kibbuz, um sich der britischen Armee oder der 1944 gegründeten Jewish Brigade anzuschließen und dadurch ihren eigenen Kampf gegen NS-Deutschland auszufechten.[74] Ebenso engagierten sich nach 1945 viele von ihnen in der Bricha, der jüdischen Fluchthilfeorganisation, die Überlebende aus Europa nach Palästina schleuste.[75] Die Waisen des Holocaust standen nicht selten unter den Fittichen derer, die bis 1939 selbst aus Europa herausgeholt worden waren. »Das Ziel der jüdischen Soldaten war nicht nur zu kämpfen, sondern auch zu retten und Hoffnung zu geben. (…) Mit falschen Papieren haben wir alle Grenzen überschritten, um jüdische Kinder zu retten, die noch in Wäldern und verschiedenen Verstecken waren. (…) Viele haben den Befehl bekommen, in Europa zu bleiben, um die Überlebenden zu organisieren und speziell den Kindern, die in den verschiedenen Flüchtlingslagern waren, etwas Erziehung zu geben. (…) Tatsache ist, dass Tausende Kinder nachher nach Zypern geschickt wurden, wo die Engländer sie mit den anderen illegalen Leuten in Lagern gehalten haben. Und dort haben wir mit der Hagana (jüdische Untergrundarmee, Anm. der Autorin) die Aliyat Hanoar, die Jugend-Alijah organisiert: Schule und Lehre und auch militärische Ausbildung, unter der Nase von den Engländern.«[76]

Rund 1,5 Millionen jüdische Kinder und Jugendliche bis 16 Jahre sind in der Shoah ermordet worden. Die Überlebenden dieser Altersgruppe waren wegen ihrer Erfahrungen oft verschlossen und jähzornig – und die Jugend-Alijah kümmerte sich nach dem Zweiten Weltkrieg um rund 16.000 dieser Kinder und Jugendlichen, denn »die Jugend-Alijah ist nicht nur ein Mittel, um den von ihr betreuten Kindern die physische und seelische Gesundheit wiederzugeben, sondern auch den Glauben an menschliche Liebe und Würde.« (Albert Einstein[77])

1 Der Beitrag ist auch Resultat eines mehrmonatigen Research Fellowships in Yad Vashem/ Jerusalem im Jahre 2004. Ein großzügiges Stipendium des »Baron Frederick Carl von Oppenheim Chair for the Study of Racism, Antisemitism and the Holocaust« ermöglichte eine intensive Recherche und Begegnungen mit Zeitzeugen. — 2 Alijah – hebräisch: »Aufstieg«, ein Synonym für die Einwanderung von Juden nach Palästina und ins heutige Israel. — 3 Gudrun Maierhof: »Recha Freier – Zwischen Zionismus und Widerstand«. In: Inge Hansen-Schaberg, Christian Ritzi (Hg.): *Wege von Pädagoginnen vor und nach 1933.* Baltmannsweiler 2004, S. 139–150. — 4 Vgl. Nathan Höxter: *Jüdische Pionierarbeit.* Konstanz 2000. — 5 Maayan Landau in einem Interview mit der Autorin in Jerusalem im März 2003. — 6 Recha Freier: *Auf der Treppe. Gedichte.* Hamburg 1976. — 7 Monika Ogorek: *Recha Freier und die Gründung der Jugendaliyah. Porträt einer ungewöhnlichen Frau.* Rundfunk-Feature. Sender Freies Berlin. August 1984, S. 6. — 8 Erez Israel – hebräisch: das Land Israel. — 9 Vgl. Joan Dash: *Summoned to Jerusalem. The Life of Henrietta Szold.* New York u. a. 1979, S. 232; Recha Freier: *Let the children come. The early history of Youth Alijah.* London 1961, S. 14. — 10 Vgl. Joan Dash: *Summoned to Jerusalem* (s. Anm. 9), S. 232. — 11 Der am 4. April 1892 in Berlin geborene Siegfried Lehmann war Kinderarzt. Nach dem Ersten Weltkrieg gründete er in Kovno (Kaunas in Litauen) ein Heim für Waisenkinder. Der Hilfsverein der deutschen Juden unterstützte seine Pläne, in Palästina ein Kinderheim zu eröffnen. Lehmann wanderte 1927 nach Palästina ein und gründete noch im gleichen Jahr das nahe Lod liegende Kinder- und Jugenddorf Ben Shemen. 50 Kinder wohnten anfangs in dem Dorf – in den 1950er Jahren waren es 700. Nachdem die Jugend-Alijah offiziell ins Leben gerufen worden war, wurde das Kinderdorf Ben Shemen offizieller Partner der Jugend-Alijah und auch von der Hadassah unterstützt. Unter seiner Leitung wurde Ben Shemen zur größten jüdischen Kinder- und Jugendsiedlung im vorstaatlichen Israel. Vgl. Norman Bentwich: *Ben Shemen. A Childrens' Village in Israel.* Jerusalem ca. 1958; Wolf von Wolzogen, »›… Dieser Geist von Ben Shemen hat mich sehr der jüdischen Kultur näher gebracht‹. Das Kinder- und Jugenddorf Ben Shemen zwischen Berlin und Lod – Eine Skizze«. In: Monika Lehmann, Hermann Schnorbach (Hg.): *Aufklärung als Lernprozeß. Festschrift für Hildegard Feidel-Mertz.* Frankfurt/M. 1992, S. 256–274. — 12 Monika Ogorek: *Recha Freier und die Gründung der Jugendaliyah* (s. Anm. 7), S. 24. — 13 Jewish Agency for Palestine: Interessensvertretung der in Palästina lebenden Juden bei der britischen Mandatsregierung, dem Völkerbund und zwischen 1947 und 1948 bei der UN. Jewish Agency: Seit 1948 ist sie vor allem für die Eingliederung von Einwanderern und die Siedlungsarbeit zuständig. — 14 Silberschein war polnischer Parlamentsabgeordneter und Delegierter des Jüdischen Weltkongresses, hatte im August 1939 am Zionistenkongress in Genf teilgenommen und war wegen des deutschen Überfalls auf Polen in der Schweiz geblieben. — 15 Yad Vashem Archiv, P1/4, Erklärung von Recha Freier vor dem Präsidium des Palästina-Amtes am 25. Februar 1940. — 16 Hachschara – hebräisch: Tauglichmachung.

Vorbereitung und Ausbildung auf ein Leben als Handwerker, Bauer und Arbeiter in Palästina. — **17** Hechaluz: Erste Gruppen dieser Pionierbewegung gab es seit der Zeit des Ersten Weltkrieges in den USA und Russland. 1921 konstituierte sich der Hechaluz während des Zionistischen Weltkongresses. Der deutsche Landesverband gründete sich 1922 und besaß 1928 etwa 500 Mitglieder. Die Weltzentrale hatte zwischen 1939 und 1945 ihr Büro in Genf. Gemeinsam mit der Jugend-Alijah, mit der sie eng kooperierte, zählte sie zu den herausragenden Rettungsorganisationen für Kinder und Jugendliche während der Shoah. — **18** Maayan Landau (s. Anm. 5). — **19** Monika Ogorek: *Recha Freier und die Gründung der Jugendaliyah* (s. Anm. 7), S. 23. — **20** Ebd., S. 24. — **21** Yad Vashem Archiv, P1/4, Blatt 92. — **22** Yad Vashem Archiv, P1/4, Erklärung von Recha Freier vor dem Präsidium des Palästina-Amtes am 25. Februar 1940. — **23** Yad Vashem Archiv, P1/4, Blatt 94. — **24** Maayan Landau (s. Anm. 5). Nota bene: Rudolf Pick legte nach der Flucht Recha Freiers all seine Ämter nieder. Er wurde 1941 nach Riga deportiert und getötet. — **25** Monika Ogorek: *Recha Freier und die Gründung der Jugendaliyah* (s. Anm. 7), S. 31. — **26** Vgl. den Beitrag von Klaus Voigt in diesem Band und sein Buch: Klaus Voigt: *Villa Emma. Jüdische Kinder auf der Flucht 1940–1945* (Reihe Solidarität und Hilfe für Juden während der NS-Zeit. Bd. 6). Berlin 2000. — **27** Recha Freier: *Let the children come* (s. Anm. 9), S. 75. — **28** Vgl. die Beiträge von Claudia Curio und Andrea Hammel in diesem Band. — **29** Vgl. Gudrun Maierhof, Chana Schütz, Hermann Simon: *Aus Kindern wurden Briefe. Die Rettung jüdischer Kinder aus Nazi-Deutschland.* Berlin 2004. — **30** Eine ausführliche Beschreibung und Analyse der Organisation der Jugend-Alijah bis 1945 ist im Rahmen des Beitrags nicht möglich, deshalb beschränke ich mich im Folgenden auf die Zusammenfassung der Fakten. Ergänzende Lektüre: Brian Amkraut: *Let our children go: Youth Aliyah in Germany 1932–1939.* Diss. at New York University in 2000; Norman Bentwich: *Jewish Youth comes home. The story of the Youth Aliyah 1933–1943.* London 1944; Rita Bockelmann: *100.000 Kinder finden eine Heimat. Geschichte und Aufgaben der Kinder- und Jugendaliyah.* Wuppertal 1967; Reuven Golan: »Youth Aliyah in Europe at the brink of War«. In: *Dapim.* Tel Aviv. März 1959, S. 22–24 (Hebräisch); Jorgen Haestrup: *Passage to Palestine. Young Jews in Denmark 1932–1945.* Oxford 1983; Moshe Kol: *Youth Aliyah. Past, present and future.* Jerusalem 1957; Gudrun Maierhof, Chana Schütz, Hermann Simon: *Aus Kindern wurden Briefe* (s. Anm. 29); Chasya Pinkus: *Von den vier Enden der Erde ... Israels Kinder kehren heim.* Zürich 1971; Chanoch Reinhold: *Youth builds its home. Youth Aliyah as an educational Movement.* Tel Aviv 1953 (Hebräisch); *Rettet die Kinder! Die Jugendaliyah 1933–2003. Einwanderung und Jugendarbeit in Israel.* Hg. v. Susanne Urban, und die Jugend-Aliyah Deutschland, Frankfurt/M., Kinder- und Jugend-Aliyah 2003; *Vor den Nazis gerettet. Eine Hilfsaktion für Frankfurter Kinder 1939/40.* Hg. v. Georg Heuberger (= Schriftenreihe des Jüdischen Museums Frankfurt/M., Bd. 3) Sigmaringen 1995. — **31** *Youth Aliyah*, published on the occasion of the Youth-Aliyah-conference in Amsterdam, 1935, o. O., 1935, S. 28. — **32** Jüdische Jugendhilfe (Hg.): *Der Weg zur Jugend-Alijah.* Berlin 1938, S. 5. — **33** Ebd., S. 10. — **34** Die Mittleren-Hachschara umfasste ebenfalls 14- bis 17-Jährige, die jedoch zu einer zweijährigen Vorbereitung herangezogen wurden, vor allem auf Betreiben des Hechaluz. — **35** Ernst Loewy: *Jugend in Palästina. Briefe an die Eltern 1935–1938.* Hg. v. Brita Eckert. Berlin 1997, S. 35. Ernst Loewy, geboren 1920 in Krefeld, gestorben 2002 in Frankfurt/M. Verließ 1935 wegen des Antisemitismus die Schule ohne Abschluss. Im Dezember 1935 kam Loewy in das Hachschara-Zentrum Gut Schniebinchen, Anfang April 1936 erreichte er Palästina und lebte im Kibbuz Kiryat Anavim in der Nähe Jerusalems. In den kommenden zweieinhalb Jahren schrieb Loewy wöchentlich, manchmal auch täglich, Briefe an die Eltern. Seinen Eltern gelang es, unmittelbar nach dem Novemberpogrom 1938 auszuwandern. Loewy entschied sich, nach der Jugend-Alijah Kiryat Anavim zu verlassen und absolvierte eine Buchhandelslehre in Tel Aviv. 1956 kehrte er zusammen mit seiner Frau Regina nach Deutschland zurück. Er arbeitete in Frankfurt/M. im Deutschen Rundfunkarchiv, leitete die Judaica-Abteilung der Frankfurter Universitätsbibliothek, war von 1984 bis 1991 Vorsitzender der Gesellschaft für Exilforschung, bis zu seinem Tod deren Ehrenpräsident. —**36** Ebd., S. 40 f. — **37** Ebd., S. 38. — **38** Jüdische Jugendhilfe (Hg.): *Der Weg zur Jugend-Alijah* (s. Anm. 32), S. 10. — **39** Ernst Loewy: *Jugend in Palästina. Brie-*

fe an die Eltern 1935 – 1938 (s. Anm. 35), S. 47. — **40** Vgl. Israelitische Kultusgemeinde (Hg.): *Trotz allem. Aron Menczer 1917–1973.* Wien 1993. — **41** Ora Kedem im Gespräch mit der Autorin, Tel Aviv im Juni 2004. — **42** Auszug aus einem Bericht von M. Bader aus Prag vom 17. April 1939, in: Central Zionist Archives, Jerusalem, File A125/115. — **43** Die Zahl der Jugendlichen, die 1940 in diesen Transitländern auf ihre Alijah warteten, betrug 1.925 – vgl. Dokument »Number of Candidates for Youth Aliyah in various countries at the end of February 1940«, Central Zionist Archives, Jerusalem, File A125/115. — **44** *Youth Aliyah* (s. Anm. 31), S. 6. — **45** Vgl. die Ergebnisse in: Jutta Hetkamp: *Die jüdische Jugendbewegung in Deutschland von 1913–1933.* Münster 1994 (Bd. 4: Anpassung – Selbstbehauptung – Widerstand), S. 165–177. Ihre Zahlen stimmen mit denen aus meinen Interviews mit Ehemaligen der Jugend-Alijah weitgehend überein. — **46** »The Emigration of German Jewish Children and Youth to Palestine. A Report by Rabbi Dr. Leo Baeck, Reichsvertretung der deutschen Juden, on the Work of the Arbeitsgemeinschaft fur Kinder- und Jugend-Alijah, 01. April 1935«. In: *Central Zionist Archives, Jerusalem, File A440.* — **47** Benjamin Kedar, in: Anne Betten, Myriam Du-nour (Hg.): *Wir sind die Letzten. Fragt uns aus. Gespräche mit den Emigranten der dreißiger Jahre in Israel.* Gießen 1995, S. 146 f. — **48** Zahlen errechnet aus: Moshe Kol: *Youth Aliyah. Past, present and future* (s. Anm. 30), S. 115 ff. — **49** Es ist im Rahmen dieses Beitrags nicht möglich, auf diese Schicksale und Gruppen einzugehen, zumal sich der Text auf die Jugendlichen aus Deutschland und Österreich beschränkt. Manche Gruppen, die sich während des Holocaust nach Palästina retten könnten, teils nach jahrelanger Odyssee, haben auf Grund ihres tragischen Schicksals regelrechte Berühmtheit erlangt, so der Kladovo-Transport, die Kinder aus Grochow, Teheran-Kinder, Transnistrien-Kinder. Hinzu kamen 38 Jugendliche, die in Dänemark auf die Ausreise gewartet hatten, aber zusammen mit ihrer Betreuerin in das Getto Theresienstadt deportiert wurden. Proteste der Dänen und der Einsatz des Grafen Bernadotte führten zu einer Rettung der Gruppe nach Schweden – noch vor der Befreiung. Vgl. dazu auch: Gabriele Anderl, Walter Manoschek (Hg.): *Gescheiterte Flucht. Der jüdische »Kladovo-Transport« auf dem Weg nach Palästina 1939–1945.* Wien 1993; Norman Bentwich: *Jewish Youth comes home* (s. Anm. 30), Henryk Grynberg: *Die Kinder Zions.* Leipzig 1995; Jorgen Haestrup: *Passage to Palestine* (s. Anm. 30); Dalia Ofer, Hannah Weiner: *The Dead-End Journey: The Tragic Story of the Kladovo-Sabac Group.* 1996; Dvora Omer: *The Teheran operation. The rescue of Jewish children from the Nazis.* Washington 1991; Chasya Pinkus: *Von den vier Enden der Erde … Israels Kinder kehren heim* (s. Anm. 30). Außerdem sei hier auf die Sammlungen zur Jugend-Alijah im Central Zionist Archive in Jerusalem verwiesen, u. a. auf die Henrietta Szold Collection (A125) und die Youth Aliyah Department Collection (S75) sowie die Sammlung der Porträtfotos der Teheran-Kinder im Archiv in Yad Vashem/Jerusalem. — **50** Vgl. Moshe Kol: *Youth Aliyah. Past, present and future* (s. Anm. 30), S. 115 ff. — **51** *Jeruschalajim, den … Briefe junger Menschen schildern Erez Israel.* Hg. v. Rudolf Melitz, Berlin 1936, S. 18. (Dieses Buch war eine Sammlung authentischer Briefe Jugendlicher. Damit sollte anderen Jugendlichen in Deutschland von der Realität, aber auch den Träumen und Problemen in Palästina berichtet werden, um ihnen bei der Vorbereitung und auch der späteren Auseinandersetzung mit Schwierigkeiten zu helfen.) — **52** Ebd., S. 23. — **53** Ebd., S. 24. — **54** Ebd., S. 62 f. — **55** Ebd., S. 79 f. — **56** Ebd., S. 107. — **57** Vor allem die Tagebücher der Gruppen in den Sammlungen zur Jugend-Alijah im Central Zionist Archive in Jerusalem, vor allem in der Henrietta Szold Collection (A125). — **58** Sabre ist die Kaktusfrucht. Benutzt als übliche Bezeichnung für die in Israel Geborenen – außen stachlig, innen süß. — **59** Gabriel Walter, in: *Wir sind die Letzten. Fragt uns aus* (s. Anm. 47), S. 304. — **60** *Jeruschalajim, den …* (s. Anm. 51), S. 83. — **61** Norman Bentwich, *Jewish Youth comes home* (s. Anm. 30), S. 74. — **62** *Jeruschalajim, den …* (s. Anm. 51), S. 87. — **63** Ernst Loewy: *Jugend in Palästina. Briefe an die Eltern 1935 – 1938* (s. Anm. 35), S. 57 f. — **64** Josef Stern (ehemals Helmut Stern): 1921 in Gießen geboren. Realgymnasium, ein Semester Besuch einer religiösen jüdischen Schule. 1936 Einwanderung ins damalige Palästina. Zunächst lebte er in einem Kibbuz, dann ging er zum Militär und wurde schließlich Bibliothekar, in: *Wir sind die Letzten. Fragt uns aus* (s. Anm. 47), S. 176. — **65** *Jeruschalajim, den …* (s. Anm. 51), S. 147. — **66** Unbekanntes Mädchen in einem Kibbuztagebuch, Central Zionist Archives, Jerusalem, File A125/3001. — **67** Namentlich nicht genanntes Mitglied der österreichischen Jugend-Alijah – nach 1938 – aus dem Kibbuz Givat Hayim, Central Zionist Archives, Jerusalem, File A125/3052. — **68** Namentlich nicht genanntes Mitglied der Jugend-Alijah aus dem Kibbuz Bet Sera, ca. 1937, Central Zionist Archives, Jerusalem, File A125/3052. — **69** Namentlich nicht genanntes Mitglied der Jugend-Alijah aus dem Kibbuz Nachalal, ca. 1938, Central Zionist Archives, Jerusalem, File A125/3052. — **70** *Jeruschalajim, den ...* (s. Anm. 51), S. 148 ff. — **71** Norman Bentwich: *Jewish Youth comes home* (s. Anm. 30), S. 142; Moshe Kol: *Youth Aliyah. Past, present and future* (s. Anm. 30), S. 20–36, 108–121. — **72** Siehe auch den Beitrag von Gabriele Rosenthal in diesem Band. — **73** Siehe auch den Beitrag von Claudia Curio in diesem Band. — **74** Vgl. Morris Beckman: *The Jewish Brigade: An Army with two masters*, 1944–1945. New York 1998; Norman Bentwich: *Jewish Youth comes home* (s. Anm. 30), S. 103. — **75** Vgl. Asher Ben-Natan, Susanne Urban: *Die Bricha. Aus dem Terror nach Eretz Israel.* Düsseldorf 2005. — **76** Shlomo Du-Nour, in: *Wir sind die Letzten. Fragt uns aus* (s. Anm. 47), S. 218 f. — **77** Der Ausspruch Einsteins ist Überlieferung und basiert darauf, dass er von Abba Eban Anfang 1952 über die Arbeit der Jugend-Alijah informiert wurde und dann durch Kontakte zu der Einsicht gelangte, die Jugend-Alijah sei eine nobelpreiswürdige Institution. Die Abschrift seines 1954 getätigten Vorschlags, der Jugend-Alijah den Nobelpreis zuzusprechen, ist im Einstein-Archiv in der Hebräischen Universität Jerusalem verwahrt. Dort ist das Zitat wohl ebenfalls zu finden, doch durch die strengen Restriktionen der Archivnutzung liegt mir keine Archivnummer vor.

Claudia Curio

Flucht, Fürsorge und Anpassungsdruck
Die Rettung von Kindern nach Großbritannien 1938/39

Zwischen Dezember 1938 und dem Kriegsausbruch am 1. September 1939 konnten fast 10.000 überwiegend jüdische Kinder vor nationalsozialistischer Verfolgung nach Großbritannien gerettet werden.[1] Die weitaus meisten stammten aus Deutschland und dem annektierten Österreich. Die Kindertransporte wurden ermöglicht durch von britischer Regierungsseite erleichterte Einreiseformalitäten für Kinder (sie mussten kein Visum beantragen, sondern reisten mit pauschal erteilten Sammelvisa ein) sowie durch das Engagement und die Spendenbereitschaft britischer Hilfskomitees und Privatpersonen. Die organisatorische Verantwortung und die finanzielle Hauptlast übernahm das Refugee Children's Movement (RCM). Eine Quote wurde also von Regierungsseite nicht festgelegt, sondern der Council for German Jewry, das zentrale Finanzkomitee der britischen Flüchtlingshilfe, limitierte die Zahl der aufzunehmenden Kinder auf zunächst 5.000, später dann auf 10.000.[2]

Auf deutscher Seite besorgte die Abteilung Kinderauswanderung der Reichsvertretung der Juden, in Wien die Israelitische Kultusgemeinde die Auswahl der jüdischen Kinder. Für evangelische und katholische Kinder waren die jeweiligen konfessionellen Hilfsstellen zuständig, die Society of Friends in Berlin und Wien wählte konfessionslose, aber auch christliche Kinder jüdischer Herkunft aus.[3]

Nach der Ankunft der Kinder ging die Verantwortung für sie an das RCM über. Die Organisation war in der Folge für alle fürsorgerischen Belange der Kinder verantwortlich. Ursprünglich als Transmigranten zugelassen, lebten die meisten der Kinder während des Krieges in Großbritannien. Das Kriegsende brachte vielen die Nachricht von der Ermordung der Eltern. Viele der kleineren Kinder waren bereits vollkommen anglisiert, die älteren hatten oft in den britischen Streitkräften gekämpft, in den meisten Fällen war die Bindung an das Gastland nach einigen Jahren bereits sehr stark. Genaue Zahlen über die endgültigen Ansiedlungsmuster der ehemaligen Kinderflüchtlinge liegen nicht vor, nach einer vom Board of Deputies of British Jews erhobenen Stichprobe waren 1950 15 % der Kinder in die USA, 7 % nach Palästina/Israel, jeweils 4 % nach Australien und in sonstige Länder weitergewandert. 60 % waren in Großbritannien geblieben.[4]

Das Erlebte der ehemaligen Kinderflüchtlinge sowie ihre aus heutiger Perspektive angestellten Reflexionen über ihr Schicksal sind dank einer Vielzahl publizierter Memoiren sehr gut dokumentiert.[5] Über die Hintergründe der Kindertransporte auf der Ebene der beteiligten Hilfsorganisationen sowohl auf der »entsendenden« als auch auf der »empfangenden« Seite ist weniger bekannt. Wie wurden die Kindertransporte organisiert? Nach welchen Kriterien wurden die Kandidaten ausgewählt? Welche Integrationswege waren für die Kinder nach ihrer Ankunft in Großbritannien vorgesehen? Auf welche Weise waren die Kindertransporte typisch oder atypisch für die Emigrationsarbeit der Hilfsstellen unter NS-Herrschaft 1938/39 und für die Flüchtlingshilfe der 1930er und 1940er Jahre in Großbritannien? Diesen Fragen soll im Folgenden nachgegangen werden. Eine Grundannahme ist dabei erkenntnisleitend: Da es sich bei den Flüchtlingen um unbegleitete minderjährige Kinder handelte, hatten sowohl die »entsendenden« als auch die »empfangenden« Hilfsstellen einen größeren Einfluss darauf, ob die Emigration gelang oder fehlschlug, und auch auf die späteren Integrationswege der jungen Flüchtlinge im Aufnahmeland. Fürsorgerische Erwägungen waren hier bedeutsamer als bei erwachsenen Flüchtlingen.

In den Jahrzehnte später verfassten Selbstzeugnissen ehemaliger Flüchtlingskinder haben die konkreten Aktivitäten der Hilfsstellen erstaunlich wenig Niederschlag gefunden. Die Erklärung dafür mag darin liegen, dass emotional dominantere Erlebnisse, so etwa die Überfahrt nach Harwich, die ein kollektives Erinnerungsmoment zu sein scheint[6], die Erinnerung an die Kontakte mit den Hilfsstellen vor und nach der Emigration überlagert haben. Aufschlussreicher sind die Akten der beteiligten Hilfsorganisationen: für die deutsche bzw. österreichische Seite die Archive der Israelitischen Kultusgemeinde Wien und der Reichsvertretung der Juden in Deutschland, für die britische Seite vor allem die Akten des Refugee Children's Movement. Auch wenn die Flüchtlingskinder in ihrem weiteren Lebensverlauf oft genug auf beeindruckende Weise den widrigen Umständen getrotzt und so ihr Schicksal in die eigenen Hände genommen haben, so waren sie doch in den 1930er und 1940er Jahren tatsächlich in erster Linie dem Wohlwollen und der Kompetenz erwachsener Helfer ausgeliefert.

Im Folgenden sollen vor allem zwei zentrale Aspekte der Arbeit der Hilfsstellen dargestellt werden: die Auswahl der Kandidaten für die Kindertransporte – wobei ich mich auf das Wiener Beispiel beschränken werde – und die Rolle des RCM bei der Integration der jungen Flüchtlinge in Großbritannien. Die Arbeit der beiden Organisationen werde ich im Kontext der jüdischen Auswanderungshilfe nach dem Novemberpogrom 1938 und der britischen Flüchtlingshilfe der 1930er und 1940er Jahre darstellen. Außerdem möchte ich zeigen, dass die individuellen Lebensumstände der jungen Flüchtlinge und ihr hundertfach in Erinnerungen belegtes Lebensgefühl des Anpassungsdrucks und der Verpflichtung zur Dankbarkeit auch in den Entscheidungen der beteiligten Hilfsorganisationen ihre Ursachen hatten.

Stets gab es für die Kindertransporte wesentlich mehr Kandidaten als Plätze. Die Auswahl erfolgte in Wien für die jüdischen Kinder der »Ostmark« durch die Abteilung Kinderauswanderung der Israelitischen Kultusgemeinde in enger Zusammenarbeit mit dem Refugee Children's Movement.[7] Während Erwachsene ihre Aus- und Einwanderungseignung durch Qualifikation nachweisen mussten, galten für Kinder andere Kriterien. Zum einen war dies das Kriterium der Dringlichkeit, zum anderen waren es bestimmte Vorstellungen über das Zukunftspotenzial und die psychische und soziale Integrationsfähigkeit der Kinder, aus denen die Eignung eines Kandidaten abgeleitet wurde. Bei der Gewichtung der Faktoren Eignung und Dringlichkeit sind zwei Phasen zu unterscheiden. In der ersten, von Dezember 1938 bis etwa Anfang März 1939, hatte in der Regel Dringlichkeit Priorität, in der zweiten bis zum Kriegsausbruch die Eignung. In jeder Phase spielte jedoch auch das jeweils andere Kriterium eine Rolle.

Für die Teilnehmer der ersten Kindertransporte stellte das RCM in der Regel eine Gruppenbürgschaft bereit. Die Organisation richtete außerdem mehrere Aufnahmelager an der englischen Ostküste ein, das bekannteste davon Dovercourt Camp bei Harwich. Innerhalb kürzester Zeit konnten so Transporte mit besonders gefährdeten Kindern zusammengestellt und nach England geschickt werden. Als dringliche Fälle galten staatenlose Kinder, die täglich von Ausweisung bedroht waren, außerdem Insassen von Waisenhäusern oder Kinderheimen, denn diese Einrichtungen waren besonders exponierte Ziele antisemitischer Gewalt. Ebenfalls mit Priorität behandelt wurden Anträge von Kindern, die ohne Eltern dastanden, weil diese verhaftet oder ausgewiesen waren oder durch die Verfolgungsmaßnahmen in den Selbstmord getrieben worden waren. Auch Kinder, deren Familien sich in besonders verzweifelter sozialer Lage befanden, wurden bevorzugt. Von der alltäglichen antisemitischen Gewalt auf der Straße und von der Verschleppung in ein Konzentrationslager in besonderem Maße bedroht waren ältere Jungen.[8] Die Kindertransporte, die in der ersten Phase bis März 1939 Wien verließen, bestanden mindestens zur Hälfte, meist jedoch fast zu zwei Dritteln aus halbwüchsigen Jungen.[9] Ohne die durch das RCM pauschal gegebenen Bürgschaften und die Auffanglager an der englischen Ostküste wäre es nicht möglich gewesen, so viele dieser Jungen nach England zu retten, denn wie sich zeigte, war es ausgesprochen schwierig, für Jugendliche männlichen Geschlechts private Unterkünfte und Bürgschaften in England zu finden, da Mädchen, zumal jüngere, bevorzugt wurden.

In der zweiten Phase der Kindertransporte ab März 1939 ist eine weitaus differenziertere Vorschlags- und Auswahlpolitik zu erkennen. Dies hatte verschiedene Ursachen. Nach den ersten chaotischen Wochen der Kindertransporte bildete sich in der Fürsorgezentrale und auf Seiten der englischen Organisatoren eine bürokratische Routine heraus, durch die eine gründlichere

Einschätzung der Eignung der Kinder möglich wurde. Während bei den ersten, sehr umfangreichen und ohne nennenswerte Vorbereitungszeit zusammengestellten Kindertransporten davon auszugehen ist, dass das eine oder andere Kind ohne Prüfung eingeteilt wurde, kam dies später sicher nicht mehr vor. Spätestens ab März 1939 schränkte das RCM die von ihm gegebenen Bürgschaften stark ein.[10] Der Organisation gingen die Geldmittel aus, und es hatte sich gezeigt, dass die Unterbringung der vorübergehend in den Auffanglagern lebenden jungen Flüchtlinge sowie die Übertragung der Bürgschaft auf private Sponsoren schwieriger war als zunächst angenommen. Im RCM wurde entschieden, nur noch ein bestimmtes Kontingent an Bürgschaften bereitzustellen, so dass eine neue Bürgschaft erst dann verfügbar wurde, wenn sich für ein bisher vom RCM unterstütztes Kind eine private Bürgschaft gefunden hatte. Von nun an bürgte das Komitee nur noch für maximal 200 Kinder zugleich.[11] Außerdem wurden die Auffanglager an der Ostküste geschlossen, so dass auch die Unterbringung der Kinder vor ihrer Ankunft in England geregelt werden musste.

Größere Aussicht auf Erfolg hatten jetzt Kinder, die der Nachfrage von Seiten potenzieller englischer Pflegeeltern entsprachen. Kinder, deren Äußeres den Stereotypen jüdischen Aussehens entsprach, hatten schlechtere Karten, so dass »arisches« Aussehen besonders hervorgehoben wurde, um die Vermittlungschancen zu verbessern. Aus den Eckdaten Geschlecht, soziale Herkunft und Alter sowie durch die von IKG-Mitarbeitern erstellten kurzen Charaktergutachten versuchte man, das Integrationspotenzial der Kandidaten zu erkennen. Wohl erzogene kleine Mädchen aus »gutem Hause« waren Idealkandidaten. Präferenzen der Familien, die ein Kind aufnehmen wollten, waren jedoch nicht der einzige Grund für die strenge Vorauswahl durch die IKG und das RCM. Die Organisationen waren auch bei privat erteilten Bürgschaften stets involviert, da die solcherart gefundene Garantie auf das RCM übertragen werden musste und die organisatorische Abwicklung der Reise ebenfalls durch die beiden Organisationen erfolgte. Es sollten nur Kinder nach England gelangen, die in der Lage sein würden, sich dort gut zu integrieren, einen positiven Eindruck zu vermitteln und so mittelfristig die weitere Kinderauswanderung zu fördern oder zumindest nicht zu gefährden. Die IKG und das RCM lehnten deshalb Kandidaten ab, die als verhaltensauffällig bekannt waren, selbst wenn diese einen privaten Bürgen hatten.[12] Das erscheint grausam, doch ist die zugrunde liegende Annahme, dass schwierige Kinder weitere Bürgen verschrecken würden, wohl realistisch, hatten doch die potenziellen Pflegeeltern in Großbritannien meist sehr konkrete und idealisierte Vorstellungen von dem Kind, dem sie Obhut gewähren würden.

Neben der sozialen Anpassungsfähigkeit der Kandidaten spielte ihr gesundheitlicher Zustand eine entscheidende Rolle. Häufig wurden Kinder von einem Transport zurückgestellt, weil sie akut erkrankt waren. Meist gelang nach der Genesung die Eingliederung in den nächsten Transport. Schwerer wogen chronische Erkrankungen und Behinderungen. Sie machten die Berücksichtigung für einen Kindertransport ganz unmöglich.[13] Während bei der Ablehnung von sozial auffälligen Kindern die Fürsorgezentrale und das RCM ähnlich strikte Maßstäbe hatten, drückte man auf Wiener Seite bei physischen Gebrechen der Kandidaten eher einmal ein Auge zu, um auch ihnen eine Chance zur Emigration zu geben. Die Verantwortlichen auf englischer Seite lehnten auch Kinder mit gut behandelbaren chronischen Beschwerden, etwa leichtem Asthma oder Diabetes, oder auch schielende Kinder oder Kinder mit Narben grundsätzlich ab.[14] Das RCM war in dieser Hinsicht so kompromisslos, dass es zu Spannungen in der Zusammenarbeit kam. Wiederholt beschwerten sich die Zuständigen in London, weil man aus Wien Unterlagen körperlich kranker Kinder geschickt hatte. In Wien wusste man zum einen, dass die Lebensbedingungen der Kinder eine tadellose Gesundheit mittlerweile kaum noch möglich machten, zum anderen, dass die Behandlungsmöglichkeiten für kranke Kinder, um sie für die Emigration tauglich zu machen, sehr schlecht waren. Abgesehen davon, dass kranke Kinder schwerer vermittelbar waren, spielte sicher die Befürchtung eine Rolle, dass Kinder mit physischen Anomalien früher oder später erhöhte Kosten für die medizinische Betreuung verursachen würden. Die Strenge, mit der das RCM die Gesundheitszeugnisse der Kinder prüfte, ging deutlich über die stets vorgeschobenen britischen Einwanderungsgesetze hinaus, in denen eine einwandfreie Gesundheit der Einwanderer nicht explizit gefordert war.[15] Die Aliens Order von 1920, auch 1938/39 Grundlage der Immigrationsrichtlinien, besagte lediglich, dass die Asylwilligen abgelehnt werden sollten, sobald ihr Gesundheitszustand die Befürchtung nahe legte, dass sie auf öffentliche Gelder angewiesen sein könnten. Die Ermessensspielräume waren also groß, zumal die ärztlichen Kontrollen an den Häfen eher oberflächlich waren. Generell war die Auswahl der zuzulassenden Menschen – im Rahmen pauschal von der Regierung genehmigter Gruppen – 1938/39 längst vom Home Office auf die britischen Hilfsorganisationen, die ja die Flüchtlinge auch finanzierten, übergegangen.[16] Die Kinder wurden also von den beteiligten Organisationen sowohl in Wien als auch in London durchaus sorgfältig ausgewählt, wobei das Haupteignungskriterium das Anpassungspotenzial der Kandidaten war.

Der Wunsch nach Unauffälligkeit der jungen Flüchtlinge bestimmte auch nach der Ankunft der Kinder die weitere Vorgehensweise des RCM. Die Kinder sollten so schnell wie möglich anglisiert werden, obwohl ihr Aufenthalt ja zunächst nur als vorübergehend gedacht war.[17] Die Unterbringung in Pflegefamilien erschien dafür besonders geeignet, da die Kinder gleich in britische Familien hineinsozialisiert würden und außerdem weniger Aufsehen erregen würden als gruppenweise untergebrachte Kinder. Zwar wurden viele

ältere Kinder auch in Hostels untergebracht, die typische Unterbringungs-
form war jedoch die Pflegefamilie. Das RCM war dafür verantwortlich, die
Eignung und Qualität der Unterbringung für jedes einzelne Kind zu prüfen
sowie in regelmäßigem Kontakt mit den Kindern zu stehen, bis sie die Voll-
jährigkeit erreicht hatten. Zu diesem Zweck gab es ein Netzwerk regionaler
und lokaler Komitees, in denen, meist ehrenamtlich, Fürsorgerinnen für die
in ihrem Bezirk lebenden Kinder arbeiteten und regelmäßig an das Haupt-
büro in London Bericht erstatteten.

Im Idealfall sollte eine Pflegefamilie in sozialem Milieu und Religion der
Herkunftsfamilie des Kindes entsprechen. Der Schulbesuch und die religiöse Unterweisung sollten möglich und die materielle Absicherung gewährleistet sein.[18] Im Einzelfall wurden diese Vorgaben jedoch von den Mitarbeitern nicht so genau genommen, was wohl am Mangel an Pflegeangeboten,
die all diese Kriterien erfüllten, lag. Aus finanziellen Gründen, wohl aber
auch aufgrund von Vorurteilen der meist der Mittelschicht entstammenden
RCM-Helfer, wurden Angebote, die als »working class« eingestuft wurden,
oft zurückgewiesen, selbst wenn der religiöse Hintergrund dem des Kindes
entsprach.

Bezüglich der seelischen Schwierigkeiten der Kinder, die oft ein besonderes Maß an Geduld und Einfühlung erforderten, befand sich das RCM in
einem Dilemma. Verschwiegen die RCM-Mitarbeiter bei der Vermittlung,
dass das Kind Verhaltensauffälligkeiten zeigte, so gaben die Pflegeeltern es
womöglich nach Entdeckung derselben enttäuscht wieder ab. Setzte man die
Interessenten in Kenntnis davon, so riskierte man, dass sie von vorneherein
von ihrem Pflegeangebot absahen. Allerdings waren die Mitarbeiter dazu
angehalten, den Pflegeeltern zu erklären, dass Unfreundlichkeit und Ver-
stocktsein der Kinder nicht Ausdruck von Undankbarkeit waren, sondern
auf die Schicksalsschläge, denen die Kinder ausgesetzt waren, zurückgeführt
werden mussten.[19] Die Ausführlichkeit und Häufigkeit, mit der in den RCM-
Unterlagen auf solche Missverständnisse Bezug genommen wurde, deutet
darauf hin, mit welcher Unkenntnis sowohl RCM-Mitarbeiter als auch Pflegeeltern ans Werk gingen. Ein weiteres großes Problem bestand darin, dass
viele Kinder in nichtjüdischen Familien untergebracht waren. Zum einen
standen nicht ausreichend jüdische Angebote zur Verfügung, zum anderen
wurden viele jüdische Pflegefamilien nicht den materiellen Anforderungen
des RCM gerecht, dessen Mitarbeiter im Zweifelsfall zugunsten des materiellen Wohls das spirituelle Wohl hintenanstellten. In der Folge kam es häufig zu Konversionen.

Bis zum 14. Lebensjahr besuchten die Flüchtlingskinder dieselben Schulen wie ihre britischen Altersgenossen. Der Schulbesuch bis zum Ende der
Pflichtschulzeit war für sie ebenso wie für Briten kostenlos. Eine Aufgabe der
regionalen Mitarbeiter des RCM war es, mit den Schulbehörden zu koordi-

nieren, dass nicht zu viele der jungen Flüchtlinge in derselben Schule lernten, um ein Auffallen und daraus möglicherweise folgende Ressentiments zu
vermeiden.[20] Erst nach Vollendung des 14. Lebensjahres bekamen die Kinder zu spüren, dass sie gegenüber den britischen Altersgenossen bezüglich
ihrer Berufswünsche zurückzustecken hatten. Bei der Suche nach einer
Anstellung waren die lokalen RCM-Mitarbeiter den Kindern behilflich und
beeinflussten zugleich die Wahl des Jobs. Flüchtlingen standen nur solche
Tätigkeiten offen, für die in der Region keine Nachfrage von britischen
Arbeitnehmern bestand. Außerdem hielt das RCM alle Mitarbeiter dazu an,
mit den Gewerkschaften in Kontakt zu treten, um zu gewährleisten, dass die
Entlohnung und die Arbeitsbedingungen der Jugendlichen mit den Gewerk-
schaftsvorgaben konform gingen. Das Ziel war nicht nur der Schutz der
Jugendlichen, sondern auch, alles zu vermeiden, was nach Bedrohung des
britischen Arbeitsmarktes durch die Jugendlichen hätte aussehen können,
um keinen Anlass für antisemitische und fremdenfeindliche Ressentiments
zu geben.[21] Um den jungen Leuten auch langfristig eine realistische Berufs-
perspektive zu geben, ermutigte man sie, neben ihrem Job Abendkurse zu
besuchen, die sie für Berufszweige qualifizierten, in denen Flüchtlinge arbeiten durften, so etwa Stenografie, Buchhaltung, Krankenpflege und verschiedene technische Fächer. Im Gegensatz dazu wurden akademische Ambitionen ungern gesehen und selten vom RCM unterstützt. Man befürchtete,
dass die Kinder Vorstellungen über ihre berufliche Zukunft entwickeln würden, die dem Platz, der Flüchtlingen in der britischen Gesellschaft zugewie-
sen wurde, nicht entsprachen. Einerseits wird man dabei an das Wohl der
Kinder gedacht haben, denen man Enttäuschungen ersparen wollte, andererseits aber auch an Konkurrenzängste, die die Flüchtlinge aus Deutschland
gerade in akademischen Kreisen hervorriefen.[22]

Bis zum Ende des Krieges war noch nicht abzusehen, dass die meisten Kinder Waisen sein würden. Die Wiedervereinigung mit der Herkunftsfamilie
war erklärtes Ziel. Gleichzeitig verfolgte das RCM jedoch von Anfang an
eine in Anbetracht dieser Zielstellung bedenkliche assimilatorische Fürsor-
gepraxis.[23] Auf die Pflege der deutschen Sprache oder die Verbindung mit
der Herkunftskultur wurde weder von Seiten des RCM noch von den Pflegeeltern Wert gelegt. Die Kinder wurden stattdessen dazu angehalten, überhaupt kein Deutsch mehr zu sprechen. Der auch außerschulische Kontakt
mit englischen Kindern wurde befürwortet und durch Abstimmung mit ortsansässigen Jugendorganisationen gefördert, der mit anderen Flüchtlingen
hingegen für ungünstig gehalten, da Letzterer eine unerwünschte »Flücht-
lingsmentalität« erzeugen würde.[24] Die Identität der Kinder als Flüchtlinge,
Juden und Deutsche bzw. Österreicher sollte in der Öffentlichkeit möglichst
verborgen bleiben. Nur wenige Kinder konnten eine der Exilschulen besuchen, in denen sich exilierte Pädagoginnen darum bemühten, den jungen

Flüchtlingen die Integration in die britische Gesellschaft zu erleichtern, ihnen jedoch gleichzeitig den vertrauten Umgang mit der Herkunftskultur ermöglichten.[25]

Unmittelbar nach Kriegsende begann das RCM, in Zusammenarbeit mit dem Roten Kreuz und den auf dem Kontinent tätigen Hilfsorganisationen, überlebende Angehörige zu ermitteln und in Kontakt mit den im Exil in Übersee lebenden Eltern zu treten. In den meisten Fällen bestätigten sich die schlimmsten Befürchtungen: Die Eltern waren in Konzentrations- oder Vernichtungslagern ermordet worden. Aber auch in den seltenen Fällen, in denen sich Eltern und Kinder nach dem Krieg wiedersahen, war das Scheitern der Wiedervereinigung oft nicht mehr zu verhindern. Die Kinder hatten enge Bindungen an ihre Pflegefamilien entwickelt, viele der Kleineren erinnerten sich nicht mehr an ihre leiblichen Eltern und sprachen nicht einmal mehr Deutsch, während die Eltern oft nicht des Englischen mächtig waren. Hinzu kam das Problem der religiösen Entfremdung. Viele Kinder ließen sich dauerhaft in Großbritannien nieder, statt zurück zu den Eltern zu gehen oder ihnen in ihre Exilländer zu folgen.

Die Kindertransporte waren keine Rettungsaktion, die im luftleeren Raum außerhalb der Bedingungen von Auswanderung und Einwanderung stattfand. Das tradierte Bild der Transporte als überstürzte Evakuierungsmaßnahme trifft, wenn überhaupt, nur auf die ersten Wochen zu. In diesem Zeitraum war die schnelle Rettung einer großen Zahl von Kindern möglich, die nicht unbedingt »Idealkandidaten« waren. Bald wurde jedoch zu geordneter Auswanderung und Einwanderung übergegangen: Trotz der Austreibungspolitik der NS-Behörden und trotz des großen Andrangs in den Auswanderungsabteilungen bemühten sich die jüdischen Hilfsstellen bei den Kindern ebenso wie bei erwachsenen Auswanderungswilligen wieder um sorgfältige Prüfung der Kandidaten. Auch auf britischer Seite sprachen sich die Einrichtungen für Flüchtlingshilfe nicht unbedingt für eine möglichst zahlreiche Zulassung von Flüchtlingen aus, sondern betrieben 1938/39 durchaus eine restriktive Politik, da sie vor einem Überhandnehmen des Antisemitismus zum einen und vor einer Überlastung ihrer Finanzkassen zum anderen Angst hatten.[26]

Dass viele Entscheidungen der Verantwortlichen der Rettung möglichst vieler Kinder im Wege standen, dass langfristige Planung und Weitsicht 1938/39 fehl am Platze waren, ist erst retrospektiv erkennbar. Die Befürchtung, dass die britische Hilfsbereitschaft unter der Ankunft zu vieler oder ungeeigneter Kinder leiden könnte, hatte durchaus ihre Berechtigung. Niemand konnte den exakten Zeitpunkt des Kriegsausbruchs vorhersehen, der der Aktion bereits nach neun Monaten ohnehin ein Ende setzte. Noch weniger vorhersehbar war das Ausmaß der Vernichtung, das in den nächsten Jahren mit dem Holocaust folgen sollte, das tatsächlich aus den Entscheidun-

gen über Berücksichtigung oder Ablehnung von Kandidaten für Kindertransporte Entscheidungen über Leben und Tod werden ließ.

Auch die Fürsorgearbeit des RCM für die Flüchtlingskinder ist typisch für
die im assimilierten britischen Judentum verankerte Flüchtlingshilfe der Jahre gewesen. Die Organisation war zwar eigentlich überkonfessionell, Geld
und Personal stammten jedoch zum Großteil aus dem liberalen, assimilierten britischen Judentum, und dessen Vorstellungen über die Integration der
Neuankömmlinge prägten die Flüchtlingshilfe. Ziel war stets die möglichst
unauffällige und konfliktarme Integration der Flüchtlinge, die »Unsichtbar-
machung«, in der Annahme, dass nur so Antisemitismus und Fremdenfeind-
lichkeit zu vermeiden seien.[27] In vielen Fällen mag die daraus resultierende
assimilatorische Vorgehensweise des RCM im Sinne des Wohles des Kindes
gewesen sein. Ein Bestehen auf der Rückbindung der Kinder an ihre Herkunft hätte bei vielen möglicherweise die Loyalitätskonflikte zwischen Eltern
und Pflegeeltern noch verstärkt, das Gefühl der Entwurzelung vergrößert,
die Kinder nach Verlust ihrer Eltern durch den Holocaust ganz ohne tiefere
Bindungen zurückgelassen. Andere Kinder hätten jedoch durch eine Für-
sorgepolitik, die die schon vorhandene Identität der jungen Flüchtlinge in
Hinblick auf Religion und Herkunftskultur bestärkt hätte, das Exil möglicherweise mit größerer innerer Stabilität und weniger leidvoll erlebt.

Die Kinder wurden gerettet, doch der Preis, den sie zu zahlen hatten und
den ihre Retter von ihnen erwarteten, war hoch und prägt das Leben vieler
bis heute: Sie mussten ihre eigenen Bedürfnisse komplett zurückstellen, sich
anpassen und dankbar sein.

1 Nach Angaben des Refugee Children's Movement waren es 9.354 jüdische Kinder und
christliche bzw. konfessionslose Kinder jüdischer Herkunft Central British Fund (CBF)
153/12, Movement for the Care of Children from Germany, First Annual Report November
1938 bis Dezember 1939. Zur Thematik vgl. auch Rebekka Göpfert: *Der jüdische Kindertransport von Deutschland nach England 1938/39.* Frankfurt/M., New York 1999; Wolfgang
Benz, Claudia Curio, Andrea Hammel (Hg.): *Die Kindertransporte 1938/39. Rettung und Integration.* Frankfurt/M. 2003; Claudia Curio: *Flucht und Fürsorge. Die Kindertransporte 1938/39
nach Großbritannien.* Berlin 2005. — 2 CBF 2/353, Council for German Jewry, Minutes of
Meeting of the Executive Committee, 18.3.1939. — 3 Zur Arbeit der Abteilung Kinderauswanderung der Reichsvertretung der Juden in Deutschland siehe Gudrun Maierhof: »›Wir
hatten gehofft, mehr Kinder zu retten.‹ Die Abteilung Kinderauswanderung in der Reichs-
vertretung/ Reichsvereinigung der Juden in Deutschland 1935/41«. In: Inge Hansen-Schaberg (Hg.): *Als Kind verfolgt. Anne Frank und die anderen.* Berlin 2004, S. 53–64, sowie
Gudrun Maierhof, Chana Schütz, Hermann Simon (Hg.): *Aus Kindern wurden Briefe. Die
Rettung jüdischer Kinder aus Nazideutschland.* Berlin 2004 (Katalog zur gleichnamigen Ausstellung im Centrum Judaicum, Berlin 2004/2005). — 4 United States Holocaust Memo-

rial Museum, RG 59.021M, Board of Deputies of British Jews (BOD), Education Committee, Report on Jewish Refugee Children brought to England, London, Mai 1950. — **5** Ber-
tha Leverton, Shmuel Lowensohn (Hg.): *I Came Alone.* Lewes, Sussex 1990 (gekürzte deutsche Ausgabe: Rebekka Göpfert [Hg.]: *Ich kam allein. Die Rettung von 10.000 jüdischen
Kindern.* München 1994); Karen Gershon: *We Came as Children: a Collective Autobiography.*
London 1966 (deutsche Ausgabe: *Wir kamen als Kinder.* Frankfurt/M. 1988); literarische
Umsetzungen z. B. Diane Samuels: *Kindertransport.* New York 1992; Winfried G. Sebald:
Austerlitz. München 2001; Lore Segal: *Other People's Houses.* New York 1964 (deutsche Aus-
gabe: *Wo andere Leute wohnen.* Wien 2000). Stellvertretend für die zahlreiche Memoirenlite-
ratur seien an dieser Stelle nur einige aktuellere Arbeiten genannt: Gideon Behrendt: *Mit dem
Kindertransport in die Freiheit. Vom jüdischen Flüchtling zum Corporal O'Brian.* Frankfurt/M.
2001; Olga Levy Drucker: *Kindertransport. Allein auf der Flucht.* Göttingen 1995 (englische
Originalausgabe: *Kindertransport.* New York 1992); Mona Golabek: *The Children of Willes-
den Lane: Beyond the Kindertransport.* London 2002. — **6** Mona Körte: »Armband, Hand-
tuch, Taschenuhr. Objekte des letzten Augenblicks in Erinnerung und Erzählung«. In: Wolfgang Benz u. a. (Hg.): *Die Kindertransporte 1938/39. Rettung und Integration* (s. Anm. 1),
S. 172. — **7** Die in den Central Archives for the History of the Jewish People (CAHJP) in
Jerusalem aufbewahrten und demnächst auch auf Mikrofilm zugänglichen detaillierten Aus-
wanderungsakten der Israelitischen Kultusgemeinde Wien ermöglichen trotz einiger Lücken
eine dichte Rekonstruktion des Ablaufes von Auswahl und Abfertigung der Kinder, die aus
Wien mit Kindertransporten nach England gebracht wurden (CAHJP, Bestand A/W). —
8 Esther Judith Baumel: *The Jewish Refugee Children in Great Britain, 1938–45.* Jerusalem
1981 (Magisterarbeit, Bar-Ilan-Universität), S. 5. — **9** Vgl. die Listen der durch die IKG Wien
abgefertigten Kinder (A/W 1980). — **10** Vgl. auch Rebekka Göpfert: *Der jüdische Kindertransport von Deutschland nach England 1938/39* (s. Anm. 1), S. 90 ff. Eine genauere Datierung dieser Entscheidung des RCM ist mangels eines eindeutigen Dokuments in den untersuchten Akten auch hier nicht möglich. — **11** Central British Fund 53/154, zit. bei Rebekka
Göpfert: *Der jüdische Kindertransport von Deutschland nach England 1938/39* (s. Anm. 1),
S. 92. — **12** Martha H.'s Name etwa stand bereits auf der Liste für einen Kindertransport im
Juni 1939, als das RCM die Unterlagen kurzfristig mit folgendem Vermerk nach Wien zurück-
schickte: »Wir senden Ihnen die Papiere (...) zurück, da wir keine Kinder nehmen können,
die die geringsten Erziehungsschwierigkeiten machen. Wir sind Ihnen dankbar für Ihren Hin-
weis.« In der für die Kinderauswanderung zuständigen Fürsorgezentrale hatte man aus einem
Gutachten des IKG-Kindergartens erfahren, dass das Mädchen vor einiger Zeit verhaltensauffällig gewesen war, und dies nach England mitgeteilt. Ohne diese Mitteilung wäre das
Mädchen nach England gerettet worden. Über sein weiteres Schicksal ist nichts bekannt. Den
Fall nahm man in London zum Anlass, um noch einmal zu betonen:»Schwer erziehbare Kinder, die hier Ungelegenheiten machen, gefährden die Unterbringung der durchaus normalen
noch nicht plazierten Kinder.« (CAHJP A/W 1971,9; ebd., Brief vom 22.6.1939). — **13** Für
den kleinen an der Mangelkrankheit Rachitis leidenden Isidor Feuer bemühte sich die Fürsorgezentrale über Monate hinweg um eine Ausreisemöglichkeit, leider ohne Erfolg. Das Kind
wurde aus Wien deportiert. (CAHJP A/W 1971,5; Abfrage in der Datenbank von Yad Vashem:
The Central Database of Shoa Victims' Names unter www.yadvashem.org [letzter Zugriff
März 2006]). — **14** So wurde Sarah Hochheim aus dem Waisenhaus der IKG nicht akzeptiert, weil sie »sehr stark sichtbare Operationsnarben im Gesicht« hatte. Aus London teilte
man mit:»Wir sehen uns leider gezwungen, Ihnen die Papiere des oben genannten Mädchens
zurückzuschicken. Es ist ausgeschlossen, dass wir ein Kind mit solchen Operationsfolgen hier
unterbringen können, so tragisch der Fall auch sein mag. Dieses bitten wir prinzipiell für alle
ähnlich gelagerten Fälle zur Kenntnis zu nehmen.« Später wurde sie im Alter von zwölf Jahren ermordet (A/W 1971,9, Brief RCM-IKG vom 1.5.39; A/W 1980, Brief RCM-IKG vom
21.6.1939). Die Angaben über ihr Schicksal während des Holocaust sind der Datenbank in
Yad Vashem (s. Anm. 13) entnommen. — **15** Otto Schiff, Gründer und Vorsitzender des
Jewish Refugee Committee, äußerte sich im August 1939 folgendermaßen: Es sei unmöglich,
alle Juden aus Deutschland zu retten, und sein Komitee erachte es als sehr unklug, gerade den

»Hinkenden und den Lahmen« die Flucht zu ermöglichen (Public Record Office [PRO] MH 57/386, Otto Schiff, Korrespondenz mit dem Aliens Department des Home Office, zit. bei Louise London: *Whitehall and the Jews, 1933–1948. British Immigration Policy, Jewish Refugees and the Holocaust.* Cambridge 2000, S. 130). — **16** Ebd., S. 25. — **17** Die Zulassung der Kinder erfolgte formal auf temporärer Basis, zugleich jedoch war man sich auch im Home Office klar darüber, dass Flüchtlinge dieser Altersgruppe sich schnell assimilieren würden (vgl. ebd., S. 121). Diese Ambivalenz wird auch sehr deutlich in den Jahresberichten und Fürsorgerichtlinien des Refugee Children's Movement, in denen immer wieder darauf hingewiesen wird, dass die Kinder zu unauffälligem Verhalten in ihrer Umwelt und bezüglich ihrer beruflichen Pläne angehalten werden sollten (z. B. CBF, 28/155, Refugee Children's Movement, Instructions for the Guidance of Regional and Local Committees, London, Mai 1940, S. 18, 21; CBF 28/166, Care of Children Committee, Evidence and Suggestions of Mrs. D. Hardisty, o. D. [nach 1940], S. 4). — **18** Ebd., S. 2 f. — **19** CBF, 28/155 (s. Anm. 17), S. 16. — **20** Ebd., S. 13. — **21** Ebd., S. 15. — **22** Zur Obstruktionspolitik der britischen Ärzteschaft, die die Konkurrenz der vor dem NS-Regime flüchtenden Ärzte fürchtete, vgl. Anthony J. Sherman: *Island Refuge – Britain and Refugees from the Third Reich 1933–39.* 2. Aufl. Ilford 1994, S. 48 f. — **23** CBF 28/153 (s. Anm. 1), S. 2. — **24** CBF 28/155 (s. Anm. 17), S. 18 f. — **25** Vgl. die Arbeiten von Hildegard Feidel-Mertz und Inge Hansen-Schaberg und ihre Beiträge in diesem Band mit weiterführenden Literaturhinweisen. — **26** Vgl. ausführlich dazu Louise London: *Whitehall and the Jews, 1933–48. British Immigration Policy, Jewish Refugees and the Holocaust* (s. Anm. 15). — **27** Zum Antisemitismus im Großbritannien der 1930er und 1940er Jahre und der Haltung der Hilfsorganisationen vgl. Tony Kushner: *The Persistence of Prejudice. Anti-Semitism in British Society during the Second World War.* Manchester 1989; ders., Katherine Knox: *Refugees in an Age of Genocide. Global, National and Local Perspectives during the Twentieth Century.* London, Portland/Oregon 1999.

Andrea Hammel

Online Database of British Archival Resources Relating to German-Speaking Refugees, 1933 bis 1950 (BARGE)
Ein Projektbericht

Im Sommer 2002 beantragte das Centre for German-Jewish Studies der University of Sussex bei der British Academy, die in Großbritannien für die Unterstützung kleinerer Projekte im Bereich der Geisteswissenschaften zuständig ist, Förderung für ein Projekt zum Thema »Kindertransport«. Dieser Antrag beinhaltete unter anderem den Vorschlag, eine Datenbank aufzustellen, die das Vorhandensein sowie den Aufbewahrungsort von biografischen Ressourcen zum Thema »Kindertransport« festhalten und dadurch auch zugänglicher machen würde. Dies sollte durch die Publikation einer im Internet veröffentlichten Datenbank geschehen.[1] Der Förderungsantrag war erfolgreich, und die Untersuchungen von biografischen Ressourcen zum Thema »Kindertransport« wurden in mehreren Artikeln belegt.[2] Ein Beitrag zu der Konferenz der Arbeitsgruppe »Frauen im Exil« im November 2003 in Leipzig über autobiografische Texte von ehemaligen Kindertransport-Kindern versuchte, die Notwendigkeit verschiedener analytischer Aspekte zu zeigen und den wichtigen Beitrag, den die Erforschung autobiografischer Texte in verschiedenen Disziplinen leisten kann, zu skizzieren.[3]

Autobiografische Texte ehemaliger Kindertransport-Kinder haben der Forschung zu Kindern und Jugendlichen im Exil eine Vielfalt an Erkenntnissen beschert, die aus den organisationsgeschichtlichen Unterlagen nicht ersichtlich gewesen wären. Das Ausmaß individueller Traumata konnte zum Beispiel Außenstehenden und Forschern erst durch das Lesen persönlicher Texte klar gemacht werden. Auch gibt es eine Reihe von sich wiederholenden Themen, die in Lebensberichten immer wieder auffallen: Da wird zum Beispiel wiederholt die Außenseiterrolle beschrieben, in der sich viele ehemalige Kindertransportteilnehmer in Bezug auf die britische Gesellschaft sehen, obwohl sich ihre Texte stark auf die britische Mainstream-Kultur beziehen. Dies mag mit Überkompensation auf Seiten des ehemaligen Flüchtlings, aber auch mit den besonderen politischen und sozialen Umständen in Großbritannien erklärt werden. In jedem Fall kann es nur durch vergleichende Studien von mehreren autobiografischen Texten untersucht werden. Das Projektteam in Sussex sieht deshalb eine Datenbank, die solche Berichte auflistet, als einen wichtigen Beitrag zur Grundlagenforschung im Forschungsbereich »Kindertransport« im Speziellen, aber auch der britischen Exilforschung im Allgemeinen.

Birgit Aschmann beschrieb in einer Kritik des 2003 erschienenen Bandes *Die Kindertransporte 1938/9. Rettung und Integration* die strukturelle Problematik, »daß Studien zur Judenverfolgung entweder zur nüchternen Institutionengeschichte gerinnen (...) oder sich im Nachvollzug individueller Lebenswege zerfasern.«[4] Die Bedeutung dieser Texte liegt aber gerade in den Wechselbeziehungen zwischen der Geschichte verschiedener Institutionen und Personen. Deshalb scheint es besonders wichtig, an einer Datenbank von biografischen Ressourcen zu arbeiten, da die Schwierigkeiten, Forschungsmaterial zu orten, zu einer unnötigen Wiederholung der Grundlagenforschung und so zu einer Verzögerung der detaillierten Analyse führen und damit auch zu einer Verzögerung, das Material in Forschungsgebiete auch außerhalb der Exilforschung zu integrieren.

Die britische Exilforschung hinkte lange hinter der Exilforschung in anderen Ländern her. Das ist umso erstaunlicher, da – wie immer wieder zitiert wird – Großbritannien ja im Vergleich zur Bevölkerungszahl überproportional viele deutschsprachige Emigranten aufnahm, und da von britischem Boden aus außergewöhnliche Rettungsaktionen wie die Rettung 10.000 Minderjähriger durch die Kindertransporte organisiert wurden. Beim Kriegsausbruch im September 1939 sollen sich rund 78.000 Flüchtlinge im Vereinigten Königreich aufgehalten haben, diese Zahl berücksichtigt nicht die vielen Kinder, die *mit* ihren Eltern gekommen waren. Da 10.000 Flüchtlinge zu diesem Zeitpunkt bereits von Großbritannien weitergereist sein sollen, muss die Anzahl derer, die auf den Britischen Inseln ankamen, auf über 80.000 angesetzt werden. Dies hat zu dem Mythos der britischen Gastfreundschaft geführt, der wiederum von Historikern kritisiert wurde, die auf die restriktiven und inhumanen Aspekte der britischen Einwanderungspolitik hingewiesen haben.[5] Louise London hat diese Diskussion in ihrem Buch *Whitehall and the Jews* detailliert ausgeführt und außerdem versucht, eine über die Exilforschung hinausgehende Perspektive zu erreichen. Sie hält die Einwanderungspolitik und das Thema der deutschsprachigen Flüchtlinge für »zentral für die britische Geschichtsschreibung« (»central to British history«).[6]

Die Tatsache, dass es im Jahr 2000 noch nötig war, dies zu betonen, zeigt die einzigartige Position, in der sich die Exilforschung in Großbritannien befindet. Noch heute identifiziert sich eine große Zahl ehemaliger Flüchtlinge in Großbritannien mit der Flüchtlingsrolle. Die *Association of Jewish Refugees* – und 90 % aller Flüchtlinge waren ja jüdischer Herkunft – hat im Jahr 2005 noch über 3.000 Mitglieder[7], was man als Zeichen der schwierigen Integration sehen könnte. Bei näherer Betrachtung ist die Situation komplizierter: Die letzten 15 Jahre läuteten ein verändertes Interesse der britischen Öffentlichkeit in Bezug auf die europäische Geschichte ein. Außerdem trugen die Problematisierung der Einwanderungspolitik der Gegenwart und die Diskussion um »ethnic relations« zu einer Besinnung auf die Einwanderungsbewegung der Vergangenheit bei. Die Thematik des Holocaust und die Lebensberichte ehemaliger Flüchtlinge finden heute regelmäßig Aufmerksamkeit in den Medien, wozu auch der nationale Holocaust-Gedenktag beiträgt. An Universitäten spiegelt sich dieses verstärkte Interesse wider, sowohl bei Studenten durch Auswahl von Kursen als auch bei Forschern durch Initiierung einschlägiger Projekte.

Natürlich wandeln sich auch in der internationalen Exilforschung die Forschungsschwerpunkte: Diese hat sich in den letzten Jahren vermehrt der Studie von Kindern und Jugendlichen im Exil zugewandt, was der vorliegende Band bezeugt. Dies hat sicher zum einen mit der Tatsache zu tun, dass viele dieser ehemaligen jugendlichen Flüchtlinge das siebte oder achte Jahrzehnt ihres Lebens erreichten, dass verstärkt Lebensberichte veröffentlicht werden, mehr Interesse an diesen Texten besteht, und es ist wohl auch mit der Suche nach noch wenig erforschten Gebieten in der Exilforschung verbunden. Die Chronologie unseres Projektes gestaltet sich aber gerade umgekehrt: Durch den Versuch, eine Datenbank von Kindertransport-Quellen zu publizieren, wurde klar, dass es wichtig wäre, eine Datenbank aller Archivmaterialien zum Thema »Deutschsprachige Flüchtlinge (1933–1950)« zu haben. Es zeigte sich, dass es natürlich nicht möglich ist, das Forschungsgebiet Kindertransport, obwohl klar definiert, von anderen Aspekten der britischen Exilforschung abzugrenzen. Da wurden zum Beispiel Papiere von Familienmitgliedern entdeckt, die später auch nach Großbritannien auswanderten, oder von Hilfsorganisationen, die sich mit »Refugees« im Allgemeinen beschäftigten.

Dieses viel größere Projekt wurde im März 2004 mit Unterstützung des Arts and Humanities Research Councils (AHRC) in die Wege geleitet. Diese »Online Database of British Archival Resources Relating to German-speaking Refugees, 1933–1950« (Abkürzung: BARGE) hat zum Ziel, alle Materialien, die sich in Großbritannien in öffentlichen und privaten Händen befinden, aufzunehmen.[8] Der Name des Projekts war in der Vorbereitungsphase intensiv diskutiert worden: Die Bezeichnung »Exilant« wird von vielen ehemaligen Flüchtlingen, die heute noch in Großbritannien leben, darunter einige namhafte Forscher, abgelehnt, doch nennt sich die Disziplin auch im britischen Kontext »Exile Studies«, was auch aus dem Namen des einschlägigen Forschungsinstituts Research Centre for German and Austrian Exile Studies an der Universität London zu ersehen ist.[9] Da das Projekt aber versucht, so inklusiv wie möglich zu sein, wurde entschieden, den Ausdruck »Refugee« in der Projektbeschreibung und im Titel zu benutzen.

Die BARGE-Datenbank ist eine so genannte Metadatenbank, d. h. eine Art Datenbank von Datenbanken. Sie besteht aus drei querverbundenen Teilen: Collection Description, Biography und Administrative. In der Collection Description wird die Sammlung nach den Kriterien des in Großbritannien gebräuchlichen Dublin-Core Standards beschrieben. Die Sammlungsbeschreibungen erfassen deutsch- und englischsprachiges Material, und dem Format der Bestände sind eigentlich keine Grenzen gesetzt, außer dass es sich um Originale handeln muss; Sammlungen, die nur aus Fotokopien oder nur aus publiziertem Material bestehen, werden nicht aufgenommen. Die Größe einer Sammlung kann zwischen einem Brief und Hunderten von Archivkartons liegen. Unsere Datenbank hat bisher Manuskripte, Briefe, Tagebücher, Video- und Audiointerviews, autobiografische Texte und vieles mehr, bis hin zu Einkaufszetteln, aufgenommen. Das letztere Format mag auf den ersten Augenschein lächerlich erscheinen, doch hat sich gezeigt, dass die Studie solch alltagsgeschichtlicher Dokumente durchaus wertvolle Erkenntnisse liefern kann: Die Pritchard Papers im Archives Department an der University of East Anglia beinhalten zum Beispiel Einkaufslisten für Einrichtungsgegenstände, die Walter und Ise Gropius in der von dem Design-Entrepreneur Jack Pritchard bereitgestellten Wohnung in London vermissten. Diese zeigen die Ansprüche, die Gropius bei seiner Ankunft im Jahr 1934 als berühmter Architekt und Designer zu stellen gewohnt war. Ein Vergleich der Liste mit einem Brief von Gropius an Pritchard vom Jahr 1936, in der er um Stundung der Miete bittet, macht die veränderte Situation zweier Exilanten deutlich, deren Rückkehr nach Deutschland durch die nationalsozialistische Politik unmöglich gemacht wurde.[10]

Die Datenbank wird Namen von Personen aufnehmen, die zwischen 1933 und 1950 in Großbritannien ankamen und die einen Bezug zu einer der aufgenommenen Sammlungen haben, egal wie lange die Personen sich in Großbritannien aufhielten. Das Hauptkriterium ist, dass die Sammlungen heute ihren Aufbewahrungsort im Vereinigten Königreich haben. Die Datenbank soll am Ende des Projektes im Internet einsehbar sein und dadurch die internationale Forschung vereinfachen.[11]

Nicht alle Einzelheiten werden für die Öffentlichkeit zugänglich sein, Adressen von privaten Sammlungen, die im administrativen Teil gespeichert sein werden, bleiben nicht öffentlich. Das Ziel wird es sein, nach Personen mit dem Namen suchen zu können, nach der Herkunft, nach Stichwörtern wie z. B. »Internment« oder »Visual Arts«, außerdem in der Sammlungsbeschreibung nach Format des Materials, nach Titel oder auch in Verbindung zu Personen. Unsere Bestandsbeschreibung wird sicherlich nicht so detailliert sein wie manche Beschreibungen in Archiven. Die BARGE-Datenbank ist als Forschungswerkzeug gedacht, das allen Interessierten die Möglichkeit gibt, herauszufinden, wo welche Sammlungen in Großbritannien aufbewahrt werden.

Die erste Phase des Projekts befasste sich intensiv mit Definitionsfragen, und einige schwierige Entscheidungen mussten getroffen werden. Einige Probleme waren zum Beispiel mit dem Datenschutz verbunden. Die britischen Datenschutzbestimmungen erlauben die Veröffentlichung von Namen lebender Personen im Internet ohne deren ausdrückliche Erlaubnis nicht. Diese müssen wir also versuchen einzuholen. Dieses Problem könnte man durch Zugangsbeschränkungen und ein so genanntes Access Management System, in Großbritannien ist das ATHENS-System weit verbreitet, umgehen. Das Projektteam entschloss sich gegen diese Lösung, da diese Systeme zumindest den internationalen Zugang zu unserer Datenbank erheblich erschweren würden. Des Weiteren reduzierten wir die Anzahl der Stichwörter auf ein Minimum, da sonst eine gewisse Willkür nicht zu vermeiden gewesen wäre. Auch entschieden wir, dass wir eventuell schwer zu definierende Kategorien nicht in die Liste der Keywords aufnehmen würden. Dies wurde besonders in Bezug auf die Religionszugehörigkeit diskutiert, denn obwohl es sicher interessant wäre, zu wissen, welcher Refugee zum Beispiel dem orthodoxen Judentum angehörte, ist dies konsequent zu definieren unmöglich. Die BARGE-Datenbank wird deshalb also nie irgendwelcher statistischer Forschung dienen können, auch nicht, wenn die Kategorie in der Liste der Stichwörter vorhanden ist. Man wird so aus der Datenbank nicht schließen können, welche Prozentzahl der »Refugees« weiblichen oder männlichen Geschlechts war, da ja nur solche Biografien aufgenommen werden, zu denen sich Sammlungen in Großbritannien befinden. Aus diesen Gründen ist das Projekt gelegentlich der elitären Auswahl bezichtigt worden. Da wir nur Informationen aufnehmen, die im Zusammenhang mit einer Sammlung bestehen, und oft davon ausgegangen wird, dass nur Menschen einer gewissen Bildungsschicht Familiensammlungen aufheben oder an Archive weitergeben, ist dies sicher zum Teil berechtigt. Wir glauben aber, dass die oben erwähnte sowohl größen- als auch inhaltsmäßig inklusive Definition einer Sammlung diesem Problem bis zu einem gewissen Grad entgegenwirken kann.

Bei unserer Suche nach Material in privaten Händen haben wir bis jetzt auf die Veröffentlichung von »Bitten um weitere Informationen« in einschlägigen Publikationen wie dem *AJR Journal*, dem *Yearbook of the Research Centre for German and Austrian Exile Studies* und dem *Newsletter des Centre for German-Jewish Studies* zurückgegriffen, was auch zu einigem Erfolg geführt hat.[12] Mehr als die Hälfte der Rückmeldungen kam von ehemaligen Teilnehmern der Kindertransporte oder anderen ehemaligen jugendlichen Flüchtlingen. Dies ist durch deren Alter zu begründen, aber auch dadurch, dass ihnen lange Jahre von den britischen Exilorganisationen und der Forschung wenig Aufmerksamkeit gewidmet wurde. Auf diese Weise knüpft unser ursprüngliches Projekt einer Datenbank von biografischem Material zum Thema »Kindertransport« an das aktuelle Großprojekt an. Wir sind uns sicher, dass das Endergebnis einen Beitrag zur britischen sowie zur internationalen Erforschung von deutschsprachigen Flüchtlingen in Großbritannien leisten wird. Des Weiteren hoffen wir, dass das Projekt ausgeweitet werden kann: So könnten zum Beispiel Kunstwerke ehemaliger Flüchtlinge bei einer Erweiterung miteinbezogen werden sowie Sammlungen, die sich auf tschechisch-, ungarisch- oder polnischsprachige Flüchtlinge zwischen 1933 und 1950 beziehen. Falls es dann noch gelingen sollte, mit diesem Projekt andere Forschungsgruppen dazu anzustoßen, ähnliche Datenbanken zu anderen Einwanderungsgruppen in Großbritannien zu erstellen, wäre dies ein echter Beitrag der Integrationsbestrebungen zwischen Exil- und Migrationsforschung.

1 Für weitere Informationen siehe http://www.sussex.ac.uk/units/cgjs/projects/kinder.html (letzter Zugriff März 2006). — 2 Andrea Hammel: »Familienbilder im Spannungsfeld: Autobiographische Texte von ehemaligen Kindertransport-Teilnehmern«. In: Wolfgang Benz, Claudia Curio, Andrea Hammel (Hg.): *Die Kindertransporte 1938/39. Rettung und Integration*. Frankfurt/M. 2003. — 3 Siehe Andrea Hammel: »Identitätssuche im Text. Autobiographisches Schreiben von ehemaligen Kindertransportteilnehmern«. In: Inge Hansen-Schaberg (Hg.): *Als Kind verfolgt: Anne Frank und die anderen*. Berlin 2004, S. 167–177. — 4 Birgit Aschmann: »Hübsch und blond«. In: *Frankfurter Allgemeine Zeitung*, 6.11.2003, Nr. 258, S. 8. — 5 Siehe dazu Anthony J. Sherman: *Island Refuge: Britain and the Refugees from the Third Reich, 1933–1939*. London 1973; Bernard Wasserstein: *Britain and the Jews of Europe, 1939–1945*. Oxford 1979. — 6 Louise London: *Whitehall and the Jews, 1933–1948. British Immigration Policy and the Holocaust*. Cambridge 2000, S. 15 ff. — 7 Carol Rossen, Verwaltungsleiterin der Association of Jewish Refugees (AJR), gab die Anzahl der Mitglieder mit 3124 an (Stand Dezember 2005). — 8 Siehe http://www.sussex.ac.uk/units/cgjs/barg/index.html (letzter Zugriff März 2006). — 9 Für weitere Information siehe http://www2.sas.ac.uk/igs/hpexilecentre.htm (letzter Zugriff März 2006). — 10 The Pritchard Papers, Archives Department, University of East Anglia, PP/24/3/80. — 11 Es besteht die Möglichkeit, alle drei Monate ein Update über das Projekt zu erhalten. Kontakt: s.teuteberg@sussex.ac.uk. — 12 Für jegliche Hinweise zu einschlägigem Material sind wir dankbar. Kontakt: a.hammel@sussex.ac.uk.

Madeleine Lerf

Aus dem Konzentrationslager Buchenwald in die Schweiz

Studie zur wechselseitigen Wahrnehmung

Nach Kriegsende beherbergte die Schweiz Jugendliche aus dem Konzentrationslager Buchenwald. In der vorliegenden Studie soll der Frage nachgegangen werden, wie Menschen in der Schweiz diese Holocaust-Überlebenden wahrnahmen und wie sie selbst die Zeit in ihrem temporären Gastland erlebten.

Nach einer kurzen Einführung zur betreffenden Hilfsaktion ist der erste Teil der Studie der Wahrnehmung durch die Aufnehmenden gewidmet. Es soll aufgezeigt werden, welche Aspekte, Bilder und Motive sich in deren Beschreibungen der BuchenwalderInnen ausmachen lassen und ob es ausgeprägte Unterschiede gab, wie die Jugendlichen von verschiedenen Gruppen, beispielsweise von Juden oder Nicht-Juden, wahrgenommen wurden. Diese Feststellungen können als Grundlage für eine spätere Untersuchung der Art der Betreuung und Unterstützung dienen, die den Jugendlichen in der Schweiz gewährt wurde. Als Arbeitsmaterial für diesen Teil der Studie stehen Zeitungsartikel, Berichte von BetreuerInnen sowie Korrespondenzen von Hilfswerken und Behörden zur Verfügung.[1] Eine umfassende Analyse aller Kontakte zwischen Jugendlichen aus Buchenwald und Menschen in der Schweiz ist damit nicht möglich: Es kann nur die Wahrnehmung der Jugendlichen durch an der Hilfsaktion beteiligte Personen und die Art, wie Journalisten über sie berichteten, untersucht werden.[2]

Nachdem damit in Umrissen aufgezeigt wurde, wie die Jugendlichen aus Buchenwald *erlebt wurden*, soll im folgenden Teil eine Annäherung an die Frage versucht werden, wie die Aufgenommenen den Aufenthalt in der Schweiz *erlebten*. Es soll dargelegt werden, welche Faktoren diesbezüglich von Bedeutung waren. Als Quelle dienen Briefe von Jugendlichen an Vertrauenspersonen, Hilfswerke und amtliche Stellen, Aufsätze sowie diesbezügliche Äußerungen von BetreuerInnen.[3] Dass das Erleben sehr heterogen war und durch die überlieferten Zeugnisse nur mangelhaft wiedergegeben wird, steht dabei außer Frage. Einige Grundzüge können dennoch ausgemacht werden. Ganz trennen lassen sich die Aspekte des »Erlebens« und des »Erlebt-Werdens« vielfach nicht. Sie beeinflussen und bedingen sich gegenseitig. Gerade deswegen ist es interessant, aus beiden Perspektiven an diese

Thematik heranzugehen. Ziel ist, mit Hilfe dieser Verbindung ein Stimmungsbild einer spezifischen Exilsituation von jugendlichen KZ-Überlebenden in der Nachkriegszeit aufzuzeigen.

Die »Buchenwaldaktion«[4]

Im Sommer 1945 trafen 375 meist jugendliche Überlebende von Konzentrationslagern aus Buchenwald an der Schweizer Grenze ein. Während sechs Monaten sollten sie sich in der vom Krieg verschonten Schweiz erholen können. Fast alle diese Jugendlichen waren jüdischer Herkunft, stammten aus Mittelosteuropa und hatten im Laufe des Krieges mehrere Lager überlebt. Durch die Todesmärsche waren sie nach Buchenwald gelangt, wo sie am 11. April 1945 von der amerikanischen Armee befreit wurden.[5] Als Staatenlose, die in vielen Fällen sämtliche Familienangehörige durch den Holocaust verloren hatten, war ihre Zukunft ungewiss.

Die Hilfsaktion zur Unterstützung dieser Jugendlichen wurde von der Schweizer Regierung in Zusammenarbeit mit der United Nations Rescue and Relief Administration (UNRRA) initiiert. Der Schweiz ging es in erster Linie darum, durch Zusammenarbeit mit der UNRRA ein Stück weit aus ihrer Isolierung gegenüber den Alliierten Siegermächten herauszufinden.[6] Sowohl in der Planung als auch in der Durchführung der Hilfsaktion traten zahlreiche Probleme auf. Die Schweiz wollte ursprünglich ausschließlich Kinder aufnehmen und akzeptierte nur widerwillig, dass, da verschwindend wenige Kinder unter den KZ-Überlebenden waren, vorwiegend Jugendliche die angebotene Hilfe benötigten. Außerdem sträubte sie sich gegen die Aufnahme von Staatenlosen, da sie fürchtete, diese auch nach Ablauf von sechs Monaten weiter beherbergen zu müssen. Gerade staatenlose Juden benötigten die angebotene Hilfe jedoch am dringendsten.

Eine heftige Kontroverse entbrannte nach der Ankunft des Zuges aus Buchenwald in der Schweiz: Die zur Betreuung aufgebotene Kinderhilfe des Schweizerischen Roten Kreuzes[7] stellte fest, dass zahlreiche Jugendliche falsche Geburtsdaten angegeben hatten und deutlich älter als die erlaubten 16 Jahre waren. Außerdem befanden sich unter ihnen Personen, die nicht auf der offiziellen Liste angemeldet waren. Für die Schweizer Behörden und Hilfswerke stellte sich die Frage, ob sie auf den vereinbarten Bedingungen beharren und die Aufnahme eines großen Teils der Menschen ablehnen sollte. Um die UNRRA nicht vor den Kopf zu stoßen und damit das erklärte Ziel der initiierten Hilfsaktion zu gefährden, entschloss sie sich nach heftigen Diskussionen zur Aufnahme der ganzen Gruppe.[8] Damit begann die Hilfsaktion in einer negativen, von Misstrauen geprägten Atmosphäre. Neben der Kinderhilfe übernahmen bald auch diverse jüdische Organisationen

Betreuungsaufgaben. In Alijah-Lagern wurden Jugendliche auf die Ausreise nach Palästina vorbereitet.[9] Ein Teil der Jugendlichen litt unter Tuberkulose und wurde in Sanatorien behandelt. Bis auf wenige Ausnahmen blieben die BuchenwalderInnen deutlich länger als sechs Monate in der Schweiz.

Wahrnehmung der Aufnehmenden

Da Wahrnehmung nicht nur vom Gegenstand der Wahrnehmung, sondern auch entscheidend von der wahrnehmenden Person beeinflusst wird, stellt sich die Frage, wer die Menschen waren, die sich in der Schweiz mit den BuchenwalderInnen beschäftigten. Ein Bild dieser Menschen zu zeichnen, fällt aufgrund von deren Heterogenität jedoch schwer. Nicht nur gehörten sie sehr unterschiedlichen Organisationen an, auch innerhalb der einzelnen Organisationen arbeiteten Menschen mit sehr unterschiedlichem Hintergrund: Zum Team der Kinderhilfe gehörten beispielsweise zahlreiche MitarbeiterInnen, die nicht viel älter als die zu betreuenden Jugendlichen waren, aber auch ein älterer Pfarrer und mehrere Emigranten. Einige von ihnen hatten bereits mit Flüchtlingen gearbeitet, andere verfügten lediglich über berufliche Ausbildungen im Lehr- oder Pflegebereich.[10] Auch die Motivationen zur Mitarbeit an der Hilfsaktion waren sehr unterschiedlich: Während einige BetreuerInnen vom tiefen Wunsch, Hilfe für Kriegsgeschädigte zu leisten, beseelt waren, ging es anderen eher um politische Ziele oder sie waren mehr oder weniger zufällig zu dieser Aufgabe gekommen. Als einziger gemeinsamer Nenner lässt sich feststellen, dass die Arbeit mit den Jugendlichen aus Buchenwald für fast alle Beteiligten die erste Begegnung mit KZ-Überlebenden bedeutete.

Über die Ankunft der Jugendlichen aus Buchenwald wurde in zahlreichen Zeitungen und auch im Fernsehen berichtet. Dies lässt darauf schließen, dass sie mit einer gewissen Spannung erwartet worden waren. Journalisten waren neugierig auf die erste Begegnung mit den jugendlichen Holocaust-Überlebenden.

Ein Bericht im Informationsbulletin der Kinderhilfe zur Ankunft einer Gruppe von schwer kranken Jugendlichen zeichnet das Bild von bedauernswerten, schwachen, gemarterten Menschen und zeugt damit von einer Wahrnehmung, die von Mitleid geprägt war: »Da lagen sie zu viert in den Sanitätsautomobilen, gezeichnet durch Krankheit und grauenvolle Lagerhaft. (...) Ausgemergelte Figuren, Skeletten gleich, mit müden, stumpfblickenden Augen, trotz der schwülen Hitze des Sommerabends frierend in Decken gehüllt. Französische Soldaten, die an der Grenze Dienst tun, verzichten wortlos und erschüttert auf ihre Milch- und Butterration, um den leidenden jungen Menschen eine Stärkung zu geben.«[11] Diese Art der Schilderung passt in das Bild, das sich die meisten Menschen von aus Konzentrationslagern Befreiten machten. Sie ist jedoch nicht repräsentativ dafür, wie die Ankunft der BuchenwalderInnen beschrieben wurde. Aus diversen anderen Berichten von Journalisten sowie von MitarbeiterInnen von Kinderhilfe und Schweizer Spende geht Erstaunen darüber hervor, wie gut genährt und gesund, ja wie »normal« die KZ-Überlebenden wirkten. Ein in der *National Zeitung* erschienener Artikel schildert, wie der Kameramann des Roten Kreuzes das Auffanglager unverrichteter Dinge verlassen habe: Die Jugendlichen seien ja alle munter und hätten Pausbacken, es gebe also nichts zu filmen.[12] Bemerkungen dieser Art enthielten den unterschwelligen Vorwurf an die Betroffenen, keine »richtigen« Opfer zu sein. Schreibende, die die Feststellung von gesundem beziehungsweise normalem Aussehen nicht mit einer Infragestellung der Hilfsberechtigung verbinden wollten, sahen sich gezwungen, dies zu rechtfertigen.[13] Das Aussehen der Hilfeempfänger bei der Ankunft in der Schweiz spielte also eine wichtige Rolle. Fehlende Anzeichen für Unterernährung stellten den Opferstatus in Frage. Was sie im KZ erlebt, dass sie Familienangehörige und Heimat verloren hatten, geriet über diesem äußerlichen Aspekt in den Hintergrund oder wurde gar angezweifelt. Glückliches Aussehen und munteres Auftreten wurden hingegen begrüßt, wenn es darum ging, die Leistung der Schweiz als Gastland zu würdigen: In Zeitungsartikeln wurden die Jugendlichen gerne in Heimen in idyllischer Landschaft beschrieben, die – zusammen mit der liebevollen Aufnahme und Betreuung in der Schweiz – zu deren körperlichen und seelischen Gesundung beitrage.[14] Als Beispiel für dieses Motiv ein Ausschnitt aus einem Artikel der *Neuen Zürcher Zeitung:* »Die Kinder im Alter bis zu 16 Jahren (...) kamen nach kurzem Aufenthalt im Reinigungslager in ein Heim in prächtiger Landschaft. Und wie waren wir überrascht, als wir bei einem Besuche – es war am zweiten Tag ihrer Ankunft im Heime – Lieder singen hörten, nicht nur Lieder in fremder Sprache, sondern auch ein Schweizerlied. Am gleichen Tage kamen weitere ›gereinigte‹ Kinder an, die mit Winken und Rufen von ihren Leidensgefährten freudig begrüsst wurden. Jene staunten ob dem Heim und dem herzlichen Willkomm und zaghaft hob sich da und dort ein Arm zu schüchternem Winken. Noch etwas misstrauisch betrachten sie das mit Blumen geschmückte Haus, misstrauisch, da sie an Herzlichkeit und Ehrlichkeit noch nicht glauben können.«[15]

Die Jugendlichen wurden meist nicht einfach für sich als Menschen wahrgenommen, sondern immer auch in ihrer Rolle als Hilfeempfänger. Ihre Berechtigung, sich in der Schweiz aufzuhalten, wurde daran geknüpft, dass ihr Status als Opfer sichtbar oder dass erkenntlich war, wie gut ihnen die gewährte Hilfe bekam. Gerade in diesem Zusammenhang war mit Vorliebe von *Kindern* und nicht von *Jugendlichen* die Rede, auch wenn dies nicht der Realität entsprach.

Außerhalb der Spannung zwischen einer Wahrnehmung als zu bemitleidende Opfer oder als »normale« Menschen lässt sich ein weiterer wichtiger Aspekt beobachten: Die Menschen in der Schweiz begegneten den Jugendlichen aus Buchenwald mit respektvoller Distanz, im Wissen um das Grauenhafte, das diese erlebt hatten. Diese Wahrnehmungsart konnte einerseits von Achtung geprägt sein, andererseits trat sie oft gepaart mit einem gewissen Angstgefühl auf. Dieser Aspekt zeigt sich unter anderem in einem Rapport der Schweizer Behörden zur geplanten Hilfsaktion: Ein Vertreter der Schweizer Spende schrieb, dass ein großer Teil der Kinder geistig und moralisch geschädigt und dermaßen verwildert sei, dass sie sich wie Tiere benähmen.[16] Bei Diskussionen um die Unterbringung der BuchenwalderInnen wurde denn auch vor dem Problem einer »Hordenbildung« gewarnt.[17] Auch in Berichten von Menschen, die mit den Jugendlichen zusammenarbeiteten, taucht dieser Aspekt auf. So schrieb ein ehemaliger Betreuer der Kinderhilfe: »Wie viele von ihnen gemordet haben im Konzentrationslager aus Hunger und nachher aus Rache, weiss ich nicht genau, wahrscheinlich sehr viele. Sie erwähnten es nur in ganz wenigen Fällen. Noch heute ist ein Grossteil von ihnen imstande zu töten, wenn sie sich bedroht fühlen, obwohl sie eine unglaubliche Angst und Abscheu vor dem Töten haben.«[18]

Die Tatsache, dass die Jugendlichen es geschafft hatten, die Konzentrationslager zu überleben, wurde zwar bewundert, meist aber trotzdem unterschwellig negativ beurteilt. Wie das erwähnte Zitat zeigt, konnte dies sogar dazu führen, dass die Jugendlichen in gewissem Sinne kollektiv als potenzielle »Mörder« betrachtet wurden. Das Überleben wurde als tierischer Kampf gesehen, der auf Kosten von anderen und nicht beispielsweise als Folge von besonders intelligentem Handeln oder Glück gewonnen worden war. Wenn die Jugendlichen als die wenigen Überlebenden der Konzentrationslager also eine gewisse »Elite« darstellten, dann eher eine negative. Dies implizierte nicht, dass ihre Stellung als Opfer negiert wurde: Es betraf lediglich die Frage, wie und wieso sie überlebt hatten. Dies belegt der oben erwähnte Bericht: In diesem wird beispielsweise auch betont, wie unglaublich liebenswürdig, verletzlich und anständig die Buchenwalder seien.[19] Nicht *ein* Bild musste also für die Wahrnehmung dominant sein, diese konnte durchaus von widersprüchlichen Aspekten geprägt sein.

In vielen Beschreibungen tritt folglich eine gewisse Unsicherheit in Bezug auf die Einschätzung der Jugendlichen zu Tage. BetreuerInnen fragten sich, ob sie es mit einer wirklich »anderen« Art von Jugendlichen zu tun hatten oder ob die Zeit in den Konzentrationslagern diese vielleicht nicht stärker geprägt hatte, als Kriegserfahrungen Menschen allgemein prägen. Diese Unsicherheit äußert sich beispielsweise in folgendem Bericht des Aktionsleiters der Kinderhilfe: »Erstens sind es hauptsächlich polnische, ungarische und tschechische Judenkinder mit einer ganz eigenen, uns fremden Mentalität;

zweitens wurde diese Mentalität durch den Aufenthalt in Ghettos und Konzentrationslagern beeinflusst und geändert, so dass es eines langen und sehr
genauen Studiums bedarf, um feststellen zu können, was durch die Erlebnisse der letzten Jahre und was durch ihren besonderen Charakter bedingt
ist.«[20] In diesem Zitat kommt der Aspekt der doppelten oder gar multiplen
Fremdheit zum Ausdruck: Die Jugendlichen waren den Schweizer BetreuerInnen fremd durch ihre Erlebnisse, Herkunftsländer und auch durch ihre
Religionszugehörigkeit.[21]

Aus heutiger Sicht kann erstaunen, dass die Hilfsorganisationen nicht
grundsätzlich davon ausgingen, dass die Jugendlichen infolge der KZ-Erfah-
rungen unter psychischen Folgeschäden leiden mussten, die man mit entsprechenden Therapien behandeln könnte. Eine derartige Beurteilung ver-
kennt den zeitgenössischen psychologischen Wissensstand: Psychologische
Konzepte wie posttraumatische Störungen und deren Behandlung waren
nach Kriegsende noch weitgehend unbekannt.[22] Während vielen BetreuerInnen klar war, dass die Jugendlichen enorm viel durchgemacht hatten und
deswegen besonderes Verständnis benötigten, plädierten nicht wenige dafür,
diese vollkommen »normal« zu behandeln.[23] In Anlehnung an die weiter
oben beschriebene Deutung des Überlebens waren sie der Ansicht, dass es
sich um besonders starke Menschen handle, denen in erster Linie wieder
richtiges Benehmen beigebracht werden musste. Für einzelne Jugendliche,
deren psychische Probleme unübersehbar waren, forderten FürsorgerInnen
des Verbandes Schweizerischer Jüdischer Flüchtlingshilfen (VSJF) psychologische Behandlungen.[24] Diese Forderung wurde jedoch, nicht zuletzt aus
finanziellen Gründen, nur sehr beschränkt umgesetzt.

Neben der grundsätzlichen Art, wie die Jugendlichen wahrgenommen
wurden, finden sich in Dokumenten auch zahlreiche Beobachtungen zu
deren Verhalten. Im Folgenden soll untersucht werden, welche Aspekte des
Verhaltens den BetreuerInnen besonders auffielen und was für Gedanken sie
sich diesbezüglich machten. So beschäftigte sie beispielsweise die Frage, ob
die BuchenwalderInnen vom Benehmen her eher Kinder oder Erwachsene
seien. Die diesbezügliche Unsicherheit wurde dadurch verstärkt, dass das
wirkliche Alter der Jugendlichen nicht mit Sicherheit bestimmt werden
konnte.[25] Sie schien aber auch darin begründet zu sein, dass die BuchenwalderInnen in ihrem Gesichtsaudruck wenig kindliche Elemente aufwiesen,
körperlich für ihr Alter aber eher zurückgeblieben waren. Ein Betreuer der
Kinderhilfe verglich dies mit ihrer psychischen Reife: »Während sie einerseits in mancher Hinsicht auf der Stufe geblieben waren, mit der sie im Alter
von 12 und 13 Jahren in die Lager kamen, sowohl im Denken wie in gefühls-
mässigen Reaktionen, hatten sie andrerseits eine ungeheure Lebenserfahrung
durchgemacht, ohne dies jedoch der Reife ihres Alters entsprechend normal
verarbeiten zu können.«[26]

Den BetreuerInnen fiel auf, dass die Jugendlichen einige wohl aus der Lagerzeit stammende Verhaltensweisen auch nach ihrer Ankunft in der Schweiz beibehielten. Beschrieben wurden das ängstliche Zurückschauen um festzustellen, ob Gefahr drohte, das unauffällige Einstecken von Essen bei Tisch, aber auch ihre Reaktion auf die Ausübung von Autorität durch Drittpersonen. Ein Mitarbeiter der Kinderhilfe zeigte sich erschrocken über die Disziplin der Jugendlichen. Er schilderte, wie sie beispielsweise immer unaufgefordert in Zweierreihen gingen. Mehrmals forderte er sie auf, dies zu lassen, wonach sie dies jedoch als erneuten Befehl aufgefasst hätten, nämlich als Befehl, *nicht* in Zweierreihen zu gehen.[27] Gleichzeitig sei aber auch eine große Ablehnung gegen jede Form von strenger Autorität spürbar gewesen. Eine Beauftragte der UNRRA, die die Heime in der Schweiz besuchte, erklärte dies mit folgender Überlegung: »They have little remembered experience of wise or good authority. They have had to struggle against authority for the saving of their lives and have resorted to any means of doing so. They have learned to outwit authority, for example by telling successful lies, by appearing to do what was expected etc.«[28] Bemerkungen dieser Art geben nicht nur die Wahrnehmung der Jugendlichen durch die BetreuerInnen wieder, sondern zeugen immer auch ein Stück weit von deren Vorstellungen vom Leben in einem Konzentrationslager. Es ist davon auszugehen, dass BetreuerInnen ihre Aufmerksamkeit besonders auf Verhaltensweisen legten, die sie aufgrund dieser Vorstellungen erwarteten.

Ähnlich zwiespältig wie die Reaktion auf die Ausübung von Autorität beschrieben BetreuerInnen das Vertrauensverhältnis der Jugendlichen gegenüber Mitmenschen. Sie seien im Allgemeinen sehr misstrauisch gewesen, hätten aber gleichzeitig ein immenses Bedürfnis nach Nähe gehabt und sich eng an die BetreuerInnen angelehnt.[29] Briefe an BetreuerInnen zeugen von diesen engen Bindungen, aus denen teilweise langjährige Freundschaften entstanden.[30] Eine gewisse Ambivalenz in Bezug auf die Wahrnehmung der Jugendlichen zeigt sich auch in diesen Beziehungen: Während sogar junge BetreuerInnen den meist familienlosen Jugendlichen gegenüber in eine Art Vater- oder Mutterrolle schlüpften und von ihnen als »Vati« oder »Mutti« angesprochen wurden, waren auch Liebesbeziehungen keine Seltenheit.[31]

Erstaunen und Ärger löste die Erkenntnis aus, dass die Jugendlichen aus Buchenwald alles andere als genügsame, dankbare Hilfeempfänger waren. Der ersten beschriebenen Wahrnehmungsform entsprechend hatten viele Beteiligte damit gerechnet, dass die aus dem Konzentrationslager befreiten Jugendlichen sich wegen den kleinsten Gefälligkeiten dankbar zeigen würden. Dies war eindeutig nicht der Fall. Die BuchenwalderInnen traten oft fordernd auf und zeigten sich mit dem, was sie erhielten, unzufrieden. Eine Erklärung für dieses Verhalten meinten die an der Aktion beteiligten Personen darin zu finden, dass die Amerikaner die Jugendlichen nach der Befreiung zu sehr verwöhnt und ihnen falsche Hoffnungen über den Aufenthalt in der Schweiz gemacht hätten. Auch spielte ihrer Meinung nach das Bewusstsein der Jugendlichen, viel entbehrt und gelitten zu haben und deswegen ein Recht auf Kompensation zu besitzen, eine Rolle.[32] Diese zwei Gesichtspunkte waren insofern miteinander verbunden, als die Meinung bestand, dass die amerikanischen Soldaten sie in dieser Einstellung bestärkt hätten.[33] Vor allem im Hinblick auf die Zukunft empfand ein Betreuer der Kinderhilfe dies als beunruhigend: »Sie meinten ja auch für die Zukunft in einer Sonderstellung zu sein. An und für sich hatten sie von der Zukunft vage Vorstellungen, aber eines war für sie sicher, überall würde man die Buchenwaldkinder mit offenen Armen aufnehmen. Die eingebrannte Nummer auf ihrem Arm genüge, um ihnen eine gesicherte Existenz zu sichern. (...) Sollte man ihnen sagen, dass sie keine Vorzugsrechte im Leben hatten, weil sie nun einmal im K-Z gesessen haben?«[34]

Ärger über die BuchenwalderInnen wurde in einigen Fällen auch mit antisemitischen Vorurteilen verbunden. Dieses Muster lässt sich vor allem zu Beginn der Hilfsaktion bei Militärvertretern beobachten, die die Überwachung der Quarantänelager zu gewährleisten hatten.[35] Es mag eine Rolle gespielt haben, dass die Militärleute nicht aus Interesse oder sozialem Engagement mit den BuchenwalderInnen in Kontakt kamen, sondern weil die Armee in diesem Bereich Aufgaben übernahm. Auf die Arbeit mit kriegsgeschädigten Menschen waren die meisten von ihnen nur mangelhaft vorbereitet. Der Rückgriff auf antisemitische Klischees konnte in dieser Situation einfache Erklärungen für Beobachtungen und Probleme bieten.

Beim Studium der zahlreichen Passagen, die die Jugendlichen aus Buchenwald beschreiben, fällt auf, dass sich die Schilderungen verschiedener Personen meist jedoch nicht unterscheiden. Ähnliche Aspekte werden immer wieder genannt, lediglich deren Gewichtung variiert. Bezüglich der Wahrnehmung der Jugendlichen durch jüdische oder nichtjüdische Personen lässt sich etwa, mit Ausnahme des Faktors Antisemitismus, kein Unterschied ausmachen. So sind Passagen, die von Fremdheitsgefühlen zeugen, genauso oft von jüdischer wie von nicht-jüdischer Seite überliefert, obwohl vermutet werden könnte, dass Juden aufgrund engerer Verbundenheit mit den KZ-Überlebenden in einer Art Schicksalsgemeinschaft sich diesen näher fühlen könnten.[36] Wenn auch von jüdischer Seite die Solidarität mit den KZ-Opfern wohl unmittelbarer war, so standen sie dieser besonderen Gruppe von Jugendlichen in gewissem Sinne doch genauso hilflos und mit denselben Fremdheitsgefühlen gegenüber wie alle anderen. Dagegen beeinflussten Art und Häufigkeit des Kontaktes mit den Jugendlichen die Wahrnehmung: Erwartungsgemäß ist bei jenen Personen, die täglich mit diesen zu tun hatten, ein Gefühl von Verbundenheit und Vertrautheit viel eher auszumachen als bei Menschen, die nur selten in direktem Kontakt mit ihnen standen.[37]

Wahrnehmung der Aufgenommenen

Zur Wahrnehmung der Situation, in der sich jemand befindet, gehört immer auch die Frage nach der Wahrnehmung der eigenen Identität. Die Jugendlichen aus Buchenwald definierten sich, vor allem in der ersten Zeit in der Schweiz, sehr stark als Teil ihrer Gruppe. Dies ist nicht weiter erstaunlich, da sie ein ähnliches tragisches Schicksal verband und sie kaum über andere Bezugsgruppen verfügten, denen sie sich unmittelbar hätten zuordnen können: In der Schweiz waren sie Fremde, Familien hatten sie meist keine mehr, und auch den Lebensgemeinschaften in ihren ehemaligen Heimatländern konnten sie sich nicht mehr zugehörig fühlen. Die Selbstwahrnehmung der Jugendlichen als Teil der »Buchenwaldgruppe« schwankte zwischen einer positiven und einer negativen Komponente: positiv und optimistisch, in ihrer Mission als Überlebende der Hölle der Lager, die sich in Zukunft für eine bessere Welt einsetzen wollten, negativ und pessimistisch in der Vorstellung, dass sie bisher sehr viel gelitten hatten und dies womöglich auch weiterhin so bleiben würde. Welche der beiden Komponenten für das Identitätsgefühl dominant war, hing sehr stark vom jeweiligen Befinden der Einzelnen in der Schweiz ab.

Nach der Ankunft interessierten sich Journalisten für die BuchenwalderInnen, befragten sie zu ihren Erlebnissen und fotografierten sie. Von jüdischen Gruppierungen wurden sie zu Vorträgen über ihre Erlebnisse im Lager eingeladen.[38] Dies bestärkte die Jugendlichen in ihrem Eindruck, Menschen zu sein, die etwas Besonderes erlebt hatten, für das sich andere interessierten.

Ein Streit entbrannte, als es darum ging, sie in verschiedenen jüdischen Heimen unterzubringen: Zionistische und religiöse Gruppierungen bemühten sich, die Gunst der Jugendlichen zu gewinnen und sie für ihre jeweilige Bewegung zu sichern. Die BuchenwalderInnen erkannten die Gefahr dieser Bemühungen für die innere Einheit ihrer Gruppe und versuchten, sich dagegen zu wehren: »Wir Buchenwalder haben in gemeinsamem Leiden gelernt, was es heisst Kameraden zu sein trotz religiöser, ja selbst nationaler Unterschiede. Wir sind tolerant und wollen nicht in die religiösen Gegensätze der verschiedenen jüdischen Parteien hineingezogen werden. Wir sind alle Menschen, die für das gemeinsame Ziel eintreten, als Mensch und Kamerad zu leben, trotz verschiedener Denkungsart.«[39]

In diversen Äußerungen als Gruppe, aber auch von einzelnen Jugendlichen, tritt eine gewisse missionarische, vom Glauben an Frieden und Gerechtigkeit geprägte Grundhaltung hervor. Sie, die so viel Schlechtes erlebt hatten, wollten sich für eine bessere Zukunft, gegen Hass und für Vergebung einsetzen.[40] Obwohl dies bestimmt keine leeren Worte waren, scheiterten die Vorsätze teilweise bereits innerhalb der eigenen Gruppe, indem beispielsweise Probleme zwischen Jugendlichen aus verschiedenen Herkunftsländern auftraten.[41]

Weit verbreitet war in der Buchenwaldgruppe eine gewisse Enttäuschung über die in der Schweiz vorgefundenen Bedingungen. Viele hatten erwartet, in der Schweiz eine Art Paradies vorzufinden: ein vom Krieg unversehrtes, reiches Land, das sie – die »Kinder von Buchenwald« – eingeladen hatte. Ein polnischer Jugendlicher drückte dies in einem Brief an einen Betreuer folgendermaßen aus: »Wir haben gehert – ›Schweiz‹ haben sich alle gerissen zu fahren, weil mir haben gewusst das das ist ein Land was war überhaupt von die Krieg verschont. Aber wie gross war unser erstaunen wen wir nach Rheinfelden, ein Lager rumgezaunt mit Stacheldraht und Wachposten gekommen. Wir haben nicht gewusst was es das ist. Noch weinig Gefangenschaft? Und es sind verschieden streiten mit die Kommandanten vorgekommen. Es war sehr schlimm weil wir beide haben recht gehabt. Wir haben gesagt das nach sechs Jahren Gefangenschaft, wollen wir Freiheit haben. Nicht wieder men darf nicht rausgehen und die ganzen Vorschriften was waren am Gurnigel auf die Tür geschlagen. Und der Kommandant auf Gurnigel hat gesagt, wenn Fremde Leute in die Schweiz kommen, mussen sie 3 Wochen Quarantäne durchmachen. Wir haben auch nicht gewusst das die Schweiz is ein land was lebt ammeisten von anderen Völker, und jetzt in die Krieg ist das mit den Lebensmittel sehr knapp, weil sie mit ihrem eigenen Lebensmittel auskommen müssen.«[42]

Die Divergenz zwischen den Erwartungen und dem Vorgefundenen trug zur von den BetreuerInnen konstatierten »fehlenden Dankbarkeit« zweifellos bei. In Bezug auf die Wahrnehmung ihres Aufenthaltes ist jedoch besonders wichtig hervorzuheben, dass die BuchenwalderInnen nicht dank der Aufnahme durch die Schweiz aus dem Konzentrationslager gerettet worden waren. Viele Beteiligte begingen den Denkfehler, dass für die Jugendlichen im Vergleich zum Leben im Lager alles paradiesisch sein müsste. Diese hatten aber ihre Freiheit bereits in Deutschland, zwei Monate vor der Reise in die Schweiz, erlangt, und für sie war alles, was dieser Freiheit entgegengesetzt wurde, ein Hindernis in Bezug auf etwas, worauf sie Anspruch hatten. Sie wünschten sich ein »normales« Leben. In der Schweiz fanden sie aber Bedingungen vor, die gewisse Parallelen zur Zeit in Gefangenschaft aufwiesen. Eine wichtige Rolle spielten dabei die Unterbringung in Lagern, deren die meisten überdrüssig waren und dass sie erneut als Fremde in einem Land leben mussten sowie die weiterhin fehlende Möglichkeit der Selbstbestimmung.

Misstrauen gegenüber den Schweizer Behörden und Hilfsorganisationen äußert sich immer wieder in den Quellen. Dies lässt sich nicht nur auf die negativen Erlebnisse der Jugendlichen während des Krieges zurückführen, sondern war auch durch die schlechte Atmosphäre zwischen den unterschiedlichen an der Hilfsaktion beteiligten Organisationen bedingt. Diese konkurrierten und misstrauten sich gegenseitig und machten daraus den Jugendlichen gegenüber keinen Hehl, was deren Unsicherheit verstärkte.[43]

Neben Skepsis und Unsicherheit fällt eine ausgeprägte Ungeduld der BuchenwalderInnen auf. Die meisten nahmen den Aufenthalt in der Schweiz als eine Art Zwischenstation oder gar einen Wartesaal wahr. Dies war nicht zuletzt dadurch bedingt, dass die Schweiz von Anfang an klarstellte, dass eine Niederlassung nicht in Frage kam.[44] Damit begann für die Jugendlichen das neue Leben, die Zukunft, auf eine gewisse Weise erst nach der Ausreise aus der Schweiz, in Ländern, die bereit waren, sie dauerhaft aufzunehmen. Die Zeit in der Schweiz konnte höchstens dazu dienen, diese Zukunft vorzubereiten, indem ihnen beispielsweise ermöglicht wurde, sinnvolle Ausbildungen zu absolvieren.[45] Jugendliche, für die dies gewährleistet war, erlebten ihren Aufenthalt im Allgemeinen viel positiver als jene, für die dies nicht der Fall war. Das Gefühl, Zeit zu verlieren, war für Letztere umso quälender und beunruhigender, als ihnen bewusst war, wie viel wertvolle Zeit ihnen bereits durch die Kriegsjahre geraubt worden war.[46] Besonders problematisch war diese Situation für tuberkulosekranke Jugendliche. Aus therapeutischen Gründen waren sie zur strengen Einhaltung eines Tagesablaufes mit langen Liegezeiten und nur beschränkt möglichen Aktivitäten gezwungen.[47] Die Diagnose der Krankheit, die in vielen Fällen erst in der Schweiz erfolgte, bedeutete einen großen Rückschlag in einem Moment, in dem sie sich auf ein normales Leben in Freiheit eingestellt hatten. Außerdem gab es zahlreiche Fälle, in denen diese Jugendlichen nach einer Besserung ihres Zustandes die Sanatorien verlassen und Ausbildungen anfangen konnten, jedoch nach kurzer Zeit Rückfälle erlitten.

Die Frage, was aus ihnen in Zukunft werden würde, war für die Mehrheit der BuchenwalderInnen fast omnipräsent. Diese Zukunft war meist ungewiss. Einige sollten zu kaum bekannten Verwandten in ein fremdes Land fahren. Andere wurden zionistisch geschult und bereiteten sich auf die Ausreise nach Palästina und später Israel vor. Doch nur für wenige war dies ein wirklich leidenschaftliches Ziel. Viele hatten Angst oder entschieden sich nur mangels Alternativen dafür. Ein Jugendlicher ungarischer Herkunft, der in einem Alijah-Heim lebte, schilderte in einem Brief an eine Betreuerin, wie er von jüdischen Organisationen gefragt worden sei, wohin er auswandern wollte: »Ich sagte nach Palestina, aber nicht darum weil ich es richtig so denke, entgegenteil ich hab überhaupt nicht die Absicht nach Palestina zu fahren aber ich kann das jetzt noch nicht sagen den vielleicht werde ich angewisen sein in der Zukunft an die Zionistische Organisationen oder an die jüdischen gemeinden und in so einem fall hätten Sie sich von mir abgewendet.«[48]

Sehr ungeduldig wurden Ausreisemöglichkeiten von jenen Jugendlichen erwartet, für die der Neustart in einem Drittland mit der Wiedervereinigung der eigenen Familie verbunden war. Vor allem in der ersten Zeit hofften viele, Familienangehörige zu finden. Waren diese nicht schon vor oder während des Krieges nach Übersee ausgewandert, befanden sie sich meist entweder in Displaced Person (DP)-Lagern oder tauchten aus Verstecken in den ehemaligen Heimatländern auf. In diesen Fällen wurde von den Jugendlichen oft der Wunsch geäußert, die Angehörigen in die Schweiz einreisen zu lassen. Dass sich die Schweizer Behörden diesbezüglich vielfach unkooperativ zeigten und auch die Hilfswerke administrative Fragen, wie beispielsweise von wem der Unterhalt übernommen werden würde, vor der Einreise geklärt haben wollten, konnten viele BuchenwalderInnen nur schwer verstehen. Nach jahrelanger Trennung erschien es ihnen unbegreiflich, dass einem Wiedersehen derartige Steine in den Weg gelegt wurden.[49] Dasselbe galt für den Wunsch, Angehörige, die beispielsweise in Deutschland in DP-Lagern lebten, wenigstens an der Grenze treffen oder für ein paar Tage besuchen zu können. Aus finanziellen Gründen wurden derartige Treffen nur sehr beschränkt erlaubt.[50]

Abgesehen von der Suche nach Familienmitgliedern und in manchen Fällen auch der Bemühung um Entschädigung für Besitz in den Herkunftsländern, scheint der Aufenthalt in der Schweiz aus heutiger Sicht erstaunlich stark von der Zukunft und verhältnismäßig wenig von der Verarbeitung der Vergangenheit geprägt gewesen zu sein. In Interviews betonten ehemalige BuchenwalderInnen, dass sie sich in der Zeit in der Schweiz nur wenig mit den Kriegsjahren auseinander setzten. Die traumatischen Erinnerungen holten sie meist erst sehr viel später, als sie eine neue Heimat gefunden und Familien gegründet hatten, wieder ein.[51] Zwar sprachen die Jugendlichen in der Schweiz über ihre Erfahrungen, zeichneten, und einige wenige wurden professionell psychologisch betreut. Im Vordergrund standen aber körperliche Genesung und Vorbereitung auf die Zukunft.[52] Inwiefern dabei eine Rolle spielte, dass es sich bei den BuchenwalderInnen um Jugendliche und nicht um Menschen fortgeschrittenen Alters handelte, muss dahingestellt bleiben.

Zum Schluss sollen einige Überlegungen zu Auswirkungen der beobachteten gegenseitigen Wahrnehmung aufgezeigt werden. Die Begegnung von jugendlichen Holocaust-Überlebenden mit Menschen in der Schweiz bedeutete für beide Seiten eine Herausforderung. Sowohl die Wahrnehmung des Aufenthaltes durch die Jugendlichen als auch deren Wahrnehmung durch Menschen in der Schweiz waren von Ambivalenz geprägt. Widersprüchliche Gefühle und Aspekte konnten scheinbar ungestört nebeneinander existieren. Dies führte zu einer gewissen Verunsicherung der Beteiligten. Die Wahrnehmung der Jugendlichen in ihrer mit Erstaunen konstatierten Normalität barg die Gefahr, deren unstabilem Zustand nicht gerecht zu werden und sie zu überfordern. Diese Gefahr war gerade deswegen groß, weil sich die meisten ihrer Vergangenheit damals noch nicht wirklich stellten, sondern sie zu

verdrängen versuchten. Wurden sie als »normale« junge Erwachsene wahrgenommen, so verminderte dies auch die ihnen gegenüber gewährte Toleranz.

Die Fokussierung auf den Opferstatus weckte Erwartungen an dankbares,
genügsames Verhalten. Die Erwartungen und damit auch die geäußerten
Forderungen der BuchenwalderInnen waren teilweise jedoch alles andere als
bescheiden. Sie nahmen den Aufenthalt in der Schweiz nicht als Rettung aus
dem KZ, sondern als Einladung eines vom Krieg unversehrten, reichen Landes wahr. Begehrten sie auf und zeigten sich unzufrieden, wurden sie rasch
als verdorbene, raue Jugendliche betrachtet. Dies bestärkte die negativ behaf-
tete Deutung ihres Überlebens, was wiederum implizierte, dass sie in der
Schweiz vor allem wieder »auf den richtigen Weg« gebracht werden sollten.
Doch wie sollte das geschehen? Gängige pädagogische Konzepte waren auf
Kinder und nicht auf junge Erwachsene zugeschnitten. Nach der Ankunft
mussten die BetreuerInnen rasch einsehen, dass sie es mit jungen Erwachsenen und nicht, wie ursprünglich erwartet, mit Kindern zu tun hatten. Auf
psychologische Erkenntnisse im Bereich Traumabehandlung konnten sie
auch nicht zurückgreifen, da diese in der Nachkriegszeit noch in den Anfängen steckten. Also blieb nicht viel mehr übrig, als ganz einfach zu handeln.
Das wurde – meist mit gutem Willen – auch gemacht. Die Frage, wie die
Jugendlichen betreut werden sollten und welche Art der Hilfe für sie gut sei,
führte jedoch zu heftigen Auseinandersetzungen im Laufe der Hilfsaktion,
die wiederum die Jugendlichen in ihrem unstabilen Gefühlszustand, gepaart
mit einer gewissen Orientierungslosigkeit, zusätzlich verunsicherten.

Gemeinsam war den Jugendlichen wie ihren BetreuerInnen, dass sie der
KZ-Vergangenheit in gewissem Sinne hilflos gegenüber standen. Das Unbe-
greifliche für die BetreuerInnen und das Unerträgliche der Erinnerungen für
die Jugendlichen trugen wohl beide ihren Teil zur ausgeprägten Fokussierung auf die Zukunft bei.

1 An dieser Stelle soll kurz auf die allgemeine Quellen- und Literaturlage zur so genannten
Buchenwaldaktion hingewiesen werden. Die Hilfsaktion wurde bisher fast ausschließlich in
der Erinnerungsliteratur behandelt. Zu erwähnen ist insbesondere Charlotte Weber: *Gegen
den Strom der Finsternis – Als Betreuerin in Schweizer Flüchtlingsheimen 1942–1945.* Zürich
1994, S. 183–279. Weber war als Betreuerin für die Kinderhilfe des Schweizerischen Roten
Kreuzes tätig. Die wichtigsten Aktenbestände zur Buchenwaldaktion befinden sich im Schweizerischen Bundesarchiv (BAR) in Bern und im Archiv für Zeitgeschichte (AfZ) in Zürich. Im
Bundesarchiv werden das Archiv der Schweizer Spende sowie Akten des Eidgenössischen Justiz
und Polizeidepartements aufbewahrt. Das Archiv für Zeitgeschichte verfügt über die Archive des Schweizerischen Israelitischen Gemeindebundes (SIG) und des Verbandes Schweizerischer Jüdischer Flüchtlingshilfen (VSJF). Letzteres besteht aus institutionellen Akten sowie
einer umfassenden Sammlung von Personendossiers, die die Betreuung der Jugendlichen sehr

ausführlich dokumentieren. Zu erwähnen sind im Archiv für Zeitgeschichte außerdem eine Sammlung von Zeitungsberichten zur Buchenwaldaktion, angelegt von der Jüdischen Pressestelle JUNA (Jüdische Nachrichten) und der private Nachlass von Charlotte Weber. Die Bestände SIG, JUNA und Weber befinden sich zur Zeit noch im Erschließungsprozess. Aus diesem Grund können keine exakten Signaturen, sondern nur der gegenwärtige Stand der Klassifikationen (August 2005) angegeben werden. — **2** Aufgrund der überlieferten Akten stammen die meisten Aussagen von MitarbeiterInnen der Schweizer Spende, der Kinderhilfe des Schweizerischen Roten Kreuzes (SRK) und des VSJF. Ausgeklammert werden nach Möglichkeit Texte, in denen es nicht um eine Wahrnehmung der Jugendlichen, sondern um Propaganda zu einem bestimmten Zweck geht. Da Wahrnehmung in den meisten Fällen von externen Faktoren, zu denen auch die eigenen Intentionen gehören, beeinflusst wird, bedeutet diese Unterscheidung in einigen Fällen eine gewisse Gratwanderung. — **3** Methodologisch stellt sich die Frage, ob eine Beschränkung auf direkte Äußerungen durch Jugendliche notwendig ist oder ob auch auf Äußerungen von Dritten zurückgegriffen werden soll. Ersteres eliminiert die Gefahr, eine »Wahrnehmung der Wahrnehmung« wiederzugeben, zieht aber einen Verlust an Vielfältigkeit nach sich. Aus diesem Grund sollen hier, mit der notwendigen quellenkritischen Vorsicht, auch indirekte Zeugnisse berücksichtigt werden. — **4** Die Autorin schreibt bei Prof. Dr. Georg Kreis (Universität Basel) eine Dissertation zu dieser Hilfsaktion. — **5** Diesbezügliche Informationen sind den Personendossiers des VSJF zu entnehmen. Darin befinden sich Fragebögen zu Herkunft und Verfolgungsgeschichte der Jugendlichen und teilweise ausführliche Lebensläufe. — **6** Vgl. z. B. Protokoll einer Sitzung der Schweizer Spende mit diversen Behördenvertretern, 11.6.1945. BAR, J.2.142 1 763 II-D-m. — **7** In der Folge wird diese Organisation nur noch kurz als »Kinderhilfe« bezeichnet. — **8** Vgl. Protokoll einer Sitzung der Schweizer Spende mit diversen Behördenvertretern, 11.6.1945. BAR, J.2.142 1 763 II-D-m. — **9** Alijah bedeutet auf Hebräisch »Aufstieg« und bezeichnet die Einwanderung von Juden nach Palästina. Die so genannten Alijah-Lager dienten als Vorbereitung für diese Einwanderung. Vgl. den Beitrag von Susanne Urban in diesem Band. — **10** Vgl. Charlotte Weber: *Gegen den Strom der Finsternis* (s. Anm. 1), S. 184 ff. Gert Dresdner: »Ein kritischer Bericht über die Erfahrungen in der erzieherischen und fürsorgerischen Arbeit bei den Jugendlichen aus dem Konzentrationslager Buchenwald, welche sich in der Schweiz befinden«, 25.10.1945, 36 S., S. 2. AfZ NL Charlotte Weber, 2.1.5 Kritischer Bericht von Gert Dresdner. — **11** »Kinder aus deutschen Konzentrationslagern in der Schweiz«, Infobulletin SRK-Kinderhilfe, 20.7.1945. Aufbewahrt in BAR, J.2.15 1969/7 318. — **12** Vgl. »Kinder von Buchenwald?«. In: *National Zeitung* 1.8.1945. Aufbewahrt in BAR, J.2.142 1 763 II-D-q. — **13** Vgl. »Kinder von Buchenwald«. In: *National Zeitung* 22.8.1945. Aufbewahrt in AfZ IB JUNA-Archiv, 2.6.8 Jugendliche aus dem KZ Buchenwald. Über die Notwendigkeit der Rechtfertigung, wieso die Jugendlichen nicht untergewichtig aussahen, amüsierte sich bereits der Artikel »Kinder aus Buchenwald«, *Emmenthaler Blatt* 10.10.1945. Aufbewahrt ebd. — **14** Zur Berichterstattung über Flüchtlingskinder in der Schweiz allgemein, vgl. Unabhängige Expertenkommission Schweiz – Zweiter Weltkrieg (Hg.): *Flüchtlinge als Thema der öffentlichen politischen Kommunikation in der Schweiz 1938–1947.* Zürich 2001, S. 121–130. — **15** »Kinder aus Konzentrationslagern in der Schweiz«, *Neue Zürcher Zeitung* 26.7.1945. AfZ IB JUNA-Archiv, 2.6.8 Jugendliche aus dem KZ Buchenwald. — **16** Vgl. Schweizer Spende an Delegierten des Bundesrates für Internationale Hilfswerke und Chef der Polizeiabteilung des Eidgenössischen Justiz- und Polizeidepartements, 28.5.1945. BAR, J.2.142 1 762 II-D-g. — **17** Vgl. Zentralsekretär der Kinderhilfe an Delegierten des Bundesrates für Internationale Hilfswerke, 2.6.45. BAR, J.2.142 1 763 II-D-k. — **18** Vgl. Charlotte Weber: *Gegen den Strom der Finsternis* (s. Anm. 1), S. 189. Auch Netti Sutro, Leiterin des Schweizerischen Hilfswerks für Emigrantenkinder (SHEK), schilderte auf diese Weise ihren Eindruck nach einer Begegnung mit Buchenwaldern. Vgl. Nettie Sutro: *Jugend auf der Flucht 1933–1948.* Zürich 1952. S. 183. — **19** Vgl. Rapport Dresdner (s. Anm. 10), S. 11. Zur Frage, wieso bestimmte Menschen den Holocaust überlebten, vgl. z. B. Raul Hilberg: *Täter, Opfer, Zuschauer – Die Vernichtung der Juden 1933–1945.* Frankfurt/M. 1992, S. 208 ff. — **20** Vgl. Schlussbericht zur ersten Etappe der Buchenwaldaktion, 10.1945. Archiv des Schweizerischen Roten Kreuzes, Bern. Akten Steiner, X D-O2. Es ist anzumerken, dass der Aktionsleiter keine Betreuungsaufgaben wahrnahm und somit nicht täglich in direktem Kontakt mit den Jugendlichen stand. — **21** Die meisten der so genannten Kriegskinder, die bis während und nach dem Krieg in Gruppen zu Erholungsaufenthalten in die Schweiz eingeladen wurden, waren nichtjüdische Kinder aus Frankreich oder Österreich, die nach dem Urlaub in der Schweiz wieder zu ihren Familien zurückkehren konnten. Die Jugendlichen aus Buchenwald scherten aus diesem Schema klar aus. Vgl. dazu Antonia Schmidlin: *Eine andere Schweiz – Helferinnen, Kriegskinder und humanitäre Politik 1933–1942.* Zürich 1999; Jacques Picard: *Die Schweiz und die Juden 1933–1945 – Schweizerischer Antisemitismus, jüdische Abwehr und internationale Migrations- und Flüchtlingspolitik.* Zürich 1994, S. 440–455. — **22** Diese Konzepte entstanden erst später durch Erfahrungen mit Holocaust-, Hiroshima- und Vietnam-Überlebenden. Vgl. z.B. Nathan Durst: »Eine Herausforderung für Therapeuten – Psychotherapie mit Überlebenden der Shoah«. In: Revital Ludewig-Kedmi (Hg.): *Das Trauma des Holocaust zwischen Psychologie und Geschichte.* Zürich 2002, S. 79–95. — **23** Diese Haltung vertrat der ehemalige Leiter der Hilfsaktion für die Kinderhilfe der Autorin gegenüber auch heute noch in einem Interview. Interview mit A.B., Basel 23.2.2004. — **24** Zum ersten Mal tauchte diese Forderung im Januar 1946 durch den VSJF auf. Vgl. dazu Protokoll der Vorstandssitzung des VSJF, 21.1.1946. AfZ IB VSJF-Archiv, 1.1.5 VE 31. — **25** Die Jugendlichen zögerten teilweise, ihr wahres Alter zu erkennen zu geben, da sie mit falschen Geburtsdaten in die Schweiz eingereist waren und fürchteten, wieder ausgewiesen zu werden. Charlotte Weber beschreibt, wie sie nach der Ankunft den Verdacht hatte, dass sich einige der älter aussehenden Jungen betont kindlich zu benehmen versuchten, um dadurch ihr höheres Alter zu verdecken. Vgl. Charlotte Weber: *Gegen den Strom der Finsternis* (s. Anm.1), S. 194. — **26** Vgl. Rapport Dresdner (s. Anm. 10), S. 16. — **27** Vgl. ebd., S. 12. — **28** Gwen Chesters: »Comments on reports for the period October 12th to November the 8th«, 8.11.1945. BAR, J.2.142 1 763 II-E-a. — **29** Vgl. Charlotte Weber: »Die Kinderunterbringung des Roten Kreuzes-Kinderhilfe«, Vortragsnotizen s.d. (vermutlich 1945/46), AfZ NL Charlotte Weber, 2.5.17 Diverse Berichte. Gwen Chesters zitiert die Aussage einer Mitarbeiterin des SIG, dass die Jugendlichen immer über die Budgets ihrer Heime informiert werden wollten. Als sie einmal erfuhren, dass nicht alles budgetierte Geld ausgegeben worden sei, sei dies ihrer Überzeugung nach nur geschehen, weil jemand von ihnen profitieren wolle. Vgl. Gwen Chesters: »Children in Switzerland«, 8.11.1945. BAR, J.2.142 1 763 II-E-a. — **30** Vgl. z.B. zahlreiche Briefe im Nachlass von Charlotte Weber, AfZ NL Charlotte Weber. — **31** In mindestens einem Fall führte die Begegnung zwischen einer Betreuerin und einem Jugendlichen aus Buchenwald sogar zu einer lebenslangen Partnerschaft. Diesbezügliche Informationen stammen aus Interviews der Autorin mit ehemaligen BuchenwalderInnen und BetreuerInnen. Bezüglich der Vater- und Mutterrolle sind der Nachlass von Charlotte Weber sowie das Privatarchiv von Alfred und Eli Ledermann aufschlussreich. — **32** Vgl. dazu die Aussage von Boritzer, Mitarbeiterin des SIG, zitiert in Gwen Chesters: »Children in Switzerland«, 8.11.1945. BAR, J.2.142 1 763 II-E-a. — **33** Rodolpho Olgiati, Generalsekretär der Schweizer Spende, formulierte dies folgendermaßen: »Als besonders hinderlich erwies sich, dass sie, veranlasst durch ihnen von den Alliierten eingeräumte Vorrechte und besondere Zuteilungen, lange in ihrer Stellung als zu Privilegierende und zu hohen Anforderungen berechtigte Märtyrer beharrten.« »Rechenschaftsbericht an den Arbeitsausschuss der Schweizer Spende über Kredit Nr. 514«, 19.3.1948. BAR, J.2.142 1 763 II-E-c. — **34** Die Aussage stammt von einem Betreuer der Kinderhilfe. Vgl. Rapport Dresdner (s. Anm. 10), S. 15. — **35** Vgl. dazu z.B. die Aussagen eines Militärarztes, der im Auffanglager arbeitete, gegenüber dem SIG. Dieser berichtete, »dass man sich bei Tisch lustig macht über das Beten einzelner, über die abstehenden Ohren über Plattfüsse u.s.w. Wegen der nicht eingehaltenen Altersgrenze: Die jüdisch geleitete UNRRA, diese Saujuden haben uns beschwindelt. Bei der Untersuchung und Feststellung der richtigen Identität und des Alters heißt es: warum lügen Sie, wir lassen uns von Juden nicht anlügen.« Aktennotiz zur Besprechung mit Dr. Leeb, 1.7.1945. AfZ IB SIG-Archiv, 8.3.8 Aufnahme KZ Kinder. Ein Bericht des Aktionsleiters der Kinderhilfe bestätigt diese Aussage. Vgl. Bericht Aktionsleiter,

23.7.1945. BAR, J.2.142 1 763 II-E-a. Zu Antisemitismus und weiteren Missständen in den militärisch geführten Lagern allgemein, vgl. Unabhängige Expertenkommission Schweiz – Zweiter Weltkrieg (Hg.): *Die Schweiz und die Flüchtlinge zur Zeit des Nationalsozialismus.* Zürich 2001, S. 204–211. — **36** Als Beispiel für eine negative, von Befremden dominierte Äußerung von jüdischer Seite sei auf die Aussage eines OSE-Arztes an einer Sitzung der Kommission für Hilfe und Aufbau des SIG verwiesen. Vgl. Sitzungsprotokoll Hilfe und Aufbau, 25.6.1945. AfZ IB SIG-Archiv, 8.3.4 Sitzungsprotokolle 1945–48. — **37** Dies kann nicht aufgrund von einzelnen Zitaten, sondern nur aus dem Gesamteindruck, der aus den jeweiligen Berichten spricht, festgestellt werden. Der Unterschied wird beispielsweise bei der Lektüre von Charlotte Webers Aufsatz »Die Buchenwalder sind weder verwahrlost noch gefährlich«, 11.10.1945, AfZ NL Charlotte Weber, 2.5.30 Aufsatz Charlotte Weber, im Vergleich zum Schlussbericht zur Buchenwaldaktion des Aktionsleiters der Kinderhilfe, deutlich. Im Gegensatz zu Weber arbeitete dieser nur selten direkt mit den Jugendlichen. Vgl. Schlussbericht zur ersten Etappe der Buchenwaldaktion, 10.1945. Archiv des Schweizerischen Roten Kreuzes, Bern, Akten Steiner, X D-O2. — **38** Vgl. z. B. Charlotte Weber: *Gegen den Strom der Finsternis* (s. Anm. 1), S. 212 ff. Ein ehemaliger Buchenwalder bestätigte außerdem, dass er mehrmals von jüdischen Gruppierungen eingeladen wurde, um über seine Erfahrungen zu erzählen. Interview der Autorin mit G.S., Melbourne 23.3.2004. — **39** Replik der Buchenwalder auf Anfrage der Zionistischen Organisationen. Wird zitiert in Rapport Gert Dresdner (s. Anm. 10), S. 33–34. — **40** Aufschlussreich sind diesbezüglich beispielsweise Aufsätze, Gedichte und Briefe in Erinnerungsalben zur Buchenwald-Aktion von Alfred und Eli Ledermann. Vgl. Privatarchiv Ledermann. — **41** Vgl. dazu z. B. AfZ VSJF-Personendossier, B.322. Der betreffende Jugendliche wurde wegen seiner deutschen Herkunft von polnischen Heimkollegen ausgestoßen. — **42** S.W. an Alfred Ledermann, Betreuer der Kinderhilfe, 5.9.1945. AfZ NL Charlotte Weber, 2.5.36 Korrespondenz mit Buchenwaldern 1945/46. — **43** Vgl. z. B. Brief des Jugendlichen E.H. aus Bex an Charlotte Weber, 16.9.1945. AfZ NL Charlotte Weber, 2.5.36 Korrespondenz mit Buchenwaldern 1945/46. Außerdem Brief eines Jungen, wiedergegeben im Bericht einer Mitarbeiterin der Kinderhilfe, 6.12.1945. BAR, J.2.142 1 763 II-D-k. — **44** Die Schweiz hielt auch nach Kriegsende am so genannten Transmigrationsprinzip fest, d. h. dass Flüchtlinge nur vorübergehend aufgenommen wurden. Vgl. z. B. Unabhängige Expertenkommission Schweiz – Zweiter Weltkrieg (Hg.): *Die Schweiz und die Flüchtlinge zur Zeit des Nationalsozialismus* (s. Anm. 35), S. 361 u. 378. — **45** Bemühungen, den Jugendlichen Ausbildungen zu ermöglichen, wurden erst in größerem Umfang umgesetzt, als feststand, dass diese bedeutend länger als sechs Monate in der Schweiz bleiben würden. — **46** Vgl. z. B. Brief S.G. an ORT-Direktor in Genf, 3.4.1946, AfZ NL Charlotte Weber, 2.5.36 Korrespondenz mit Buchenwaldern 1945/46. — **47** Vgl. Bericht Zosia Rowinska, 1946 AfZ NL Charlotte Weber, 2.5.17 Diverse Berichte. — **48** E.H. an Weber, 14.9.1945. AfZ NL Charlotte Weber, 2.5.36 Korrespondenz mit Buchenwaldern 1945/46. Der betreffende Jugendliche reiste schließlich nicht nach Palästina aus, da ein Bruder von ihm in den USA ausfindig gemacht werden konnte. Vgl. AfZ VSJF-Personendossiers, H.358. — **49** Vgl. diesbezüglich z. B. AfZ VSJF-Personendossiers C.44 und R.63. — **50** Die Jugendlichen versuchten, dies durch Meldungen von schwerer Krankheit ihrer Angehörigen teilweise zu umgehen. Vgl. z. B. AfZ VSJF-Personendossiers, F.597. — **51** Diese Beobachtung deckt sich mit den Erkenntnissen der Traumapsychologie, die besagen, dass traumatische Ereignisse in einer ersten Phase verdrängt werden und dass sie die betroffenen Menschen speziell im Alter, wenn weniger Abwehrmechanismen vorhanden sind, wieder einholen. Vgl. dazu z. B. Nathan Durst: »Eine Herausforderung für Therapeuten – Psychotherapie mit Überlebenden der Shoah«. In: Revital Ludewig-Kedmi (Hg.): *Das Trauma des Holocaust zwischen Psychologie und Geschichte* (s. Anm. 22), S. 84. — **52** Zeugnisse einer bereits sehr frühen intensiven Verarbeitung der Erlebnisse der Kriegszeit sind beispielsweise die Zeichnungen von Thomas Geve oder die Aufzeichnungen von Max Perkal. Vgl. Thomas Geve: *Es gibt hier keine Kinder – Auschwitz, Grossrosen, Buchenwald.* Göttingen 1997. Max Perkal: *Schön war draussen … – Aufzeichnungen eines 19jährigen Juden aus dem Jahre 1945.* Zürich 1995.

Hildegard Feidel-Mertz

Erziehung zur sozialen Humanität

Hans Weils »Schule am Mittelmeer« in Recco/Italien (1934 bis 1937/38)

Exilschulen im faschistischen Italien

Von den mehr als 20 bisher ermittelten Schulen im Exil, die emigrierte
PädagogInnen für jüdische und nichtjüdische Flüchtlingskinder weltweit
gründeten, entstanden 1933/34 etwa sechs allein im faschistischen Italien.[1]
Sie existierten relativ unbehelligt bis zur »antisemitischen Wende« in der
italienischen Politik, die im Herbst 1938 zur Schließung dieser Schulen
führte.

Im November 1933 nahm – initiiert von den Studienräten Marie Günther-
Hendel und Helmuth Schneider – das »Alpine Schulheim Vigiljoch«[2] bei
Meran in 1480 m Höhe den Unterricht auf. Es stellte insofern eine besondere Herausforderung für die italienische Schul- und Bevölkerungspolitik
dar, als es seinerzeit die einzige, in dieser Region ansonsten verbotene deutschsprachige Schule in Südtirol war. Die Schülerzahl beschränkte sich bewusst
auf ca. 35–40 Jungen und Mädchen.

Aufgrund seiner Lage entwickelten sich Bergwandern und Wintersport zu
einem Schwerpunkt im Schulprogramm, aber auch Musik und Theaterspiel
wurden intensiv betrieben. Über drei kleinere Gründungen, die alle am Süd-
westufer des Gardasees gelegen waren, ist wenig mehr als Name und Ort
bekannt:[3] durch Anzeigen 1934 in der *Jüdischen Rundschau* die »Töchterschule am Gardasee« und das »Landschulheim am Gardasee« in Gardone
Riviera, geleitet von Dr. Alice Jacobi, die möglicherweise auch aufeinander
gefolgt sind, sowie 1936 »Vita Nuova. Jüdisches Heim für Erziehung« von
Mädchen unter der Leitung von Kurt Wronke, Studienassessor aus Berlin,
in Maderno. Über dieses Institut berichtet außerdem das *Israelitische Familienblatt*, Hamburg, ausführlicher im Zusammenhang mit dem Landschulheim Florenz[4] in der Villa Pazzi unter der Überschrift *Landschulheime im
Süden* am 12. März 1936. Das »Landschulheim Florenz« wurde von den
Ministerialbeamten Werner Peiser und Robert Kempner, dem späteren stellvertretenden Chefankläger bei den Nürnberger Prozessen, im November
1933 ins Leben gerufen, unterstützt von dem Philologen und Journalisten
Moritz Goldstein. Da alle drei zwar qualifizierte Akademiker, aber keine professionellen Pädagogen waren, beriefen sie anfangs den jungen jüdischen
Frankfurter Privatdozenten und Erziehungswissenschaftler Hans Weil[5] zum

pädagogischen Leiter des so genannten Landschulheims Florenz, dessen Lehrplan sich allerdings stärker an der traditionellen Gymnasialbildung orientierte als an der Pädagogik der deutschen Landerziehungsheime.[6]

Abb. 1: Hans Weil als junger Dozent in Frankfurt, Sammlung
Pädagogisch-Politische Emigration (PPE)

Hans Weil (1898–1972) hingegen war selbst sowohl Schüler der renommier-
ten Odenwaldschule wie eines weiteren Landerziehungsheims, der Dürerschule Hochwaldhausen im Vogelsberg[7], gewesen. Er entschloss sich daher,
seine nicht zuletzt aus solchen Erfahrungen resultierenden, mit der Florentiner Traditionspflege nicht zu vereinbarenden konzeptionellen Vorstellungen
in einer eigenständigen Schulgründung zu verwirklichen, der am 1. März 1934
eröffneten »Schule am Mittelmeer« in Recco an der Ligurischen Küste. Durch
Anzeigen in der *Frankfurter Zeitung* vom 1. April 1934 und in der *CV-Zei-
tung* vom August 1936 wurde darauf aufmerksam gemacht. Vor seiner Emigration hatte Weil zunächst noch – gemeinsam mit seinem Freund und

SCHULE AM
MITTELMEER

LEITUNG: DR. HANS WEIL ·
PRIVATDOZENT FÜR PADAGOGIK

RECCO RIVIERA LIGURE ITALIEN

Abb. 2: Titelblatt des Schulprospekts, Sammlung PPE

Schüler Heinz Guttfeld[8] – eine Schule für die zunehmend aus den deutschen Schulen verdrängten jüdischen Kinder in Deutschland geplant und hier vergeblich nach einem dazu geeigneten Ort gesucht. Was eine solche neu zu konzipierende jüdische Schule unter den veränderten Rahmenbedingungen in Deutschland oder im Exil leisten sollte, hat er zunächst in einem frühen Zeitschriftenaufsatz von 1933 sowie einem späteren, 1937 in Recco verfassten Beitrag zur Diskussion in der jüdischen Presse grundlegend entwickelt.[9]

Erziehung zur sozialen Humanität: das Programm der »Schule
am Mittelmeer« in Recco

In der »Schule am Mittelmeer«, die sich ausdrücklich nicht als »geschlossene Glaubensgemeinschaft« verstand, sollten zunächst nicht nur jüdische Kinder, sondern vor allem auch Kinder aus so genannten Mischehen eine Zuflucht und neue Perspektive finden. Hans Weil, von deren Problemen persönlich betroffen[10], hat die umstrittene, faktisch gesamtgesellschaftlich nicht dauerhaft realisierte »deutsch-jüdische Symbiose« individuell überzeugend gelebt und in einem *Unsere Haltung* überschriebenen Grundsatzprogramm der Schule vom 29. April 1934 verankert, das von allen Lehrkräften als verbindlich akzeptiert werden sollte. Es hielt zunächst noch an der »doppelten Loyalität« gegenüber der deutschen wie der jüdischen Tradition fest, ergänzte sie jedoch betont um Offenheit gegenüber dem Gastland Italien, seiner Sprache und Kultur: »Wir sind dankbar, daß wir hier in Italien ruhig leben und ungestört arbeiten können. Allen Italienern gegenüber zeigen wir, daß wir für ihre Gastfreundschaft danken, daß wir ihre Anstrengungen um die Förderung ihres Landes mit Respekt betrachten und uns nicht herausnehmen, ihnen in irgendeinem Sinne hineinzureden.«[11]

In diesen Thesen wird – »ohne jede Sentimentalität« – die Fähigkeit zur gegenseitigen Hilfsbereitschaft oder »sozialen Humanität« als oberstes Erziehungs- und Lernziel der »Schule am Mittelmeer« erstmals so formuliert und inhaltlich gefüllt: »Wo immer und wie immer es möglich ist, helfen wir mit, eine soziale Gerechtigkeit zu fördern. In welchen Formen sich Gerechtigkeit verwirklichen läßt, kann nicht durch eine Patentlösung ein für allemal ausgesprochen werden. Europa ist in einem Wandel begriffen, dessen Struktur und Verlauf erst erkannt werden muß, ehe man zu einer angemessenen sozialpolitischen Praxis vordringen kann. Wir sind keine private esoterische Insel. Wir halten uns und unsere Schüler jederzeit wach und bereit, uns in irgendeiner Öffentlichkeit einzusetzen, wenn wir auf Grund unserer Fähigkeiten und der objektiven Möglichkeiten gebraucht werden. Eine Insel von Flüchtenden wären wir erst, wenn wir prinzipiell resignierten und nur noch ein Privatleben zu führen beabsichtigten.«[12]

Das pädagogische Medium der »Sonntagsansprachen«[13]

Weil hat den für das Schulprogramm zentralen Begriff einer »sozialen Humanität« den Kindern in einer der letzten von insgesamt 130 bis 140 »Sonntagsansprachen«, die er nach seiner Einschätzung von 1934 an wöchentlich gehalten hat, als »ein Denken an Menschen vom Menschen aus« verständlich zu machen versucht. Von diesen »Sonntagsansprachen« ist – wohl nicht zufällig – lediglich eine kontinuierliche Abfolge von Ende Januar bis Anfang Juli 1937 schriftlich überliefert. In diesem Zeitraum zeichnete sich bereits die drohende Schließung der Schule ab, was den von Weil selbst stammenden Niederschriften nicht nur aus heutiger Sicht eine besondere Bedeutung verleiht, sondern schon bei der Entstehung und im konservatorischen Umgang mit den Texten erkannt worden sein dürfte. Die 14 erhaltenen »Sonntagsansprachen« geben Aufschluss darüber, wie diese in Landerziehungsheimen allgemein übliche, jedoch unterschiedlich benannte Form der Vermittlung leitender Werte in Recco spezifisch ausgestaltet wurde. Sie veranschaulichen etwas von den Zielsetzungen und der pädagogischen Praxis der »Schule am Mittelmeer«, unterstützt durch eine Reihe von Aufnahmen, die Erika Baumann[14], eine professionelle Fotografin aus Frankfurt am Main, beim Besuch eines ihrer Kinder in Recco machte. Das Fotografieren hatte im Lehrplan wie das Zeichnen bei der Erfassung und Wiedergabe von Realität methodisch einen hohen Stellenwert. Die Werkarbeit der Schüler wurde überhaupt besonders ernst genommen, jedoch primär »nicht um Handwerker auszubilden, sondern um sie erstens dabei zur Ausdauer zu erziehen, und um sie zweitens in Stand zu setzen, überall die für einen Haushalt notwendigen Arbeiten, seien es schreinerische, elektrotechnische, gärtnerische oder Schlosserarbeiten, selbst ausführen zu können.«[15] Vor allem die Arbeit in Haus und Garten, die zur Kosten sparenden Selbstversorgung beitrug, war an einem Tag in der Woche für alle verpflichtend. Intensive Sprachkurse, darunter auch Neuhebräisch, dienten der Vorbereitung auf ein Leben in den verschiedensten Ländern innerhalb und außerhalb Europas. Gemeinsame Mahlzeiten und zahlreiche Abendveranstaltungen mit Lehrern und Gästen sollten die »Einfügung«[16] der Schüler in die »Notwendigkeiten des menschlichen Zusammenlebens« fördern.

In den »Sonntagsansprachen« griff Weil zum Beispiel Begebenheiten aus dem Schulalltag, historische Daten oder aktuelle politische Ereignisse auf, deren Erörterung in grundsätzliche, auf die Situation der Flüchtlingskinder bezogene »Lebenslehren« mündete. Die Sonntagsansprachen waren oft von Musik begleitet und in Gespräche mit den Kindern und Mitarbeitern eingebunden. Der diskursiven Verarbeitung bedurften offenbar insbesondere auch die gelegentlichen Gastvorträge des seinerzeit in der Nachbarschaft wohnenden Dichters Karl Wolfskehl.[17] Die »Schulgemeinde« traf sich zu solchen Veranstaltungen häufig auf der Terrasse, die außerdem für sportliche Übungen und Festlichkeiten genutzt wurde, in einer Art Galerie des Haupthauses, der Villa Palma, oder in der Bibliothek, deren reichhaltige Bestände Weil aus Deutschland retten konnte. Insgesamt gehörten zur Schule drei stilvolle Gebäude inmitten eines acht Morgen großen Parkgeländes.

Wie die »Schule am Mittelmeer« zu Stande kam

In der »Sonntagsansprache« vom 31. Januar 1937 erinnert Weil daran, *wie die Schule am Mittelmeer zu Stande kam.* Er schildert die beschwerliche Suche, die er zusammen mit einem deutschen Studenten, der – im Gegensatz zu ihm – schon Italienisch konnte, von Genua aus entlang der Riviera Ligure unternahm: »Wie schrecklich es ist, an der Riviera Häuser zu suchen, das wissen nur die Einwohner; manche Häuser, von denen gesagt wird, sie seien da, sind gar nicht da, manche Häuser haben statt 80, wie uns gesagt wurde, nur 10 Räume, und zudem sind sie meistens Prachtvillen, mit einem ganz kleinen Gärtchen drum herum und Preisen, die einen erschüttern. (...) Das Herumsuchen von Cari bei Sestri Levante bis hinter Genua war ebenso anstrengend wie entmutigend. Ich hatte schon vor, ganz Italien den Rücken zu kehren und sonstwo anzufangen. Einmal schickte uns einer aus Genua wieder bis nach Chiavari oder vielmehr hinter Chiavari, wo die Straße nach

Abb. 3: Die »Schule am Mittelmeer« in Recco, Sammlung PPE

Lavagna geht. Da war ein kleines Häuschen mit ungefähr zehn bis 12 Zimmern, fast fertig, und es war, weil es so ein neues Haus war, das erste, was mich überhaupt reizte, obwohl es doch weitab vom Meer und nicht etwa schön lag. Als wir von der eingehenden Besichtigung dieses Häuschens – wir haben sogar bauliche Veränderungen besprochen – zurückfuhren, hatte ich schreckliche Kopfschmerzen.« Schon in St. Margherita sagt Weil zu dem ihn begleitenden Studenten: »›Am nächsten Ort steige ich aus.‹ Er sagte aber, daß das mit dieser Fahrkarte nicht möglich sei; daraufhin meinte ich, das sei mir egal, und so waren wir schon durch Camogli durch und stiegen an dem uns völlig unbekannten Ort Recco aus. Hier gingen wir bis zu einer Benzinpumpe, gegenüber dem Albergo Stazione, und fragten, ob es hier ein Haus mit 20 Zimmern zu mieten gäbe. Es könne sein, und man wies uns an den Palazzo Ansaldo, der bis zum heutigen Tage (...) für uns noch nicht zu besichtigen war, trotz mehrerer Versuche, angeblich sollen wir ihn morgen früh um 11 1/2 Uhr zu sehen bekommen. Wir hatten nämlich keinen Einlaßschein und sollten uns wieder zurückbegeben. Als wir zur Hälfte wieder an der Station waren, erschien plötzlich Herr Segan (...) und zeigte uns das später Villa Palma genannte Haus. Da kam auch schon der Zug, und wir versprachen, am nächsten Morgen wieder zu kommen.«

Vorbereitung auf ein Leben im Exil

Es beeindruckt nachzuvollziehen, wie geschickt Hans Weil in den »Sonntagsansprachen« dieser letzten Monate die Kinder jeweils mit dem pädagogischen Leitmotiv der »sozialen Humanität« variantenreich und unaufdringlich, aber stets einprägsam konfrontiert, ohne es ständig explizit zu benennen. Das geschieht in einer Sprache, die sie weder über- noch unterfordert, sondern als denkende und fühlende Wesen ernst nimmt und sich auf ihre Erfahrungswelt bezieht. Er bereitet sie damit gezielt auf Probleme eines Lebens im Exil vor, wie es nach der Schulschließung, die er allein schon voraussieht, demnächst auf sie zukommen wird. Die folgende Synopse der einzelnen Sonntagsansprachen – hier zwangsläufig auf das thematisch Wesentlichste reduziert und damit um ihren eigentlichen Charme und gedanklichen Reichtum gebracht – soll wenigstens eine ungefähre Vorstellung vom inneren Zusammenhang des Gesamtbestandes vermitteln, die auf die vollständigen Texte neugierig machen kann.

Manche der »Sonntagsansprachen« greifen – so die erste der vierzehn vom 24. Januar 1937 – geläufige Redensarten auf wie etwa: »Wer warten kann, hat mehr vom Leben«. Damit spricht er unter anderem das Verhältnis der Geschlechter zueinander an, meint aber darüber hinaus auch jeden »überzüchteten«, frühreifen oder unzeitgemäßen Anspruch an sich und andere, wobei er eigene Erfahrungen einbezieht.

Dass es jedoch Vorbilder gibt, von denen man einen legitimen »Anspruch an sich« ausgehen spürt – »Eigentlich müßte man sich überwinden zu arbeiten, sich einer Sache opfern, die anderen nützt. Weil man sich aber nicht gewachsen dafür sieht, läßt man ganz davon ab.« –, verdeutlicht er an einem in der Schule gezeigten Film über den Arzt Louis Pasteur, dem er sogar zwei »Sonntagsansprachen« nacheinander widmet, am 7. Februar und 14. Februar 1937. Weil unterstreicht: »Ich weiß, daß es Menschen gibt, die ihre Wege gehen, aber es fordert Kraft, es fordert Demut und eine gewisse Klarheit des Kopfes, um das Gute vom Schlechten trennen zu können, um den Unterschied eines Scharlatans und eines guten, echten Menschen zu sehen.« Die erste dieser »Sonntagsansprachen« schließt mit dem Bekenntnis: »Ich bin dankbar dafür gewesen, daß ein solcher Film gedreht worden ist, er tut viel mehr Gutes für die Menschheit als manches andere, was heute gemacht wird.« Eine Woche später kommt er noch einmal auf diesen Film zurück, in dem ein berühmter Arzt unter großen Anstrengungen und Opfern einen kleinen Jungen heilt und ihn danach zweimal bittet, ihm alle vier Wochen einen Brief zu schreiben, was der Junge nicht versteht. Weil demonstriert an diesem Detail, dass der überarbeitete Dr. Pasteur durch die Briefe des Jungen »Kraft für das ganze Leben« zu bekommen hofft. Man könnte Weil unterstellen, dass er die Kinder damit lediglich an ihre Verpflichtung, Eltern und Großeltern regelmäßig zu schreiben, mahnen will. Aber ihm geht es um mehr: »Diese Grundtatsache des menschlichen Daseins, daß wir die Bitten, die Bedürfnisse der anderen verstehen, und dass wir vielleicht helfen, wenn wir es können, ist mit das Wichtigste im Leben. Wir würden sehr viel versäumen, wenn wir dem nicht nachkommen würden! Ihr werdet später lernen, daß Menschen immer aufeinander angewiesen sind, die Menschen sind so beschaffen, daß sie gar nicht ohne andere leben können (...). Es kann schließlich nur der Mensch existieren, der versteht, die Bitte, die andere an ihn richten, zu hören und zu erhören, der weiß, dass er mit anderen Menschen in einer großen Gemeinschaft lebt. Wenn man sich das rechtzeitig klar macht, kann man lernen, in welcher Weise solche Spielregeln zwischen Menschen zu erfüllen sind.«

Das nächste Mal, am 7. März 1937, erinnert Weil an ein Fest, das schon lange vorbei ist, um herauszufinden, was dieses Fest in der Erinnerung haften lässt. Es war nicht nur schön und angenehm, sagt er, sondern »wichtig (...) und zwar deshalb, weil wir alle etwas dazu beigetragen haben.« (...) zum Schmuck der Räume, den Speisen und Getränken, dem Bau einer Bühne und den Aufführungen. Dieses Fest wird in der Erinnerung bleiben »als Forderung, als Aufforderung, als Erinnerung in dem Sinne: Damals haben wir alle 40 Menschen zusammen gearbeitet und uns zusammen gefreut und zusammen funktioniert, als ob wir nur einen Willen hätten. (...) Wir wissen jetzt durch dieses Fest, zu welcher guten und schönen Zusammenarbeit, zu welcher Würde des Zusammenlebens Menschen in gewissen feierlich schönen Momenten fähig sind. Wir haben das einmal erlebt (...) und wir dürfen das niemals (...) vergessen, weil hier eine Leitlinie liegt, (...) mit der wir in Zukunft etwas erreichen können. Wir müssen vom *Ich* zum *Wir* kommen und niemals egoistisch denken.«

Dem für die »Schule am Mittelmeer« konstitutiven Begriff der »sozialen Humanität« nähert sich Hans Weil sodann am 14. März 1937 an, indem er

Abb. 4: Theaterarbeit, Sammlung PPE

den Kindern ins Gedächtnis ruft, dass in Deutschland immer bestimmte Spiele zu bestimmten Zeiten gespielt wurden: zum Beispiel »Klicker«, d.h. Murmeln, »Reifen« oder Schlittschuhlaufen. Was nicht der Jahreszeit entsprach, galt als unmodern, eben nicht *zeitgemäß*. Weil macht deutlich, dass auch die »großen Leute« nicht allein in der Kleidung, sondern auch im Denken und Verhalten »Moden« folgen, und fügt hinzu: »Es muß aber auch Menschen geben, die an anderes denken, an das, was die übrigen »unmodern« nennen würden, sie denken an die Zukunft.« »Auf diese Überlegung«, schließt Weil nun überraschend an, »kam ich auf Grund verschiedener Gespräche mit Euch. Es ist nicht nur die Humanität, nach der mich Franz fragte, es handelt sich darum, daß man sich in einer Situation oft die andere Situation nicht vorstellen kann; man kann sich im Sommer nicht vorstellen, daß man Schlittschuh läuft oder gar im Winter, daß man (...) im Meer badet und sich am Strande sonnt.« Und nun kommt Weil wieder auf die »Humanität« zurück, die ihm so viel bedeutet, indem er eine aktuelle Begebenheit aufgreift: »Am Freitagabend lasen wir einen Brief vor aus Palästina. Da kam etwas drin vor, was auch nicht modern war. Das betraf gerade das, was mit dem Wort ›Humanität‹ umschrieben wurde.« Um was es sich dabei konkret handelte, wird nicht gesagt. Aber es lässt sich erahnen aus den sich anschließenden Assoziationen: »In einer Geschichte von einem Krieg kam es vor, daß einer schießen wollte, worauf ein anderer rief: Warum schießt du denn, siehst du denn nicht, daß nebenan Menschen stehen? Darin steckt ein großer Teil von humanem, menschlichem Denken, *ein Denken an Menschen vom Menschen aus.* Wir sind ja alle doch Menschen (...)«. »Was bleibt und was immer wichtig ist in der Weltgeschichte«, das ist, »daß der Mensch Respekt vor anderen Menschen hat, – das ist im großen und ganzen der erste Ausgang von dem, was man Humanität nennen könnte.« Es gilt, bei allen Verschiedenheiten und Kontroversen unter Völkern, die Weil mit den Streitereien von Schulkameraden vergleicht, das allen Menschen Gemeinsame wahrnehmen und achten zu lernen. Denn: »Gerade wir, die wir mit vielen Menschen in vielen Ländern zusammenkommen, müssen das wissen und erkennen«, betont Weil. »Also bedenkt, unter der Oberfläche von allem Modernen immer wieder, daß die Mode viel schneller wechselt als ihr glaubt. Heute ist allen *Mensch* von den meisten Regierungen auch nur zu nennen verboten, weil man ja heute die Totalaufrüstung macht, wo der einzelne Mensch nur noch still zu stehen hat und rechts schwenken muß, aber auch diese Mode dieser Vorbereitungen des nächsten Machtkrieges wird einmal in sich zusammenbrechen. Vor Gottes Augen sind die Jahre wie ein Tag. Daß wir heute von Menschen sprechen, das ist dasselbe, als wenn wir im Juni unsere Schlittschuhe in der Schublade finden.«

Zu Beginn des Sommersemesters am 4. April 1937 geht Weil von einer Schiffsreise aus, bei der oft nur der Kapitän weiß, welchen Gefahren das Schiff und die Passagiere gerade ausgesetzt sind. Er vergleicht damit die Situation jedes Einzelnen und auch die der Kinder bei einem Neuanfang wie zum Schuljahrsbeginn in Recco mit allen seinen unbekannten Risiken und macht Mut, sich täglich damit auseinander zu setzen. Aus den Berichten der fortgegangenen Schüler sei seiner Meinung nach am meisten zu lernen, was es in Recco gab und was man draußen vermisst: eine Gemeinsamkeit, die diese Kinder nötig haben und andere nicht brauchen, die immer »in ihrem Nestchen sitzen«. »Diese Menschen erfahren in ihrem ganzen Leben nicht, was Ihr erfahren habt. Ihr (...) werdet mit einem große Wuppdich nach Recco geworfen, und das bringt eine Stimmung auf, die nachdenklich macht. Ihr seid auf eine Seereise geführt worden (...), ohne daß Ihr wißt, wie die Reise weitergeht und wann und wo sie aufhört, und das verlangt von Euch eine andere Stellung zum Leben, eine andere Forderung an Euch (...). Ihr werdet freier um Euch sehen können, Ihr werdet Forderungen an Euch gestellt bekommen, von denen Ihr früher nichts gehört habt.« Und Weil wirbt bei den Neuen um Vertrauen zu ihm als ihrem »Steuermann« bei dem Aufbruch ins Ungewisse.

Abb. 5: Gartenarbeit, Sammlung PPE

Am folgenden Sonntag, dem 11. April 1937, nimmt Weil den Vergleich mit der Schiffsreise auf, um über ein Thema zu sprechen, das er – wie er hervorhebt – in den bisherigen Ansprachen noch niemals behandelt hat: das Thema der Berufswahl. Er weist auch hier auf wechselnde Modeberufe hin und dass es darauf ankommt, herauszufinden, wofür man von sich aus geeignet ist und nicht nur von irgendeiner »Prüfungsanstalt« für geeignet gehalten wird. Weil gesteht zu, dass ein junger Mensch mit 16 bis 18 Jahren noch nicht genau wissen kann, was er einmal tun wird, aber zumindest über die

Richtung, die er einschlagen oder auch nicht einschlagen will, müsste er sich klar werden. Er soll entdecken, was ihm *Freude* macht, denn nur wenn man weiß, was man gerne tut und immer Freude daran hat, hat man die entscheidende Richtung in der Berufsfrage gefunden.

Am 21. April 1937 wird wieder ein Fest gefeiert, und Weil überlegt mit den Kindern, wie das immer geschieht, warum sie feiern: « (...) dieses Fest ist für alle, auch für die auswärtigen, ausländischen Schüler, in Italien ein wichtiges Fest: Natale di Roma, die Gründung Roms, ganz genau übersetzt, Roms Geburtstag«. Weil erklärt zunächst, dass Rom mehr ist als eine Stadt oder Landschaft, sondern »Rom ist (...) ein Gedanke, ist oft sogar für Millionen von Menschen eine Verpflichtung gewesen, Rom ist eine Mahnung an alle Menschen. Rom ist zunächst einmal etwas sehr schwer zu Begreifendes.« Und deshalb hält Weil diesmal keine Ansprache. Er führt stattdessen ein Wechselgespräch mit dem Lehrer Lenz Weishaupt, der von einer anderen Seite her als er selbst vieles über Rom weiß. Weil hatte gerade einen heiklen Besuch im Erziehungsministerium hinter sich und richtet nun nach seinen frischen Eindrücken von Rom die Frage an den Kollegen, was das Römische eigentlich ist, ob es, von Anbeginn bis zu Mussolinis Zeit, *nicht* klare, neue Kulturideen des Bauens, des Malens *geschaffen,* sondern vielleicht von aller Welt übernommen hat. Rom erscheint Weil manchmal »wie ein Vergrößerungsapparat«. Dr. Weishaupt hingegen behauptet, dass Rom etwas ist wie eine »gesteigerte Aristokratie«, während der Monarch für ihn die Zusammenfassung aller in einem Lande vorhandenen Kräfte ist, die sich ein Bild aus Fleisch und Blut schaffen. Er erwartet, dass die Kinder den Zusammenhang seiner an einer Reihe historischer Beispiele demonstrierten These mit Weils Formel vom »Vergrößerungsapparat« verstehen, wenn er nunmehr von Roms »Königsnatur« spricht, die es über die Jahrhunderte hinweg zu überliefern in der Lage war. Er bezieht die Gegenwart ein, indem er auf Mussolini verweist, der die Italiener in diesem Sinne als »Römer« anredet, als Bürger der »ewigen Stadt«. Das hat er Weishaupt zufolge richtig gemacht, und darin besteht für ihn der große Unterschied »zwischen hier und jenseits der Alpen, da gibt es kein Rom, das die Kräfte sammelt.«

Nach Weishaupts historischem Exkurs kommt Weil wieder auf die Frage zurück, was sich aus diesen »alten Steinhaufen« Rom an Erkenntnissen herauslesen lässt. Er sieht – sogar in misslungenen Bauten – eine »Moral der Form«, die »etwas von einer Gesittung, einer Würde, einer menschlichen Kultur« ausdrückt. Weishaupt kennt und benennt als Ausdruck einer Gesittung die *Ordnung,* mit der Rom die damalige Welt durchdrungen hat. Rom hat aber schließlich seine Aufgabe vergessen und ist an seinen Übertreibungen zugrunde gegangen. Am Ende fasst Weil zusammen: »Da haben wir ungefähr alles. Solange Rom wußte, was sich ziemt, solange hat es immer wieder gesiegt. Dieses kühle, ungemütliche Wohnen ist für Rom vorbildlich.«

Rom ist eine vornehme Ungemütlichkeit. Das müßt Ihr kennenlernen, die Ihr in Deutschland eine zu weichliche Gemütlichkeit gewohnt seid. In Rom in einer Wohnung gibt es nichts Gemütliches, da steht alles ganz hart und rechtwinklig, und so sind auch die Menschen, wenn wir nur den Kopf von Mussolini ansehn, wie er rechtwinklig ist. Wenn man bedenkt, daß Gemütlichkeit immer eine Kleinlichkeit an sich hat, was ein König nie hat, wenn man das einmal merkt, dann kann diese enorme riesenhafte Würde Roms uns auch wieder für unser Leben sagen: Nämlich, wir leben besser, wenn wir ungemütlich leben.«

Abb. 6: Unterricht in kleiner Gruppe, Sammlung PPE

Bei seiner nächsten »Sonntagsansprache« – es ist inzwischen der 9. Mai – geht Weil auf die Wanderungen ein, die in den letzten Wochen gemacht worden sind, und wirbt mit großer Behutsamkeit dafür, sich für die »kleine Welt des Frühlings« mit all ihrer zarten und leisen Schönheit zu öffnen. Die Chance des Menschen besteht für Weil darin, dass er dieser Schönheit nicht ausweicht, sondern ihr standhält und mit ihr zu leben lernt. Man sieht einem Menschen an, ob er es fertig gebracht hat, dem Schönen standzuhalten: »Solche Menschen haben mehr Ruhe, mehr Würde, mehr Demut, mehr Liebe und mehr Treue.« Und deshalb bittet Weil die Kinder: »Wenn Ihr mal ein paar Minuten irgendwo auf einer Wanderung um Euch guckt und weder an die mitgebrachte Mahlzeit noch an die gemachten Schritte denkt, sondern mal ein paar Blumen anseht, dann kann Euch etwas sehr

Schönes passieren, was Euch kein Mensch wegnehmen kann und was Euer ganzes Leben schöner macht.«

Am »Pfingstsonntagabend«, wie die Datierung vom 16. Mai 1937 vermerkt, versucht Weil, »statt eines Schewur-Gottesdienstes«, (...) »im Anschluß an das, was Dr. Wolfskehl (...) über ›Tradition: lebendiges Gefüge‹ gesagt hat«, das Gesagte vor allem auch den Kleinen erzählerisch zu vermitteln. Es geht darum, was innerhalb des Judentums Richtmaß zu sein hat. Weil knüpft wiederum an eine den Kindern noch nahe Erfahrung an: »Ihr habt in den letzten Wochen einen Auftrag gehabt, eine Hausordnung zu schreiben, und damit habt Ihr eine ähnliche Überlegung – der Art, nicht der Größe nach – zu tun gehabt wie der Herr, der durch Mose den Kindern Israel die ewige Hausordnung gegeben hat.« An diesem Beispiel verdeutlicht er, dass es darauf ankommt, zwischen wesentlichen und unwesentlichen Elementen jeder Ordnung zu unterscheiden und sich auf die unbedingt einzuhaltenden Regeln zu konzentrieren. »Was ist die Hausordnung vom Berge Sinai? Die Hausordnung vom Berge Sinai ist nichts Geringeres, als daß sie den Menschen zwingt, aus einem wilden Raubtier ein Mensch zu werden, aus einem zügellosen Triebmenschen (...) ein Wesen, das mit anderen (...) zu leben sucht.« In dieser längsten seiner »Sonntagsansprachen« legt Weil ein hinreißendes Bekenntnis zum Judentum ab, wie er es versteht, zu seinen freiheitlichen und kritischen Traditionsbeständen ebenso wie zum Kern der zehn Gebote, die er zum Abschluss noch einmal verliest, um den Kindern einzuprägen: »Diese Freiheit, diese Freimütigkeit, um die wir oft beneidet worden sind, ist nur möglich durch jene Zucht der zehn Worte (...).«

Weil hatte zu Beginn ausdrücklich betont, dass das von Wolfskehl, dessen Vortrag er als klar, weise und dichterisch würdigt, angesprochene »Geheimnis« im Judentum im Grunde nicht »sagbar« ist und nur »gefühlt« werden kann. Jenseits dessen gibt es aber die jüdische Lehre, die Gesetzgebung Mose, aus der Juden lernen, was sie zu tun haben. Weil versucht also nicht, Wolfskehls Deutung der »Hausordnung« des Judentums kindgemäß zu »übersetzen«, sondern fügt ihr seine eigene Sichtweise und pädagogische Nutzanwendung hinzu. Er will, dass die Kinder – während seiner bevorstehenden Ferien allein gelassen – dennoch »anständig miteinander lernen« und umgehen. Etwas anders verhält es sich bei einer Diskussion, die er einige Wochen später vor den Kindern sicherlich ein Stück weit über ihre Köpfe hinweg mit Wolfskehl führt. Sie hat ein 1935 in der Schweiz erschienenes Buch des gleichfalls emigrierten Soziologen Hellmut Plessner zum Gegenstand. Es hieß seinerzeit: *Das Schicksal deutschen Geistes im Ausgang seiner bürgerlichen Epoche* und wurde erst 1959 unter einem anderen, von Plessner einführend begründeten Titel: *Die verspätete Nation. Über die politische Verführbarkeit bürgerlichen Geistes* in der Bundesrepublik wieder veröffentlicht. Weil fasst die zentralen Aussagen des Buches in acht Thesen zusammen, in die er »irgendwo hineinzuspringen« bittet. Dabei hat er ein »Bild für die Möglichkeit einer guten Diskussion« aus dem soeben absolvierten Urlaub vor Augen: den Bau eines elektrischen Kraftwerks, bei dem die Stollen »windschief zueinander« in den Berg hineingebaut worden waren und deshalb noch einmal von vorn angefangen werden musste, bis es funktionierte. Weil meint: »Bei allen wissenschaftlichen Diskussionen ist man ebenfalls ›windschief‹ aneinander vorbeigegangen« und ist nun vielleicht mehr um Verständigung und Kommunikation bemüht, um von verschiedenen Ausgängen aus innerhalb gewisser Grenzen auf eine gleiche, gemeinsame Ebene zu gelangen, wobei es niemals zu einer »vollen Gemeinsamkeit« kommen kann und muss. Diese Gedankengänge sind Weil offenbar nicht weniger wichtig als der Diskurs um den Inhalt des Plessner'schen Buchs, der nur stark verkürzt wiedergegeben ist, wobei die auf den 25. Juni 1937 datierte Niederschrift allerdings nicht wie die Texte der übrigen »Sonntagsansprachen« mit seinem Diktatzeichen versehen ist, sich ihm als Autor daher nicht eindeutig zuschreiben lässt.

Am 20. Juni 1937 stellt Weil beim Zeitungslesen fest, dass einem dabei manches passieren kann: »zum Beispiel, wenn man sich über Politik orientieren will, liest man am besten den Handelsteil, und wenn man sich über das Moralische informieren soll (...), kann es passieren, daß man im Anzeigenteil sehr schön darüber orientiert wird«. In einer Schweizer Zeitung hatte Weil eine Anzeige gefunden: »Sei Optimist, mache es wie Lindbergh«, der Flugpionier, gefolgt von einer Reihe von Lebensbeschreibungen von Männern, die etwas erreicht haben. Weil hinterfragt nun das Statement der Anzeige, denkt über Optimismus und Pessimismus nach und kommt zu dem Schluss, dass weder die eine noch die andere Haltung zu empfehlen ist, sondern die Aufgabe vielmehr »in aller Schlichtheit« darin besteht, jeweils genau hinzuschauen und »das Richtige« zu erkennen und zu tun. In dem Sinne haben sich die Menschen, auf die in der Anzeige hingewiesen wird, verhalten.

Zum Abschluss des Sommersemesters am 11. Juli 1937 zitiert Weil einen kuriosen Ausspruch seines Onkels, der sich über ihn geärgert hatte und ihm nun »den Kopf zwischen die Ohren setzen will«. Das heißt, wie Weil an einigen Beispielen aus dem Alltag erläutert: »Man sieht die größere Ordnung nicht, man hat« – wieder einmal – »nicht richtig hingeguckt.« Die Realität »adäquat« wahrzunehmen und zu verarbeiten, war – wie gesagt – ein wesentliches »Lernziel« in der »Schule am Mittelmeer« und sollte nicht zuletzt mit Hilfe der Fotografie geübt werden. »Diese Ordnung sehen und Klarheit haben«, nennt Weil »eine Art jüdische Formel«. Er beschließt die Anregung zum Bemühen um Klarheit und »Helle« der Wahrnehmung, die auch zu »Höherem« wie der »Gerechtigkeit« führen kann, mit einem Goethe-Gedicht, das ihm in Beziehung zu Palästina und dem, »was dort Neues geschaffen wird«, besonders aktuell erscheint:

Gottes ist der Orient!
Gottes ist der Okzident!
Nord- und südliches Gelände
Ruht im Frieden seiner Hände.
Er, der einzige Gerechte,
Will für jedermann das Rechte.
Sei, von seinen hundert Namen,
Dieser hochgelobet. Amen.

Damit endet die Übersicht über Weils »Sonntagsansprachen«. Es bleibt noch
hinzuzufügen, wie sich die Schließung der Schule vollzog und wie danach
das Schicksal von Hans Weil und seiner Familie verlief, zumal in jüngster
Zeit von italienischer Seite danach gefragt wurde.[18]

Die Schließung der Schule und die Folgen

Die »Schule am Mittelmeer« war zunächst nur mit Kenntnis und wohlwol-
lender Duldung der deutschen Generalkonsulats in Genua und der örtlichen
Behörden in Recco betrieben worden. Etwa im Sommer 1936 stellte Weil
bei der zuständigen italienischen Instanz in Genua offiziell den Antrag auf
Legalisierung der Schule, bekam aber zwei Wochen vor Ostern 1937 aus
Rom den Bescheid, dass diesem Antrag Schwierigkeiten »nichtpersoneller
Art« entgegenstünden. Als er sich daraufhin sofort nach Rom begab – die
»Sonntagsansprache« vom 21. April zum »Geburtstag Roms« bezieht sich auf
diese Reise –, erfuhr er im Erziehungsministerium, dass das Außenminis-
terium »auf deutschen Einspruch hin« den Antrag »nicht favorisiere«. Die
Entscheidung wurde jedoch zunächst zurückgestellt; der bisherige Zustand
sollte vorläufig beibehalten werden. Umso heftiger war der Schock, als am
31. Juli 1937 kurzfristig die Schließung der Schule bis Mitte September verfügt wurde. In seinem Protestschreiben vom 3. August 1937 an das Deutsche Generalkonsulat in Genua, an die er von den italienischen Dienststel-
len verwiesen worden war, verlangt Weil zu wissen, was gegen sein Institut
vorliege, das mittlerweile 30 Schüler und acht italienische Angestellte hatte,
für die wie auch für den Ort Recco eine solche plötzliche Schließung »sehr
fühlbar« wäre.[19] Außerdem fragt er, ob diese Entscheidung sich ebenso gegen
die Schulen ähnlicher Art in Florenz, bei Meran und am Gardasee richte,
was in der Tat mit Rücksicht auf die guten Beziehungen zwischen Berlin und
Rom prinzipiell, wenngleich faktisch noch nicht zu diesem frühen Zeitpunkt
der Fall war. Senta Weil appellierte zwar noch einmal wie damals üblich an
das Privatsekretariat Mussolinis in einem in deutscher Sprache verfassten
Schreiben, da das Gerücht umging, dass er Deutsch verstünde. Das aber blieb

ebenso erfolglos wie der Versuch, die Schule unter italienischer Leitung wei-
terzuführen.[20] Senta Weil, die aus dem Baltikum stammte und keine Jüdin
war, gelang es im November 1939, mit den beiden Kindern Anselm und
Constanze über die lettische Quote in die USA einzuwandern.[21] Hans Weil
musste an sich als ausländischer Jude bis Mitte März 1938 Italien verlassen,
war dazu wie viele andere aber erst im Februar 1939 in der Lage. Nach dem
vergeblichen Bemühen, als Wissenschaftler in Großbritannien Fuß zu fassen, konnte er 1940 der Familie über Irland folgen.[22] In New York verdien-
te Weil seinen Lebensunterhalt als Porträtfotograf, dem u. a. auch ein schönes Bildnis von Paul Tillich zu danken ist. Bei ihm hatte sich Weil 1930
habilitiert und als Privatdozent mit Tillich und dem Sozialpädagogen Carl
Mennicke an der Frankfurter Universität von 1930 bis 1933 eine sozialwissenschaftlich orientierte Pädagogik vertreten. Diese seinerzeit einmalige,
zukunftweisende Konstellation wurde mit der Entlassung der drei Repräsentanten, bei Tillich und Mennicke aus politischen, bei Weil aus rassistischen
Gründen, 1933 radikal beendet.[23]
   In den USA konnte Weil sich weder als Hochschullehrer noch als Schul-
gründer ein weiteres Mal etablieren, obwohl er nie aufgehört hat, im vertrauten Kreis zu lehren und wissenschaftlich zu arbeiten.[24] Aber eine sprachliche Behinderung als Folge einer Erkrankung an Kinderlähmung in frühester
Jugend, die im Deutschen kaum mehr wahrnehmbar war, ließ sich im Englischen nicht gleichermaßen souverän kompensieren. Er schrieb und publi-
zierte in den USA 1945 ein den Geist der »Sonntagsansprachen« bewah-
rendes Buch, in dem er die damals weitgehend orientierungslose Jugend
Amerikas dazu aufruft, *Pioneers of tomorrow* zu sein.[25] Für die Columbia
University wertete er, unterstützt von seinem Sohn, in Deutschland von den
Amerikanern aufgefundene Dokumentenbestände zum Verhalten von Wissenschaftlern in der NS-Zeit aus, was ihn zutiefst verstörte. Es macht verständlich, dass er die Anfrage der Frankfurter Universität von 1946, ob er
die Möglichkeit nutzen wolle, seine ehemalige Stelle – wohlgemerkt: als Privatdozent! – wieder einzunehmen, zunächst abschlägig beschied, weil er sich
eine vertrauensvolle Zusammenarbeit mit deutschen Studenten zu diesem
Zeitpunkt noch nicht vorstellen konnte. Als es ihm in den 1950er Jahren
wirtschaftlich schlecht ging, haben sich Freunde in Deutschland dafür eingesetzt, dass er auf Grund seiner unzweifelhaft vorhandenen Qualifikation
eine so genannte Wiedergutmachungsprofessur an der Frankfurter Universität bekam. Er konnte sie allerdings nie ausüben, ist also zwar formal, aber
faktisch nicht zurückgekehrt, weil die Frankfurter Universitätsbürokratie es
zehn Jahre lang schlichtweg unterließ, die Philosophische Fakultät über die
beschlossene Professur für Weil zu informieren. Sie teilte dieses Versäumnis
Weil 1967 zugleich mit der seine Entscheidung vorwegnehmenden Bemer-
kung mit, dass er nunmehr, weil inzwischen im Emeritierungsalter, im Vor-

lesungsverzeichnis mit dem Zusatz »liest nicht« aufgeführt werde.[26] Es hat Weil sicherlich nicht wenig über diese unwürdige Behandlung hinweggeholfen, dass einige seiner zu Freunden gewordenen ehemaligen Studierenden[27] dennoch den Kontakt mit ihm wieder aufnahmen. Sie trugen auch dazu bei, dass wesentliche Teile seines Nachlasses, wozu auch viele der Dokumente aus Recco gehören, erhalten blieben und in seinem Todesjahr 1972 zumindest noch eine Zusammenfassung der vielfältigen Ansätze zu einer Theorie der Pädagogik als *Helfendes Handeln*, an der er schon in Recco arbeitete, erschien. Sein viel diskutiertes einziges »großes Buch« von 1931 über *Die Entstehung des deutschen Bildungsprinzips* ist bereits 1967 in zweiter Auflage erneut veröffentlicht worden.[28] Darin hatte sich Weil seinerzeit differenziert mit der Sozialisation des intellektuellen bürgerlichen Individuums und seinem »übersteigerten Streben nach Bildung als einer personalen Erfüllungsmöglichkeit« kritisch auseinander gesetzt. In der »Schule am Mittelmeer« wurde von ihm dagegen folgerichtig in Theorie und Praxis eine »Erziehung zur sozialen Humanität« angestrebt, deren durchdachtes, innovatives Programm über seine Bedeutung als Vorbereitung auf ein Leben im Exil hinausreicht. Es basiert nicht zuletzt auf dem klassischen Selbstverständnis der jüdischen Soziallehre und Wohlfahrtspflege als »*Zedaka*«, der es – anders als der »christlichen Nächstenliebe« – vor allem um die Verwirklichung »sozialer Gerechtigkeit« geht, auf die das eingangs zitierte Grundsatzpapier *Unsere Haltung*[29] explizit abhebt.

Und was wurde aus den Kindern?

Diese nahe liegende Frage lässt sich für die in Italien nur drei bis vier Jahre existenten, abrupt endenden Schulgründungen weniger eindeutig beantworten als bei den Exilschulen in anderen Ländern, deren »Ehemalige« teilweise in späteren Jahren an der Geschichte ihrer Schulheime, die für viele zum »Familienersatz« geworden waren, selbst lebhaftes Interesse entwickelten und bis heute »Reunions« organisieren. Einige bestehen modifiziert noch immer als Bestandteil der jeweiligen nationalen Bildungssysteme, halten jedoch die Erinnerung an ihre Gründungsphase als Schule nicht allein für Emigrantenkinder, sondern als Ort der bikulturellen Begegnung mit den Einheimischen aufrecht.[30] Die kollektiven »Kindertransporte« nach Großbritannien und den USA haben bei diesen »Kindern« mehr an gemeinsam geteilter Erfahrung hinterlassen als bei den – mit oder ohne Eltern – individuell nach Italien geflüchteten Altersgenossen. Entsprechend unterschiedlich sind in Italien offenbar auch die weiteren Schicksale der Kinder verlaufen und daher schwer zu rekonstruieren. Senta Weil und ihr Sohn wussten 1980 lediglich von zwei Schülern aus Recco zu berichten, denen sie in New

York wiederbegegnet sind, ohne dass sich daraus weitere Kontakte ergaben, weil alle viel zu sehr mit sich selbst beschäftigt waren. Mehrere gingen ihres Wissens nach Israel, andere nach Lateinamerika. Das »Alpine Schulheim Vigiljoch« sorgte frühzeitig dafür, dass im Herbst 1938 »alle Kinder außer Reichweite der Nazis« waren – durch Kontaktaufnahme mit den bereits emigrierten Eltern, die Unterbringung bei Verwandten in den USA oder in Exilschulen in Holland und Großbritannien.[31] Was mit den Kindern aus dem Landschulheim Florenz 1938 geschah, ist bislang nicht vollständig geklärt.[32]

1 Hildegard Feidel-Mertz (Hg.): *Schulen im Exil. Die verdrängte Pädagogik nach 1933.* Reinbek 1983, insbesondere S. 107–115; Hildegard Feidel-Mertz: »Ein Beispiel deutsch-jüdischer Symbiose. Hans Weil und die ›Schule am Mittelmeer‹ in Recco (Italien)«. In: Dies. (Hg.): *Pädagogik im Exil nach 1933. Bilder und Texte einer Ausstellung.* Frankfurt/M. 1990, S. 150–161. Auf der Titelseite beider Bücher befindet sich jeweils ein für die Exilpädagogik exemplarisches Foto aus Recco. Vgl. auch: Klaus Voigt: *Zuflucht auf Widerruf. Exil in Italien.* Bd. 1, Stuttgart 1989, Kap. Schulen und Landschulheime, S. 198–213. Bd. 2, Stuttgart 1993. Der langjährige Austausch zwischen der Verfasserin und Klaus Voigt zeugt von der Fruchtbarkeit interdisziplinärer Zusammenarbeit in der Exilforschung. — **2** Weitere Informationen zum Alpinen Schulheim Vigiljoch bei Feidel-Mertz: *Schulen im Exil* (s. Anm. 1), S. 160 f., sowie im gleichnamigen Bestand der Sammlung Pädagogisch-Politische Emigration (PPE) von H. Feidel-Mertz, Frankfurt/M. Ihre Recherchen wurden ergänzt durch weitere Nachforschungen vor Ort von Helmwart Hierdeis, der als Erziehungswissenschaftler an der Universität Innsbruck auch zuständig war für die Geschichte der deutschsprachigen Schulen in Südtirol. Die Ergebnisse gingen ein in die Darstellung des Alpinen Schulheims Vigiljoch, als die Ausstellung der Verfassserin zur Pädagogik im Exil nach 1933 im Herbst 1989 in Innsbruck gezeigt wurde. Vgl. auch Klaus Voigt: *Zuflucht auf Widerruf* (s. Anm. 1). — **3** Zur Töchterschule am Gardasee am 24. August und 12. Oktober 1934, zum Landschulheim am Gardasee am 14. Februar und 16. September 1936, zu »Vita Nuova«, Jüdisches Heim für Erziehung, am 17. Oktober 1936. Vgl. ferner Klaus Voigt: *Zuflucht auf Widerruf* (s. Anm. 1) sowie den Beitrag über diese Institution im Zusammenhang mit dem Landschulheim Florenz im *Israelitischen Familienblatt* vom 12. März 1936. — **4** Die Geschichte des Landschulheims in Florenz wurde zuerst von Klaus Voigt gründlich recherchiert und dargestellt: Klaus Voigt: *Zuflucht auf Widerruf* (s. Anm. 1). Vgl. ferner den Beitrag von Irmgard Ubbens in diesem Band. — **5** Hans Weil hatte 1931 gerade mit seiner zur Habilitationsschrift erweiterten Dissertation über *Die Entstehung des deutschen Bildungsprinzips,* die geistes- und sozialwissenschaftliche Ansätze innovativ miteinander verband, sowohl interdisziplinär als auch bei der Kultusbürokratie ungewöhnlich große Resonanz gefunden und eine viel versprechende Karriere vor sich, als er bereits im April 1933 aufgefordert wurde, im Sommersemester keine Veranstaltungen mehr anzukündigen, wozu er sich unter den gegebenen Umständen am 26. April 1933 sarkastisch »sehr gern« bereit erklärte. Am 9. September 1933 wurde er offiziell als Privatdozent von seinen Lehrverpflichtungen entbunden. Personalakte Hans Weil, Universitätsarchiv Frankfurt/M. — **6** Vgl. Hildegard Feidel-Mertz: »Die Pädagogik der deutschen Landerziehungsheime im Exil« sowie »Jüdische Landschulheime im nationalsozialistischen Deutschland«. In: Inge Hansen-Schaberg, Bruno Schonig (Hg.): *Basiswissen Pädagogik: Re-*

formpädagogische Schulkonzepte, Bd. 2: Landerziehungsheim-Pädagogik. Baltmannsweiler 2002, S. 179–201. Jüdische Internate nannten sich durchweg Landschul-, nicht Landerziehungsheime, auch wenn sie in deren Tradition standen. — **7** Während die von Edith Cassirer-Geheeb und Paul Geheeb begründete Odenwaldschule wegen ihrer liberalen und weltoffenen Atmosphäre für zahlreiche Kinder aus jüdischen Familien oder »Mischehen« attraktiv war und blieb, entwickelten sich an der Dürerschule Hochwaldhausen zunehmend antisemitische Tendenzen seitens der Schulleitung, so dass Hans Weil wie eine Reihe jüdischer Schüler mit ihrem dagegen protestierenden Lehrer Chaim Müntz die Schule verließ. Von ihm wurde Weil bis zum Abitur privat unterrichtet und mit dem seinerzeit in Heppenheim lebenden Martin Buber in Verbindung gebracht. Vgl. dazu Karl-August Helfenbein: *Zur Sozialerziehung der Dürerschule Hochwaldhausen.* Lauterbach 1986. — **8** Heinz Guttfeld, seit 1950 Mordechai Gilead (1906–1995), Absolvent der Arbeiterabiturientenkurse an der Berliner Karl-Marx-Schule und Stipendiat der Studienstiftung des deutschen Volkes, musste wie Weil die Frankfurter Universität verlassen, folgte ihm ins italienische Exil und von Florenz nach Recco, bis er sich im Oktober 1935 als überzeugter Zionist für die Einwanderung nach Palästina entschied. Ihm sind viele Informationen und dokumentarische Text- und Bilddokumente zu Hans Weil in meiner Sammlung Pädagogisch-Politische Emigration (PPE) zu verdanken. — **9** Hans Weil: »Pädagogische Aufgaben einer jüdischen Schule in Deutschland«. In: *Frankfurter Jüdisches Gemeindeblatt,* August 1933, S. 315 f.; Hans Weil (Recco): »Die Lage der jüdischen Jugend pädagogisch betrachtet«. In: *Der Morgen.* 13. August 1937, S. 192–198. Dieser Aufsatz ist Teil einer umfangreicheren Auseinandersetzung mit dem Thema, die fragmentarisch im Nachlass erhalten geblieben ist. Das Originalmanuskript des Aufsatzes nimmt Bezug auf die in Recco praktizierte Vermittlung handlungsleitender Werte eines »kraftvollen Judentums« durch regelmäßige »Ansprachen«. Dieser Teil ist im Druck entfallen. — **10** Weils Frau Senta war Nichtjüdin; die Kinder Anselm und Constanze galten daher als so genannte »Halbjuden«. Anfangs wurden auch nichtjüdische deutsche und italienische Kinder aufgenommen, und nichtjüdisches Lehrpersonal wurde beschäftigt, was aber bald zu Schwierigkeiten mit der deutschen Botschaft führte. — **11** *Unsere Haltung,* 29. April 1934. Der Text wurde gemeinsam mit Guttfeld-Gilead formuliert, von ihm abgeschrieben und überliefert. Das Verfahren wurde von diesem auch für den »Aufruf zur Gründung einer jüdischen Werk- und Erziehungsgemeinschaft« in Deutschland bezeugt, mit der im April 1933 die Elternschaft angesprochen wurde. Elemente daraus wurden in das Programm der »Schule am Mittelmeer« übernommen. S. ferner Hans Weil: Pädagogische Grundlagen der »Schule am Mittelmeer« vom Juni 1934, worin die prinzipielle Schwäche des Menschen, die ihn auf die Hilfe anderer angewiesen sein lässt, vorausgesetzt und mit methodischen Überlegungen aus seiner ersten Vorlesung zur »Einführung in die Pädagogik« vom WS 1932/33 verknüpft wird (alle Typoskripte in Sammlung PPE, Teilnachlass Hans Weil). — **12** *Unsere Haltung* (s. Anm. 11). — **13** Die nachfolgend ausgewerteten »Sonntagsansprachen« sind wie die Schul-Prospekte von Senta Weil der Verfasserin für die Sammlung PPE zum Kopieren überlassen worden, das abgedruckte Titelblatt des Prospekts mit dem Lageplan der Schule im Original. — **14** Ihr Ehemann Fritz Baumann, Leiter der Volksbibliothek im Frankfurter »Volksbildungsheim«, soll eines der ersten Selbstmordopfer im KZ Buchenwald gewesen sein. Die ihr zugeschriebene Serie von etwa 30–40 Fotos wurde gleichfalls durch Guttfeld-Gilead zur Verfügung gestellt. — **15** Schulprospekt »Schule am Mittelmeer«, Recco, o.J., mit Lageplan auf Titelseite. Außer diesem vermutlich ersten Prospekt existiert ein zweiter, der mehr organisatorische und inhaltliche Details enthält, sowie eine ausführliche Darstellung des Angebots der »Abteilung für handwerkliche Berufsausbildung« unter der Leitung von Dr. Lenz Weishaupt, deren praktischer Teil in Zusammenarbeit mit den ortsansässigen Handwerksbetrieben realisiert werden sollte. Alle Prospekte sind undatiert. — **16** Diesen für Theorie und Praxis der Pädagogik Weils signifikanten Begriff wollte Weil ausdrücklich nicht als Aufforderung zu blindem Gehorsam missverstanden wissen. Vgl. dazu: Hans Weil: »Der Prozeß der Einfügung als pädagogische Aufgabe«. In: *Die Erziehung* 8 (1933), Nr. 1, S. 81–89. Es handelt sich hierbei um eine seiner beiden Antrittsvorlesungen als Privatdozent in Frankfurt/M. — **17** Karl Wolfskehl (1869–1948) hielt während seines zweieinhalbjährigen Aufenthalts in

Recco im März und Mai 1937 mindestens zwei Vorträge (»Tradition: lebendiges Gefüge«/»Geschichte und Tradition im Leben des Judentums«) in der »Schule am Mittelmeer«, von denen Margot Ruben, die Gefährtin des erblindeten Dichters, Stichwort-Mitschriften anfertigte, abgedruckt bei Gunter Grimm: *Karl Wolfskehl. Die Hiobdichtung.* Bonn 1972, S. 307 ff. Weil verweist darauf in seiner Ansprache vom Pfingstsonntag. Die Vorträge stehen inhaltlich im Zusammenhang mit einem Aufsatz von Karl Wolfskehl: »Geheimnis der Überlieferung«. In: *Münchner Neueste Nachrichten*, 31.1.1930, auch in: Karl Wolfskehl: *Gedichte, Essays, Briefe.* Hg. v. Cornelia Blasberg, Paul Hoffmann. Frankfurt/M. 1999, S. 79–82. Eine weitere Diskussion mit Wolfskehl, die ein Buch des emigrierten Soziologen Hellmut Plessner zum Gegenstand hatte, ist in der Sonntagsansprache vom 25. Juni 1937 belegt. Wolfskehl berichtet über Weil und die »Schule am Mittelmeer« in Briefen u. a. an Hanna Wolfskehl, Edgar Salin, Abraham Scholem Yahuda und Hanne Marcus. Vgl. hierzu Klaus Voigt: *Zuflucht auf Widerruf* (s. Anm. 1), S. 421–427, S. 424 ff.; S. 585 f. — **18** Über Klaus Voigt hat das Jüdische Museum Genua sein Interesse an Informationen und Bildmaterial zu Hans Weil und der »Schule am Mittelmeer« bekundet; durch ihn erfuhr die Verfasserin auch von einem Beitrag in der regionalen Presse, in dem der Sohn der früheren Köchin der Schule sich an sie erinnert und nach dem Verbleib der Familie fragt: Sandro Pellegrini: »Una scuola per giovani ebrei«. In: *Ligura*, März 2003. — **19** Vgl. Klaus Voigt: *Zuflucht auf Widerruf* (s. Anm. 1), S. 211. — **20** Ebd.. S. 211, Anm. 65, Brief des Generalkonsulats Genua an die Deutsche Botschaft vom 11. Februar 1938. — **21** Interview mit Senta und Anselm Weil, New York 14. September 1980, Sammlung PPE. — **22** Dokumentiert insbesondere im Weil betreffenden Bestand der Society for the Protection of Science and Learning, Oxford. — **23** Vgl. Zwischenbericht zum DFG-Forschungsprojekt zur Frankfurter wissenschaftlichen Pädagogik vor 1933, in: Hildegard Feidel-Mertz, Karl-Christoph Lingelbach: »Gewaltsame Verdrängung und prekäre Kontinuität. Zur Entwicklung der wissenschaftlichen Pädagogik in Frankfurt am Main vor und nach 1933«. In: *Zeitschrift für Pädagogik* 40 (1994), S. 707 ff. — **24** Interview mit Senta und Anselm Weil, New York 14. September 1980. Sammlung PPE. — **25** Hans Weil: *Pioneers of Tomorrow. A Call to American Youth*, New York 1945 (Sammlung PPE. Teilnachlass Hans Weil). Eine amerikanische Studentin, die anlässlich einer vom Oktober 1987 bis Februar 1988 im Archiv Biographia Judaica an der Frankfurter Universität präsentierten Ausstellung zu Leben und Werk von Weil das Buch einsah, plädierte für eine Neuauflage. — **26** Brief des Rektors der Universität Frankfurt/M. an Hans Weil vom 7. Dezember 1966, Personalakte Universitätsarchiv. Frankfurt/M. — **27** Dazu zählten neben Guttfeld-Gilead in Israel insbesondere Alfred und Hilde Hooge, Artur Bratu und Käthe Truhel. Letztere hat sich vor allem verdient gemacht um das Erscheinen von: Hans Weil: *Helfendes Handeln. Ein Beitrag zur Theorie der Pädagogik.* Bonn 1972. — **28** Die Erstausgabe von 1930 hatte ich zuvor schon während meines Studiums entdeckt und die darin praktizierte Verbindung erziehungs- und sozialwissenschaftlicher Ansätze für meine eigene Dissertation fruchtbar gemacht. Dieses methodische Vorgehen war Anfang der 1960er Jahre noch ebenso ungebräuchlich wie zur Zeit der sozialwissenschaftlich und interdisziplinär orientierten Pädagogik an der Frankfurter Universität zwischen 1930 und 1933. Ein Exemplar dieser Erstausgabe mit einer handschriftlichen Widmung an seinen Schüler und Freund Heinz Guttfeld wurde von diesem testamentarisch der Sammlung PPE vermacht. — **29** Vgl. zu Leben und Werk Hildegard Feidel-Mertz: »Pädagogen im Exil – zum Beispiel Hans Weil«. In: Edith Böhne, Wolfgang Motzkau-Valeton (Hg.): *Die Künste und Wissenschaften im Exil (1933–1945).* Gerlingen 1992. Außerdem ein Beitrag über Hans Weil mit einem vorgegebenen längeren Zitat aus »Helfendes Handeln« überschrieben: Hildegard Feidel-Mertz: »Hans Weil (1898–1972): ›Es ist eine der schwersten Aufgaben der Pädagogik und nicht nur dieser allein, den Menschen als grundsätzlich schwach zu begreifen und aus dieser Einsicht die pädagogischen und moralischen Konsequenzen zu ziehen‹«. In: Hans Erler, Ernst Ludwig Ehrlich, Ludger Heid (Hg.): »*Meinetwegen ist die Welt erschaffen*«. *Das intellektuelle Vermächtnis des deutschsprachigen Judentums.* Frankfurt/M., New York 1997, S. 223–228. Eine umfassende Dokumentation des fragmentarisch gebliebenen und erhaltenen Lebenswerks ist in Vorbereitung. — **30** Das trifft beispielsweise für die ehemalige Quäkerschule in Eerde/Holland ebenso zu wie für die Pestalozzischule in Buenos Aires oder Anna Essingers New Herrlingen bzw. Bunce Court School in Großbritannien. An die Letztere ging 1938 die Lehrerin Hanna Bergas zurück, die zeitweilig am Alpinen Schulheim Vigiljoch tätig war und über beide Schulen in ihren Erinnerungen berichtet: Hanna Bergas: *Fifteen Years – Lived Among, With and for Refugee Children*. Palo Alto 1979. (Ms.) Sammlung PPE. — 31 Die Bunce Court School übernahm fünf Kinder über zwölf Jahren. Vgl. ebd. — 32 Sie scheinen teilweise mit ihren Eltern, soweit diese vermögend genug waren, rechtzeitig außer Landes gelangt zu sein. Einige Kinder gingen mit Peiser und Kempner, denen Verhaftung drohte, mit Tagesvisen über die Grenze nach Nizza, wo das Heim noch eine Zeit lang weiterbestanden haben soll. Die restlichen Kinder wurden auf die englischen und italienischen Lehrer in Florenz verteilt. Zwar bemühten sich die beiden Leiter um ihre anderweitige Unterbringung, was aber nicht durchweg gelang, so dass sich andere Emigranten um sie kümmern mussten. »Ganz war diese Schlußperiode, die im Exil Erregung hinterließ, nicht zu klären.« So Klaus Voigt: *Zuflucht auf Widerruf* (s. Anm. 1), S. 209, S. 528, Anm. 49–51.

Irmtraud Ubbens

Das Landschulheim in Florenz

Einleitung

Das *Landschulheim Florenz* war für die »Kinder der Opfer des Hitler-Reichs«[1] bestimmt, wie Werner Peiser, der Gründer der Schule, in seinen Erinnerungen schreibt. In Florenz – so heißt es im Schulprospekt – ist es möglich, Schülern und Schülerinnen »rechtzeitig unter fachkundiger Führung, Leitung und Betreuung, eine wirkliche Grundlage für ihren zukünftigen Beruf zu schaffen, wie dies für sie in ihren Heimatländern oft nicht mehr möglich ist.«[2]

Emigranten gründeten während der Zeit der nationalsozialistischen Herrschaft in Deutschland in vielen europäischen und nichteuropäischen Ländern Exilschulen. Hier nahmen sie Kinder auf, deren Eltern auf Grund ihrer Rasse oder ihrer politischen Einstellung in Deutschland bedroht waren und deren Lebensgrundlagen immer mehr eingeschränkt wurden, so dass sich ihren Kindern in Deutschland keine lebenswerte Zukunft mehr bot. Aber auch für Kinder, deren Eltern sich auf eine Emigration vorbereiteten, war ein Internat im Ausland eine gute Alternative zu einem unruhigen Zuhause. Die Schulen boten außerdem rassisch oder politisch verfolgten Pädagogen und Wissenschaftlern eine Möglichkeit, wieder in ihrem früheren Beruf oder einem ähnlichen zu arbeiten. Auf die Frage, warum solche Schulen nicht nur im demokratischen Ausland, sondern auch im faschistischen Italien gegründet wurden, muss auf die Vorteile hingewiesen werden, die in Italien für jüdische Emigranten bestanden: Obgleich Italien ein diktatorisch regiertes Land war, gab es hier bis 1938 keinen offiziellen Antisemitismus, die Fremdengesetzgebung war liberal und wenig bürokratisch, für die Einreise aus Deutschland benötigte man kein Visum, und es war möglich, Gelder aus Deutschland nach Italien zu überweisen. So waren die Voraussetzungen, hier eine neue Existenz aufzubauen, besser als in anderen Exilländern; jedoch kamen die Schulen hier nicht aus dem deutschen Einflussbereich heraus und standen immer unter deutscher Beobachtung.

Am Beispiel des *Landschulheims Florenz* kann gezeigt werden, wie mit viel Fantasie und Engagement versucht wurde, im Exil zu überleben, und welche Schwierigkeiten in politischer, wirtschaftlicher und menschlicher Hinsicht zu meistern waren. Deutlich werden aber auch die ganz besonderen politischen und wirtschaftlichen Bedingungen, die in Italien galten. Quellen, die über das Landschulheim Auskunft geben, sind offizielle Briefe der deutschen und italienischen Behörden sowie Tagebucheintragungen und Briefe von Moritz Goldstein, dem Mitbegründer der Schule. Neben diesen zeitgenössischen Dokumenten existieren schriftliche Erinnerungen von Werner Peiser, Moritz Goldstein, dessen Nachfolger Robert M. W. Kempner und von einigen LehrerInnen und SchülerInnen des Landschulheims.

Gründung, Entwicklung und Ende des *Landschulheims Florenz*

Werner Peiser erinnert sich, dass er im Sommer 1933 auf der Piazza von Capri von der Frau eines deutschen Apothekers zur Gründung einer Schule angeregt wurde, die zu ihm sagte: »Sie haben sich immer für pädagogische Fragen interessiert, weshalb gründen sie kein Landschulheim für die Kinder der Opfer des Hitlerreichs?«[3] Da es sich um Kinder handelte, »für die jeder Italiener – vom Kommunisten bis zum Faschisten – ein warmes Herz hat«[4], erwartete Peiser kaum Schwierigkeiten für die Verwirklichung dieses Planes. Robert M. W. Kempner schreibt in seinen Erinnerungen, dass die Anregung, eine Schule in Florenz zu gründen, vom italienischen Kultusminister Giuseppe Bottai kam. Er bekennt aber, dass er an diesem Gespräch zwischen Bottai und Peiser nicht persönlich teilgenommen hat.[5] Der Herausgeber der *Memories of Landschulheim,* ein ehemaliger Schüler, spricht allerdings von einer Ungenauigkeit in Kempners Version, denn nicht Bottai, sondern Giovanni Gentile habe die Anregung gegeben, während Bottai diese Idee eher kühl aufgenommen habe. Immer wenn Kempner in diesem Zusammenhang Bottai erwähne, müsse es eigentlich Gentile heißen.[6] Moritz Goldstein erinnert sich, dass seine Frau – die sich schon in Italien aufhielt, um eventuell eine Konditorei zu eröffnen – ihm im Sommer 1933 nach Berlin schrieb, sie habe auf Capri die Bekanntschaft eines deutschen Ehepaares gemacht, mit dem sie eine gemeinsame neue Existenz in Italien aufbauen könnten. Er reiste nach Capri, um die Partner kennen zu lernen und direkt mit ihnen zu verhandeln. In seinem Tagebuch notierte er: »Es ist verabredet worden, daß der Konditoreibetrieb in Capri wieder aufgegeben wird, daß wir alle nach Florenz übersiedeln und zusammen mit Oberregierungsrat Peiser, der vorläufig noch in amtlichem Auftrag in Italien lebt, ein Pädagogium (…) eröffnen.«[7]

Moritz Goldstein, geboren 1880, promovierter Germanist, hatte von 1918 bis 1933 als Journalist und Redakteur bei der *Vossischen Zeitung* gearbeitet und sich hier vor allem mit seinen Gerichtsberichten als *Inquit* einen Namen gemacht. Nach dem Machtantritt Adolf Hitlers wurde Goldstein am 7. April 1933 als einer der ersten jüdischen Mitarbeiter der *Vossischen Zeitung* entlassen. Werner Peiser, geboren 1895, promovierter Jurist, war Oberregierungsrat und Pressesprecher des sozialdemokratischen preußischen Ministerpräsidenten Otto Braun gewesen. Er hatte sich 1931 beurlauben lassen und war durch die Vermittlung Brauns und des preußischen Kultusministers Adolf Grimme an das *Preußische Historische Institut* in Rom gekommen, um das italienische Schulwesen zu studieren und die deutsch-italienischen Kulturbeziehungen zu fördern. Im Februar 1933 wurde er, der Sozialdemokrat und Jude, von den Nationalsozialisten aus dem Staatsdienst entlassen. Peiser hatte durch seine bisherige Stellung in Italien zu führenden Faschisten Beziehungen knüpfen können, die für seinen Plan, eine Schule zu gründen, hilfreich waren.

In Fiesole, einem Stadtteil von Florenz, wurde eine Villa gemietet, und am 17. Oktober 1933 notierte Moritz Goldstein in sein Tagebuch: »Eröffnung des Erziehungsheims mit zwei Pensionären und drei Tagesschülern.«[8] Werner Peiser schrieb später (nach 1969) in seinen Erinnerungen über den Anfang der Schule: »Zunächst mietete ich in Fiesole eine Villa, engagierte vier Lehrer aus Deutschland und fand einen 12-jährigen amerikanischen Schüler, der bei uns Deutsch lernen wollte.«[9] So zeigen sich schon in den Aussagen über Gründung und Beginn des *Landschulheims Florenz* einige Widersprüche. Werner Peiser wurde pädagogischer Leiter der Schule und Moritz Goldstein, der sich mit eigenem Vermögen beteiligt hatte, ihr wirtschaftlicher Leiter. SchülerInnen und LehrerInnen fanden durch Inserate in deutschen Zeitungen, vor allem aber in der *Jüdischen Rundschau*, den Weg zum Landschulheim.

Abb. 1: Memories of Landschulheim Florenz, S. 11

Das Verhalten der italienischen faschistischen Behörden war großzügig und wohlwollend, wie Werner Peiser immer wieder betont. Anders sah es bei den deutschen Behörden aus. Der deutsche Botschafter in Rom, Ullrich von Hassell, stand der Gründung der Schule und deren Gründern – besonders Werner Peiser – skeptisch gegenüber. Er berichtete am 15. November 1933 an das *Auswärtige Amt* in Berlin über die neu gegründete Schule: »Es handelt sich offensichtlich in erster Linie um eine Schule für jüdische Emigranten. Das Deutsche Konsulat in Florenz ist über die Persönlichkeit des Herrn Peiser unterrichtet, und es ist ihm Zurückhaltung gegenüber dem Unternehmen empfohlen worden.«[10] Trotz ihrer Vorbehalte gegenüber der Schulgründung wandten sich die Deutschen nicht an die italienischen Behörden, um diese zu unterbinden. Warum das nicht geschah, beantwortet Bruno Stiller, Konsul in Florenz, in einem Brief an die *Deutsche Botschaft* in Rom: »Es erscheint ausgeschlossen, von hier aus durch Intervention bei den lokalen Behörden eine wirksame Aktion gegen das geplante Unternehmen zu unternehmen. Einerseits sind diese an einer Steigerung des Fremdenverkehrs interessiert, und andererseits können ihnen gegenüber keine innerdeutschen oder politischen Gesichtspunkte geltend gemacht werden, ohne dass diese nicht doch bekannt würden und damit Gelegenheit zu einer Propaganda sowohl gegen das hiesige Konsulat wie gegen die deutsche Regierung geben müssten.«[11]

Zum Juli 1934 lief der Vertrag für das Haus in Fiesole ab, und die Schule zog mit neun internen Schülerinnen und Schülern ans Meer nach Forte dei Marmi. Schon vorher aber war zum 1. Oktober die Villa Pazzi in Florenz gemietet worden. Goldstein hielt das Anmieten der Villa allerdings für ein »waghalsiges« Unternehmen. Diese Haltung wird verständlich, wenn man bedenkt, dass die Villa in einer der schönsten Gegenden von Florenz – im Stadtteil Arcetri – lag, aus dem 15./16. Jahrhundert stammte und der Sommersitz der Familie Pazzi, der Widersacher der Medici, gewesen war. Sie gehörte jetzt einem englischen Millionär, der sie aber nur während der Sommermonate nutzen wollte. Daher verbrachten SchülerInnen und LehrerInnen die Sommer am Meer, zuerst in Forte dei Marmi, später in Bordighera. Als die Schule im Oktober 1934 in die Villa Pazzi einzog, war die Schülerzahl schon auf 20 Kinder angewachsen, und es gab weitere Anmeldungen. Man hätte daher zuversichtlich in die Zukunft blicken können, wenn nicht die deutsche Regierung 1934/35 auch für Italien den Devisenverkehr eingeschränkt hätte. Doch wurden diese Bestimmungen schon 1935/36 wieder gelockert; und als Wolfgang Wasow Anfang 1935 als Sport- und Mathematiklehrer an das Landschulheim kam, lebten hier – wie er sich erinnert – 60 Schülerinnen und Schüler[12], und die Schule bestand bereits aus fünf Häusern.

Die zunehmende Schülerzahl machte den deutschen Behörden Sorgen; man befürchtete eine Konkurrenz für die offizielle Deutsche Schule, die

Abb. 2: Gruppenfoto: LehrerInnen und SchülerInnen (Frühjahr 1936)
Vordere Reihe von links nach rechts: 1. Rudi Ascher; 2. (?); 3. (?); 4. Attilio Giannesi, 5. Marianne Bernhard; 6. Ernst Moritz Manasse; 7. Werner Preiser; 8. Frau Peiser; 9. Heinrich Kahane; 10. Renée Kahane; 11. Gabriele Schöpflich; 12. Franz Leppmann; 13. Paolo Turniati; 14. Moritz Goldstein; 15. Franz Roenthal. Es fehlen u. a.: Toni Goldstein; Thomas Goldstein; Walter Hirsch; Ida Leppmann (Orloff); Wolfgang Wasow.
Mittlere Reihe von links nach rechts: 1. (?) Kahn-Wolz: 2. (?); 3. (?); 4. (?); 5. (?); 6. (?); 7. Ernst Levinger; 8. (?); 9. (?); 10. (?); 11. Hansi Katzenstein; 12. (?); 13. Peter; 14. (?); 15. Judith Matthias; 16. (?); 17. (?); 18. Eva Keilson.
Letzte Reihe von links nach rechts: 1. und 2. Dorle und Werner Löwenberg (Geschwister); 2. (?); 3. (?); 4. (?); 5. (?); 6. (?); 7. (?); 8. (?); 9. (?); 10. (?); 11. (?); 12. (?); 13. Mischi Nachmann; 14. Micki Leppmann; 15. (?); 16. F. Oppenheimer; 17. Lore Benditt-Neumann; 18. Hebi Riess; 19. Wolfgang Happ.
Quelle: Memories of Landschulheim Florenz 1933–1938. Compiled by A. W. L. M. Assisted by R. M. Janssen. Privately printed and distributed (1997), S. 117.

schon seit etwa 50 Jahren in Florenz bestand und die jetzt von der national-
sozialistischen Regierung gefördert wurde. Aus diesem Grund hatte Werner
Peiser sich verpflichten müssen, nur InternatsschülerInnen aufzunehmen,
deren Eltern nicht in Florenz wohnten. Konsul Stiller berichtet aber in einem
Brief an die *Deutsche Botschaft* in Rom davon, dass das Landschulheim bei
Schülern der *Deutschen Schule* in Florenz und deren Eltern für sich werbe.[13]
Auch Ullrich von Hassell warf Werner Peiser vor, dass dieser versuche, »Schüler der deutschen Schule für die Peisersche Anstalt zu gewinnen, was in sehr
vorsichtiger und geschickter Form in den Kreisen der in Florenz schon lange ansässigen deutschen Familien jüdischen Ursprungs geschieht. Jede mittel-
bare wie unmittelbare Förderung des Unternehmens Dr. Peiser ist daher als
den deutschen kulturpolitischen Interessen abträglich zu vermeiden.«[14] Das
Landschulheim wurde daher »dauernd überwacht«. Diese Briefe belegen,
dass die Schule gefährliche Gegner in der deutschen Kolonie hatte.

Auch im Landschulheim gab es Missstimmungen. Als die Schule im Sommer 1935 nach Forte dei Marmi übersiedelte, blieb Goldstein zwei Wochen
länger in Florenz, um sich von »der übermäßigen Beanspruchung durch
Arbeit, Sorgen und Zwietracht« zu erholen, wie er in seinem Tagebuch notierte.[15] Ein wesentlicher Grund für die »Zwietracht« lag »in dem Geld-
bedürfnis des Heims«[16], ein anderer sicher in den sehr unterschiedlichen
Charakteren der beiden Schulleiter, wie aus den Erinnerungen einiger Lehrer des Landschulheims hervorgeht. Goldstein entschloss sich daher, aus der
Schule auszuscheiden; doch dauerte es noch bis zum Sommer 1936, bis er
»die Kasse und Geschäfte« endgültig abgeben konnte.[17] In diesen ersten drei
Jahren war die Schülerzahl auf ca. 100 angewachsen, und es unterrichteten
über 20 LehrerInnen am Landschulheim. Nachfolger von Moritz Goldstein
wurde Robert M. W. Kempner, geboren 1899, Jurist und Oberregierungsrat
wie Werner Peiser und mit diesem seit Jahren befreundet. Da Kempner
während der Weimarer Republik in verschiedenen Zeitungen zu Rechts- und
Polizeifragen geschrieben hatte, war er auch Moritz Goldstein bekannt. Nach
Kriegsende wurde Kempner amerikanischer Ankläger bei den Nürnberger
Prozessen.

Nach dem Staatsbesuch Mussolinis in Deutschland 1936 wurde die Zusammenarbeit zwischen den beiden Regierungen enger. Emigranten wurden
jetzt genauer überwacht; doch am Landschulheim war von dieser Verschär-
fung offenbar nichts zu spüren. Robert Kempner sieht einen Grund hierfür
u. a. darin, dass das »Internat sowieso etwas exterritorial« war; sie hätten
»außer dem örtlichen Faschisten nie jemand gesehen«.[18] Auch Peiser erinnert sich, dass bis zum Jahre 1938 alles friedlich verlief. Beide stimmen darin überein, dass sich erst kurz vor dem Gegenbesuch Hitlers bei Mussolini
vom 3. bis 9. Mai 1938 die Stimmung änderte. Dies spürte man auch in der
Schule. Kempner schreibt: »Der Kultusminister Bottai telefonierte mit Pei-

ser und sagte ihm, dass an der Deutschen Botschaft in Rom ›herumgestänkert‹ würde. Es hieß, man läse im Landschulheim Zeitungen wie das Pariser Tageblatt (...)«.[19] Zur Zeit des Hitlerbesuchs wurden Italiener, die als Antifaschisten verdächtig waren, sowie Ausländer und Juden gefangen gesetzt. Unter ihnen waren auch die Schulleiter, Lehrer, Lehrerinnen sowie deren Angehörige und ältere SchülerInnen des Landschulheims. Zu den ersten Gefangenen gehörte auch Moritz Goldstein. Wenn die beiden Schulleiter Peiser und Kempner auch übereinstimmend aussagen, dass vor dem Hitlerbesuch in Italien an der Schule nichts von der immer enger werdenden deutsch-italienischen Zusammenarbeit zu spüren gewesen sei, so ist doch in den Briefen der deutschen Behörden zu erkennen, dass der Ton sich schon vorher verschärft hatte. Ende 1937 war eine Überprüfung des Landschulheims im Auftrag des *Reichs- und Preußischen Ministers für Wissenschaft, Erziehung und Volksbildung* in Berlin veranlasst worden, um über eine weitere Genehmigung zur Transferierung der Schulgelder an die Schule zu entscheiden. Besonderer Wert wurde dabei auf die Schülerzahl gelegt. Es wurde festgestellt, dass die Schule zu diesem Zeitpunkt von 89 Schülern besucht wurde. »Von diesen Schülern besitzen 65 einen reichsdeutschen Pass. 24 Schüler sind Ausländer (Polen, Tschechen, Rumänen, Ungarn, Österreicher). Das Lehrerkollegium setzt sich zusammen aus 9 Juden, 13 Ariern, 2 Italienern, deren rassische Herkunft nicht festzustellen war. 14 Lehrer besitzen einen reichsdeutschen Pass, 3 sind Österreicher, 2 Italiener, 3 Engländer, 1 Pole, 1 Tscheche.«[20] Wichtig war es dem Ministerium auch zu erfahren, ob eine dauernde Auswanderung ehemaliger SchülerInnen nachgewiesen werden könne. Es ist schwer zu entscheiden, ob es sich in diesem Bericht um eine absichtliche Falschaussage oder um ein Missverständnis handelt, wenn es heißt: »Der Verbleib der im Besitz eines reichsdeutschen Passes befindlichen Schüler kann nicht nachgewiesen werden. Die Leitung der Peiser-Schule hat der Polizeibehörde in Florenz mitgeteilt, dass fast alle Schüler nach Abschluss der Schulzeit nach Deutschland zurückkehren, nur wenige gingen nach Palästina oder den Vereinigten Staaten. (...) Die Bewilligung von Devisen zur Zahlung der Schulgelder für die Kinder von Juden könnte dann allenfalls als gerechtfertigt gelten, wenn diese Kinder nicht mehr nach Deutschland zurückkehren und eine andere Staatsangehörigkeit erwerben. Da dies nach Angabe der Schulleitung nicht der Fall ist, sollten weitere Devisen für Schulgelder nicht mehr bewilligt werden. Das Verschwinden der Schule liegt im reichsdeutschen Interesse.«[21] Wie es zu dieser Aussage kommen konnte, ist unverständlich, da es ja von Beginn an erklärte Aufgabe und Ziel der Schule gewesen war, die Schüler auf die Emigration vorzubereiten. Obwohl zwei Monate später vom *Deutschen Generalkonsulat* in Genua der Schule bestätigt wurde, dass sie tatsächlich die Auswanderungschancen der Kinder unterstütze und dass die Mehrzahl der ehemaligen Schüler mit ihren Eltern auch

wirklich emigriert sei[22], wurden im Februar 1938 weitere Devisengenehmi-
gungen für die SchülerInnen des *Landschulheims Florenz* untersagt.[23] Im
März 1938 wurde dieses Vorhaben noch einmal vom *Deutschen Generalkonsulat* bekräftigt.[24] Verschärfend wurde hinzugefügt,»dass gegen die jüdische Schule in Florenz der Verdacht antideutscher, bzw. antinationalsoziali-
stischer Tätigkeit besteht«. Sobald sich dieser Verdacht bestätigen würde,
sollte eine Sperrung der Devisen die »sofortige Auflösung der Schule zur Folge haben«.[25]

Als im Juni 1938 keine Gelder mehr an die SchülerInnen des Landschulheims überwiesen werden konnten, nahmen Werner Peiser und Robert
M. W. Kempner in einem Schreiben an die *Deutsche Botschaft* zum Verdacht
»antideutscher Tätigkeiten« Stellung. Sie erklärten, dass das Landschulheim
Florenz auf Grund der »Rassezugehörigkeit der Leiter« keine nationalsozialistische Institution sein könne, ja nicht sein dürfe, außerdem erklärten
sie, dass alle Schüler des Internats »nichtarisch« seien. Hieraus könne aber
nicht der Schluss einer antinationalsozialistischen Einstellung gezogen werden. Sie weisen deshalb darauf hin, dass die sechs italienischen Mitarbeiter
der Schule alle der faschistischen Partei angehören.[26] Außerdem gab Peiser
am 16. Juni 1938 noch eine schriftliche eidesstattliche Erklärung ab, mit der
er seine Antwort auf die Frage des Ortsgruppenleiters der NSDAP, Herrn
Rettich, bekräftigte. Dieser hatte gefragt, wie Peiser sich verhalten würde,
wenn Schüler oder Lehrer sich herabsetzend gegenüber dem Nationalsozialismus äußern würden, worauf Peiser ihm geantwortet hatte, er würde »jedes
Mitglied des Kollegiums wie jeden Schüler bei Bekanntwerden einer entsprechenden Äusserung aus dem Heim entfernen.«[27] Doch die Zuständ-
nisse an die Nationalsozialisten nützten nichts. Am 8. Juli 1938 erklärte das
Reichs- und Preußische Wirtschaftsministerium in einem Brief an das *Außenpolitische Amt der NSDAP,* dass »Anträgen auf Zuteilung von Devisen zu
Lasten des deutsch-italienischen Reiseabkommens für den Besuch dieser
Schule nicht mehr entsprochen wird«.[28] Im September 1938 kam ein Beamter des Präfekten aus Imperia, der, wie Peiser schreibt, ihn veranlassen sollte, ein Dokument zu unterzeichnen, in dem es hieß, dass er die Schule im
liberal-demokratischen Geist geführt habe. Seine Frage, ob diese Unterschrift
seine Verhaftung nach sich ziehen würde, wurde bejaht.[29] Ob Peiser das
Dokument unterschrieben hat, ist nicht klar, doch ist es fraglich, wenn man
an seine eidesstattliche Erklärung und an seine Stellungnahme gegen den
Vorwurf einer »antideutschen Tätigkeit« denkt.

Ebenso dramatisch wie die Schwierigkeiten, die das Landschulheim direkt
betrafen, wirkten sich für alle Juden in Italien die sich drastisch verschlechternden Lebensbedingungen nach dem Hitlerbesuch aus. Auch die italienische Regierung hatte jetzt Rassengesetze erlassen, und am 1. September 1938
war ein Gesetz zur Ausweisung aller Juden, die nach 1919 nach Italien

eingewandert waren, verabschiedet worden. Unter diesen Umständen gab es für das *Landschulheim Florenz* keine Existenzmöglichkeit mehr. Kempner schreibt in seinen Erinnerungen: »Die gute italienische Zeit war vorüber«. Über die Auflösung der Schule äußert er sich in seinen Erinnerungen leider nicht. Werner Peiser erinnert sich, dass er und Robert Kempner mit den Kindern, die in Besitz gültiger Visa für Frankreich waren, nach Nizza geflohen seien und dass sie die Schule dort noch einige Zeit fortgeführt hätten. Die übrigen Kinder seien unter die ausländischen Lehrer verteilt worden, die den faschistischen Behörden nicht unterstanden.[30] Ältere Schüler des Landschulheims erzählten Wolfgang Wasow über das Ende der Schule: Als Peiser und Kempner die Anordnung bekamen, die Schule aufzulösen, hätten sie die nötigen Geschäfte abgewickelt, während der normale Schulbetrieb weitergeführt wurde. Der Ausflug der beiden Schulleiter mit einigen Kindern nach Nizza sei nichts Ungewöhnliches gewesen. Bald jedoch sei ihr Brief an den Lehrer Walter Hirsch angekommen, in dem sie erklärten, dass sie und die Kinder nicht wieder nach Bordighera zurückkommen würden. Die zurückgebliebenen Lehrer hätten nun unter der Leitung von Walter Hirsch vor der Aufgabe gestanden, den zurückgelassenen Kindern irgendwie zu helfen.[31] Gabriele Schöpflich, die am Landschulheim unterrichtet hatte, erinnert sich daran, wie Walter Hirsch ihr am 4. September mitteilte, dass die beiden Schulleiter Peiser und Kempner, die mit einigen Kindern in Nizza waren, nicht zurückkehren würden. Sie hätten aber von ihnen Adressen bekommen, an die sie sich wenden sollten, um die in Italien gebliebenen zehn bis zwölf Kinder unterzubringen. Es gab kein Geld mehr, die Kaufleute und der Besitzer des Hauses, in dem die Schule untergebracht war, forderten die ausstehenden Beträge. Das Kollegium hatte sich aufgelöst, und so mussten Gabriele Schöpflich und Walter Hirsch für sich und die Kinder sorgen und von ihrem eigenen Geld für sie einkaufen. Bis auf zwei konnten alle Kinder untergebracht werden, und auch die beiden letzten wurden später von ihren Eltern abgeholt.[32] Moritz Goldstein notierte am 17. September 1938 in seinem Tagebuch: »Das Landschulheim Florenz muß als eingegangen betrachtet werden, die Leiter gelten als geflüchtet, Nachrichten sind nicht zu erlangen.«[33] Peiser erfuhr später, dass die faschistischen Behörden ein Internierungslager auf den Liparischen Inseln für das Landschulheim und seine Mitglieder vorbereitet hatten.

Leben und Alltag im Landschulheim

Das *Landschulheim Florenz* warb in seinem Prospekt u. a. mit seiner wunderschönen Lage: »Das Landschulheim liegt auf einem der herrlichen, die Stadt Florenz umgebenden Hügel inmitten der toscanischen Landschaft, nur vierzig Minuten Fussweg vom Zentrum der Stadt entfernt; so bleibt in der Natur die Nähe der Stadt immer fühlbar.«[34] Wie in der Anzeige auf die enge Verbindung von Land und Stadt hingewiesen wird, so sollte mit der Schule eine Verbindung von Landerziehungsheim und humanistischem Gymnasium eingegangen werden. Das Zusammenleben sollte die Trennung zwischen Heim und Schule sowie die Distanz zwischen LehrerInnen und SchülerInnen aufheben oder zumindest verringern. Mit der Zeit wurde die Schule auf fünf Häuser erweitert und bestand fortan aus dem Haupthaus, der Villa Pazzi, mit Unterrichts-, Aufenthalts- und Essräumen; zwei Villen, in denen die Jungen wohnten, und einer, in der die Mädchen untergebracht waren; außerdem gab es ein Arzthaus, Werkstätten, Laborräume und einen Tennisplatz; alle Häuser waren umgeben von großen Gärten. Betreut wurden die Kinder von LehrerInnen, die mit ihnen zusammen in den Häusern lebten.

Wenn auch im *Landschulheim Florenz* Kreativität und Gemeinschaftssinn durch Gartenarbeit, Werken, Sport, Theateraufführungen, Lesungen und Musikensembles gefördert werden sollten, so musste doch auf die besondere Situation der SchülerInnen Rücksicht genommen werden. Deshalb wurde beim Lehrplan, durch den die SchülerInnen vor allem auf ein Leben in der Emigration vorbereitet werden sollten, besonderer Wert auf die Ausbildung in Fremdsprachen gelegt. Vorgesehen war eine allgemeine Schulausbildung von der Grundschule bis zur mittleren Reife, in der zwei Fremdsprachen obligatorisch waren; angeboten wurden Deutsch, Englisch, Italienisch, Französisch, Spanisch und Neu-Hebräisch. Im Schulprospekt heißt es: »Die Auswahl der Sprachen wechselt je nach Begabung oder den Zielen der Schüler.«[35] Was das bedeutete, hat Robert Kempner anschaulich beschrieben: »Wir brauchten viele Lehrer, denn die lieben Eltern sagten eines Tages, wenn sie kamen und die Kinder brachten: ›Wir werden später nach England auswandern und wünschen Englisch-Unterricht.‹ Irgendwann später kam dann ein Telefonanruf: ›Wir haben unsere Pläne geändert, wir gehen in einen südamerikanischen Staat. Wir möchten, daß unsere Kinder jetzt Spanisch-Unterricht erhalten.‹ Fünf Minuten später kam ein weiterer Anruf: ›Wir haben uns geirrt, sie müssen Portugiesisch lernen.‹«[36] An die allgemeine Schulausbildung schloss eine weiterführende Ausbildung an, die Vorbereitung auf das italienische oder englische Abitur oder auf einen Beruf. Das italienische Abitur berechtigte zum Studium an Universitäten in Italien, Österreich, Ungarn, der Schweiz und Großbritannien und konnte an einem Florentiner Gymnasium abgelegt werden. Das bedeutete aber, dass man den italienischen Lehrplänen folgen musste, in denen seit 1934 auch Unterricht in faschistischer Kultur gefordert wurde. Daher gingen immer mehr SchülerInnen dazu über, das *Cambridge Certificate* abzulegen. Mit dem englischen Abitur, das von einer Kommission der Universität Cambridge in Florenz abgenommen wurde, erhielt man die Möglichkeit, an englischen und ame-

rikanischen Universitäten oder an der Universität Jerusalem zu studieren.
Wurde dagegen eine Berufsausbildung angestrebt, so konnten die SchülerInnen – laut Prospekt – zwischen der Vorbereitung auf ein Sprachdiplom,
der Ausbildung zur medizinisch-technischen Assistentin oder Kindergärtnerin und Kursen im Kunsthandwerk wählen.[37] Ernst Moritz Manasse, der
fast drei Jahre lang Lehrer am Landschulheim war, bestreitet allerdings, dass
die Schule die Möglichkeiten gehabt hätte, junge Mädchen zur Medizinisch-
technischen Assistentin oder zur Kindergärtnerin auszubilden. Er schreibt
von einem »Landschulheim-Mythos«.[38]
    Die Tage im Landschulheim waren ausgefüllt mit Unterricht, Arbeitsge-
meinschaften und fünf Mahlzeiten. Morgens um 8 Uhr begann der Unterricht und dauerte bis zum Mittagessen um 13 Uhr. Auch nachmittags fanden Unterrichtsstunden statt. Abendessen war um 19.30 Uhr, und danach
konnte man zwischen verschiedenen Arbeitsgemeinschaften wählen, z. B.
musikalische, historische, jüdische Arbeitsgemeinschaften, Gymnastik oder
Leseabende. Die Teilnahme an den Arbeitsgemeinschaften war freiwillig.
Eine Schülerin erzählt von dem Spaß, den sie mit anderen Schülern hatte,
als sie Sketche einübten, und wie sie Silvester 1934/35 selbst verfasste Verse
sangen, in denen die Lehrer aufs Korn genommen wurden. Aus solchen Erinnerungen ist zu erkennen, dass es neben Unsicherheit und Heimweh auch
Unbekümmertheit und Übermut gab. Am Samstagnachmittag und am
Sonntag waren Ausgänge in die Stadt gestattet, für jüngere SchülerInnen nur
in Begleitung; auch wurden häufig gemeinsame Ausflüge in die Stadt oder
Wanderungen unternommen, und es wurden Museen, Theater und Kon-
zerte besucht. Außerdem waren im Jahresplan der Schule Studienfahrten vorgesehen, bei denen die SchülerInnen auch andere italienische Städte kennen
lernten. Während der Sommermonate in Forte dei Marmi und Bordighera,
in denen die Schule auch FerienschülerInnen aufnahm, wurde in den ersten
sechs Wochen der Unterricht fortgeführt, die restlichen sechs Wochen waren
ausgefüllt mit Sport, Schwimmen, Wanderungen und Bergtouren, ja sogar
Unterricht im Autofahren wurde für die älteren SchülerInnen angeboten,
und es wurden Ausflüge an die Französische Riviera unternommen.
    Nicht nur die Lehrpläne, bei denen die stark variierenden Zukunftsaus-
sichten der SchülerInnen berücksichtigt werden mussten, waren schwer zu
organisieren; hinzu kam in pädagogischer Hinsicht die schwierige Situation
der Kinder und Jugendlichen im Alter von 6 bis 22 Jahren, die getrennt von
den Eltern in der Schule lebten. Diese wussten zwar, dass sich die Eltern auf
eine ungewisse Zukunft vorbereiteten, aber sie wussten nicht, in welchem
Land sie einmal leben und in welcher Sprache sie in Zukunft sprechen würden. Dazu kam die Angst, die Eltern vielleicht nie mehr wiederzusehen.
Ein Kind erfuhr vom Selbstmord seines Vaters in Deutschland, ein anderes
hielt sich für ein unerwünschtes, ungeliebtes Kind, da seine Eltern es nach

Italien geschickt hatten. Diese Ungewissheiten machten die Kinder oft ängstlich, unsicher und unruhig, so dass sie viel Zuwendung benötigten. Auch bei
den Kindern, die solche Ängste nicht hatten und die fröhlich und relativ
unbeschwert die gute Atmosphäre an der Schule genossen, blieb das Heimweh, wie sich eine der Schülerinnen erinnert. An die LehrerInnen wurden
daher neben der normalen Lehrtätigkeit sehr große Anforderungen an Ein-
fühlungsvermögen und Geduld gestellt. Hinzu kam das fast ganztägige
Zusammensein mit den SchülerInnen, das für die LehrerInnen, die mit den
Kindern in einem Haus wohnten, auch nachts nicht endete. Marianne
Manasse (geb. Bernhard), eine der Lehrerinnen, erinnert sich, dass sie bis zu
ihrer Heirat kein eigenes Zimmer hatte, sondern mit drei oder vier Kindern
zusammen in einem Raum schlief. Ähnlich berichtet Wolfgang Wasow, dass
auch er einige Monate lang in einem Raum mit Schülern schlafen musste.
Trotz der erzwungenen engen Gemeinschaft und einer Bezahlung, die eher
einem Taschengeld entsprach, war die Stimmung unter den KollegInnen und
SchülerInnenn im Allgemeinen gut und freundschaftlich. Über die finanziellen und organisatorischen Bedingungen, die einen neuen Lehrer der Schule erwarteten, erfahren wir aus einem Brief, den Moritz Goldstein und Werner Peiser im Juli 1935 an Ernst Moritz Manasse, den Nachfolger des
ausscheidenden Paul Oskar Kristeller, schrieben. »Dass die Bedingungen, die
wir Ihnen bieten können, bescheiden sind, wird Ihnen Dr. Kristeller bereits
mitgeteilt haben. Sollten Sie Ihre Wohnung ausserhalb des Heims nehmen,
so schlagen wir ihnen ein monatliches Honorar von Lit. 250,– vor, ferner
kostenlos Frühstück und Mittagbrot aus der gemeinsamen Küche des Heims
an den Unterrichtstagen. Sollten Sie in das Heim und damit in die volle Ver-
pflegung aufgenommen werden, so würden wir Ihnen ein monatliches Honorar von Lit. 150,– zahlen können. Bei der Frage, ob Sie innerhalb oder ausserhalb des Heims wohnen, würden wir selbstverständlich Ihre Wünsche
berücksichtigen; aber wir können unseren Entschluss nicht völlig davon
abhängig machen. Die nähere Bekanntschaft müsste erst ergeben, ob es für
beide Teile erwünscht ist, dass Sie in die häusliche Gemeinschaft des Heims
aufgenommen werden. Dafür übernehmen Sie den Unterricht, den bisher
Herr Dr. Kristeller erteilt hat, bis zu 28 Unterrichtsstunden wöchentlich,
nach Anweisung der Leitung.«[39] Zum Vergleich: 1935 entsprachen 500 Lire
etwa 110 Reichsmark. Die Eltern zahlten in der Anfangszeit des Landschulheims ein monatliches Schulgeld von 500 Lire für die Unterbringung eines
Kindes. Persönliche Anschaffungen, Taschengeld, Studienfahrten, Zahnbe-
handlungen, Krankheitsfälle sowie Materialverbrauch bei der Berufsausbildung mussten extra bezahlt werden. In einem späteren Prospekt werden pro
Kind 912 Lire gefordert, die vorauszuzahlen waren. Für den alljährlichen
Sommeraufenthalt am Meer kamen noch 150 Lire dazu, ebenso die Kosten
für die Hin- und Rückfahrt.

Werner Peiser und Moritz Goldstein, die beide keine ausgebildeten Pädagogen waren, hatten bei der Gründung der Schule Hans Weil als pädagogischen Leiter eingestellt. Weil war von der Reformpädagogik geprägt und hoffte, eigene pädagogische Vorstellungen verwirklichen zu können. Als ihm das an dieser Schule mit den eher traditionellen Vorstellungen ihrer Leiter nicht gelang, gründete er 1934 die »Schule am Mittelmeer« in Recco (siehe den Beitrag von Hildegard Feidel-Mertz in diesem Band). Die LehrerInnen, die am *Landschulheim Florenz* unterrichteten, hatten nur in den wenigsten Fällen eine pädagogische Ausbildung, jedoch hatten fast alle einen wissenschaftlichen Abschluss und waren zum Teil hoch qualifiziert. Heinrich Kahane, Jahrgang 1902, Sohn des Regisseurs Arthur Kahane, wurde nach dem Weggang von Hans Weil Studienleiter und übernahm die Organisation der Lehrpläne. Er – Sprachwissenschaftler und Romanist – hatte vorher als Assistent am Romanischen Seminar der Universität Berlin gearbeitet. Walter Hirsch, der vor seiner Emigration an der Schulfarm Insel Scharfenberg bei Berlin gearbeitet hatte, war ausgebildeter Lehrer und ein geborener Erzieher, wie sich Wolfgang Wasow erinnert. Hirsch unterrichtete Mathematik, Physik und Biologie. Kahane und Hirsch waren seiner Beobachtung nach die tragenden Säulen der Schule.[40] Mit Franz Leppmann, geboren 1877, den Moritz Goldstein 1934 bewegen konnte, als Lehrer an das Landschulheim zu kommen, kam ein bedeutender Germanist. Er hatte bei Ullstein den *Propyläen Verlag* geleitet und eine erste Biografie von Thomas Mann veröffentlicht. Begleitet wurde er von seiner Frau, der in Deutschland als Ida Orloff sehr bekannten Schauspielerin, und seinem zwölfjährigen Sohn. Ida Orloff veranstaltete beeindruckende Leseabende. Paul Oskar Kristeller, geboren 1905, Philosoph und Altphilologe, unterrichtete ein Jahr lang am Landschulheim Griechisch, Latein, Philosophie und Kunstgeschichte, bis er die Schule 1935 verließ. Durch die Vermittlung Gentiles war ihm die Möglichkeit geboten worden, Lektor an der Universität Pisa und der dortigen *Scuola Normale Superiore* zu werden. Kristeller hatte seinen Freund, den Altphilologen und Philosophen Ernst Moritz Manasse, Jahrgang 1908, als seinen Nachfolger vorgeschlagen. Wolfgang Wasow, geboren 1909 und als Sport- und Mathematiklehrer angestellt, unterrichtete später auch Geografie, Physik, Chemie, Französisch, Englisch und sogar die Anfänge der italienischen Sprache, die er selbst erst nach seinem Eintreffen in Italien erlernt hatte. Richard Nahrendorf war diplomierter Werklehrer. Franz Rosenthal, geboren 1914, Hebraist und Orientalist, machte sich später in den USA als Arabist einen Namen. Gabriele Schöpflich war Studentin an der Universität in Florenz und unterrichtete Geschichte und Latein. Marianne Manasse geborene Bernhard, Jahrgang 1911, hatte in Deutschland und Österreich einige Semester Kunstgeschichte studiert. Paolo Tumiati, Sohn einer englischen Mutter und eines italienischen Vaters, hatte gerade die Universität abge-

schlossen, als er 1935 an die Schule kam, um Englisch und italienische Sprache, Literatur und Geschichte zu unterrichten. Einer der Lehrer, Professor
Guido Porzio, Schüler des Lyrikers Giosuè Carducci, wurde später zur literarischen Figur in Giorgio Bassanis Roman *Die Gärten der Finzi Contini*. Thomas Goldstein, der Sohn Moritz Goldsteins, unterrichtete neben der Vorbereitung auf seine Doktorprüfung das Fach Geschichte. Seit Januar 1934
hatte sich auch Moritz Goldstein entschlossen, neben seiner Schulleiter-
funktion die Fächer Deutsch und Judentumskunde zu unterrichten. Werner
Peiser unterrichtete nicht, hatte aber persönlichen Kontakt mit vielen Schülern. Das Ehepaar Peiser nahm gewöhnlich die Mahlzeiten mit den Schülern
und Lehrern zusammen ein, so dass es immer Gelegenheit gab, mit Peiser
ins Gespräch zu kommen; es schien leicht, ihm zu vertrauen, wie sich Manasse erinnert.[41] Diese Aussage lässt eine gewisse Unsicherheit gegenüber Peiser
erkennen. Aus Manasses Erinnerungen wird deutlich, dass beide wenig persönlichen Kontakt miteinander hatten. Er schreibt, dass er erst durch Klaus
Voigts Buch »Zuflucht auf Widerruf« (1989) von Peisers Leben vor der Gründung der Schule erfahren habe. Von Wolfgang Wasow wird Peiser als wenig
herzlich beurteilt.[42]

Moritz Goldsteins Ausscheiden aus dem Landschulheim im Juni 1936 wurde von Wolfgang Wasow ebenso wie von Ernst Moritz Manasse und seiner
späteren Frau Marianne bedauert.[43] Wasow beschreibt Goldstein als einen
gut unterrichteten literarischen Menschen, der wegen seiner Aufrichtigkeit
und Freundlichkeit allgemein beliebt war. Er schreibt, dass man sich einen
größeren Kontrast als den zwischen Goldstein und seinem Nachfolger Kempner nicht vorstellen könne; und auch Manasse beschreibt die veränderte
Atmosphäre in der Schule, die sich in weniger Bereitschaft zu Gesprächen
und in weniger Offenheit äußerte. Unter Goldsteins Leitung hätte eine hu-
manistische Einstellung das Schulleben geprägt. Robert Kempner wird von
Manasse dagegen als moderner Pragmatiker bezeichnet.[44] Manch einer unter
den Lehrern, Schülern und Eltern empfand den Wechsel vom Humanismus
zum Pragmatismus als negativ und machte ihn für das schwindende Gemein-
schaftsgefühl verantwortlich.[45] Manasse beschreibt Kempner als einen Menschen, der Beziehungen eher wie ein Detektiv anging. Wasow bestätigt diese Beobachtung aus eigener Erfahrung. Als er von seinem Verdacht sprach,
Kempner hätte Briefe von ihm geöffnet, gelesen und zitiert, wurde er von
einem Tag auf den anderen entlassen.[46] Durch Frau Leppmann (Ida Orloff)
bekam er jedoch die Möglichkeit, in Bordighera an einer kleinen Montes-
sori-Schule zu unterrichten. Bald danach verließ er auch diese Schule und
ging Ende 1937 an das Alpine Schulheim Vigiljoch in Lana bei Meran. 1937
musste Marianne Manasse die Schule verlassen, nachdem sie Werner Peiser
und Robert Kempner ihre Schwangerschaft mitgeteilt hatte. Die Begründung der Schulleiter lautete, dass den SchülerInnen eine schwangere Lehre-

rin nicht zugemutet werden könne. Ernst Moritz Manasse, der die Entlassung seiner Frau auch als seine eigene auffasste, sah den wirklichen Grund
im Einsparen der Gehälter.[47] Der Herausgeber der *Memories of Landschulheim Florenz* vermutet einen Grund für die Entlassung im großen Einfluss
der römisch-katholischen Kirche. Die Schule habe sehr auf ihr Image achten müssen, da es in Italien z. B. unüblich war, Jungen und Mädchen gemeinsam zu unterrichten. Diese Tatsache konnte von der Kirche als unmoralisch
ausgelegt werden. Aus der Sicht der katholischen Kirche kam noch der jüdische Glaube oder auch eine völlig säkulare Einstellung bei Lehrern und
Schülern erschwerend hinzu.[48] Die beiden Epochen der Schule unter Goldstein und Kempner – so erinnert sich der ehemalige Schüler – seien nicht
nur auf den Wechsel in der Schulleitung, sondern zum Teil auch auf die sich
seit 1936 allmählich verschlechternden politischen Verhältnisse (Äthiopien-
Krieg, Spanischer Bürgerkrieg) zurückzuführen.[49]
Bei den Unsicherheiten der Zeitumstände, den fehlenden beruflichen
Chancen und den hohen Anforderungen, die an LehrerInnen und Schulleiter gestellt wurden, ist es nur zu verständlich, dass es Spannungen innerhalb
des Kollegiums gab. Hinzu kam, dass die Zusammensetzung des Kollegiums
ebenso wie die der Schülerschaft bunt gemischt war und häufig wechselte.
Hier trafen Menschen sehr unterschiedlicher Herkunft aufeinander, mit sehr
verschiedenartigen Hintergründen, Interessen, Ideen und Erwartungen. Vor
allem nach 1936 sahen viele LehrerInnen und SchülerInnen des Landschulheims den Aufenthalt hier als eine Zwischenstation an und planten, von Italien aus weiterzuwandern. Zunächst aber war es allen sicher ähnlich ergan-
gen, wie es Ernst Moritz Manasse in seinen Erinnerungen beschrieben hat.
Er fühlte sich in Italien, wo von Antisemitismus noch nichts zu spüren war,
wie befreit, ließ sich immer wieder von der Schönheit der Stadt und des Landes verführen und stellte seine politische Überzeugung zurück. Eine politische Tätigkeit gegen den Nationalsozialismus oder Kritik an diesem war
von der italienischen Regierung ohnehin strikt untersagt. Doch verließ ihn
später nie ein Gefühl der Scham, wenn er seine politische Kurzsichtigkeit
bedachte.[50]
Durch die Rassengesetze vom September 1938 wurden alle nach 1919 ein-
gereisten Juden gezwungen, Italien bis zum 12. März 1939 zu verlassen. Werner Peiser, der sich zu der Zeit schon in Nizza aufhielt, verließ Frankreich im
Mai 1939 und emigrierte in die USA. Robert M. W. Kempner emigrierte im
September 1939 von Nizza aus über Albanien, Jugoslawien und Palästina
ebenfalls in die USA. Moritz Goldstein und seine Frau, die nach dem Ausscheiden aus dem Landschulheim von 1936 bis 1939 eine Pension in Forte
dei Marmi geführt hatten, konnten mit Hilfe von Alfred Döblin, Goldsteins
früherem Klassenkameraden, am letzten Tag der Frist nach Frankreich ausreisen und von dort aus in Großbritannien einwandern. 1947 emigrierten

auch sie in die USA. Thomas Goldstein hatte, als er 1942 endlich in die USA einreisen konnte, eine überaus komplizierte vierjährige Odyssee hinter sich, die ihn über Norwegen, Schweden, die Sowjetunion, Rumänien, Italien, Spanien, Kuba und die Dominikanische Republik führte. Auch Wolfgang Wasow, Ernst Moritz und Marianne Manasse und Paul Oskar Kristeller emigrierten in die USA. Franz Leppmann ging nach Großbritannien, seine Frau Ida Orloff kehrte nach Deutschland zurück und ließ sich von ihm scheiden. Heinrich Kahane lebte zunächst mit seiner griechischen Frau in Griechenland, und beide emigrierten 1939 in die USA. Paolo Tumiato schloss sich unter dem Namen seiner englischen Mutter der britischen Armee an und starb bei der Landung der Alliierten in Tunesien. Walter Hirsch wurde von den Nationalsozialisten gefangen genommen und umgebracht.

1 Klaus Voigt: *Zuflucht auf Widerruf. Exil in Italien 1933–1945.* Bd. 1 und 2. Stuttgart 1989. Dieses Werk ist unverzichtbar für jeden, der sich mit dem Exil in Italien beschäftigt. Es ist mit seinen vielen Hinweisen und Anregungen Grundlage für diesen Aufsatz. Vgl. auch: Klaus Voigt: »Le scuole dei profughi ebrei in Italia (1933–1943)«. In: *I Landschulheime degli emigrati della Germania, in storia contemporanea*, 19, Nr. 6. Dezember 1988, S. 1153–1188 (zum Landschulheim Florenz, S. 1155–1163). Werner Peiser: *Ein Landschulheim für Naziopfer im faschistischen Italien*. Maschinenschriftliches Manuskript. Institut für Zeitgeschichte, München, S. 2. — **2** *Istituto Fiorenza, Schul- und Berufsausbildung*. Schulprospekt des Landschulheims Florenz. Deutsche Bibliothek, Deutsches Exilarchiv 1933 bis 1945, Frankfurt/M. — **3** Werner Peiser: *Ein Landschulheim für Naziopfer im faschistischen Italien* (s. Anm. 1), S. 2. — **4** Ebd. — **5** Robert M. W. Kempner: *Ankläger einer Epoche*. Berlin 1986, S. 137 f. — **6** *Memories of Landschulheim Florenz 1933 bis 1938.* Compiled by A.W.L.M., assisted by R. M. Janssen. Privately printed and distributed (1997), S. 10. Die Vermittlung dieses Privatdruckes verdanke ich Klaus Voigt, dem ich an dieser Stelle auch für weitere wertvolle Hinweise danke. — **7** Moritz Goldstein: *Journal IV.* Eintrag vom 24. 8. 1933. II AK 85/106–4-. Goldstein-Nachlass, Institut für Zeitungsforschung, Dortmund. — **8** Moritz Goldstein: *Journal IV.* (s. Anm. 7), Eintrag vom 17.10.1933. — **9** Werner Peiser: *Ein Landschulheim für Naziopfer im faschistischen Italien* (s. Anm. 1), S. 2. — **10** Ullrich von Hassell, Deutsche Botschaft in Rom an das Auswärtige Amt, Berlin, Brief vom 15. 11. 1933. Akten: Deutsche Botschaft Rom (Qu), 1357,1. Politisches Archiv des Auswärtigen Amtes, Berlin. — **11** Bruno Stiller, Deutsches Konsulat in Florenz an Deutsche Botschaft in Rom, Brief vom 30.10.1933. Akten: Deutsche Botschaft Rom (Qu), 1357, 1 (s. Anm. 10). — **12** Vgl. Wolfgang Wasow: *Memories of seventy years.* Unveröffentlichtes Manuskript. Deutsche Bibliothek, Deutsches Exil-Archiv 1933 bis 1945, Frankfurt/M., S. 166. — **13** Deutsches Konsulat in Florenz an Deutsche Botschaft in Rom, Brief vom 9. 5. 1934. Akten: Deutsche Botschaft Rom (Qu) 1357,1 (s. Anm. 10). — **14** Ullrich von Hassell, Deutsche Botschaft in Rom an das Auswärtige Amt in Berlin, Brief vom 4.6.1934. Akten: Deutsche Botschaft Rom (Qu) 1357,1 (s. Anm. 10). — **15** Moritz Goldstein: *Journal IV* (s. Anm. 7), Eintrag vom 27.6.1935. — **16** Ders. an Arthur Eloesser, Brief vom 16.12.1936. II AK 85/104–1- Nr. 022. Goldstein Nachlass, Institut für Zeitungsforschung, Dortmund. — **17** Ders.: *Journal IV* (s. Anm. 7), Eintrag vom 6.6.1936. — **18** Robert M. W. Kempner: *Ankläger einer Epoche* (s. Anm. 5),

S. 142. — **19** Ebd., S. 145. — **20** Plessen an das Auswärtige Amt in Berlin. Brief vom
9.12.1937. Akten: Deutsche Botschaft Rom (Qu) 1357,2, (s. Anm. 10). — **21** Ebd. —
22 Deutsches Generalkonsulat in Genua an Deutsche Botschaft in Rom, Brief vom 11.2.
1938. Akten: Deutsche Botschaft Rom (Qu) 1357,2 (s. Anm. 10). — **23** Reichsstelle für
Devisenbewirtschaftung an das Auswärtige Amt in Berlin. Brief vom 11.2.1938. Akten: Deutsche Botschaft Rom (Qu) 1357,2 (s. Anm. 10). — **24** Deutsches Generalkonsulat, Genua an
Deutsche Botschaft in Rom. Brief vom 27.3.1938. Akten: Deutsche Botschaft Rom (Qu)
1357,2 (s. Anm. 10). — **25** Ebd. — **26** Werner Peiser, Robert M. W. Kempner an die Deutsche Botschaft in Rom. Brief vom 13. 6. 1938. Akten: Deutsche Botschaft Rom (Qu) 1357,2
(s. Anm. 10). — **27** Ebd. — **28** Reichs- und Preußisches Wirtschaftsministerium an das
Außenpolitische Amt der NSDAP in Berlin. Brief vom 8.7.1938. Akten: Deutsche Botschaft
in Rom (Qu) 1357,2 (s. Anm. 10). — **29** Werner Peiser: *Ein Landschulheim für Naziopfer*
(s. Anm. 1), S. 5. — **30** Ebd., S. 5. — **31** Wolfgang Wasow: *Memories of seventy years* (s. Anm.
12), S. 199 f. — **32** *Memories of Landschulheim Florenz* (s. Anm. 6), S. 91. — **33** Moritz
Goldstein: *Journal IV* (s. Anm. 7), Eintrag vom 17.9.1938. — **34** *Das Landschulheim Florenz*
(Prospekt), S. 3. Akten: Deutsche Botschaft Rom (Qu) 1357, 2 (s. Anm. 10). — **35** Ebd.,
S. 6. — **36** Robert M. W. Kempner: *Ankläger einer Epoche* (s. Anm. 5), S. 143. — **37** *Das
Landschulheim Florenz* (Prospekt) (s. Anm. 10), S. 10 f. — **38** Ernst Moritz Manasse: *Recollections*. Unveröffentlichtes Manuskript, Manasse-Nachlass. Deutsche Bibliothek, Deutsches
Exilarchiv 1933–1945, S. 10. — **39** Landschulheim Florenz an E. M. Manasse, Brief vom
17.7.1935, Manasse-Nachlass (s. Anm. 38). — **40** Wolfgang Wasow: *Memories of seventy years*
(s. Anm. 12), S. 165, 169. — **41** Ernst Moritz Manasse: *Recollections* (s. Anm. 38), S. 165. —
42 Wolfgang Wasow: *Memories of seventy years* (s. Anm. 12), S. 165. — **43** Ebd., S. 11. —
44 Ebd. — **45** *Memories of Landschulheim Florenz* (s. Anm. 6), S. 46 f. — **46** Wolfgang Wasow:
Memories of seventy years (s. Anm. 12), S. 186 f. — **47** Ernst Moritz Manasse: *Recollections*
(s. Anm. 38), S. 12 f. — **48** *Memories of Landschulheim Florenz* (s. Anm. 6), S. 44 f. —
49 Ebd., S. 46 f. — **50** Ernst Moritz Manasse: *Recollections* (s. Anm. 38), S. 7.

Salome Lienert

Flüchtlingskinder in der Schweiz
Das Schweizer Hilfswerk für Emigrantenkinder 1933 bis 1947

Bereits in den Jahren vor dem Zweiten Weltkrieg verließen in Europa viele Menschen ihre Heimat und lebten im Exil. Die Schweiz praktizierte in jener Zeit eine sehr restriktive Flüchtlingspolitik und wies viele Menschen an der Grenze zurück. 51.100 Zivilflüchtlinge fanden während des Krieges in der Schweiz Zuflucht, darunter befanden sich 10.500 Kinder. 60.000 Kindern wurde für zeitlich begrenzte Erholungsurlaube die Einreise genehmigt.[1] Die Unterstützung der Flüchtlinge war auf privater Basis organisiert und wurde von verschiedenen Hilfswerken geleistet, die sich jeweils für eine bestimmte Gruppe einsetzten.[2] Mehrere waren auf Hilfe für Kinder spezialisiert, so auch das *Schweizer Hilfswerk für Emigrantenkinder* (SHEK). Das SHEK betreute in der Schweiz zwischen 1933 und 1947 rund 10.000 Flüchtlingskinder sowie 5.000 Ferienkinder. Im Folgenden werde ich die Arbeit des SHEK und seine Hilfe für die Flüchtlingskinder in der Schweiz von 1933 bis 1947 genauer betrachten. Es wird speziell der Frage nach der Betreuung der Kinder durch das Hilfswerk nachgegangen und wie sich das Leben der Kinder im Schweizer Exil gestaltete. Schließlich untersuche ich die Frage, ob die Flüchtlingskinder in der Schweiz eine neue Heimat finden konnten.

1. Die Entstehung und Entwicklung des Schweizer Hilfswerks für Emigrantenkinder

Die Not der Emigrantinnen und Emigranten in Paris führte im Juni des Jahres 1933 unter anderem zur Entstehung des *Comité d'aide aux enfants d'émigrés* zur spezifischen Hilfe für Kinder, im Besonderen Kinder der deutschen Emigration. Auf der Suche nach Unterstützungsgeldern wandten sich die Mitglieder des Hilfswerkes an Kontaktpersonen in der Schweiz und gaben damit den Anstoß zur Gründung des *Schweizer Hilfswerks für Emigrantenkinder* (SHEK), welche im Oktober 1933 in der Schweiz erfolgte.[3] Das SHEK war zunächst keine eigenständige Organisation, sondern verstand sich als Sektion des Pariser Hilfswerks.[4] Im April 1934 spaltete es sich von der französischen Organisation ab und wurde zu einem autonomen schweizerischen Hilfswerk.[5] Durch die Werbung des SHEK in Zürich entstanden ab 1934 weitere kantonale und regionale Sektionen. 1935 wurden diese unter einer

Zürcher Dachorganisation zusammengefasst, sie behielten in ihrer Arbeit jedoch weitgehend Autonomie.[6]

Das SHEK hatte in seinen Statuten den Grundsatz der konfessionellen und politischen Neutralität aufgenommen und setzte sich zum Ziel, sich jeweils für die hilf- und schutzlosesten Opfer der Zeit einzusetzen.[7] Diesen Grundsatz haben die Mitarbeitenden des SHEK während all der Jahre seines Bestehens verteidigt und sowohl auf die betreuten Kinder als auch auf die Mitarbeiterinnen und Mitarbeiter angewandt. Sie erachteten es als logische Konsequenz der zeitlichen Umstände, dass der überwiegende Teil der betreuten Kinder jüdischer Herkunft war.[8]

Von Herbst 1933 bis Sommer 1938 war die Arbeit des SHEK vorwiegend auf internationale Hilfe ausgerichtet. Durch das Hilfswerk wurden finanzielle Mittel, Medikamente und andere Hilfsgüter zur Unterstützung des *Comité d'aide aux enfants d'émigrés* in Paris beschafft. Ab 1934 organisierte das SHEK zudem Ferientransporte für deutsche, ab 1935 auch für russische Kinder in die Schweiz. Die Kinder sollten sich während ihres Aufenthalts in einer schweizerischen Familie physisch und psychisch vom Leben in der Emigration erholen können und nach einem Aufenthalt von drei Monaten gestärkt zu ihren Eltern zurückkehren.[9] Ab 1937 weitete das SHEK seine Auslandhilfe auf die Städte Prag und Mailand aus.[10]

Vor dem Krieg befanden sich nur wenige Kinder als Flüchtlinge in der Schweiz. Sie lebten in der Regel mit ihren Eltern und wurden vom SHEK finanziell und materiell unterstützt. Häufig waren es Töchter und Söhne von Flüchtlingen aus Deutschland, die in der Schweiz »politisches Asyl« erhalten hatten. »Politisch« war ein sehr eng definierter Begriff und schloss Menschen, die auf Grund ihrer jüdischen Herkunft verfolgt wurden, aus.[11] Die Zahl der vom SHEK betreuten und unterstützten Kinder stieg bis Mitte 1938 auf rund 60 an.[12] Ab Juli 1938, in Folge des »Anschlusses« Österreichs an Nazi-Deutschland, kamen immer mehr österreichische und deutsche Kinder. Ende 1938 sorgte das SHEK bereits für 222 Kinder, die mit ihren Eltern in die Schweiz gelangt waren.[13] Die Arbeit des SHEK verschob sich immer mehr in die Schweiz, und nach Kriegsausbruch im September 1939 stellte es die Ferientransporte ein.[14] In den ersten Jahren des Krieges nahm die Zahl der Flüchtlinge stark zu, und immer häufiger kamen Kinder auch ohne ihre Eltern über die Grenze. Nach wie vor handelte es sich hauptsächlich um Kinder deutscher und österreichischer Herkunft, die jüdischen Ursprungs waren und meist aus ihrem Heimatland direkt in die Schweiz flohen.

Bis 1942 betreute das SHEK jährlich höchstens ein paar hundert Kinder, welche sich allesamt legal in der Schweiz aufhielten und eine so genannte kantonale Toleranzbewilligung hatten.[15] Die Situation änderte sich mit der zunehmenden Verfolgung der Jüdinnen und Juden in weiten Teilen Europas. Durch die Besetzung des freien Südens Frankreichs durch Nazi-Deutsch-

land wurde eine neue Flüchtlingswelle ausgelöst, die eine große Anzahl ille-
galer Flüchtlinge über die Schweizer Grenze brachte. Es handelte sich dabei
um Menschen, die sich auf ihrer dritten oder gar vierten Flucht befanden
und die aus den verschiedensten Ländern Europas stammten. Die Kinder
kamen mit Eltern, Verwandten, Bekannten oder auch alleine über die Grenze. Die Gemeinsamkeit jener Kinder und Jugendlichen beschränkte sich oft
auf die Flucht in die Schweiz und ihre jüdische Herkunft. Sie kamen aus verschiedenen Ländern, sprachen verschiedene Sprachen und hatten unterschiedliche soziale und kulturelle Hintergründe. Offiziell wurde ein Unterschied zwischen Emigrierten und Flüchtlingen gemacht[16], was jedoch in der
Betreuung der Kinder und Jugendlichen durch das Hilfswerk zu keinerlei
Unterscheidung führte. Rund 31 % der zwischen 1939 und 1945 vom SHEK
betreuten Kinder waren französischer Nationalität, 23 % waren polnischer
und 15 % italienischer Herkunft. 11 % sämtlicher während dieser Jahre betreuten Kinder waren staatenlos, und die restlichen 20 % kamen aus 24 verschiedenen Ländern.[17]

2. Das Leben der Kinder im Schweizer Exil

Für jedes Kind, welches in der Schweiz durch das SHEK betreut wurde,
suchte das Hilfswerk einen Platz, der einerseits den behördlichen Auflagen
entsprach, andererseits für das Kind angebracht schien. So lebten die SHEK-
Kinder zum Teil bei ihren Eltern, in vom SHEK geführten Heimen, bei Pflegefamilien, an Kostplätzen[18], in Heimen und Waisenhäusern anderer Organisationen oder in Sanatorien, bei Verwandten oder Bekannten. Wie die Kinder
untergebracht wurden und wie sie dort betreut wurden, hing stark vom jeweiligen Zeitpunkt, zu welchem sie in die Schweiz gelangten, ab. Diejenigen
Kinder, welche in den 1930er Jahren mit ihren Eltern in die Schweiz gelangten, wurden in der Regel bei ihren Eltern gelassen. Es handelte sich, wie
bereits erwähnt, um eine kleine Gruppe, deren Eltern als politische Flüchtlinge anerkannt worden sind und Asyl erhalten hatten. Die Unterstützung
des SHEK bestand normalerweise darin, Kleider zu organisieren, einen Fe-
rienaufenthalt zu ermöglichen und Ärztinnen oder Ärzte zu suchen. Es war
materielle Hilfe, welche der ganzen Familie dieser Kinder zukam.[19]

In dem seit dem »Anschluss« Österreichs stark ansteigenden Flüchtlings-
strom befanden sich immer mehr Kinder, welche ohne ihre Eltern in die
Schweiz gelangten. Die einzelnen Sektionen des Hilfswerkes gingen dabei
sehr eigenständig vor und entschieden autonom, wie sie die Kinder unter-
brachten. Die Flüchtlinge, welche ab 1942 in großer Zahl illegal in die
Schweiz gelangten, wurden von den Bundesbehörden interniert und in
Lagern und Heimen untergebracht. Da die Bewältigung des Flüchtlings-

stromes für die Behörde eine zu große Belastung darstellte, stützte sie sich auf die Hilfe privater Organisationen. Für die Kinder wurde das SHEK hinzugezogen, und es bekam von den Bundesbehörden am 2. Dezember 1942 »die Sorge für alle alleinstehenden Flüchtlingskinder bis zu sechzehn Jahren anvertraut und erhielt darüber hinaus den Auftrag, alle Schulkinder über sechs Jahre in Schweizer Privatfamilien unterzubringen«.[20] Auch Kinder unter sechs Jahren sollten in Familien untergebracht werden, dies jedoch nur mit ausdrücklicher Erlaubnis der Eltern.[21]

2.1. Die »Lagerbefreiungs«-Aktion

Der Beschluss der Behörden, die Kinder in die Obhut des SHEK zu geben und dieses damit zu beauftragen, sie privat unterzubringen, wurde in der Organisation sehr begrüßt. Die Mitarbeiterinnen und Mitarbeiter des Hilfswerkes erachteten das Leben in einer »normalen« Familie für die Entwicklung der Kinder als förderlicher als das Leben in den Flüchtlingsheimen, selbst wenn sie dort mit ihren Müttern zusammen sein konnten.[22] Die ehemalige Leiterin des SHEK schrieb nachträglich über diese Aktion, die von den Mitarbeitenden des SHEK »Lagerbefreiung« genannt wurde: »Wir dachten uns, dass es ein großes Maß von Liebe und Geduld brauchen würde, um diese Menschlein an ein geordnetes Leben zu gewöhnen, sie zurückzuführen von der Flucht vor dem Krieg, vom Rennen um das nackte Leben, in ein unbeschwertes Kinderdasein.«[23] Diese Überzeugung gab dem SHEK die Sicherheit, dass nicht nur allein stehende Kinder in Familien untergebracht werden sollten, sondern auch Kinder, die mit ihren Eltern in der Schweiz waren. »Diese Trennung von Mutter und Kind erfolgte nach reiflicher Abwägung der Polizeiabteilung und des Comités unter Voranstellung des Interesses der Kinder, die in der Emigration psychisch und auch erzieherisch stark gelitten haben.«[24] Zweifel an dem Vorgehen gab es innerhalb des Hilfswerkes 1942 nicht. Die Mitglieder der verschiedenen Sektionen leisteten einen großen Einsatz, um alle Kinder ausfindig zu machen und diese außerhalb der Erwachsenenlager unterzubringen. »An Hand von Fragebogen (wurde) das bisherige Schicksal der Kinder erforscht«, und es wurde festgestellt, »auf welche Weise am besten zu helfen war.«[25] Die Arbeitslast des SHEK nahm durch die »Lagerbefreiungs«-Aktion stark zu. Innerhalb von sechs Monaten holte das SHEK 1.350 Kinder aus den Erwachsenenlagern, Ende 1943 waren es bereits 2.000 Kinder. Im April 1944 lebten 2.455 Flüchtlingskinder in fremden Familien.[26]

Die Trennung von Eltern und Kindern war menschlich wie rechtlich problematisch.[27] Während das SHEK geschlossen hinter dieser Aktion stand und sie auch vonseiten des *Schweizerischen Israelitischen Gemeindebundes* (SIG) befürwortet wurde[28], kam von verschiedenen anderen Seiten Widerspruch. Gegen die getrennte Unterbringung der Familien protestierten Vertreterinnen und Vertreter von verschiedenen Hilfswerken und versuchten, durch Interventionen bei den Behörden familienfreundliche Unterkünfte zu erreichen.[29] Auch das *Israelitische Wochenblatt* kritisierte die Trennung und bezeichnete sie als »im Namen der Menschlichkeit begangene Unmenschlichkeit.«[30] Für die Kinder selbst war die Situation oft schwierig, da sie die erste Trennung von ihren Eltern bedeutete.[31] Mit der Zeit wurden auch beim SHEK vermehrt Zweifel gegenüber der »Lagerbefreiung« geäußert. Nicht nur schien es plötzlich als »das anormalste, dass man ein Kind von seiner Mutter trennt«.[32] Durch die andauernde Vermittlungsarbeit zwischen Pflegeeltern und Eltern und die unverkennbaren Schmerzen, welche die Trennung den Beteiligten zufügte, wurde die Frage nun grundlegend diskutiert und die Kinder nicht mehr kategorisch von den Eltern getrennt.[33] Wurden die Eltern »liberiert«, das heißt aus den Lagern entlassen, so wurden die Kinder umgehend zurückgegeben.[34]

In der Betreuung der Kinder folgten die Mitarbeiterinnen und Mitarbeiter des SHEK streng dem Grundsatz des Hilfswerkes, alle Kinder in Not gleich welcher Herkunft zu unterstützen. Dabei war die Unabhängigkeit der einzelnen Sektionen sowie die Einmaligkeit jedes einzelnen Schicksals von großer Bedeutung. Durch die dezentrale Organisation gab es kein einheitliches Betreuungskonzept, jedoch richteten sich alle Sektionen nach denselben Grundsätzen. Jede Sektion fand ihre eigenen Möglichkeiten, die Kinder zu unterstützen, sei es durch einen Tageshort, Zwischenmahlzeiten, Ferienkolonien, Betreuung in Familien und Heimen oder die Organisation einer eigenen Schule.[35] Außerdem wurde bei jedem Kind einzeln geprüft, welche Hilfe es benötigte, welche Art der Betreuung und welche Unterkunft am besten geeignet schienen. Es wurde versucht, jedes Kind und jeden Jugendlichen so individuell wie möglich zu betreuen und auf ihre psychische Verfassung einzugehen.[36] Die Mitarbeiterinnen und Mitarbeiter des SHEK waren aber mehrheitlich nicht für die Betreuung von Kindern, schon gar nicht von Flüchtlingskindern, geschult. Die Betreuung der Kinder wurde zwar dezentral durch die Sektionen geführt, organisatorisch behielt aber die Zentralstelle mittels einer Kartei den Überblick über die Flüchtlinge. Jedes Kind hatte eine Karte, auf der die genauen Angaben zu Identität, Adressen der Eltern, Unterbringungsort in der Schweiz, Ein- und Ausreise sowie zu den Papieren angegeben waren.[37] Für die Heimkinder wurde ab 1944 zudem eine »Sanitarische Karte« eingeführt, ein Ausweis mit Informationen über die körperliche Verfassung, der als Kontrolle über die gesamte Entwicklung des Kindes diente.[38]

2.2. Pflegefamilien

Die Familien, welche die Kinder in der Schweiz aufnahmen, wurden einerseits durch Aufrufe in der Presse und persönliche Kontakte der SHEK-Mit-

glieder gefunden. Andererseits gab es immer wieder spontane Solidaritäts-
bewegungen in der Bevölkerung, was zu vielen neuen Angeboten an Pflege-
plätzen führte.[39] Die Freiplätze wurden unter den verschiedenen Hilfswerken
auch ausgetauscht und weitergegeben. So suchten besonders die jüdischen
Organisationen Familien, welche jüdische SHEK-Kinder aufnehmen konnten. Die Familien wurden jeweils von den Hilfswerken auf ihre Eignung
geprüft.[40] Vertreterinnen und Vertreter des SHEK, befreundeter Organisationen oder der örtliche Pfarrer besuchten die Familien und gaben dann ihre
Einschätzung des Pflegeplatzes ab.[41] Die Familien mussten sich verpflichten,
die Kinder für mindestens sechs Monate aufzunehmen.[42] Wurde eine Familie als Pflegefamilie akzeptiert, wurde mittels der erhobenen Fragebogen ein
Kind zugeteilt. Sobald ein passender Freiplatz für ein Kind gefunden war,
wurde dies dem Zentralsekretariat mitgeteilt.[43] Die Familien erhielten jeweils einen Brief, in welchem sie über verschiedene Aufgaben wie Kontakt
zu den Eltern, Beschaffung der Kleider und Anmelden in der öffentlichen
Schule informiert und darauf hingewiesen wurden, die religiöse Einstellung
des Kindes zu respektieren.[44] Zwei Wochen nach Ankunft des Kindes in seiner Pflegefamilie fand ein erster Kontrollbesuch durch Mitarbeitende des
Hilfswerkes statt, die Besuche wurden in Abständen von zwei bis drei Monaten wiederholt.[45] Über diese Besuche wurde in der Regel kein Bericht
geschrieben. Nur bei Schwierigkeiten wurden die einzelnen Fälle in den
Sitzungen der Sektionen besprochen und eventuell das Zentralsekretariat
hinzugezogen.

Die Pflegefamilien kamen für den Unterhalt der ihnen anvertrauten Kinder und Jugendlichen selbst auf, wodurch sie einen großen finanziellen Beitrag an die Flüchtlingshilfe leisteten.[46] Von dieser materiellen Hilfe abgesehen
hatten die Familien eine wichtige Aufgabe in der Betreuung und Erziehung
der Kinder. Einige Kinder blieben nur kurz und kamen dann entweder zu
ihren »liberierten« Eltern, in eine andere Familie, ein Heim oder reisten aus.
Andere blieben zehn Jahre in der gleichen Familie. Durch die Unterbringung
der Kinder in schweizerischen Pflegefamilien fand auch eine gewisse Integration statt. Sie lernten die Sprache und die Traditionen des Landes und
wuchsen mit ihren schweizerischen Pflegegeschwistern auf.

2.3. Heimunterbringung

Jene Kinder, die nicht in Pflegefamilien untergebracht werden konnten, wurden in Heime gebracht. Die Gründe für eine Heimunterbringung waren
unterschiedlich: Zum einen waren es behördliche Bestimmungen, zum anderen waren nicht immer genügend passende Freiplätze vorhanden. Manche
Kinder kamen nur vorübergehend in ein Heim, bis eine Familie gefunden
wurde, andere verbrachten ihren gesamten Aufenthalt in der Schweiz in Heimen. Besonders bei den orthodoxen jüdischen Kindern wurde oft eine Heim-

unterbringung der Unterbringung in einer Familie vorgezogen, da nicht genügend Freiplätze bei jüdischen Familien vorhanden waren. Außerdem gab es immer Kinder, die einer speziellen Betreuung bedurften und entweder in Sanatorien oder psychiatrischer Pflege unterkamen oder, weil sie als »nicht familientauglich« eingestuft wurden, in Heime gebracht wurden.

Die durch das SHEK geführten Heime waren normalerweise der Aufsicht der einzelnen Sektionen unterstellt. Es gab Heime für Knaben, solche für Mädchen und »gemischte« Heime; Heime, die koscher geführt wurden, und andere zur Vorbereitung der Auswanderung nach Palästina; Heime für psychisch kranke Kinder und solche für »schwierige« Kinder.[47] So unterschiedlich die Heime waren, so unterschiedlich wurden sie auch geführt. Die meisten Heimleitungen hatten keine Ausbildung in der Betreuung der Kinder. Einige waren ausgebildete Pädagoginnen und Pädagogen oder hatten bereits als Heimeltern gearbeitet, die meisten jedoch kamen unvorbereitet zu dieser Aufgabe. Manche waren den Anforderungen daher auch nicht gewachsen und konnten den Kindern nur wenig Stabilität bieten. Andere wiederum wurden zur »Tante« oder gar »maman de guerre« und waren mit den Kindern familiär verbunden.[48] Wie die Kinder selbst ihren Aufenthalt in den Heimen empfanden, war daher stark von der Beziehung zu den betreuenden Erwachsenen sowie von ihrer persönlichen Geschichte abhängig. Nicht alle fanden in Heimen ein Zuhause, viele vermissten die familiären Strukturen.[49]

Im Frühjahr 1944 entschloss sich das SHEK, eine *Zentrale Heimkommission* zu gründen, um die Organisation der verschiedenen Heime koordinieren zu können. Die zum Teil sehr unterschiedlich geführten Heime sollten durch bessere Kontrolle der Heimführung und der Betreuungsarbeit stärker vereinheitlicht werden.[50] Der Ausschlag für diese Entwicklung lag einerseits in der engeren Zusammenarbeit mit der Kinderhilfe des Schweizerischen Roten Kreuzes (SRK, Kh), andererseits in der steigenden Anzahl von Heimen und deren uneinheitlichen Budgets. Die Heime sollten weniger Kosten verursachen und an den Standard der SRK, Kh angepasst werden. Die regelmäßigen Besuche eines Pädagogen, einer Fürsorgerin, einer Vertrauensärztin des SHEK und verschiedener Religionslehrer sollten die Vereinheitlichung fördern. Über die Kontrollbesuche in den Heimen wurden Berichte verfasst, die auf die Situation in der Gruppe und der einzelnen Kinder eingingen und den betroffenen Sektionen sowie der Zentralstelle vorgelegt wurden. Außerdem wurde im Oktober 1944 zum ersten Mal eine Heimleitertagung durchgeführt, die dem Austausch zwischen den verschiedenen Heimleitungen diente. Zusätzlich wurden zweimonatige Kurse zur Einführung in die Arbeit in Heimen durchgeführt, um die Mitarbeiterinnen und Mitarbeiter zu schulen.[51] 1945 verfügte das SHEK über rund 26 Heime, die es alleine oder mit andern Organisationen zusammen führte und finanzierte.

Jene Kinder, die ihre Eltern oder Verwandten in der Schweiz hatten, durften nach einem strengen Urlaubsreglement mit diesen zusammenkommen. Das SHEK versuchte, die Urlaube und Besuche zu regeln, und die Zentralstelle entschied einstimmig, Zusammentreffen nur alle drei Monate für je drei Tage zu bewilligen.[52] In einer Besprechung mit dem Chef der Zentralleitung der Arbeitslager wurde zu dieser Entscheidung Folgendes gesagt: »Es (hat) sich gezeigt, dass sich öftere Besuche der Eltern bei den Kindern sehr nachteilig auswirken. Einerseits (wird) durch den öfters bereiteten Trennungsschmerz der Prozess der seelischen und körperlichen Gesundung, und ebenso die Erziehung zu Ordnung, Ruhe und Disziplin erheblich gestört, und andererseits (werden) die Pflegeeltern einer Überbeanspruchung ausgesetzt. – Für die Eltern (wird) dieser Entscheid, diese Beschränkung der Besuche, sehr hart sein, doch (ist) er im Interesse der Kinder unbedingt notwendig.«[53] Die Kinder sollten durch diese Regelung zur Ruhe kommen und die Pflegeeltern vor übermäßigem Eingreifen in die Erziehungsarbeit durch die Eltern geschützt werden.[54] Grundsätzlich sollten sich die Eltern und ihre Kinder in eigens dafür eingerichteten Urlaubsheimen treffen und nicht bei den Pflegefamilien, in den Erwachsenenlagern oder den Kinderheimen.[55] Ausnahmen wurden nur gemacht, wenn beide Elternteile sich im selben Heim aufhielten oder in Fällen von Krankheit. Die Durchsetzung dieser Urlaubsregelung erwies sich als äußerst schwierig. Obwohl das SHEK mit der Zentralleitung der Heime und Lager übereinkam, dass Eltern und Kinder möglichst weit voneinander untergebracht werden sollten, um eine konsequente Durchführung der Besuchsvorschriften zu ermöglichen[56], wurde die Regelung von den Betroffenen nur mäßig befolgt. Die erwachsenen Flüchtlinge wurden in den Lagern alle sechs Wochen beurlaubt und hätten somit mehr Zeit gehabt, ihre Kinder zu sehen, als ihnen zugestanden wurde. Viele Eltern versuchten, ihre Kinder häufiger zu sehen, und kämpften um Erlaubnis, diese zu besuchen.[57] Eltern besuchten ihre Kinder auch in den Heimen und wurden dort von der Heimleitung oft entgegen den bestehenden Bestimmungen empfangen.[58] Die Tatsache, dass die Kinder von ihren Eltern getrennt waren und sie nur selten sehen konnten, obwohl sie sich in der Nähe befanden, hatte für viele Kinder einen starken Einfluss auf das tägliche Leben.[59]

2.4. Religiöse Betreuung

Fast 90 % der vom SHEK betreuten Kinder und Jugendlichen waren jüdischer Herkunft. Die Freiplätze in jüdischen Familien, die gefunden werden konnten, standen in keinem Verhältnis zu den benötigten. Somit ergab sich seit Beginn der Tätigkeit des SHEK die Diskussion, ob jüdische Kinder auch in christlichen Familien untergebracht werden durften. Die Kinder und Jugendlichen sollten im Glauben und in den Traditionen ihrer Eltern erzogen werden. Es wurde stets darauf geachtet, dass orthodoxe Kinder entweder in orthodoxe Familien oder in orthodox geführte Heime kamen. Das SHEK versuchte, nach den Grundsätzen der Neutralität zu handeln, und sein oberstes Ziel war es, Kindern in Not zu helfen. Dies führte zu der Überzeugung, dass ein jüdisches Kind auch in einer christlichen Familie untergebracht werden sollte, denn schließlich ging es primär darum, dem Kind zu helfen. Die religiöse Betreuung der Kinder und Jugendlichen war für die Mitarbeiterinnen und Mitarbeiter des SHEK sehr wichtig. Um eine gute Erholung und Erziehung der Kinder zu ermöglichen, sorgten sie sich nicht nur um die physische Verfassung der Kinder, sondern auch um die psychische. In den Heimen wurde die religiöse Erziehung zum Teil durch die jüdische Leitung selbst übernommen. Kinder, welche in jüdischem Umfeld oder in Nähe einer jüdischen Gemeinde untergebracht waren, wurden durch diese betreut. Besondere Beachtung wurde den jüdischen Kindern, welche in christlichem Umfeld lebten, entgegengebracht. Die meisten von ihnen lebten mit der Zustimmung ihrer Eltern in einer christlichen Familie.[60] Trotzdem blieb dies einer der Streitpunkte innerhalb der jüdischen Gemeinschaft in der Schweiz und zwischen dem SHEK und den jüdischen Organisationen. Zur religiösen Betreuung und Erziehung der in Heimen und christlichen Familien untergebrachten Kinder wurden die jüdischen Hilfswerke, namentlich der *Verband Schweizerischer Jüdischer Flüchtlingshilfe* (VSJF), hinzugezogen. 1943 wurde im VSJF eine neue Abteilung geschaffen, die *Abteilung für religiöse Betreuung der Kinder* (RBK), welche die religiöse Betreuung der SHEK-Kinder übernahm. In den größeren Gemeinden fand die religiöse Betreuung in den bestehenden Religionsschulen statt, ansonsten durch Wanderlehrer.[61] Durch regelmäßige Besuche bei den Pflegefamilien und getrennte Gespräche mit den Kindern und den Pflegeeltern war eine gewisse Kontrolle der dortigen Verhältnisse gesichert.[62]

2.5. Schulbesuch und Berufsausbildung

Viele der dem SHEK unterstellten Flüchtlingskinder hatten durch die Flucht sehr große Rückstände in ihrer schulischen Bildung. Viele mussten wegen ihrer Flucht alle paar Monate die Schule wechseln, andere konnten jahrelang überhaupt keine Schule besuchen. Das SHEK maß im Hinblick auf eine weitere Emigration der Ausbildung der Kinder eine große Bedeutung bei. Die Flüchtlinge sollten schulisch und später auch beruflich auf das Leben in ihrem neuen Heimatland vorbereitet werden.

Die jüngeren Kinder wurden in die öffentlichen Schulen eingegliedert. Dies wurde von den kantonalen Schulbehörden normalerweise ohne Probleme gestattet, und auf die Schulgebühren für die Flüchtlingskinder wurde zumeist verzichtet.[63] Für die Älteren wurden entweder in den Heimen Unterrichtsstunden eingeführt oder sie durften in selteneren Fällen eine weiterführende Schule besuchen. In der Regel wurde auf eine handwerkliche Ausbildung gedrängt und eine höhere schulische Ausbildung nur in Ausnahmen erlaubt. Die Kinder sollten neben Allgemeinbildung vor allem Sprachen erlernen, die ihnen in ihrer zukünftigen Heimat hilfreich sein konnten; dazu gehörten Hebräisch, Englisch und Spanisch.

Neben dem theoretischen Unterricht wurde auf eine praktische Ausbildung Wert gelegt. Die älteren Jugendlichen sollten einen Beruf erlernen, der ihnen eine Selbstständigkeit ermöglichte und den sie später in ihrer neuen Heimat zum Aufbau eines geregelten Lebens brauchen könnten. Diese Haltung des SHEK führte zu Schwierigkeiten mit den Behörden, da bis 1941 jede Tätigkeit, die an Berufsausübung grenzte, verboten war. Manche Sektionen machten trotzdem den Versuch, die schulentlassenen Kinder auf Bauernhöfen oder bei Handwerkern in der Umgebung unterweisen zu lassen.[64] Ende 1941 setzte sich bei dem Bundesrat die Überzeugung durch, dass die Kinder, die während des Krieges in der Schweiz festsaßen, ihre Emigrationschancen mit einer Berufsausbildung erhöhen könnten.[65] Nach Verhandlungen zwischen der Kinderhilfe und den Behörden wurde es den Flüchtlingskindern zwischen 15 und 21 Jahren erlaubt, eine Berufslehre zu absolvieren. Der so genannte Lehrstellenerlass führte dazu, dass das SHEK freie Lehrstellen für die Jugendlichen finden musste. Dies erforderte besonders bei den orthodoxen Jugendlichen einen großen Einsatz, da sie Stellen benötigten, für welche sie samstags nicht verpflichtet waren zu arbeiten. Die Ausübung des Berufes in der Schweiz nach Abschluss der Berufslehre blieb jedoch nach wie vor untersagt.[66]

Die Ausbildung der Mädchen wurde lange Zeit vernachlässigt.[67] Die jüngeren Mädchen besuchten zwar wie die Knaben die öffentlichen Schulen oder Heimschulen, die älteren wurden aber ausschließlich im Haushalt unterrichtet. Zwar wurde bereits auf der Delegiertenversammlung des SHEK 1941 Bedauern darüber geäußert, dass für die Mädchen außer dem Erlernen des Haushaltes keine andere Möglichkeit für eine Berufslehre bestand, man ging beim SHEK aber davon aus, dass ein Gesuch um eine entsprechende Erlaubnis bei den Behörden auf Ablehnung stoßen würde, da dies zu diesem Zeitpunkt noch nicht einmal den Knaben gestattet war.[68] Ein Jahr später wurde zwar beschlossen, dass für Mädchen, die bereits eine Haushaltslehre gemacht hatten, die Bewilligung für eine handwerkliche Ausbildung erlangt werden sollte.[69] Aber erst im Jahre 1944 wurde dem Wunsch der Flüchtlingsmädchen nach einer Ausbildung außerhalb des Hauses entsprochen.[70] In der Folge durften auch sie eine Berufslehre machen. Das Angebot beschränkte sich auf traditionell weibliche Berufe im Bereich der Kinderpflege, Textilverarbeitung und Fürsorge.[71] Oft fanden diese Ausbildungen in Berufsschulen des jüdischen Hilfswerkes *Organisation, Reconstruction, Travail* (ORT) statt, welche teilweise in SHEK-Heimen eingerichtet wurden.[72]

3. Das Ende des Schweizer Exils

Die Schweiz betrachtete sich selbst als Transitland und war darauf bedacht, dass die Flüchtlinge das Land baldmöglichst wieder verließen. Es bestand für alle Flüchtlinge eine Weiterwanderungspflicht. Während des Krieges war die so genannte Weiterwanderung praktisch unmöglich, trotzdem hielt der Bundesrat bis 1947 an dem im Jahre 1933 aufgestellten Grundsatz, wonach die Schweiz ein Durchgangsland sei, fest.[73] Für das SHEK bedeutete dies, dass es einerseits die ihm unterstellten Flüchtlingskinder durch schulische und berufliche Ausbildung auf eine Weiterwanderung vorbereitete, andererseits dass es nach Möglichkeiten für eine Ausreise suchte. Bis zum Kriegsbeginn 1939 reisten ungefähr 190 SHEK-Kinder wieder aus der Schweiz aus.[74] Die meisten von ihnen reisten zu ihren Eltern oder zu Verwandten.[75] Während des Krieges reisten nur ganz wenige Flüchtlingskinder aus, und erst 1944 begann sich das SHEK wieder aktiv um die Weiterwanderung der Kinder zu kümmern.

3.1. Weiterwanderung

Bereits im Sommer 1944 begannen die Ausreisen aus der Schweiz wieder zuzunehmen. Als Erstes verließen jene Kinder die Schweiz, die in ihre Heimat oder in ihr vorhergehendes Exilland zurückwanderten. Kinder, die mit ihren Eltern in der Schweiz waren, reisten gewöhnlich auch mit ihnen weiter, und die Organisation der Auswanderung unterlag somit nicht der Verantwortung des SHEK.[76] Grundsätzlich wollte man vonseiten des SHEK die Familien gemeinsam ausreisen lassen und nicht trennen.[77] Jedoch blieben in manchen Fällen die Kinder noch in der Schweiz zurück und reisten den Eltern erst später nach.

Man ging im SHEK davon aus, dass die Weiterwanderung der Flüchtlinge nicht einheitlich organisiert werden konnte, sondern dass man jeden Fall einzeln beurteilen und Wünsche der Einzelnen unbedingt berücksichtigen musste.[78] Um ein Bild von der Situation jedes einzelnen Kindes zu erhalten, führte das SHEK eine Fragebogenaktion durch, bei welcher es vorerst jedes Kind, das sich alleine in der Schweiz aufhielt oder dessen Eltern es noch auf unbestimmte Zeit alleine in der Schweiz lassen wollten, über seine Situation befragte. Kinder, die mit ihren Eltern in der Schweiz waren, wurden normalerweise auf deren Fragebogen erfasst. Der »Fragebogen zwecks Wiedervereinigung von Familien, bezw. Rück- oder Weiterwanderung nach Kriegsende« wurde im Juni 1944 eingeführt.[79] Im September 1944 hatten die Mitarbeiterinnen und Mitarbeiter des SHEK bereits 483 ausgefüllte Bogen[80], im März 1945 waren insgesamt 1.350 Kinder befragt worden.[81] Die ausgefüllten Bogen gaben Auskunft über die Identität des Kindes, frühere und aktuelle Adressen, Schulbesuch, Gesundheitszustand, besondere Merkmale,

Eltern, Geschwister, Angehörige und mögliche Auswanderungsziele.[82] Das SHEK gründete außerdem eine »Kommission für Nachkriegsfragen«, in welcher verschiedene Organisationen vertreten waren. Die Zusammenarbeit mit anderen Hilfswerken war sehr eng und betraf die unterschiedlichsten Anliegen im Zusammenhang mit der Auswanderung der Kinder, von der Suche nach Eltern und Verwandten, über Beschaffung von Papieren bis zur Finanzierung der Reise.[83] Bei Kindern, welche sich ohne Kontakt zu ihren Eltern in der Schweiz befanden, wurde beschlossen, nach einem eventuellen Waffenstillstand sechs Monate zu warten, ob sich die Eltern noch meldeten und erst dann Pläne für eine Weiterreise der Kinder zu machen.[84] Kinder, die die Schweiz mit ihren Eltern zusammen verließen, wurden zwei Tage vor der Ausreise mit diesen zusammengeführt.[85]

Wie auch bei den erwachsenen Flüchtlingen lag bei den Kindern und Jugendlichen der Hauptanteil der Auswanderungs- und Rückwanderungsländer in Europa.[86] Das SHEK unterschied bei seinen Erhebungen zwischen Kindern, welche *zurück*reisten, und solchen, die *weiter*reisten. Von den bis Ende 1947 ausgewanderten SHEK-Kindern reisten gemäß dieser Definition 83 % zurück und nur 17 % weiter.[87] Ausländerinnen und Ausländern, die sich vor dem Krieg in Holland, Belgien oder Frankreich niedergelassen hatten, sicherten diese Staaten die Rückkehr zu.[88] Oft bedeutete *zurück* daher nicht in das angestammte Heimatland, sondern in jenes Land, in welchem sie vor der Flucht in die Schweiz gelebt hatten. Für 61 % der Rückwandernden bedeutete dies Frankreich, für 16 % Italien und 10 % gingen nach Belgien. Die übrigen 13 % reisten in verschiedene europäische Staaten zurück. 70 % derjenigen, die weiterwanderten, reisten nach Palästina aus, 27 % in die USA, die restlichen 3 % emigrierten in verschiedene außereuropäische Länder.[89]

3.2. Dauerasyl

»Dass unsere Schützlinge aufbrechen müssen, ist klar. Sie müssen dies nicht nur, weil die Schweiz sich von Anfang an als Transitland erklärte, sondern auch in weiser Voraussicht künftiger, sich ändernder wirtschaftlicher Verhältnisse.«[90] Dies schrieb das SHEK 1946 in seinem Tätigkeitsbericht. Der größte Teil der Kinder sollte die Schweiz also wieder verlassen. Ein allgemeines Dauerasyl für die sich in der Schweiz aufhaltenden Flüchtlinge wurde nach 1945 nicht eingeführt[91], und es wurde grundsätzlich an der Wiederausreisepflicht festgehalten.[92] Trotzdem stellte man sich beim SHEK bereits 1944 die Frage, ob nicht gewisse Kinder für immer in der Schweiz bleiben könnten.[93] Diese Möglichkeit bestand jedoch erst nach einem Beschluss der Schweizer Regierung, dem Bundesratsbeschluss vom 7. März 1947, welcher das Dauerasyl schaffte. Das Dauerasyl ermöglichte Alten, Kranken und Jugendlichen sowie »besonders verdienstvollen« Persönlichkeiten den Verbleib in der Schweiz.[94] Von den Kindern hatten diejenigen Anspruch auf Dauerasyl, die jünger als 16 Jahre waren, die keine Verwandten mehr hatten und die in einer schweizerischen Familie dauernde Aufnahme gefunden hatten. Außerdem durften sie nicht einer Gruppe angehören, mit welcher sie gemeinsam ausreisen konnten.[95]

Das SHEK wollte für rund 50 Kinder einen Antrag auf Dauerasyl stellen, darunter einige wenige, die in die Kategorie »Kranke« fielen. Die Verantwortlichen wollten jedoch nur Kinder in der Schweiz behalten, bei welchen die Assimilation so weit fortgeschritten war, dass »man sie ohne grossen Schaden auszurichten nicht mehr aus ihrem jetzigen Milieu nehmen« konnte.[96] Sehr wichtig war den Mitarbeiterinnen und Mitarbeitern des SHEK vor allem, dass für diese Kinder die Aussicht auf eine spätere Einbürgerung in die Schweiz bestand. Sie waren überzeugt, dass nur so die Zukunft der Kinder und Jugendlichen in der Schweiz sicher sein konnte.[97] Da kantonal geregelte Einbürgerungsbestimmungen sehr streng waren, wandte sich das SHEK direkt an die Behörden, um eine Erleichterung der Einbürgerung zu erreichen. Heinrich Rothmund, Chef der Polizeiabteilung des Eidgenössischen Justiz- und Polizeidepartements, setzte sich persönlich dafür ein und sprach bei verschiedenen Kantonen zugunsten einzelner Kinder vor.[98] Weiter sollten einige Kinder bei ihren Verwandten in der Schweiz bleiben[99], und für ungefähr zwölf Kinder wurde eine Adoption durch ihre Pflegeeltern beantragt. Dies war nicht weiter problematisch, da die Kinder bereits seit vielen Jahren von diesen betreut wurden. Einziges Problem für das SHEK war dabei, dass eine Adoption nicht gleichzeitig eine Einbürgerung mit sich brachte. Diese wurde unabhängig von der Adoption weiterverfolgt und normalerweise auch erreicht.[100]

Bis 1952 hatten von 37 effektiv gestellten Gesuchen neun Kinder das Dauerasyl erhalten und zehn eine normale Aufenthaltsbewilligung. Sieben dieser zehn waren inzwischen eingebürgert worden. 24 warteten noch immer auf den Ablauf der Frist, um sich einbürgern lassen zu können.[101] So blieb von den rund 10.000 Kindern, welche von 1933 bis 1947 vom SHEK in der Schweiz betreut wurden, nur ein kleiner Bruchteil in der Schweiz, um hier eine neue Heimat zu finden und eine Zukunft aufzubauen. Aber für viele der Kinder, die die Kriegsjahre in der Schweiz verbracht hatten, blieb eine enge Bindung an dieses Land bestehen. Manche unter ihnen wurden nach dem Kriegsende von ihren ehemaligen Pflegeeltern zu Erholungsurlauben in die Schweiz eingeladen.[102]

Ende 1947 stellte das Hilfswerk seine Arbeit ein. Es erachtete seine Aufgabe als beendet und übergab die restlichen Kinder an verschiedene Organisationen. Während der 14 Jahre seines Bestehens hatte das SHEK an die 10.000 Flüchtlingskinder aus über 20 Nationen betreut. Das SHEK war damit ein kleines Hilfswerk, jedoch keinesfalls ein unbedeutendes. Seine neu-

trale Grundhaltung machte es für die verschiedensten Organisationen sowie
für die Schweizer Behörden zu einem geeigneten Partner in der Arbeit mit
den Flüchtlingskindern. Die Zusammenarbeit mit den Behörden führte
jedoch auch zu der wohl problematischsten Aktion in der Geschichte des
SHEK, der »Lagerbefreiung«.

Die Betreuung der dem SHEK unterstellten Kinder fand auf sehr unterschiedliche Art und Weise statt, von der Unterbringung in Pflegefamilien bis
zu Heimen, von materieller zu psychologischer und medizinischer Unterstützung. Durch die dezentrale Führung des Hilfswerkes können gemeinsame Betreuungskonzepte nur im Grundsatz festgestellt werden. Kindern in
Not, unabhängig von ihrer Herkunft und ihrem Glauben, wurde geholfen
und dabei jedes Kind möglichst individuell betreut. Für einige Kinder war
der Aufenthalt in der Schweiz durch die Trennung von den Eltern und die
häufigen Wechsel des Unterkunftsortes eher traumatisch. Vielen Kindern
konnte das SHEK in den Jahren seines Bestehens aber helfen, wenigstens
vorübergehend in der Schweiz ein Zuhause zu finden.

1 Unabhängige Expertenkommission Schweiz – Zweiter Weltkrieg (UEK): *Die Schweiz und
die Flüchtlinge zur Zeit des Nationalsozialismus.* Bd. 17. Zürich 2001, S. 35 f., 343. — 2 Jonas
Arnold: *Vom Transitprinzip zum Dauerasyl: Die Schweizerische Flüchtlingshilfe 1933–1951.*
Unveröffentlichte Lizentiatarbeit. Universität Fribourg 1997, S. 9. — 3 Antonia Schmidlin:
Eine andere Schweiz. Helferinnen, Kriegskinder und humanitäre Politik 1933–1942. Zürich
1999, S. 26. — 4 Protokoll. 3. Oktober 1934. Schweizer Bundesarchiv (BAR), J II. 55,
1970/95,1. — 5 Protokoll. 23. Februar 1934. BAR, J II. 55, 1970/95, 1. Nettie Sutro: *Jugend
auf der Flucht.* Zürich 1952, S. 24. — 6 Statuten des *Comité suisse d'aide aux émigrés.* 4. Januar 1935. BAR, J II. 55, 1970/95,1. — 7 Ebd. — 8 Antonia Schmidlin: *Eine andere Schweiz*
(s. Anm. 3), S. 36. Das SHEK betreute Kinder und Jugendliche. Der Einfachheit halber wird
hier größtenteils nur der Ausdruck »Kinder« verwendet. — 9 Ebd., S. 33 f. — 10 Nettie
Sutro: *Jugend auf der Flucht* (s. Anm. 5), S. 57 ff. — 11 Von 1933 bis 1945 erkannte die
Schweiz nur 644 politische Flüchtlinge an. UEK: *Die Schweiz und die Flüchtlinge* (s. Anm. 1),
S. 34 ff., 172 f. — 12 1. bis 3. Tätigkeitsbericht der Zentralstelle. 1936–1938. BAR, J II. 55,
1970/95,1. — 13 3. Tätigkeitsbericht der Zentralstelle. 1938. BAR, J II. 55, 1970/95,1. —
14 Antonia Schmidlin: *Eine andere Schweiz* (s. Anm. 3), S. 36 f. — 15 UEK: *Die Schweiz
und die Flüchtlinge* (s. Anm. 1), S. 33 ff. — 16 Das Kinderhilfswerk kümmerte sich generell
um Flüchtlingskinder. Sprachlich unterschied das SHEK aber, gemäß der damaligen Praxis,
unter Emigranten- und Flüchtlingskindern. In der Behandlung der Kinder führte dies allerdings zu keinem Unterschied. Als »Emigrantinnen« und »Emigranten« wurden im Bundesratsbeschluss vom 17. Oktober 1939 jene Menschen bezeichnet, die nach 1929 in die Schweiz
eingereist waren, staatenlos waren oder nicht mehr in ihr Heimatland zurückkehren konnten. 1942 wurde der Emigrantenstatus rückwirkend auf die Zivilflüchtlinge ausgeweitet, die
vor 1942 in die Schweiz kamen und von den Kantonen eine Toleranzbewilligung ausgestellt
bekommen hatten. Da aber der Begriff »Emigrantin« beziehungsweise »Emigrant« die Flucht-
gründe ausblendet und stattdessen suggeriert, es handle sich um eine freiwillige Ausreise, wird
in der vorliegenden Arbeit generell von Flüchtlingen die Rede sein. »Flüchtlinge« waren nach
damaligem Verständnis jene Menschen, die nach 1942 illegal in die Schweiz gelangt waren

und unter Bundesaufsicht blieben. Alfred Häsler: *Das Boot ist voll ...: Die Schweiz und die Flüchtlinge 1933–1945*. Zürich 1985, S. 331. — **17** Nettie Sutro: *Jugend auf der Flucht* (s. Anm. 5), S. 234 f. Die Zahlen basieren auf einer Liste von zwischen 1939 und 1942 registrierten SHEK-Kindern. Das SHEK betreute in dieser Zeit 4.825 Flüchtlingskinder. — **18** Kostplätze waren Unterkünfte in Familien oder auch Pensionen, welche vom SHEK finanziell übernommen werden mussten. Sie stehen im Gegensatz zu Freiplätzen, bei welchen die Familien alle Kosten selbst trugen. — **19** Nettie Sutro: *Jugend auf der Flucht* (s. Anm. 5), S. 33 f. — **20** Ebd., S. 97. — **21** Besprechung zwischen Polizeiabteilung, SHEK und SRK, Kh. 2. Dezember 1942. BAR, J II. 55, 1970/95,1. — **22** UEK: *Die Schweiz und die Flüchtlinge* (s. Anm. 1), S. 158. Frauen und Männer wurden getrennt und in verschiedenen Lagern untergebracht. Die kleinen Kinder blieben bei ihren Müttern in den Heimen. — **23** Nettie Sutro: *Jugend auf der Flucht* (s. Anm. 5), S. 93 f. — **24** Protokoll der Delegiertenversammlung des SIG. 13. Dezember 1942. Archiv für Zeitgeschichte (AfZ), SIG, 1.3.1. Protokolle DV. — **25** 8. Tätigkeitsbericht der Zentralstelle. 1943, S. 1. BAR, J II. 55, 1970/95,1. — **26** Nettie Sutro: *Jugend auf der Flucht* (s. Anm. 5), S. 99 f. Jacques Picard: *Die Schweiz und die Juden 1933–1945*. Zürich 1997, S. 445. — **27** UEK: *Die Schweiz und die Flüchtlinge* (s. Anm. 1), S. 158. — **28** Dies ist unter anderem ersichtlich in einem Bericht des VSJF zu Händen des SIG vom 23. Januar 1944: »Ein besonderer Verdienst hat sich das KHW [SHEK] durch die rascheste Herausnahme von etwa 2.000 Kindern aus den militärischen Auffanglagern erworben.« AfZ, IB VSJF / 3, Tätigkeitsberichte VSJF. — **29** UEK: *Die Schweiz und die Flüchtlinge* (s. Anm. 1), S. 212. Jacques Picard: *Die Schweiz und die Juden* (s. Anm. 26), S. 445 f. — **30** *Israelitisches Wochenblatt*, 27. November 1942. AfZ, JUNA, Dokumentation Flüchtlingskinder 1936–1943. — **31** Schriftliches Interview mit H.R. 10. Dezember 2002. H.R. kam als elfjähriger mit seiner Mutter von Belgien in die Schweiz. Während eineinhalb Jahren lebte er in einem SHEK-Heim von seiner Mutter getrennt. Danach konnte er zusammen mit seiner »liberierten« Mutter in einer Familienpension leben. — **32** Protokoll der Delegiertenversammlung. 16. Oktober 1943. BAR, J II. 55, 1970/95,1. — **33** Ebd. — **34** Protokoll der Kommission für Rück- und Weiterwanderung. 20. Juli 1945. AfZ, SFH, 5.2.4. Dauerasyl. — **35** Nettie Sutro: *Jugend auf der Flucht* (s. Anm. 5), S. 63. — **36** 12. Tätigkeitsbericht der Zentralstelle. 1947, S. 1. BAR, J II. 55, 1970/95,1. — **37** BAR, J II. 55. -/1, Karteien. — **38** 9. Tätigkeitsbericht der Zentralstelle. 1944, S. 2. BAR, J II. 55, 1970/95,1. — **39** Nettie Sutro: *Jugend auf der Flucht* (s. Anm. 5), S. 110 ff. — **40** Protokoll der kantonalen Unterbringungskommission des SRK, Kh und des SHEK. 29. Januar 1944. BAR, J II. 55, 1970/95, 1. — **41** Interview mit Liselotte Hilb. 1984. SIG Geschichte der Juden in der Schweiz, Band 3. AfZ, SIG 6.4.2.4.3. — **42** Protokoll der kantonalen Unterbringungskommission des SRK, Kh und des SHEK (s. Anm. 40). — **43** Ebd. — **44** Nettie Sutro: *Jugend auf der Flucht* (s. Anm. 5), S. 274. — **45** Protokoll der kantonalen Unterbringungskommission des SRK, Kh und des SHEK (s. Anm. 42). Protokoll des Zentralvorstandes. 19. Juni 1944. BAR, J II. 55, 1970/95,1. Interview mit Liselotte Hilb (s. Anm. 41). — **46** Das SHEK schätzte den Wert dieser freiwillig geleisteten Pflege für Ferien- und Flüchtlingskinder auf fünf Millionen Franken. Jacques Picard: *Die Schweiz und die Juden* (s. Anm. 26), S. 442. — **47** Nettie Sutro: *Jugend auf der Flucht* (s. Anm. 5), S. 144–147. — **48** Salome Lienert: *Jüdische Flüchtlingskinder in der Waldeck in Langenbruck, Baselland, 1939–1945*. Unveröffentlichte Lizentiatsarbeit. Universität Genf 2002. Interviews mit E.H. 9. Juli 2002; S.B. 2. Juli 2002; L.G. 21. Juni 2002. Die interviewten Personen arbeiteten alle während einer gewissen Zeit in der Heimleitung von SHEK-Heimen. Eveline Zeder: *Ein Zuhause für jüdische Flüchtlingskinder: Lilly Volkart und ihr Kinderheim in Ascona 1934–1947*. Zürich 1998. — **49** Schriftliches Interview mit H.R. 10. Dezember 2002. Interview H.B. 9. Juli 2002. Erinnerungsalben mit Einträgen von Heimkindern von L.G. und L.S. Privatarchiv. Alfred Hässler: *Die Geschichte der Karola Siegel*. Bern 1976. Eveline Zeder: *Ein Zuhause für jüdische Flüchtlingskinder* (s. Anm. 48). — **50** Nettie Sutro: *Jugend auf der Flucht* (s. Anm. 5), S. 147–151. — **51** 9. Tätigkeitsbericht der Zentralstelle. 1944, S. 3. BAR, J II. 55, 1970/95,1. — **52** Protokoll der Zentralstelle. 25. Mai 1943. BAR, J II. 55, 1970/95,1. — **53** Notiz einer Besprechung zwischen N. Sutro, G. Bloch und O. Zaugg.

1. Juni 1943. BAR, J II. 55, 1970/95,1. — **54** Protokoll der kantonalen Unterbringungs-kommission des SRK, Kh und des SHEK (s. Anm. 40). Protokoll des Zentralvorstandes. 19. Juni 1944. BAR, J II. 55, 1970/95,1. — **55** Nettie Sutro: *Jugend auf der Flucht* (s. Anm. 5), S. 137. — **56** Notiz einer Besprechung zwischen N. Sutro, G. Bloch und O. Zaugg (s. Anm. 53). — **57** Brief SRK, Kh an S.R. 2. August 1944. Privatarchiv. S.R. war die Mut-ter eines Flüchtlingsjungen, der sich in einem SHEK-Heim im selben Kanton wie sie befand. **58** Interview mit L.G. 21. Juni 2002. — **59** Schriftliches Interview mit H.R. 10. Dezember 2002. — **60** Tätigkeitsbericht des SIG. 1946. AfZ, Tätigkeitsberichte SIG 1929 – 1979, 1.7. — **61** *Ein Jahrzehnt Schweizerische Jüdische Flüchtlingshilfe 1933–1943*, S. 51 f. AfZ, SIG F4 (8.2.2.4) Flüchtlingsbetreuung, Zentralkomité, Institutionelle Akten I. — **62** SIG, *Die religiöse und seelsorgerische Betreuung von Flüchtlingskindern.* 8. August 1943. AfZ, IB VSJF. — **63** Nettie Sutro: *Jugend auf der Flucht* (s. Anm. 5), S. 125. — **64** Ebd., S. 125. Salome Lie-nert: *Jüdische Flüchtlingskinder in der Waldeck* (s. Anm. 48), S. 140 f. — **65** UEK: *Die Schweiz und die Flüchtlinge* (s. Anm. 1), S. 218. — **66** Nettie Sutro: *Jugend auf der Flucht* (s. Anm. 5), S. 127. — **67** Interview mit Liselotte Hilb (s. Anm. 41). — **68** Protokoll der Delegierten-versammlung, 26. Oktober 1941. BAR, J II. 55, 1970/95,1. — **69** Ebd. — **70** Brief von G. Gerhard an N. Sutro. 4. März 1944. BAR, J II. 55, 1970/95,39. Brief G. Gerhard an die Zentralstelle, 20. Oktober 1943. BAR, J II. 55, 1970/95,38. — **71** UEK: *Die Schweiz und die Flüchtlinge* (s. Anm. 1), S. 225. — **72** Protokoll Zentralstelle. 12. Februar 1944. BAR, J II. 55, 1970/95, 1. — **73** Carl Ludwig: *Die Flüchtlingspolitik der Schweiz seit 1933 bis zur Gegenwart (1957).* Bern 1966, S. 345. — **74** Nettie Sutro: *Jugend auf der Flucht* (s. Anm. 5), S. 238. — **75** Ebd., S. 74–78. — **76** Nettie Sutro: »Die Fragebogen-Enquete des Schweizer Hilfswerkes für Emigrantenkinder«. In: Schweizerische Zentralstelle für Flüchtlingshilfe (Hg.): *Flüchtlinge wohin?*. Zürich 1945, S. 31. — **77** Protokoll der Zentralstelle. 10. März 1945. BAR, J II. 55, 1970/95,1. — **78** Bertha Hohermuth: »Bericht über die Fragebogen-Enquete«. In: Schweizerische Zentralstelle für Flüchtlingshilfe (Hg.): *Flüchtlinge wohin?*. Zürich 1945, S. 46. — **79** Protokoll der Zentralstelle, 28. Juni 1944. BAR, J II. 55, 1970/ 995,1. — **80** Protokoll der Kommission für Nachkriegsfragen. 13. September 1944. BAR, J II. 55, 1970/95,1. — **81** Protokoll der Delegiertenversammlung. 3. März 1945. BAR, J II. 55, 1970/95,1. — **82** Fragebogen zwecks Wiedervereinigung von Familien. BAR, J II. 55, 1970/95,24. — **83** Kurzprotokoll einer Besprechung mit S. Mayer. 8. Juni 1944. BAR, J II. 55, 1970/95,1. — **84** Protokoll des Unterausschusses für Kinderfragen der Flüchtlings-kommission. 19. April 1945. BAR, J II. 55, 1970/95,1. — **85** Protokoll der Zentralstelle. 12. Juni 1945. BAR, J II. 55, 1970/96,1. — **86** Bertha Hohermuth: »Bericht über die Fra-gebogen-Enquete« (s. Anm. 78), S. 54. — **87** Nettie Sutro: *Jugend auf der Flucht* (s. Anm. 5), S. 232. — **88** UEK: *Die Schweiz und die Flüchtlinge* (s. Anm. 1), S. 228. — **89** Berech-nungen nach den Zahlen bei Nettie Sutro: *Jugend auf der Flucht* (s. Anm. 5), S. 232. — **90** 11. Tätigkeitsbericht der Zentralstelle. 1946, S. 9. BAR, J II. 55, 1970/95,1. — **91** Jac-ques Picard: *Die Schweiz und die Juden* (s. Anm. 26), S. 357. — **92** Carl Ludwig: *Die Flücht-lingspolitik der Schweiz* (s. Anm. 73), S. 340. — **93** Protokoll der Kommission für Nach-kriegsfragen. 13. September 1944. BAR, J II. 55, 1970/95,1. — **94** Jacques Picard: *Die Schweiz und die Juden* (s. Anm. 26), S. 357. — **95** Richtlinie über die Befreiung von Flücht-lingen und Emigranten von der Ausreisepflicht. AfZ, SFH 5.2.4. Dauerasyl, 5.2.4.3.2. Rund-schreiben der SFZ 1946–1949 an die Hilfswerke. — **96** Protokoll der Delegiertenver-sammlung. 12. Dezember 1946. BAR, J II. 55, 1970/95,1. — **97** Ebd. — **98** Protokoll der Zentralstelle. 27. Juni 1947. BAR, J II. 55, 1970/95,1. Dieses Verhalten Rothmunds war unge-wöhnlich, war er doch Verfechter einer restriktiven Flüchtlingspolitik, und seine damalige Rolle ist bis heute sehr umstritten. — **99** Protokoll der Delegiertenversammlung. 8. Septem-ber 1947. BAR, J II. 55, 1970/95,1. — **100** Ebd. Brief G.D.-L. an *Conseil Communal de La Chaux-de-Fonds*, 2. September 1949. Privatarchiv. G.D.-L. kam 1939 als 13-jähriger jü-discher Waise in die Schweiz. Er wurde von einer allein stehenden christlichen Frau auf-genommen und 1947 von ihr adoptiert. 1949 erhielt er die schweizerische Staatsbürger-schaft. — **101** Nettie Sutro: *Jugend auf der Flucht* (s. Anm. 5), S. 176 f. — **102** Protokoll der Delegiertenversammlung. 6. April 1946. BAR, J II. 55, 1970/95,1.

Marietta Bearman, Charmian Brinson

»Jugend voran«: sieben Jahre Junges Österreich in Großbritannien

Im März 1940 veröffentlichte *Junges Österreich*, die Zeitschrift der gleichnamigen österreichischen Jugendorganisation in Großbritannien, eine Sondernummer mit einer Rückschau über die Aktivitäten der Organisation im ersten Jahr ihres Bestehens. Am 15. März 1939, so wurde berichtet, war eine kleine Gruppe junger Leute im Klub Annandale in Golders Green im Nordwesten Londons zusammengekommen, »um bei einer kleinen Gedenkfeier sich ihrer Heimat und des Kampfes des österreichischen Volkes und der Jugend zu erinnern«. Ein Jahr später, also zum Zeitpunkt der Abfassung des Artikels, hatte sich die Organisation dermaßen vergrößert, dass sie kaum wiederzuerkennen war: Sie umfasste nun 18 über ganz Großbritannien verteilte Ortsgruppen.[1]

Die Sondernummer zeigte auch die Meilensteine auf, die in der Jugendorganisation im ersten Jahr ihres Bestehens gesetzt wurden. Von besonderer Bedeutung war die Gründung des Austrian Centre, der umfassenden und höchst erfolgreichen Kultur- und Fürsorgeorganisation, die von und für österreichische Flüchtlinge in London eingerichtet worden war und die Junges Österreich in einem ihrer Häuser eine Heimstätte gewährte.[2] Ferner erwähnte die Sondernummer in chronologischer Reihenfolge die Errichtung des zweiten Standorts der Jugendgruppe in Manchester; die erste Veröffentlichung der eigenen Zeitschrift (zuerst unter dem Namen *Österreichische Jugend*, dann *Junges Österreich, Young Austria* und *Jung-Österreich*) mit einer Auflage von zunächst 120 Exemplaren[3]; das erste Auftreten der »Sing- und Tanzgruppe« des Jungen Österreich bei einem Tanzfest im Hyde Park im Juni 1939 (die erste von zahlreichen Veranstaltungen, bei der von Jungen Österreichern kulturelle Propaganda für das »andere Österreich« gemacht wurde); ein Sommerlager unter der rot-weiß-roten österreichischen Flagge[4]; eine Konferenz in London im September 1939, bei der sich der Jugendverband sein offizielles Programm gab; und im Februar 1940 die erste Landeskonferenz, bei der die Landesleitung gewählt wurde.[5]

Der Name »Junges Österreich« – später oft durch »Young Austria« ersetzt – für die Organisation selbst wie auch für ihre Zeitschrift wurde im August 1939 angenommen, »um damit noch mehr als bisher unser Wollen und unser Ziel auszudrücken, um noch mehr als bisher zum Ausdruck zu bringen, dass wir jungen österr. Flüchtlinge in England uns zur großen Gemeinschaft aller jungen Österreicher – in der Heimat und in allen Ländern – bekennen.«[6] Das Programm definierte Junges Österreich als »die einheitliche Organisation der in Großbritannien lebenden österreichischen Jugend, die ohne Unterschied der Religion und Weltanschauung ihre Heimat frei, unabhängig und demokratisch haben will«.[7] Daraus lässt sich ersehen, dass Junges Österreich anfänglich als eine unpolitische oder zumindest breit gefächerte Gruppe von jungen österreichischen Exilanten konzipiert war, in der österreichische Jugendliche aller politischen Richtungen vertreten sein sollten. Seine weitere Entwicklung zu einer Organisation, in der unter Fritz Walter (eigentlich Otto Brichacek) die Kommunisten bald faktisch die Kontrolle übernahmen, verlief parallel zur Entwicklung der »Mutterorganisation«, dem Austrian Centre.

Während der Zeit des Hitler-Stalin-Paktes und insbesondere angesichts der Internierung von »feindlichen Ausländern« gegen Mitte des Jahres 1940 war es für die im Austrian Centre tätigen Kommunisten natürlich zweckdienlich, sich politische Zurückhaltung aufzuerlegen. Nach August 1939 sah daher auch Junges Österreich seine Rolle hauptsächlich auf zwei nicht politischen Gebieten, nämlich dem der Fürsorge und dem der Organisation kultureller Tätigkeiten. Und tatsächlich gab es einen großen Bedarf an fürsorglicher Unterstützung unter den jungen österreichischen Flüchtlingen, die es in beträchtlicher Zahl nach Großbritannien verschlagen hatte. Einige von ihnen waren mit den Kindertransporten gekommen, andere waren als Hausgehilfinnen in Großbritannien aufgenommen worden, die meisten mussten zum ersten Mal ohne ihre Familien mit dem Leben zurechtkommen. Viele dieser Jugendlichen hatten ihre Erziehung oder Ausbildung unterbrechen müssen, und außer in einigen wenigen zugelassenen Beschäftigungen (vor allem in Haushalten oder in der Landwirtschaft) war es ihnen größtenteils bis in die Kriegszeit hinein untersagt, in Großbritannien zu arbeiten. Die meisten mussten daher von dem Minimum an Unterstützung leben, das ihnen die Flüchtlingskomitees gewährten. Des Weiteren führte der Kriegsausbruch im September 1939 zu einem Verlust an Stellen, insbesondere in den so genannten protected Küstengebieten, welche für »feindliche Ausländer« gesperrt waren. Hausangestellte verloren dadurch auch ihre Unterkunft. Die prekäre Situation der jungen Exilanten wurde noch verschärft durch die Internierung eines Großteils der männlichen sowie einiger weiblicher Flüchtlinge und, in einigen Fällen, deren Deportation nach Kanada oder Australien.

Junges Österreich ging nun daran, sich auf zahlreichen Gebieten der Flüchtlingshilfe zu betätigen. So wurden Heimabende veranstaltet, die aus einer Mischung aus Instruktion, Spiel und Unterhaltung bestanden. Für einsame junge Leute war das oft so gut wie ein Rettungsanker, wie zum Beispiel ein junger Mann Namens Rudl im Oktober 1939 bezeugte: »An einem Frei-

tag (dies war immer mein Heimtag) gehe ich missmutig durch den Hyde-
park. Das Wetter gleicht meiner Laune. Plötzlich kamen mir ein Bursch und
ein Mädel entgegen, die ich beide aus Wien kenne. Nach einer herzlichen
Begrüßung und den üblichen Fragen erklären sie mir, dass sie ins Heim gehen.
Heim ... Freitag ... irgendetwas beginnt sich in mir zu rühren, Erinnerungen tauchen auf. Ich frage nochmals: ›Heim, habe ich richtig gehört?‹ ›Ja‹,
sagen die beiden, ›Wir haben heute singen und tanzen.‹ Und schon haben
sie sich links und rechts eingehängt und ziehen mich mit (...) Und nun im
Heim, der gleiche Lärm, wie vor unseren Heimabenden, frohe Gesichter,
junge Burschen und Mädeln, Bekannte, Kameraden aus meiner Gruppe ...
und schon bin ich mitten drin. Wie weggeblasen ist die schlechte Laune,
auch ich bin wieder jung und froh.«[8]

Auch von einer Gerti gibt es einen enthusiastischen Bericht, diesmal über
einen »Heimabend« in der Golders Green Gruppe im Mai 1940. Dieser hatte das Format eines »Englischen Abends«, einschließlich englischer Musik
und der Aufführung einer Szene aus Miles Mallesons und Harry Brooks *Six
Men of Dorset* (einem Stück über die Märtyrer von Tollpuddle). »Es geschieht
etwas«, berichtete Gerti über die Zusammenkünfte in der frühen Kriegszeit,
»das den Mut und die Ausdauer gibt, die gefährliche Fahrt im Autobus zu
erdulden und sogar das düstere Blackout bei der Heimfahrt ruhig zu ertragen.«[9] Im September 1940, als der »Blitzkrieg« über London bereits in vol-
lem Gange war, wurden die Zusammenkünfte zur Sicherheit der Mitglieder
vom Abend auf den Nachmittag verlegt; immerhin aber, so versicherte *Junges Österreich* seinen Lesern, gab es im Golders Green Annandale Klub
»ein(en) gut(en) Air-Raid-Shelter«.[10]

In Zusammenarbeit mit dem Council of Austrians beim Austrian Centre
beschäftigte sich Junges Österreich auch mit der Frage nach der Erziehung
und Ausbildung seiner Mitglieder. Gegen Ende 1939 informierte man die
Jungen Österreicher über Verhandlungen mit dem Londoner County Council (der Londoner Stadtbehörde) und mit verschiedenen Fachschulen über
Pläne zu einem praktischen Ausbildungsprogramm.[11] So wurde eine Ausbildung in für die Kriegsanstrengungen wichtigen Fertigkeiten wie beispielsweise Schweißen angeboten, wie u. a. Helmut einige Monate später in einem
Artikel mit dem Titel »Ich lerne schweißen« berichtete.[12] Jungen Arbeite-
rinnen, die in Haushalten beschäftigt waren, wurde besondere Unterstützung durch die »Hausgehilfinnengruppen« geboten, die in Hampstead und
in anderen Orten eingerichtet wurden; auch hier gab es regelmäßige Zusammenkünfte, oft in Verbindung mit Junges Österreich.[13]

»Da wird mit Rat und Tat beigestanden«, hatte Gerti über ihre Junges-
Österreich-Gruppe im Mai 1940 geschrieben[14], und in der Tat war die Or-
ganisation bemüht, ihren Mitgliedern ein breit gefächertes Programm von
Leistungen zu bieten. Um ihnen mehr Unterkunft bereitstellen zu können,

Young Austria

PERIODICAL OF THE AUSTRIAN YOUTH IN GREAT BRITAIN

3.Jahrgang, Nummer 18.   Preis 2 d.   Anfang September 1941

FOR AN AUSTRIAN FIGHTING FORCE

Extracts from a speech
held at our Rally by
Col. Wedgwood M.P.

My friends,

I came here to-night because I wanted at last to meet some of the refugees. I have met them individually but have never seen a meeting like this since the immigration started. I am very glad to be here to-night, I am particularly glad to see you in your own costumes.

We want to have solidarity amongst Austrian refugees, amongst the Austrians who are anti-Nazis, in this country at the present time. The refugees from Czecho-slovakia and from Norway and from Poland and from France have their own armies, they are recognised as efficient fighters in the anti-Hitler cause. They have all got their national organisations, their government or shadow government in existence. There are a great many others who hate Hitler as much as the Poles and the Free French and the others. There are a great many others who have no sort of organisation and who are still regarded, if not as enemy, as neutral aliens. You know quite well, nobody can be neutral in this war. They are all either Nazi or anti-Nazi and I don't believe that among the Austrian exiles in this country there is one solitary pro-Nazi. You have all of you of opinion, but you, both here and in America, are all united against Hitler. And it is unjust and stupid that people who are anxious to help their part in destroying Hitler should be prevented from doing so by stupid ...

I am perfectly certain ...

AUSTRIA WILL BE FREE

Aus den Worten des Leutnants der spanischen Volksarmee. *Fredl Hrejsemnou*

Freunde, österreichische Jugendliche!

In diesen ernsten Tagen muessen wir nicht nur sprechen, sondern auch alles beitragen, was wir nur koennen. Wir muessen zu den Waffen greifen, wie jene dreihundert jungen Oesterreicher, die auf den Schlachtfeldern Spaniens gefallen sind....

Ich moechte mit den Worten der beruehmten spanischen Volksfuehrerin "La Pasionaria", schliessen: "Besser aufrecht storben, als kniend loben."

Abb. 1: Titelblatt, Young Austria, Periodical of the Austrian Youth in Great Britain. 3. Jahrgang, Nummer 18, London (September 1941).

leistete Junges Österreich zum Beispiel einen finanziellen Beitrag zur Errichtung des Austrian Centre-Heims, das besonders von arbeitslosen Hausangestellten benutzt wurde, und erreichte darüber hinaus, dass zwölf österreichische Mädchen im Anglo-Refugee Youth Hostel unterkommen konnten.[15] Zusätzlich zu den vom Austrian Centre bereitgestellten Möglichkeiten richtete Junges Österreich einen eigenen wöchentlichen Beratungsdienst ein[16] und bot den Mitgliedern auch in seiner Zeitschrift nützliche praktische Anleitungen: »Wie verhält man sich bei Luftangriffen« im Juli 1940 und in der gleichen Ausgabe unter dem Titel »Dich geht es an« Hinweise darüber, was an die Internierten verschickt werden durfte.[17]

Was die Internierung betraf, war Junges Österreich besonders rege tätig: Es beteiligte sich an Sammlungen für den vom Austrian Centre und anderen Flüchtlingsorganisationen errichteten »Interniertenfonds«, und in seiner Zeitschrift wurde regelmäßig über das Anwachsen des Fonds berichtet. Sobald die Möglichkeit dazu bestand, wurden in *Junges Österreich* Briefe von internierten Funktionären wie Felix Graber und Hans Propst veröffentlicht.[18] Die Organisation setzte sich auch dafür ein, dass die Zeitschrift zu den Internierten gelangte. Im Oktober 1940 berichtete sie: »Young Austria wird in 14 Camps gesandt und bedeutet Hilfe für unsere Freunde.«[19] Darüber hinaus versicherte Junges Österreich seinen internierten Mitgliedern, dass die Organisation selbst unter diesen schwierigen Umständen weiter funktionieren würde, was hauptsächlich dem Einsatz seiner weiblichen Mitglieder zu verdanken sei.[20] Eine Sondernummer im Oktober 1940 war von *Junges Österreich* speziell dem Thema »Internierung« gewidmet. Sie brachte Nachrichten aus den einzelnen Lagern und über die dortigen Jugendaktivitäten.[21] In der Tat hatte *Junges Österreich* bereits im Juni 1940 über eine Gruppe von internierten Jugendlichen im Alter von 16 bis 25 Jahren berichtet: »Wir betreiben sehr viel Sport, organisieren Rasen- und Gesellschaftsspiele, haben einen Gesangschor und alle Arten von Bildungskursen und ein Kabaret.« Die Zeitschrift berichtete aber auch darüber, in welchen Bereichen Mangel bestand: »Bälle und Musikinstrumente gehen uns sehr ab.«[22]

Wie bereits erwähnt, bildete das kulturelle Angebot einen ebenso wichtigen Aufgabenbereich im Jungen Österreich wie die Fürsorgetätigkeit. Es wurde – aus politischen ebenso wie aus pädagogischen Gründen – für unerlässlich gehalten, den Mitgliedern von Junges Österreich, von denen viele das Land noch als Kinder verlassen hatten, Wissen über österreichische Kultur zu vermitteln. Darüber hinaus war man der Auffassung, dass österreichische Kultur, so wie die frühe Arbeit der »Sing- und Tanzgruppe«, beim britischen Gastgeber als äußerst wirkungsvolles Propagandamittel eingesetzt werden konnte. Es ist jedoch nicht so, dass alle Bemühungen dieser Art einstimmige Zustimmung gefunden hätten. Eine Aufführung österreichischer Volkstänze von Junges Österreich-Mitgliedern in der Royal Albert Hall im

Oktober 1941 wurde von den rivalisierenden österreichischen Sozialdemokraten, die sich von Anfang an dem Austrian Centre und damit verbundenen Organisationen entgegengestellt hatten, in einem Artikel mit dem Titel »Schuhplattler gegen Hitler« höhnisch verworfen.[23]

Unter der Schirmherrschaft von Junges Österreich wurde die »Spielgruppe des Young Austria«, auch »Young Austria Players« genannt, gegründet, in der Otto Tausig, später ein bekannter Schauspieler im Nachkriegsösterreich, eine führende Rolle spielte. Eine Reihe von englischsprachigen Revuen wurde aufgeführt, welche die Ziele von Junges Österreich bei einem englischsprachigen Publikum bekannt machen sollten. Speziell für die eigenen Mitglieder brachte man aber auch deutschsprachige Aufführungen österreichischer Dramatiker wie Nestroy und Raimund auf die Bühne. Ihre eindrucksvollste Produktion war, Berichten zufolge, eine Aufführung von *Vineta* von dem von ihnen verehrten Jura Soyfer, der in einem deutschen Konzentrationslager ermordet worden war.[24]

Auf dem Gebiet der Musik erzielte der Chor von Junges Österreich bei kleinen Veranstaltungen wie auch in illustren Räumlichkeiten einen gewissermaßen landesweiten Ruf in Großbritannien. In den ersten Jahren stand er unter der Leitung des späteren Direktors des Wiener Konservatoriums, Erwin Weiss, einem inspirierenden Chorleiter. Das erste öffentliche Auftreten des Chors im Mai 1942 in der Wigmore Hall mit einem Programm österreichischer Musik wurde äußerst positiv aufgenommen und das nicht nur in der österreichischen Exilpresse, sondern auch von britischen Rezensenten, wobei das *Times Educational Supplement* feststellte: »›Young Austria‹ gave a concert which demonstrated in no uncertain way the determination of these young people to keep alive the spirit of their country during their temporary exile.«[25] Das Konzert in der Wigmore Hall wurde zugunsten des Austrian Youth House abgehalten, der endgültigen Heimstätte von Junges Österreich in einem Haus des Austrian Centre in Paddington, in das Junges Österreich im Mai 1942 einzog. Drei Monate zuvor hatte sich Junges Österreich in seinem *Anglo-Austrian Youth Bulletin* sowohl an Mitglieder als auch an britische Freunde um finanzielle und praktische Hilfe gewandt, um das Projekt zu verwirklichen. Es war beabsichtigt, das Haus täglich für Mitglieder geöffnet zu halten und ihnen »a reading room, rooms for games (table tennis etc.), a large meeting room, offices, a canteen, etc.« zu bieten, wo »regular entertainments (...), dances, lectures, discussions etc.« abgehalten werden konnten. Man hoffte, so der Appell, »that our British friends will come along with their friends as often as they can«.[26]

Die so genannte englische Arbeit, das heißt die Förderung guter Beziehungen mit dem Gastgeberland, war im Programm von Free Austria von höchster Wichtigkeit. Ein ambitioniertes Beispiel dafür gab die Fotoausstellung *Austria Shall Be Free*, angekündigt als eine »Exhibition on Austria's Fight

Abb. 2: Postkarte des Young Austria zu dessen Ausstellung
›Austria shall be free‹ im Kaufhaus Boots, Piccadilly Circus
(London). Juli/August 1943.

for Freedom«, die von Junges Österreich im Juli und August 1943 in der
bekannten Drogerie Boots the Chemist am Piccadilly Circus veranstaltet
wurde. Diese Ausstellung, die »in zahlreichen Photographien ein anschauli-
ches Bild Österreichs vor der Invasion und seines Kampfes gegen die Fremd-
herrschaft heute« bot[27], wurde anschließend im ganzen Land gezeigt, bevor
sie am Piccadilly Circus nochmals zur Schau gestellt wurde. Bis dahin, so
wurde behauptet, hatte *Austria Shall Be Free* bereits 600.000 Besucher angezogen[28] und sich nicht nur bei den Briten, sondern auch bei österreichischen Exilanten und Vertretern der Alliierten Nationen als großer Propa-
gandaerfolg erwiesen.[29]

Auch auf journalistischem und literarischem Gebiet betätigte sich Junges Österreich weiterhin äußerst rege: Abgesehen von der Veröffentlichung von Zeitschriften[30] gab es seine eigene Publikationsreihe heraus, zunächst unter dem Impressum »Young Austria in Great Britain« und dann, ab 1943, unter »Jugend voran«, gleichnamig mit zwei von seinen Zeitschriften. Insgesamt produzierte Junges Österreich etwa 60 kürzere Publikationen, eine erstaunliche Anzahl für eine Jugendorganisation, die im Exil und sogar unter Kriegsbedingungen funktionieren musste. Während die meisten auf Deutsch waren und sich hauptsächlich an die österreichische Mitgliederschaft richteten, wurden auch britische Anhänger berücksichtigt, wie bei der englischsprachigen Veröffentlichung *For Austria and Our Future* aus dem Jahre 1944, mit der Widmung »to our many British friends, and to the soldiers and airmen of the United Nations to whom Austria owes such a lot«.[31]

Herbert Steiner, der im Verlag »Jugend voran« die führende Rolle spielte, war der Meinung, dass »größeres Wissen über unsere Heimat zu verbreiten« zwar weiterhin ein leitendes Prinzip bleiben müsse, aber dass es auch wichtig sei, jungen Exilschriftstellern die Möglichkeit zur Veröffentlichung zu bieten.[32] Ein eindrucksvolles Beispiel dafür stellte der 1943 erschienene Gedichtband *Mut* dar, in dem 13 österreichische Dichter zwischen 16 und 29 Jahren vertreten waren, einschließlich Jura Soyfer, Erich Fried, Arthur Rosenthal (später West), Willy Verkauf und Hans Schmeier. Zwar waren die Gedichte von unterschiedlicher poetischer Qualität, die Inhalte waren jedoch breit gestreut und reichten von der Darstellung des verlorenen Heimatlandes (zum Beispiel »Heimat« von Erich Deutsch) über Aspekte der Exilerfahrung (wie »Londoner Park« von Kitty Gans) bis zum erhofften Sieg über den Nationalsozialismus und die Rückkehr in die Heimat (zum Beispiel Eva Aschners »Sowjetbomber fliegen nach Deutschland« oder Erich Frieds »Es wird sein«). In seinem Vorwort äußerte sich der englische Dichter John Lehmann sowohl über »the note of deep nostalgia which is sounded again and again in this volume« wie auch über die Entschlossenheit der jungen Autoren »to build a new Austria on stronger and more hopeful foundations«. Darüber hinaus, so fuhr er fort, dienten diese jungen Leute als »a reminder to us in Britain that there has always been a spirit in their homeland – which we can revive by just and timely action – the very opposite of the barbaric and intolerant militarism with which Prussia has sought to dominate the world«.[33]

Erich Fried, der 14 Gedichte zum Band beitrug, war auch der Autor einer weiteren Veröffentlichung von »Jugend voran« mit dem Titel *They fight in the Dark: The Story of Austria's Youth* (1944). Mit seiner Darstellung der Tätigkeiten von Rosa Hoffmann, Hedi Urach und anderer tapferer junger Widerstandskämpfer, die von den Deutschen hingerichtet worden waren, unterstützte Fried die Behauptung der Jugendorganisation, es gebe in Österreich eine weit verbreitete Widerstandsbewegung. Allerdings war die Illustration mit der Beschriftung »People weeping in Vienna when the Germans marched in, March 1938« als Beispiel wohl kaum dazu geeignet, eine Exilleserschaft zu beeindrucken, die diese Ereignisse persönlich miterlebt hatte; und tatsächlich erweist sich *They Fight in the Dark* als eine Arbeit, in der die Propaganda von Junges Österreich bis zu einem Punkt getrieben wurde, an dem sie sich ins Gegenteil verkehrte.

»Jugend voran«, der Verlag von Junges Österreich, bot den jungen Exilschriftstellern also die Möglichkeit zur Veröffentlichung, und wenn dabei Propagandaarbeit geleistet wurde, so war das besonders willkommen. Es muss jedoch betont werden, dass künstlerische Betätigung von der Führung des Jugendverbandes keineswegs immer begrüßt oder gefördert wurde. Denn von den jungen Funktionären wurde nicht nur harte Arbeit zur Unterstützung der britischen Kriegsanstrengungen, sondern auch völlige Hingabe an ihre Aufgaben in der Jugendorganisation gefordert. So beklagte sich Erich Fried im November 1943 in einem Brief an Fritz Walter, dem Vorsitzenden von Junges Österreich: »Erstens Fabriksarbeit, meistens seit Jahren, oft lange St(u)nden. Zweitens Arbeit in unserer Organisation und als fortschrittlicher Mensch. Wenn er ein Funktionär ist, so bleibt ohnehin nicht mehr viel übrig. Und – mindestens von denen, die ich kenne, kann keiner sagen: Ah, jetzt habe ich zwei Stunden Zeit, jetzt schaff ich ein Kunstwerk.«[34]

Erich Fried hatte sich seit 1940 aktiv bei Junges Österreich betätigt und wurde auch Vollmitglied des Kommunistischen Jugendverbandes (KJVÖ), der Jugendorganisation der österreichischen kommunistischen Partei im Exil.[35] Überzeugt wie viele andere junge Mitglieder von der Richtigkeit der kommunistischen Ideologie, die dem Denken und Handeln von Junges Österreich zu Grunde lag, stellte er viele seiner Arbeiten dieser Zeit in den Dienst der ideologischen Propaganda. So veröffentlichte die Sondernummer der Zeitschrift *Junges Österreich* vom Juni 1942 das Lied »Wir stürmen das Land«, dessen Text er verfasst hatte, und das, vertont von Erwin Weiss, praktisch zum Kennlied der Jugendorganisation wurde.[36] Gegen Ende 1943, kurz nach Abfassung seines Briefes an Fritz Walter, trat Erich Fried jedoch aus dem Jugendverband aus. Der Anlass zu diesem drastischen Schritt war der Tod seines jungen Schriftstellerfreundes Hans Schmeier.[37] Der 18-Jährige hatte sich von der ideologischen Reglementierung und den disziplinären Anforderungen der Jugendorganisation derart überfordert gefühlt, dass er sich das Leben nahm. Erich Fried kommentierte dieses tragische Ereignis und die Einstellung von Junges Österreich später: »(...) nur eines wollte er (Hans Schmeier) nicht: Man sollte ihn nicht als Schurken und Verräter bezeichnen, wie das Partei und Jugendverband mit allen so gerne taten, deren Wege sich auf eine oder andere Art von den ihren getrennt hatten. Ich glau-

be sogar, es war diese Erkenntnis, daß er nicht länger ertragen konnte, mit-
zumachen, die ihn zum Selbstmord veranlaßt hat.«[38]

Neben all der regen Fürsorgetätigkeit, neben Flüchtlingshilfe, kultureller
Arbeit und dem erfolgreichen Bemühen, den jungen Exilanten eine Art zweite Heimat zu schaffen, standen Disziplin und politisches Engagement bei
der Führung von Junges Österreich an oberster Stelle. Wie schon erwähnt
hatte Fritz Walter von Anfang an den Vorsitz der Organisation. Schon vor
seiner Flucht aus Österreich hatte er eine leitende Stellung im illegalen Kommunistischen Jugendverband ausgeübt[39], und er war in England nicht nur
Obmann des KJVÖ im Exil, sondern auch Jugendvertreter in der Leitung
der Kommunistischen Parteigruppe im Exil. Vizevorsitzende von Junges
Österreich war Fritz Walters Frau Berta, im Exil unter dem Namen Emmi
Walter bekannt. Sie hatte eine ganz ähnliche politische Laufbahn hinter sich
und war seit 1935 Mitglied des Zentralkomitees der KPÖ. Auch die anderen leitenden Funktionäre von Junges Österreich wie zum Beispiel Hans
(eigentlich Fritz) Propst, bis zu seiner Internierung Sekretär und dann Vize-
vorsitzender, der spätere Sekretär Herbert Steiner, Arthur West und Georg
Breuer hatten über den Kommunistischen Jugendverband eine äußerst enge
Bindung an die Kommunistische Partei. Aus diesem Grund wurde Junges
Österreich nicht nur von Funktionären, sondern auch von anderen Mitgliedern als Vorfeldorganisation oder Tarnorganisation des Kommunistischen
Jugendverbands bezeichnet.[40] Fritz Walter selbst bewertete diese enge Verknüpfung sehr positiv und beantwortete später die Frage, ob die Führungs-
ebene des Kommunistischen Jugendverbands mit der Führung von Junges
Österreich identisch gewesen sei: »Zum großen Teil identisch, ja. Wenn ich
mich richtig erinnere, haben wir so alle 14 Tage eine Zusammenkunft der
kommunistischen Jugendgruppe gehabt, die hat sich hauptsächlich mit
Schulung befaßt (…) Wenn das Young Austria Hilfe gebraucht hat – das
war wirklich grandios –, hat man jede Hilfe von den älteren Leuten bekommen.«[41]

Die zentrale Landesleitung und das Sekretariat von Junges Österreich wurden bei den jährlichen Landeskonferenzen von den Delegierten der verschiedenen Ortsgruppen gewählt.[42] Diese wiederum waren in so genannte
Kameradschaften organisiert, die sich Namen von österreichischen Frei-
heitskämpfern wie Andreas Hofer oder Friedensaktivisten wie Bertha von
Suttner gaben. Wie die jungen Funktionäre arbeiten sollten, ist aus einer
von Junges Österreich im Oktober 1941 herausgegebenen Broschüre mit
dem Titel *Funktionärsschule des Jungen Österreich 1941* ersichtlich. Hier wurden vor allem Gruppenleiter angesprochen und über Themen beraten wie
zum Beispiel die Anwerbung von neuen Mitgliedern, die Gestaltung von
Heimabenden oder etwa die Frage, ob junge Funktionäre an den Thea-
teraktivitäten teilnehmen sollten, die der Führung einerseits als zeitraubend

erschienen, andererseits aber wichtig für den Kontakt mit englischen Organisationen waren.[43]

Entsprechend der vorgegebenen politischen Linie wandte sich Junges Österreich anfänglich im Sinne der Volksfrontpolitik an alle österreichischen Jugendlichen im Exil, ungeachtet ihrer politischen Ausrichtung. Im Organisationsprogramm vom Herbst 1939 stand dieser Punkt – wie schon erwähnt – an erster Stelle. In der Leitung von Junges Österreich befanden sich zunächst auch Nichtkommunisten wie zum Beispiel der erste Redakteur von *Junges Österreich*, Harry Cemach, der aber bald die Jugendorganisation verließ, weil er die zunehmend kommunistische Orientierung nicht mehr akzeptieren konnte.[44]

Mehr als in den anderen von der KPÖ im Exil dominierten Organisationen wurde in Junges Österreich die kommunistische Ausrichtung zunehmend offen propagiert. Angriffe richteten sich bald auch gegen das monarchistische Austrian Office, dessen Jugendarbeit und Bemühungen, eine eigene Jugendorganisation zu schaffen, in *Junges Österreich* verächtlich kommentiert wurden: »(...) schmählich brachen diese Versuche zusammen«.[45] Die Abgrenzung von nichtkommunistischen Gruppen ging Hand in Hand mit der zunehmend engen Bindung an die Exilkommunisten. Als sich im Dezember 1941 eine Anzahl von Exilorganisationen und Gruppen zum Free Austrian Movement (FAM bzw. Freie Österreichische Bewegung) zusammenschlossen, war Junges Österreich eines der Gründungsmitglieder. Die Führung des FAM bestand hauptsächlich aus dem Führungskreis des Austrian Centre und war somit in kommunistischen Händen; Fritz Walter als Vertreter von Junges Österreich wurde von Anfang an in die FAM-Exekutive aufgenommen.

Mit dem Angriff des Deutschen Reiches auf die Sowjetunion im Juni 1941 konnte die Jugendorganisation auch ihre anfangs neutrale Haltung zum Krieg aufgeben. Bis dahin war der Krieg als imperialistischer Konflikt interpretiert worden, aus dem sich die Kommunisten heraushielten, und dementsprechend verhielt sich auch Junges Österreich zurückhaltend. So wurden in den ersten Kriegsjahren rege Kontakte mit der pazifistischen Jugendorganisation des Gastlandes, British Youth Peace Assembly, gepflegt. Nun aber konnten die sowjetischen und somit die britischen Kriegsanstrengungen offen unterstützt werden. Diese Unterstützung umfasste unter anderem im November 1941 eine Geldsammlung in einer »Russlandhilfswoche des Jungen Österreich« und zeigte sich ab August 1941 insbesondere in den wiederholten Bemühungen um Erlaubnis, nicht nur im Pionierkorps, sondern auch in den Kampfeinheiten der Britischen Armee dienen zu dürfen. Dem Wunsch nach einer separaten österreichischen Einheit wurde von den britischen Behörden zwar nicht stattgegeben, doch im Sommer 1943 wurden österreichische Exilanten in den britischen Kampfeinheiten zugelassen. »Mehr als 300 Mitglieder unserer Organisation meldeten sich sofort als Freiwillige«, berichtete die Jugendorganisation[46], und der Sekretär der Organisation, Hans Propst, schrieb enthusiastisch: »Wenn ich in die britische Armee eintrete, werde ich viele Helden unseres Freiheitskampfes vor Augen haben (...). Mit Hass werde ich daran denken, was uns die deutschen Unterdrücker gebracht haben, und ich werde die Kraft finden, mein Bestes zu geben, wie es die Soldaten der Roten Armee vor Stalingrad und die britischen und alliierten Soldaten in Nordafrika gegeben haben (...). Nun habe ich bereits unterschrieben und ich bin stolz, meine Unterschrift zusammen mit hunderten anderen jungen Österreichern gegeben zu haben.«[47]

Von Anfang an stand für die Organisation fest, dass die jungen Exilanten zur Rückkehr in ein vom Nationalsozialismus befreites Österreich bereit sein sollten, um dort am Wiederaufbau eines unabhängigen Staates mitzuarbeiten. So erklärte Rudl schon im November 1939 in *Junges Österreich* emphatisch: »Wenn es auch einige gibt, die glauben überall leben zu können – sie werden noch draufkommen, dass es für uns nur eine Heimat gibt: jenes Österreich, dessen Bewohner heute der ganzen Welt ein Beispiel in ihrem Kampf für die Freiheit und den Frieden geben.«[48]

In der gleichen Ausgabe kritisierte Fritzl in dem Artikel »Heimatlose, Enttäuschte und Wir« die Einstellung »Heimat ist dort, wo es mir gut geht« und forderte die jungen Exilanten auf, an dem Gedanken an die Wiedererrichtung der Heimat festzuhalten.[49] Auch ein Beitrag vom Dezember 1939 in der Rubrik »Tribüne der Jugend« der Zeitschrift betonte das Ziel der Rückkehr: »Wenn man einen jungen Österreicher fragt: ›Willst du zurück in die Heimat?‹ – Da kann er nur mit einem kräftigen JA antworten.«[50]

Dabei war es anfangs noch keineswegs klar, dass ein alliierter Sieg über das »Dritte Reich« die Wiederherstellung eines unabhängigen österreichischen Staates zur Folge haben würde, hatte die internationale Staatengemeinschaft doch den »Anschluss« Österreichs an Deutschland anerkannt. Selbst innerhalb Österreichs war der großdeutsche Gedanke nicht nur von der extremen Rechten, sondern auch von der Sozialdemokratie vertreten worden. In Abgrenzung vom Austrofaschismus – und auch abweichend von den Ideen von Marx und Engels – hatte die KPÖ jedoch in den 1930er Jahren ihr Konzept von der Eigenständigkeit der österreichischen Nation entwickelt, das sich in erster Linie auf die historische und kulturelle Eigenheit Österreichs stützte und auch dem Programm der kommunistisch ausgerichteten österreichischen Exilgruppen, einschließlich der Jugendorganisation, zu Grunde lag.[51] Das bereits erwähnte umfangreiche kulturelle Programm von Junges Österreich, die zahlreichen Artikel in seinen Zeitschriften über österreichische Kultur und Geschichte, ebenso wie ein großer Teil seiner anderen Publikationen zielten darauf ab, in den jungen Exilanten die Identifizierung mit einem eigenständigen Österreich zu fördern und diesen Gedanken auch der britischen Öffentlichkeit nahe zu bringen.

Die Moskauer Erklärung vom Dezember 1943, in der die Alliierten die Wiederherstellung eines unabhängigen österreichischen Staates zum Kriegsziel erklärten, wurde von Junges Österreich mit Begeisterung begrüßt und als »schönste Bestätigung für die Gerechtigkeit unseres Kampfes« bezeichnet.[52] Nun wurden auch die Vorbereitungen der Jugendorganisation auf die Rückkehr nach Ende des Krieges verstärkt in Angriff genommen. Dementsprechend stand die vierte Landeskonferenz Ende 1943 unter dem Motto »Für Österreich und seine Zukunft«. Hierbei erklärte Otto Brichacek emphatisch: »Unsere Nachkriegszeit beginnt schon heute (...) Unsere Generation wird es sein, die der kommenden Welt ein neues, besseres Gesicht geben wird.«[53]

Die Vorbereitungsarbeiten für die Rückkehr verliefen nun weitgehend parallel zu den Tätigkeiten des übergeordneten Free Austrian Movement. Für die Koordinierung der Arbeit wurde in Anlehnung an das entsprechende FAM-Komitee und in engster Zusammenarbeit damit ein »Postwar and Relief Committee of Young Austria« mit zahlreichen Unterkommissionen über besondere Bereiche eingerichtet. Diese wiederum veranstalteten Konferenzen wie zum Beispiel eine Erziehungskonferenz, die sich mit Fragen der Jugenderziehung im Nachkriegsösterreich beschäftigte. Die Mitglieder von Junges Österreich wurden auch aufgefordert, an den vom FAM veranstalteten Schulhelferkursen teilzunehmen, denn nach dem Krieg würden in Österreich dringend von der Nazi-Ideologie unbeeinflusste Lehrer gebraucht werden. Ab Herbst 1944 veranstaltete Junges Österreich eigene Schulungskurse, die seine Mitglieder auf die zukünftige Funktionärstätigkeit in einer Jugendorganisation im Nachkriegsösterreich vorbereiten sollten. Die Gesamtleitung des Kursprogramms übernahm die Vizevorsitzende Emmi Walter, während die wichtigsten Funktionäre an der Organisation beteiligt waren. Das Kursprogramm trug den etwas unglücklich gewählten Namen »Jugendführerschule des Jungen Österreich«. Herbert Steiner bemerkte dazu später: »Das klingt schrecklich heute, damals waren alle sehr stolz darauf, in eine solche Jugendführerschule gehen zu können.«[54] Die Kurse sollten nur von Mitgliedern besucht werden, die zur Rückkehr nach Österreich bereit waren; um aufgenommen zu werden, mussten die Bewerber ein Gesuch an die Kursleitung stellen und ihr Ansuchen begründen. Im Bewerbungsformular mussten sie Fragen über ihre Schulbildung, ihre Interessen und auch ihre Mitgliedschaft bei Jugendorganisationen vor ihrer Flucht aus Österreich angeben. Es fand so ein rigoroses Auswahlverfahren statt, denn die zukünftigen Führer der Jugendorganisation im Nachkriegsösterreich, aus der auf lange Sicht die zukünftigen Parteikader erwachsen würden, sollten sorgfältig ausgewählt werden. Die jungen Teilnehmer mussten die Kurse regelmäßig besuchen und über jedes Fachgebiet eine Prüfung ablegen; abschließend wurde von Junges Österreich ein Diplom ausgestellt. Auf jeden Fall forderte die Schulleitung

EXIL

JUGENDFUEHRERSCHULE

D E S

Jungen Oesterreich in Gross Britannien

1945

Hiermit wird bestaetigt, dass

W O L F G A N G   H A M E R S C H L A G

die Jugendfuehrerschule absolviert hat.

Fuer die Leitung
der Jugendfuehrerschule des Jungen Oesterreich
132. Westbourne Terrace, London, W.2.

Abb. 3: Bescheinigung der Jugendführerschule. Dokumentationsarchiv des österreichischen Widerstandes, Mappe Exil 5561

einen vollen Einsatz, wie Fritz Walter in der Einleitung zum Kursmaterial betonte: »Von jedem einzelnen Teilnehmer verlangen wir ernste Mitarbeit. Unsere freiwillige Disziplin auf der Jugendführerschule muss eine vorbildliche sein (...) Es mag manchmal schwer sein, nach 8 und 9 stündiger Arbeit in einer Fabrik und im Büro dem Referat aufmerksam zu folgen (...), trotzdem wird es notwendig sein, dass jeder Teilnehmer an der Schule diszipliniert alle auftauchenden Schwierigkeiten überwindet.«[55]

Die in der Jugendführerschule unterrichteten Fächer behandelten Themen verschiedenster Art: So gab es neben dem grundlegenden Kurs von Herbert Steiner über die Organisation einer Jugendbewegung andere theoretisch und ideologisch ausgerichtete Kurse, aber auch Informationen zur praktischen Lebenshilfe. Die Lehrer, allesamt Mitglieder von FAM-Organisationen, waren oft Fachleute auf dem jeweiligen Gebiet. Es gab unter anderem Fächer wie Erste Hilfe und Sexualerziehung, Kurse über österreichische Geografie, Geschichte und Staatsbürgerkunde sowie einen Kurs mit dem Titel »Rassentheorie?«, abgehalten von dem Psychoanalytiker und Biologen Dr. Walter Hollitscher, der über moderne Humanbiologie informierte, »durch deren Kenntnis«, wie Hollitscher betonte, »die Unwissenschaftlichkeit und Albernheit der faschistischen ›Rassentheorie‹ unabweisbar klar wird«.[56] Bis zum Herbst 1945 nahmen zwischen 200 und 300 Mitglieder von Junges Österreich an den Kursen teil.

Junges Österreich hatte auch internationale Verbindungen mit jungen österreichischen Flüchtlingen in anderen Ländern, vor allem in den USA. Im Sommer 1942 hatte es sich an der Gründung der Österreichischen Weltjugendbewegung beteiligt, und im Oktober 1945, also bereits nach Kriegsende, fand die Weltjugendkonferenz in London statt, bei der ein Jugendprogramm für das befreite Österreich vorgestellt wurde. Inzwischen war aber die Organisation der Rückkehr möglichst vieler Mitglieder zur Hauptaufgabe geworden. So häuften sich nun die Artikel in der Flüchtlingspresse, die für die Rückkehr Werbung machten. Der Artikel »Warum gehe ich nach Österreich zurück?« in *Young Austria* appellierte an das Heimatbewusstsein der jungen Exilanten und erklärte, dass sie später stolz auf ihre aktive Teilnahme am Wiederaufbau des Landes sein würden.[57] Genaue Zahlen über die Rückkehr von Mitgliedern der Jugendbewegung sind nicht bekannt. Dass aber die Werbung und auch der Druck, der auf Einzelne ausgeübt wurde, nicht bei allen wirksam war, ist verständlich in Anbetracht der unsicheren Lebensbedingungen im vom Krieg zerstörten Österreich. Ein weiterer Grund für das Verbleiben vieler Junger Österreicher in Großbritannien war die Befürchtung, dass man die Rückkehrer in dem vom nationalsozialistischen Denken jahrelang beeinflussten Österreich keineswegs mit offenen Armen empfangen würde.[58]

Die führenden Funktionäre der Jugendorganisation bemühten sich jedoch nach Kriegsende um eine möglichst schnelle Rückkehr. Trotz eines strikten Rückreiseverbots nach Österreich, das in der frühen Nachkriegszeit von den britischen Behörden verhängt wurde, gelangten zuerst Fritz Walter und dann eine Anzahl anderer Funktionäre zurück, meist auf abenteuerlichen Wegen und entgegen den Anordnungen der Briten. Auf Grund des für die KPÖ äußerst enttäuschenden Wahlergebnisses bei den ersten Nachkriegswahlen im November 1945 blieb ihnen jedoch die aktive Teilnahme am politischen Wiederaufbau Österreichs weitgehend versagt. Die meisten Rückkehrer engagierten sich weiter in verschiedenen Bereichen der kommunistischen Partei, insbesondere in der Jugendpolitik. Hier konnte Fritz Walter (der sich jetzt wieder Otto Brichacek nannte) als Vorsitzender der neu gegründeten Jugendorganisation Freie Österreichische Jugend (FÖJ) seine Erfahrungen aus dem Exil einbringen. Herbert Steiner wurde Bundessekretär und Mitglied des Jugendbeirats im österreichischen Unterrichtsministerium. Der ehemalige Chefredakteur von *Junges Österreich* im britischen Exil, Georg Breuer, übernahm die Stelle des Chefredakteurs der neuen FÖJ-Zeitung; diese wurde, wie eine der Exilzeitschriften der Jugendorganisation sowie ihr Exilverlag selbst, *Jugend voran* benannt. Breuer betonte später die Probleme, die sich den Heimkehrern stellten: »Wir Rückkehrer aus England waren zwar die einzigen mit praktischer Erfahrung in einer legalen Jugendorganisation, aber wir kamen aus einer völlig anderen Welt und haben sicherlich nicht immer den richtigen Ton getroffen, um mit Jugendlichen zu sprechen, die unter der Hitlerherrschaft aufgewachsen waren.«[59] Hinzu kam, laut Breuer, dass die Führung der KPÖ sich selbst nicht besonders um die Integrierung der rückkehrenden Emigranten bemühte – ein weiterer Grund, weshalb nicht alle eine ihren Erwartungen entsprechende Position in der Partei oder eine Funktion im Wiederaufbau des Landes fanden.[60]

Mit der Rückkehr seiner Funktionäre und der Integrierung der im Exilland gebliebenen Mitglieder löste sich Junges Österreich auf. Die letzte Ausgabe der Zeitschrift *Jung-Österreich* vom 24. August 1946 brachte Abschiedsgrüße von englischen Förderern und Wünsche für die Zukunft sowie eine kurze Würdigung der beeindruckenden Leistungen der Jugendorganisation während ihres siebenjährigen Bestehens.[61]

Als Exilorganisation hatte sich Junges Österreich als Teil des Widerstands gegen den Nationalsozialismus verstanden. Und so kann auch die 1963 erfolgte Gründung des Dokumentationsarchivs des Österreichischen Widerstandes in Wien als ein spätes Erbe von Junges Österreich gesehen werden, zumal es der ehemalige Jugendfunktionär Herbert Steiner war, der als Gründer und langjähriger wissenschaftlicher Leiter des Archivs der Exilforschung in Österreich die Wege ebnete.

Die Zeit des Exils ist aber nicht nur ein Gegenstand der Forschung, sie ist noch sehr lebendig in der Erinnerung der Exilanten. Im Mai 1988, zum 50. Jahrestag des »Anschlusses«, fand ein Wiedersehenstreffen statt, bei dem Rückkehrer und in Großbritannien verbliebene Mitglieder der Organisation zusammenkamen, und auf dieses Treffen folgten weitere. Hier tauschen dann die nicht mehr ganz so Jungen Österreicher ihre Erinnerungen an die Exilzeit aus. Wie sie es selbst in der Broschüre zum Wiedersehenstreffen von 1988 ausdrücken, ist es die »Erinnerung an unsere Jugend, an unser ›Young Austria‹, unseren Willen, für die Wiederherstellung eines freien, unabhängigen und demokratischen Österreich zu kämpfen«.[62]

1 Für Hilfe und ausführliche Informationen danken die Autorinnen Fritz Propst, Schlomo Kesten, Dr. Volker Kaukoreit, dem inzwischen verstorbenen Otto Brichacek, der Österreichischen Exilbibliothek im Literaturhaus Wien sowie dem Dokumentationsarchiv des österreichischen Widerstandes, Wien. S. Fritz Walter: »Ein Jahr ›Junges Österreich‹«. In: *Junges Österreich* II Nr. 5, Mitte März 1940, Sondernummer, S. 1; s. auch »Ein Jahr Junges Österreich in Wort und Bild«, ebd., S. 6 f. Die Zahl der Mitglieder der ursprünglichen Gruppe wird hier mit 30 bzw. 35 angegeben; jedoch gibt ein unveröffentlichter Bericht aus dem Jahre 1945, »Junges Österreich in Großbritannien«, DÖW (Dokumentationsarchiv des österreichischen Widerstandes, Wien), 589A, die Zahl mit 25 an. Für Junges Österreich, s. auch Helene Maimann: *Politik im Wartesaal. Österreichische Exilpolitik in Großbritannien 1938–1945.* Wien – Köln – Graz 1975; Wolfgang Muchitsch (Hg.): *Österreicher im Exil. Großbritannien 1938–1945. Eine Dokumentation.* Wien 1992; Marietta Bearman, Charmian Brinson, Richard Dove, Anthony Grenville, Jennifer Taylor. *Wien – London, hin und retour. Das Austrian Centre in London 1939–1947.* Wien 2004. — **2** Das Austrian Centre gewährte Junges Österreich seine erste und ab 1942 seine endgültige Heimstätte: zuerst 124/126 und später 132 Westbourne Terrace, Paddington, London W.2. Inzwischen fand die Organisation beim Anglo-Refugee Youth Centre, 24 Clifton Gardens, Maida Vale, London, W.9 Unterkunft. — **3** Bis zum Jahre 1944 war laut Berichten die Auflagenziffer auf 5.000 gestiegen (s. »Lasst Zahlen sprechen«. In: *Jung-Österreich*, VIII, Nr. 17, 24.8.1946, S. 4 f. — **4** »Wir zeigten damit der englischen Bevölkerung, dass Österreich zwar vom deutschen Faschismus unterdrückt und zum Schweigen verurteilt, aber nicht tot ist und wieder auferstehen wird« (»Junges Österreich in Großbritannien«, DÖW 589A, S. 1). — **5** Wegen der Reisebeschränkungen der Kriegszeit wurde die Konferenz in zwei Sektionen abgehalten: am 17./18. Februar 1940 in Manchester und am 25./26. Februar in London. — **6** Fritz (Walter): »Kameraden. Junge Landsleute!«. In: *Junges Österreich*, Nr. 5, September 1939, S. 3. — **7** »Unser Programm«. In: *Junges Österreich*, Nr. 7, Mitte Oktober 1939, S. 1. — **8** »Wieder jung«. In: *Junges Österreich*, Nr. 8, Ende Oktober 1939, S. 2. — **9** »English Life«. In: *Junges Österreich*, II, Nr. 6, Ende Mai 1940, S. 5. — **10** »Late News«. In: *Junges Österreich*, II, Nr. 13, September 1940, S. 8. — **11** »Achtung«. In: *Junges Österreich*, Nr. 12, 2. Dezemberheft 1939 (S. 9). — **12** »Ich lerne schweißen«. In: *Junges Österreich*, II, Nr. 7, Anfang Juni 1940, S. 5. — **13** Hierzu s., z. B., »Ein bunter Abend«. In: *Österreichische Jugend*, Nr. 2, Juni 1939, S. 3. — **14** In: *Junges Österreich*, II, Nr. 6, Ende Mai 1940, S. 5. — **15** »Wie gehts den Mädeln«. In: *Junges Österreich*, II, Nr. 13, Anfang September 1940, S. 6. — **16** »Unsere Jugendberatung«. In: *Junges Österreich*, Nr. 5, September 1939, S. 4; oder später, als die Organisation in Maida Vale untergebracht war, »Wie gehts den Mädeln«. In: ebd., II, Nr. 13, Anfang September 1940, S. 6. — **17** Auf S. 3 f. von *Junges Österreich*, II, Nr. 9, Anfang Juli 1940. — **18** Ebd., S. 5. — **19** *Junges Österreich*, II, Nr. 16, Oktober 1940, S. 8. — **20** Z. B. »Neue Internierungen«. In: *Junges Österreich*, II, Nr. 8, Ende Juni 1940, S. 8. — **21** »Das Leben in den Camps«. In: *Junges Österreich*, II, Nr. 16, Oktober 1940, Sondernummer, S. 4 ff. — **22** »Late News«. In: *Junges Österreich*, II, Nr. 7, Anfang Juni 1940 (S. 10). — **23** »Schuhplattler gegen Hitler«. In: *London-Information*, Nr. 20, Mitte Oktober 1941, S. 6. — **24** Hierzu siehe auch Marietta Bearman et al.: *Wien – London, hin und retour* (s. Anm. 1), besonders Kapitel 6. Unter den Revuen befanden sich *From the Danube to the Thames*, 1943, und *Humour is a Weapon Too*, 1944, unter den deutschsprachigen Aufführungen Nestroys *Einen Jux will er sich machen*, 1943, und Raimunds *Der Verschwender*, 1944. — **25** S. auch Marietta Bearman et al.: *Wien – London, hin und retour* (s. Anm. 1), bes. Kapitel 7. Das Konzert am 15. Mai 1942 bestand aus Musik von Haydn, Schubert, Beethoven und Brahms – Beethoven und Brahms wurden von den Freien Österreichern als »Wahlösterreicher« definiert – sowie aus zeitgenössischer Musik und Volksliedern. Für die Rezension, s. »Austrian Concert«. In: *Times Educational Supplement*, 23.5.1942, S. 244. — **26** »Austrian Youth House«. In: *Anglo-Austrian Youth Bulletin*, Nr. 2, Februar 1942, S. 5. — **27** Reklame in *Zeitspiegel*, VI, Nr. 8, 26.2.1944, S. 8. — **28** Ebd. — **29** Gerda Spitzer: »Wieder am Piccadilly Circus«. In: *Young Austria*, VI, Nr. 6, 25.3.1944, S. 4. — **30** Abgesehen von seinem Hauptorgan *Österreichische Jugend/Junges Österreich/Young Austria/Jung-Österreich* (1939–1946) und vom *Anglo-Austrian Youth Bulletin* (1941–1943), gab Junges Österreich zwei Zeitschriften heraus, beide *Jugend voran* benannt: die erste, als »the independent Periodical of the Austrian Youth in Great Britain« definiert, erschien im Jahre 1940 in London; die zweite, als »Zeitschrift der österreichischen Weltbewegung« beschrieben, erschien zwischen 1942 und 1945 in New York, anschließend in London. Weitere 1943 und 1944 erscheinende Zeitschriften waren *Austrian Youth Today and Tomorrow. A Magazine* und eine Reihe von *Rundbriefen* für Mitglieder bzw. Freunde oder Funktionäre. — **31** S. auch Marietta Bearman et al.: *Wien – London, hin und retour* (s. Anm. 1), bes. Kapitel 5. — **32** Herbert Steiner: *Die Organisation einer Jugendbewegung. Organisationsformen und Erfahrungen des »Jungen Österreich« in Großbritannien*. London: Jugend voran (Jugendführerschule des Jungen Österreich) (1943), S. 10. — **33** *Mut. Gedichte junger Österreicher*. London: Jugend voran, 1943 (S. 3). — **34** Volker Kaukoreit, Jörg Thunecke, unter Mitarbeit von Beate Hareter (Hg.): *126, Westbourne Terrace. Erich Fried im Londoner Exil (1938–1945). Texte und Materialien*. Wien 2001, S. 179. — **35** Ebd., S. 30. — **36** *Junges Österreich*, IV, Nr. 13, Juni 1942, Sondernummer (S. 7). — **37** Das genaue Datum von Erich Frieds Austritt ist nicht bekannt, es findet sich auch keine Eintragung in seinem Tagebuch darüber. Nach Aussage von Volker Kaukoreit hat Fried jedoch in Interviews immer wieder betont, dass er sich nach Schmeiers Selbstmord von Junges Österreich und dem Kommunistischen Jugendverband distanzierte. Er übte weiterhin keine Funktionärstätigkeiten aus, kooperierte aber als Schriftsteller danach mit der Jugendorganisation und mit dem Austrian Centre. — **38** Jörg Thunecke: »'Sein tiefstes Gesetz schreibt sich jeder allein'«: Erich Frieds Exillyrik vor und nach dem 13. Oktober 1943«. In: *Exil. Forschung, Erkenntnisse, Ergebnisse* (1998) Nr. 2, S. 86. — **39** Erich Makomaski (Hg.): *Die Freie Österreichische Jugend (Ehemalige Mitglieder erzählen ihre Geschichte)*. Privatveröffentlichung, 3. Auflage (Wien 2002), S. 44. — **40** Ebd., S. 33, 44. — **41** Interview Otto Brichacek, DÖW, Interviewabschrift 734, S. 4. — **42** Möglicherweise war dies jedoch eher eine Bestätigung der vorgeschlagenen Namen als eine Wahl der Leitung; jedenfalls blieb der Vorsitz während des siebenjährigen Bestehens der Organisation fest in den Händen von Otto Brichacek. — **43** Max Ungar: »Die Arbeit des Funktionärs«. In: *Funktionärsschule des Jungen Österreich 1941*. London 1941 (S. 3 ff.). — **44** Georg Breuer: *Rückblende. Ein Leben für die Welt mit menschlichem Antlitz*. Wien 2003, S. 82. — **45** Fritz Walter: »Wer die Jugend hat, hat die Zukunft«. In: *Junges Österreich*, II, Nr. 7, Anfang Juni 1940, S. 6. — **46** »Junges Österreich in Großbritannien«, aus *Jung-Österreich* gibt an, dass 200 Mitglieder in der Britischen Armee gedient hatten (*Jung-Österreich*, VII, Nr. 17, 24.8.1946, S. 4 f.). — **47** Hans Propst: »Ich melde mich zur Armee«. In: *Junges Österreich*, V, Nr. 14, 3.7.1943, S. 7. — **48** *Junges Österreich*, Nr. 10, 2. Novemberheft 1939 (S. 4). — **49** Ebd. (S. 6). — **50** *Junges Österreich*, Nr. 12, 2. Dezemberheft 1939 (S. 8). — **51** Vgl. Alfred Klahrs unter dem Pseudonym »Rudolf« erschienene Abhandlung »Zur nationalen Frage in Österreich«, die im März und April 1937 in *Weg und Ziel* veröffentlicht wurde (neu veröffentlicht in Alfred Klahr: *Zur österreichischen Nation*. Wien 1994). — **52** *Young Austria*, V, Nr. 24, 20.11.1943 (S. 1). — **53** *Young Austria*, V, Nr. 27, 28.12.1943, S. 2. — **54** »Die Vertreibung des Geistigen«. Symposion, Workshop Niederlassungsländer Großbritannien, Manuskript, Wien 1988, S. 10, Österreichische Exilbibliothek im Literaturhaus Wien. — **55** Fritz Walter: *Unsere österreichische Jugendführerschule. Einleitung zu den Materialien*. London 1944, S. 4. — **56** Walter Hollitscher: *Rassentheorie? 6 Lehrbriefe an österreichische Biologielehrer*. London 1944, S. 23. — **57** *Young Austria*, VI, Nr. 18, 9.9.1944, S. 4. — **58** Fritz Walter: »Unsere österreichische Jugendführerschule«. In: *Jugendführerschule des Jungen Österreich*, London (1944). S. 2. Interview Bearman mit Schlomo Kesten, ehemaliges Mitglied von Junges Österreich, 13.5.1998. — **59** Erich Makomaski (Hg.): *Die Freie Österreichische Jugend* (s. Anm. 39), S. 44. — **60** Georg Breuer, *Rückblende* (s. Anm. 44), S. 118 ff. — **61** *Jung-Österreich*, VII, Nr. 17, 24.8.1946, S. 4 f. — **62** Young Austria in Großbritannien. Wiedersehenstreffen anlässlich des 50. Jahrestages der Besetzung Österreichs im Mai 1988, Wien 1988 (S. 1).

Oliver Sadowsky, Søren Seitzberg

Sinnvolle Wartezeit?
Die demokratische und antinazistische Aufklärungs- und Schulungsarbeit
in der Flüchtlingslagerzeitung *Deutsche Nachrichten* von 1945 bis 1948

Nach der Kapitulation Hitler-Deutschlands trafen in Dänemark mit den
Ostflüchtlingen und den deutschen Exilanten, die in den 1930er Jahren aus
Nazi-Deutschland nach Skandinavien geflohen waren, zwei Gruppen Deutscher aufeinander, deren Vorgeschichten kaum unterschiedlicher hätten sein
können. Im Folgenden soll von diesem Aufeinandertreffen unter den Aspekten antinazistischer Aufklärung und demokratischer Erziehung die Rede
sein.[1]

In den ersten Monaten des Jahres 1945 strandeten knapp 250.000[2] Menschen auf der Flucht vor der Roten Armee in Dänemark. Die von der Kriegs-
marine über die Ostsee evakuierten Flüchtlinge stammten überwiegend aus
Ostpreußen. Dort war die Zustimmung zu Hitler besonders groß gewesen,
und die NSDAP erreichte hier bei den Reichstagswahlen 1933[3] ihr bestes Ergebnis. Die zum Teil sehr religiösen Flüchtlinge waren überwiegend
Frauen, alte Männer und zu gut einem Drittel Kinder und Jugendliche unter
19 Jahren.[4]

Bis zum Kriegsende wurden die Flüchtlinge von der deutschen Wehrmacht
sowohl in militärischen als auch in zivilen Gebäuden wie beschlagnahmten
Schulen, Turnhallen, Hotels, Gutshöfen und in den für Dänemark typischen
(Volks-)Versammlungshäusern untergebracht.[5] Nach der Kapitulation des
Deutschen Reiches übernahmen die dänischen Behörden die Unterbringung
der Flüchtlinge. Da jeder Kontakt zwischen der dänischen Bevölkerung und
den Flüchtlingen unerwünscht war, wurden die Unterkünfte – angesichts
der teilweise hasserfüllten Stimmung gegenüber den Deutschen nicht zuletzt
auch zum Schutze der Flüchtlinge – von Wachposten gesichert, die zunächst
mehrheitlich der aus der Illegalität herausgetretenen Widerstandsbewegung
angehörten. Als sich im Sommer 1945 ein längerer Aufenthalt der Flüchtlinge abzeichnete, reagierte die dänische Regierung mit der Bildung einer
Flüchtlingsverwaltung und der Errichtung von Barackenlagern. Die etwa
50.000 schulpflichtigen Kinder sollten in den Lagerschulen demokratisch
unterrichtet und auf die Rückkehr nach Deutschland vorbereitet werden.
Die letzten Flüchtlinge sollten Dänemark erst 1949 verlassen können. Bei
den Bemühungen, den Flüchtlingen demokratische Prinzipien nahe zu bringen, nahmen die deutschen Kommunisten und Sozialdemokraten, die oft

seit Jahren aktiv am politischen Leben im skandinavischen Exil teilgenommen hatten und deren Demokratieverständnis von diesem Aufenthalt geprägt war, eine Schlüsselrolle ein. Die Exilanten spielten in den so genannten Aufklärungskomitees in den Lagern, im zentralen Aufklärungsausschuss und im Unterrichtsausschuss eine entscheidende Rolle. Als Redakteure der Flüchtlingslagerzeitung *Deutsche Nachrichten* (DN) wandten sie sich mit dem Auftrag der antinazistischen Aufklärung und demokratischen Erziehung an die Flüchtlinge.

Paradoxerweise fand die demokratische Erziehung somit in Barackenlagern und hinter Stacheldraht statt; ironischerweise unter Leitung der deutschen Sozialdemokraten und Kommunisten, die nun ihren Landsleuten das Wesen der Demokratie näher bringen sollten. Die DN stellen nicht nur eine der wenigen Quellen aus der unmittelbaren Nachkriegszeit dar, in denen offen formulierte und weitgehend unzensierte antinationalsozialistische Ansichten studiert werden können, sondern sind gleichzeitig ein zeitgeschichtliches Dokument, in dem die Verzweiflung und die Hoffnung, die viele Deutsche nach der Kapitulation empfanden, zum Ausdruck kommen.

Das Verhältnis zwischen der antinazistischen Redaktion und den Flüchtlingen, die nicht nur durch die Zeit des Nationalsozialismus geprägt waren, sondern die sich auch größtenteils auf Grund der unmittelbaren Kriegserlebnisse und der Folgen der Vertreibung eher als Opfer denn als Täter sahen, war keineswegs frei von Spannungen, und die DN wurden von nicht wenigen Flüchtlingen mit gehöriger Skepsis als linkes Agitations- und Propagandablatt aufgenommen. Zugespitzt könnte man sagen, dass die Exilanten den Flüchtlingen die Schuld an ihrem Schicksal geben konnten, während die Flüchtlinge wiederum die politisch verfolgten Gegner des Nazi-Regimes in der Redaktion als »Nestbeschmutzer« und »Landesverräter« beschimpften. In diesem Sinne stellen die DN ein Forum dar, in dem um den Inhalt von Begriffen wie Opfer/Täter, Deutsch/»Undeutsch« gestritten wurde.

Auch Kinder, aber insbesondere Jugendliche, beteiligten sich an diesen Debatten. Da der überwiegende Teil der Jugend nichts anderes als das nationalsozialistische Erziehungs- und Sozialisationssystem kannte und demzufolge als besonders schwer zugänglich für die demokratische Erziehung eingeschätzt wurde, galt der Gruppe der 14–20-jährigen Jugendlichen – als potenzielle Garanten für die Zukunft Deutschlands – die besondere Aufmerksamkeit der Flüchtlingsverwaltung und der Exilanten in Dänemark.[6] Im vorliegenden Text soll der Frage nachgegangen werden, wie sich am Beispiel dieser Zielgruppe das selbst ernannte Ziel der Exilanten, demokratische und antinazistische Aufklärung durch die DN zu betreiben, in den Ausgaben der Jahre 1945–1948 widerspiegelt.

Die Deutschen Nachrichten

Am 25. September 1945 erschien die erste Ausgabe der DN als legale Lagerzeitung, die letzte Ausgabe erschien im November 1948.[7] Die Auflage betrug 20.000 Exemplare, und die Zeitung erschien – mit wenigen Ausnahmen – wöchentlich. Sie sollte auf parteipolitisch streng neutraler Grundlage »demokratische und antinazistische Aufklärungs- und Schulungsarbeit« leisten und das Bild des »neuen Deutschlands in der dänischen Öffentlichkeit«[8] vertreten.

Nach dem Weggang der kommunistischen Redaktionsmitglieder in die Sowjetische Besatzungszone bestand die Redaktion ab Sommer 1946 – vom parteipolitisch wenig profilierten kommunistischen Redaktionsmitglied Niels Rickelt abgesehen – ausschließlich aus sozialdemokratisch orientierten Mitgliedern.[9] Bis zum Spätsommer 1946 gelang es, durch die Kombination von konfrontativer Aufklärungsjournalistik und zwar gesteuerter, aber bewusst alle Meinungsgruppierungen unter den Flüchtlingen einbeziehender Diskussion unter den Rubriken *Das Wort ist frei* und *Die Lager sprechen*, einen größeren Zuspruch seitens der Leser zu erzielen, die den DN bis dahin gleichgültig bis ablehnend gegenüber gestanden hatten. Dieses redaktionelle Konzept, das unter der Führung Hans Reinowskis und nicht ohne scharfe Konflikte mit seinen sozialdemokratischen Redaktionskollegen Fritz Bauer und Adolf Hirsch durchgesetzt wurde, stabilisierte sich im Laufe des Jahres 1946 und wurde von Karl Raloff im Wesentlichen fortgesetzt, als dieser für den Rest der Erscheinungsdauer der DN im Dezember 1946 Nachfolger des nach Deutschland zurückkehrenden Reinowski wurde.[10]

Demokratische Erziehung und antinazistische Aufklärung in den DN

Die Auseinandersetzung mit den im »Dritten Reich« begangenen Verbrechen war ein zentraler Bestandteil der Aufklärungsarbeit in den DN. Themen wie NS-Verbrechen, Strafverfolgung, Entnazifizierung und Reeducation in den vier Besatzungszonen nahmen breiten Raum ein. 1946 wurde ausgiebig über den Nürnberger Prozess berichtet. Ab Mitte 1947 nahm diese Berichterstattung jedoch ab, die Urteile waren gesprochen, und andere Themen wie die bedrückende Situation in Deutschland, die desolate Versorgungslage, die Boden- und Währungsreform und die sich allmählich abzeichnende doppelte Staatsgründung rückten in den Vordergrund und drängten – ähnlich wie in Deutschland – die Aufarbeitung der unmittelbaren Vergangenheit in den Hintergrund.

In den ersten Ausgaben des Jahres 1945 fanden sich unter Überschriften wie »Schwerindustrie trieb zum Krieg«[11] oder »Nun kommen die Hintermänner dran«[12] noch typische Beispiele einer redaktionellen Linie, die Verantwortung eher selektiv verteilte und von einem Antifaschismusverständnis zeugte, in dem ein gewisser Zusammenhang zwischen Klasse und Schuld formuliert wurde. Seit Anfang 1946 wurde diese Position von der Redaktion nicht mehr vertreten. Dies kann mit dem Weggang der kommunistischen Redaktionsmitglieder erklärt werden.

Zur Beantwortung der Schuldfrage war die Auseinandersetzung damit, was die Zivilbevölkerung von den Verbrechen des Hitler-Regimes wusste oder wissen wollte, nahe liegend. Die Redaktion bezog hierzu eindeutig Stellung, wie etwa der Kommentar der DN unter einem ursprünglich aus dem Witzblatt *Ulk* des Jahres 1931 stammenden Cartoon zeigt: Auf der Zeichnung sind uniformierte Nazis mit Hakenkreuzflagge damit beschäftigt, Galgen und eine gewaltige Guillotine zu errichten. Zwei Zivilisten sehen untätig mit hilfloser Geste zu. Dazu bemerkt der Kommentator der DN: »›Wir haben nicht wissen können, was die Nazis vorhatten‹, entschuldigt man sich heute oft. Hier der Gegenbeweis, einer von Tausenden. Nur glaubte man nicht.«[13] Von Schuld könne weder Unwissenheit noch der Rückzug ins Private freimachen. Prominente Vertreter dieser Auffassung waren Karl Jaspers und Martin Niemöller, deren Position die DN veröffentlichten und im Wesentlichen ebenfalls vertraten.[14] Auch Viktor Gollancz' Ablehnung einer kollektiven Schuld der Deutschen wurde in den DN gebracht.[15]

In vielen Leserbriefen wurde der Schuldfrage auf unterschiedliche Weise ausgewichen. So reagierte nicht nur die 16-jährige Edda Wolff mit Ungläubigkeit auf die Berichterstattung in den DN: »Wohl kann ich behaupten, dass ich erschüttert bin über die grauenvollen Auswüchse der Nazis, und wenn 1/1000 davon nur wahr ist, so wäre es furchtbar! Es sind Taten, von denen wir bisher noch nicht hörten; dass das Deutsche getan haben, ist sehr traurig.«[16] Unter der Überschrift »Zur Schuldfrage« veröffentlichte die Redaktion in der Leserrubrik *Das Wort ist frei* stellvertretend für die drei am häufigsten eingegangenen Reaktionen drei Leserbriefe zum Thema.[17] F. Gronau gab allein den Parteigenossen die Verantwortung: »Nur die Pgs. sind verantwortlich, das Volk ist schuldfrei!«[18] Ernst Thurau erklärte jeden Deutschen am Nazismus schuldig, jedoch nicht am Krieg und an den begangenen Verbrechen. Heinrich Schmidt jedoch sah die Schuld beim ganzen Volk. Er schrieb: »Mit Ausnahme derer, die im K.Z. Leben und Gesundheit opferten, haben wir alle Schuld an dem, was sich vollzog, auch dann, wenn wir die meisten Handlungen der Partei ablehnten.«[19] Insbesondere in den Jahren 1946 und 1947 wurden jedoch Leserbeiträge von Jugendlichen veröffentlicht, die – mit dem Hinweis, sich im »Dritten Reich« unpolitisch verhalten zu haben – jede Schuld von sich wiesen. Dagegen wandte sich die Redaktion mit dem bereits erwähnten Hinweis, dass man sich mit dem Rückzug aus der Politik nicht von der Schuld freisprechen könne, und entsprechend verurteilte sie die Gruppe der selbst ernannten »Nichtschuldigen« in der Antwort auf einen Leserbrief wie folgt: »Zu den Nichtschuldigen gehören aber nicht die, die sich um Politik nicht gekümmert haben. Im Gegenteil, sie sind besonders schuldig, denn sie sind Egoisten gewesen, die nur an ihren eigenen Kram dachten.«[20] Auch in einer Art jugendlicher Verführbarkeit suchten einige Jugendliche ein Argument für die Zurückweisung der eigenen Schuld. So entwarf die jugendliche Gerda Stromowski das Bild einer fremdbestimmten Jugend: »Ja, es ging sogar soweit, dass nicht einmal mehr unsere Eltern über uns zu bestimmen hatten, sondern die H.J.«[21] Ähnlich äußerte sich der 16-jährige Hartmut von Bergen und in seinem Leserbrief heißt es kategorisch: »Wir waren Staatsjugend. (…) Wir haben gesehen, dass unsere Feinde Fehler begangen haben, bei uns sahen wir keine oder nur geringe Fehler; das wird kein denkender Mensch der Jugend als Fehler oder als Schuld anrechnen. Wir strebten den uns vorgezeichneten Idealen nach, und das ist das Vorrecht der Jugend.«[22] Der 17-jährige Günther Thomas räumte zwar in einem Leserbrief lapidar ein, dass sich die Jugend »nicht sehr mit Ruhm bekleckert«[23] habe, dass aber Baldur von Schirach, der 1946 als ehemaliger Reichsjugendführer im Nürnberger Hauptkriegsverbrecherprozess zu 20 Jahren Haft verurteilt wurde[24], sich selbst dazu bekannt habe, »die Jugend in den Abgrund geführt«[25] zu haben. Der Führer der Jugend trage die Hauptverantwortung für die Verfehlungen der Jugendlichen. So setzte sich in nicht wenigen Leserbriefen das Führerprinzip auch in der Schuldfrage durch. Eine Vielzahl von Jugendlichen charakterisierte sich insofern als willenlose, quasi amorphe Masse in der Hand von skrupellosen Machthabern, wobei postulierte Naivität und Begeisterungsfähigkeit ein Schuldgefühl oder -eingeständnis verhinderten.

Flucht und Vertreibung

Flucht und Vertreibung nahmen in der Berichterstattung wenig Raum ein. Auch die Ausschreitungen und Verbrechen, die die Soldaten der Roten Armee an der flüchtenden Zivilbevölkerung begangen hatten, wurden in den DN nur am Rande behandelt. Dass diese Verbrechen an der deutschen Zivilbevölkerung die Flüchtlinge beschäftigten, steht außer Frage, und sie spielten nicht zuletzt auch in den Leserbriefbeiträgen der Jugend, die zum Teil Augenzeugenberichte lieferten[26], eine Rolle. Chefredakteur Reinowkis stellenweise sehr grobe Antworten[27] riefen zu Recht zahlreiche Proteste[28] unter den Flüchtlingen hervor. Unmittelbar nach Ende des Zweiten Weltkrieges und ohne den vielleicht notwendigen zeitlichen Abstand mochte man wohl in der Redaktion nicht über das an Deutschen verübte Unrecht reden, da dies möglicherweise als Versuch gegolten hätte, die eigene Schuld zu relativieren

und dies von der eigentlichen Intention der redaktionellen Arbeit, der demokratischen Erziehung, abgelenkt hätte. Darüber hinaus erscheint es denkbar,
dass die DN, als einer von den dänischen Behörden finanzierten Zeitung,
die als selbst ernanntes Ziel u. a. die Vertretung des neuen Deutschlands in
der dänischen Öffentlichkeit hatte, in einem Akt von Selbstzensur das Thema der deutschen Opferrolle, mit Rücksichtnahme auf eine antideutsch ein-
gestellte dänische Öffentlichkeit, auszugrenzen versuchte. Es ist allerdings
unverkennbar, dass die redaktionelle Ausklammerung der Kriegsverbrechen
die Glaubwürdigkeit der Zeitung unter den Flüchtlingen beeinträchtigte und
sich kontraproduktiv auf den Versuch der demokratischen Neubesinnung
auswirkte.

Was ist Demokratie?

Um die Leser der DN auf die Demokratie einzuschwören, war diese sowohl
in den Leitartikeln, der Rubrik *Wochenschwatz von Jochen Spatz* alias Reinowski, als auch in den übrigen Artikeln ein ständig wiederkehrendes Thema. So wurde nicht nur die fehlende demokratische Tradition in Deutschland herausgearbeitet[29], sondern damit auch die notwendige demokratische
Erneuerung des deutschen Volkes gefordert.[30] Nicht zuletzt wurde die Bedeutung von freier Presse und freier Rede hervorgehoben. In diesem Zusammenhang wurde an verschiedenen Stellen auch die Notwendigkeit einer
kritischen Haltung des Lesers gegenüber der freien Presse – und damit auch
der DN – unterstrichen.[31]
    In dem Leserbrief des 17-jährigen Horst Virchow wurde nicht nur deut-
lich, dass in den Lagern durchaus über Demokratie und die so genannten
Wendehälse gesprochen wurde, sondern auch, dass Diktatur und Demokratie nicht immer als wesensunterschiedlich erkannt, sondern für manche
als frei austauschbare Organisationsprinzipien aufgefasst wurden, deren je-
weiliges Auftreten auf Zufälligkeit beruhte. Bei Virchow hieß es: »Das Tages-
gespräch ist ausser dem nach Deutschland fahren das Wort Demokratie. Ich
bin mir nun noch über eins nicht klar. Wir haben jetzt Kriegsverbrecher von
A bis Z. Jetzt werden alle Demokraten. Sie nehmen vielleicht noch eine Stellung an, wenn dann der Wind wieder mal anders weht, dann sind die Demokraten die Verbrecher usw.«[32] So wurde in mehreren Zuschriften deutlich,
dass die Leserschaft nach zwölf Jahren Hitlerdeutschland ihre Schwierigkeiten hatte, das Wesen der Demokratie zu verstehen.
    Interessant ist, dass die Redaktion die Gedanken des dänischen Professors
und Theologen Hal Koch aufnahm und diese nicht nur in den DN, sondern
auch als Sonderdruck veröffentlichte und mit Arbeitsfragen, die in Arbeitsgemeinschaften bearbeitet werden sollten, ergänzte.[33] Die Artikel richteten

sich an alle Altersgruppen, sind aber sicherlich im Besonderen ein Versuch, mit Hal Kochs Ideen zu Arbeitsgemeinschaften und Jugendverbänden der Jugend ein Rüstzeug für die demokratische Arbeit zu geben. Für Hal Koch bestimmt die Möglichkeit des im gegenseitigen Verständnis und Respekt geführten Gesprächs – des Dialogs – das Wesen der Demokratie. Die freie Meinungsäußerung und der Kompromiss stehen im Zentrum. Die Redaktion der DN bemühte sich, dieses Prinzip publizistisch umzusetzen. Aus vielen Leserbriefen geht hervor, dass Hal Kochs Ideen bei vielen Jugendlichen nicht nur auf Interesse gestoßen sind, sondern auch Gegenstand intensiver Diskussionen – nicht zuletzt im Schulunterricht und in den Jugendgruppen – waren. Der 18-jährige Reimer Siebenfreund, der ein fleißiger Leserbriefschreiber war, berichtete über die Aktivitäten der Jugendgruppe Kløvermarken, deren Mitglied er war: »Wir hatten das Ziel vor Augen, eine Jugendgruppe nach demokratischen Grundsätzen aufzubauen, und dazu mussten wir ja wohl erst einmal wissen, was Demokratie ist. Das Grundbuch, d.h. der Leitfaden für diesen ersten Studienkreis, für viele der erste überhaupt, war Hal Kochs Studie ›Was ist Demokratie?‹. Wir lernten diskutieren und kritisieren, was die meisten von uns noch nicht konnten.«[34]

In Hal Kochs ungekürzter Originalausgabe von *Hvad er Demokrati?*[35] wurde der Sowjetunion (SU) zwar zugestanden, eine ökonomische Demokratie geschaffen zu haben, gleichzeitig jedoch konstatiert, dass sie noch weit davon entfernt sei, sich eine politische Demokratie nennen zu können. Hal Kochs Anmerkungen zur fehlenden politischen Demokratie in der SU wurden in den DN nicht wiedergegeben, und dies sorgte unter der Leserschaft für einige Verwirrung. Der Jugendliche Horst Stürzenbecher fragte sich in seinem die Demokratie befürwortenden Brief, warum in der SU nur eine Partei zugelassen sei: »Weshalb werden dort die Leute verfolgt, die eine andere politische Meinung als die Regierung haben? Wozu sind solche Gewaltmassnahmen notwendig?«[36] Es liegt eine gewisse Ironie in der Tatsache begründet, dass die Redaktion ausgerechnet mit dem an entscheidenden Stellen gekürzten Abdruck der Thesen Hal Kochs eine kritische Reaktion bei denjenigen jugendlichen Lesern heraufbeschwören sollte, die offenbar nicht gewillt waren, sich damit zu begnügen, Hal Kochs Ideen auswendig zu lernen. In der Nachbetrachtung kommt man kaum umhin festzustellen, dass die Glaubwürdigkeit der Redaktion durch die Ausklammerung der Kritik an der SU gelitten hat.

Nicht wenige Jugendliche und Lehrer äußerten die Sorge, dass die intensive Beschäftigung mit dem Thema »Demokratie« in den DN eine Übersättigung unter der Leserschaft zur Folge haben könne. So wird davon berichtet, dass viele Flüchtlinge es zuweilen leid seien, von der Demokratie zu hören und zu lesen. Exemplarisch für diese Sorge schrieb Walter Kretschmer aus dem Lager Melby: »Jedenfalls machen sie nur ihre schlechten Witze über

Demokratie und lachen dann noch unbändig über ihre vermeintliche
›Schlauheit‹. (...) Wenn den Leuten irgend was an den dänischen Behörden
nicht gefällt, dann heisst es: Ja, das ist nun Demokratie!«[37] Die Beobachtung,
dass der Demokratie die Schuld für empfundene Missstände in den Lagern
gegeben wurde, bezeugt, dass sie unter den Flüchtlingen einen schweren
Stand hatte und von einigen offensichtlich tatsächlich als »Schlagwort« oder
»Sündenbock« benutzt wurde. Die meisten Flüchtlinge hatten vermutlich
das Gefühl, dass es ihnen persönlich unter der Diktatur in vielerlei Hinsicht
besser gegangen war als jetzt in den »demokratischen« Lagern. Dies betraf
nicht nur den Verlust von Heimat und Angehörigen, sondern auch die Unterbringung hinter Stacheldraht, die in direktem Gegensatz zu dem Wesen der
Demokratie stand und als solche bei manchem dazu beigetragen haben mag,
der Demokratie skeptisch gegenüberzustehen.

Die Schule in den Lagern

Der demokratischen Erziehung an den Schulen wurde von der Redaktion
ein hoher Stellenwert eingeräumt. Das Thema »Schule« wurde nicht nur in
Leitartikeln behandelt, sondern auch auf den die Lager betreffenden Seiten
ausgiebig erörtert. Hier wurde auch ausführlich von den vielfältigen organisatorischen und praktischen Problemen berichtet.[38] Im Verlauf des Jahres
1946 wurde in verschiedenen Berichten geschildert, dass sich mit der Zeit
die schulischen Rahmenbedingungen in den Lagern verbesserten und dass
sich die Situation ab 1947 auf Grund der Heimtransporte wieder erschwerte.[39] Besonders 1946 wurden einige grundlegende Gedanken zu einer Schulreform erörtert. Nach diesen notwendigen, grundlegenden Weichenstellun-
gen traten 1947 andere Schwerpunkte – wie die Lösung praktischer und
organisatorischer Probleme – in den Vordergrund.
   Aus Leserbriefen – u. a. von Lehrern – geht hervor, dass in den Lagern über
eine Verwahrlosung der Jugend und über Mütter geklagt wurde, die ihrer
Erziehungsaufgabe nicht gerecht werden konnten. Viele Lehrer kennzeich-
neten auch die Jugend als zügellos und ohne Anstand. Anfang 1946 bemän-
gelte eine Hilfslehrerin, dass ein »gewisser Rückstand in der aktiven Erziehungsarbeit aufzuweisen«[40] sei. Als Ursachen hierfür müssten zum Teil die
fehlende schulische Arbeit der letzten zwei Jahre, zum Teil aber auch der
Widerstand, der von den Eltern ausgehe, aufgeführt werden.
   Die gewichtige Rolle der Schule wurde – was wenig verwunderlich ist – in
vielen Beiträgen von der Lehrerschaft hervorgehoben. So klagte ein Lehrer
an: »Die nach dem Grundsatz ›Jugend wird nur durch Jugend geführt‹ miss-
leitete Jugend muss wieder das Alter achten lernen, muss die schrankenlose,
jedes Streben erstickende Selbstgefälligkeit ablegen und sich der Pflichten

bewusst werden, die der Aufbau eines neuen Deutschlands gerade ihr auferlegt.«[41] Jetzt müsse die Jugend wieder auf den richtigen Kurs gebracht werden und wieder lernen, das Alter zu schätzen. Der Verfasser rügte darüber hinaus nicht nur den geringen Wissensstand der Jugend, sondern auch den Widerwillen der 14–16-jährigen, sich schulisch erfassen zu lassen. Vernichtend urteilte er: »Es fehlte beim grössten Teil dieser Jugendlichen jede idealistische Lebensauffassung und jedes Streben, sich zu eigenem und allgemeinem Nutzen weiterzubilden.«[42] Hier wird ein tief greifender Generationenkonflikt deutlich, die Schuld hierfür wurde bei der »Hitlerjugend« (HJ) gesucht. Mit dieser Einschätzung stand der Verfasser nicht allein. In vielen Beiträgen der Lehrer wurde deutlich, dass die Erzieher in den Schulen jetzt wieder eine bedeutsamere Rolle spielen wollten.

Im Laufe des Jahres 1947 wurde schon von einer Verbesserung der Wissenslücken und der Sitten gesprochen; die schulische Erziehung trage bereits Früchte. So schrieb ein Lehrer namens Treuwald über den durchschlagenden Erfolg des Faches »Anstandslehre«: Hierdurch habe auch das unentschuldigte Fehlen im Unterricht stark abgenommen: »Nur selten muss zu einem Kino- und Tanzverbot gegriffen werden, man muss nur die Jugendlichen richtig anfassen, dann haben sie auch Vertrauen zu ihren Erziehern und sind dankbar, willig und gehorsam.«[43] Auch nach dieser Auffassung war die Rolle der Lehrer nicht zu unterschätzen.[44] Diese Zustandsbeschreibung mag zum Teil zutreffend gewesen sein, wird aber sicherlich auch zur Rechtfertigung und dem Aufbau sowie der Konsolidierung der eigenen Position gedient haben. So berichtete die Lehrerschaft von einer Jugend, die der Vorbilder bedürfe und diese in den Lehrern finden könne. Ihre eigene Rolle in der Hitler-Zeit wurde von den Lehrern nicht kritisch hinterfragt. Damit nahmen sie nicht nur Abstand zu ihrer Verantwortung in der Hitler-Zeit, sondern stärkten gleichzeitig ihre Position in den Lagern und nicht zuletzt auch im Nachkriegsdeutschland.

In den Diskussionen über die Schule war eine Gruppe weitgehend unterrepräsentiert: die Gruppe der Schüler. Während es den DN gelang, die Jugend in spezifischen Fragen wie z. B. der Jugendorganisationen zu einer Diskussion anzuregen, wurde die Chance vertan, das Thema »Schule« für die Schüler zu öffnen.

Die Jugendorganisation

In den DN wurde das Thema der demokratischen Jugendorganisation ausgiebig und auf unterschiedlich hohem Niveau behandelt. Diverse Leitartikel forderten die Jugend dazu auf, sich kritisch mit der Vergangenheit und der HJ auseinander zu setzen, in den Lagern aktiv in Jugendorganisationen

mitzuwirken und an den Arbeitsgemeinschaften zur Demokratie teilzunehmen.[45] Die Redaktion begrüßte eine überparteiliche Jugendbewegung in den
Lagern, während sie für die Zeit nach der Rückkehr nach Deutschland jedoch
die parteigebundene Organisation befürwortete.[46] So schrieb Redaktionsmitglied Karl Rowold in einem Leitartikel: »Lernt das Wandern, anstatt das
Marschieren fortzusetzen, bildet ›Jugendgruppen‹ anstatt Patrouillen, Kolon-
nen und Divisionen, lernt die Kunst der Diskussion anstatt der Befehle. (…)
Wir raten Euch, nirgends in den Lagern Jugendgruppen nach parteipoliti-
schen oder religiösen Trennungslinien aufzubauen. (…) Schreibt ›Arbeit,
Frieden und Demokratie‹ auf Eure Fahnen – dann braucht uns um Deutschlands Zukunft nicht Angst zu sein.«[47] Dabei war die redaktionelle Empfeh-
lung zur überparteilichen Jugendbewegung in den Lagern wahrscheinlich
nicht so sehr Ausdruck einer kommunistisch orientierten Position, sondern
vielmehr pragmatische Konsequenz des Verbotes jeglicher parteilichen Tätigkeit in den Lagern durch die dänischen Behörden. Zur Belebung der Debatte appellierte die Redaktion Ende 1946 direkt »an die Jugend.«[48] Hier wurde als »eine der wichtigsten Fragen unserer Zukunft« unter der Fragestellung
»Wie stelle ich mir eine ideale deutsche Jugendbewegung vor?«[49] der Wunsch
angesprochen, einen Meinungsaustausch in den DN zu veröffentlichen. Der
Aufruf endete mit der Bitte »um Zuschriften«.[50] Nachdem bereits Anfang
1947 vier Beiträge auf einer Themenseite zur Frage der Jugendorganisation
veröffentlicht werden konnten[51], ist das Thema im Verlauf des Jahres 1947
regelmäßig in Leserbriefen aufgegriffen worden, wobei die Redaktion kom-
mentierend in die Debatte eingriff. Die Haltung der Nachkriegsjugend zur
HJ und die Ziele und Ideale einer neuen Jugendbewegung sowie deren Struktur und Organisation waren wiederkehrende Themenbereiche, die in den
Leserbriefen von Jugendlichen diskutiert wurden. Viele beschrieben in den
dänischen Lagern eine Entwicklung in verschiedenen Phasen. Die Abkehr
von den alten Idealen sei schwer gefallen. Auf die schmerzhafte Erkenntnis,
dass der Nationalsozialismus ein Irrweg gewesen sei, folgte zunächst eine
Phase der Orientierungslosigkeit, in der man allem Neuen misstrauisch ge-
genübergestanden habe. So schrieb der 16-jährige Horst Nötzig in seinem
Leserbrief, dass er nach seiner Ankunft in Dänemark in eine »regelrechte
Stumpfsinnigkeit«[52] verfallen sei, und er sich, seiner Ideale beraubt, »vorgenommen hatte, nie wieder irgend einer Jugendbewegung beizutreten«.[53]
Durch die Lektüre der DN habe er begriffen, »dass es auch noch andere Idea-
le gäbe« und »dass es doch wichtig ist, wieder eine deutsche Jugendbewegung
zu gründen«.[54]
    Einige Jugendliche argumentierten – nicht bloß im Vokabular – auch nach
dem Zusammenbruch des »Dritten Reichs« noch nationalsozialistisch. Der
Leserbrief der 18-jährigen »B. Müller«[55] ist hierfür ein anschaulicher Beleg:
In der Zuschrift bekannte sich die Verfasserin – die mit kaum verschleierter

Verachtung die DN als »unwürdige Zeitung«[56] titulierte – zu Hitler und versuchte, als deutliche Reaktion auf die von der Redaktion gebrachten Artikel, in denen eine Linie vom Kaiserreich zum Hitlerreich gezogen wurde, diese Argumentation zurückzuweisen: »Wir werden den Führer doch für alle Zeit so sehen, wie wir ihn selbst erlebt haben. – Erfolg gibt Recht, Misserfolg demnach Unrecht. – Aber nein, man muss an das denken, was der Mensch gewollt hat, an seine grossen Ideen. Die meisten Grossen der Welt hat ein tragisches Ende ereilt und so auch ihn. – Ihr macht ja sogar auch Bismarck schlecht, den doch bis jetzt in jeder Zeit die Deutschen geehrt haben. Allein, wenn man das sieht, braucht man die Anklagen, die unseren Führer betreffen, überhaupt nicht ernst zu nehmen.«[57] Die Zeit unter der NS-Herrschaft und in der HJ wurde unter Zuhilfenahme verschiedener Abwehrmechanismen beschönigt. Leserbriefe, die ideologisch noch mit dem Gedankengut des Nazismus behaftet waren, wurden – im Gegensatz zu den demokratischen Meinungsäußerungen – zumeist kritisch kommentiert und sind auch ein Beleg für die Offenheit, mit der die Debatte geführt werden konnte. Das Thema »HJ« wurde in vielen Leserbeiträgen der Jugendlichen häufig im Zusammenhang mit der Frage nach einer zukünftigen Jugendbewegung behandelt. Während einige der HJ-Zeit nachtrauerten[58], distanzierte sich die Mehrheit der Leserbriefschreiber eindeutig vom Nationalsozialismus und der HJ. Manch ein Jugendlicher kennzeichnete die neue demokratische Jugend pathetisch als die »echte deutsche Jugend«.[59] Als neue Erziehungsideale wurden allerdings nach wie vor häufig Schlagwörter wie Opferbereitschaft, Treue und Kameradschaft bemüht, die stark an die pädagogischen Leitmotive der HJ-Sozialisation erinnerten.

In fast allen demokratisch gesinnten Leserbriefen wurde die Meinung vertreten, durch den Einsatz für die Demokratie eine Art Wiedergutmachung betreiben zu können.[60] Der Wiederaufbau eines demokratischen Deutschlands wurde hierbei als integrierendes Element aufgefasst. Insgesamt erteilte man der Einheitsjugendbewegung mit quasi »automatischer« Mitgliedschaft jedoch eine Absage, die Teilnahme in einer Jugendorganisation sollte jetzt auf Freiwilligkeit beruhen. Aber nur wenn die Jugend zusammenhalte, könne der Wiederaufbau durch die Arbeit in Jugendbewegungen gelingen. Hier wurde ein idealistisches und vielfach auch naives Weltbild entworfen, in dem eine verführte Jugend Verbrechen wieder gutmachen könne.[61]

Viele Jugendliche wirkten in ihren Leserbriefen verunsichert und bekundeten, dass konstruktive Kritik erwünscht, »meckern« jedoch verpönt sei.[62] Es hat den Anschein, als ob dieser hohe Anspruch so manchen Jugendlichen, der selbst mehr Fragen als Antworten hatte, von der Teilnahme an der Debatte abgehalten haben mag.

Inwieweit die Leserbriefe in ihrer Gesamtheit ein repräsentatives Bild der Jugend in den Lagern wiedergeben, ist schwer zu beurteilen. Es fällt jedoch

auf, dass insgesamt zwar nur verhältnismäßig wenige, dafür aber oftmals dieselben Jugendlichen mit verschiedenen Beiträgen an der Debatte teilnah-
men. Diese Jugendlichen waren in der Regel einer Jugendgruppe ange-
schlossen und bildeten in den Lagern eine Minderheit.[63] Es geht aus mehreren
Beiträgen hervor, dass das Verhältnis der in Jugendgruppen organisierten
Jugendlichen zu den nicht organisierten Jugendlichen keineswegs konflikt-
frei war. Ebenso wird deutlich, dass viele Jugendliche anderes im Kopf hatten, als sich tagsüber eifrig an der Schaffung einer neuen Jugendorganisation
zu beteiligen und abends politische Fragen in Arbeitsgemeinschaften zu diskutieren.[64] Es gelang der Redaktion nur zum Teil, diese desillusionierten und
uninteressierten Jugendlichen an der Debatte zu beteiligen. Erst relativ spät
meldeten sich einige der so genannten Unpolitischen zu Wort. Exemplarisch
versuchte etwa Liselotte Becker zu erklären, warum sie selbst sich nach dem
Zusammenbruch des »Dritten Reichs« von der Politik zurückgezogen habe:
»Ich war begeisterte Anhängerin der Jugendbewegung des heute so verach-
teten Nationalsozialismus. Wie üblich, wurden wir auch dort politisch
geschult und schliesslich ging ich nicht blind durch die Welt, um nicht die
guten, schönen und auch menschlichen Einrichtungen desselben zu sehen
und zu erkennen. (...) Dann kam der Zusammenbruch, und mit ihm auch
die sich stets häufenden, uns so neuen Nachrichten über den Nationalsozialismus. Da hörte man auf einmal von Gräueltaten in den Konzentrationslagern, von Massenmorden und Verbrechen in besetzten Gebieten. Dafür
fand sich, wie die Zeitungen zu berichten wussten, Beweismaterial in allen
Ecken Deutschlands. Das Urteil über den Nationalsozialismus wurde gesprochen und der Stab über ihn gebrochen. Dass man aber dabei vielen Millionen Deutschen, besonders der Jugend den Boden entzog und ihr Vertrauen
zu den Menschen und ihrer Politik und ihrer politischen Ehrlichkeit total
erschütterte, das konnte man wohl nicht ahnen. (...) Mit diesen Ausführungen, die Ihnen meine Einstellung zur Politik bekannt geben, möchte
ich besonders Ihre Feststellung widerlegen, dass sich alle Unpolitischen aus
Egoismus der Politik fern halten, und wenn Sie damit auch nicht die Heutigen meinten, so ist Ihnen immer noch nicht bekannt, ob diese nicht vor
1933 eine ähnliche Enttäuschung durch irgend eine politische Partei erlebt
haben, die sie unpolitisch werden ließ.«[65] Wie die Leserbriefschreiberin nahm
ein großer Teil die Position des Unwissenden für sich und seine Generation
in Anspruch. Danach war die Abwendung vom politischen Leben nicht eine
bewusst egoistische Handlung, sondern eher Ausdruck einer tief greifenden
Vertrauenskrise in den Menschen und in politische Systeme als solche. Es
erscheint nur all zu menschlich, wenn sich viele um ihre Begeisterung betrogen fühlten und sich desillusioniert in ihr Privatleben zurückzogen. Dass
dies kein Einzelfall war, mag seinen Ausdruck in der insgesamt doch eher
spärlichen Teilnahme an den Diskussionen finden. Insofern spiegelt sich in

dem zuvor genannten Beitrag eine zahlenstarke Gruppe von Jugendlichen, die es für die Demokratie zu gewinnen galt.

Dass die Debatte insgesamt dennoch als Erfolg gewertet werden muss, liegt nicht nur an der offenen Art und Weise, wie die Diskussion geführt wurde, sondern auch an der trotz alledem beachtlichen Mobilisierung von Lesern. Es bleibt festzuhalten, dass dieser Aufruf zur Debatte den wohl erfolgreichsten Versuch der Redaktion darstellte, die Jugend zu einer Auseinandersetzung zu motivieren.

Nachwort

Inwieweit die (Warte-)Zeit in den dänischen Flüchtlingslagern den Umständen entsprechend sinnvoll genutzt wurde und welche Bedeutung der Einsatz der Exilanten für die demokratische Entwicklung des Einzelnen gespielt hat, ist nicht eindeutig zu beantworten. Fest steht jedoch, dass die Demokratisierungsversuche in den DN unter den Flüchtlingen zwar einen schweren Stand hatten, jedoch nicht nur sinnvoll, sondern auch notwendig in Bezug auf eine Auseinandersetzung mit der unmittelbaren Vergangenheit waren. Die massive Indoktrinierung durch den Nazi-Staat, die Fluchterfahrungen, aber auch die Lebensbedingungen hinter Stacheldraht waren Faktoren, die die Aufnahmebereitschaft unter den Flüchtlingen erschwerten und nicht wenige von der Teilnahme an den Diskussionen abhielten. So wurden die DN von vielen Flüchtlingen abgelehnt, andere nahmen sie überhaupt nicht wahr, wieder andere aber nutzten die DN als Organ eigener Meinungsbildung und als Forum für Diskussionen. Das wird im Großen und Ganzen vermutlich auch für die jugendlichen Flüchtlinge seine Richtigkeit haben. Es kann angenommen werden, dass gerade durch das Heranwachsen unter Lagerbedingungen die nichtfamiliären sozialen Beziehungen der Jugendlichen ein vergleichsweise größeres Gewicht für die Persönlichkeitsentwicklung bekamen. Dies dürfte insgesamt die Möglichkeiten ihrer positiven Beeinflussung durch demokratisches Gedankengut eher vermehrt als verringert haben.

Oskar Negt – der im Alter von elf bis zwölf Jahren in Nordjütland interniert war – äußerte in einem Interview[66] mit Klaus Schulte die Vermutung, dass die Zeit in den Lagern für die meisten Flüchtlinge ein bewusstseins- und gefühlsmäßiges Moratorium darstellte. Negt erinnert sich positiv daran, dass die Schule in seinem Lager eher ein Randdasein führte. Auch an eigentliche organisierte Jugendarbeit kann er sich nicht erinnern, wohl aber daran, dass er gemeinsam mit gleichaltrigen Kameraden die Möglichkeit bekam, sich handwerklich kreativ zu betätigen und in eigener Regie u.a. Spielzeug für andere Kinder und Jugendliche herzustellen, was er als einen wichtigen frühen Impuls zu selbstbestimmtem Lernen erinnert.

Wie wir in den Leserbriefen sehen können, gab es auch unter den Jugendlichen Flüchtlinge, die durch die Lektüre der DN wichtige Grundlagen der
Demokratie kennen lernten und die Gelegenheit nutzten, diese in den DN
untereinander und mit der Redaktion zu diskutieren. Die Schaffung einer
Leserseite und der prinzipiellen Möglichkeit einer freien und unzensierten
Meinungsäußerung muss hierbei als wichtiger redaktioneller Schritt zur
demokratischen Bildung betrachtet werden. In den DN rückte die freie Rede
als Instrument zur demokratischen Schulung in den Vordergrund. So trug
die Herausgabe der DN dazu bei, die Zeit in den Lagern – entsprechend der
Intention der Exilanten – konstruktiv nutzen zu können.

1 Vgl. unsere im Juni 2005 an der Universität Roskilde eingereichte Magisterarbeit: *Sinnvolle Wartezeit? Die demokratische und antinazistische Aufklärungs- und Schulungsarbeit in der Flücht-lingslagerzeitung »Deutsche Nachrichten« von 1945–1948.* Die Arbeit erscheint im Jahr 2006 in erweiterter Fassung in der von Hélène Roussel herausgegebenen Reihe ›Exil – Forschungen und Texte‹ bei edition lumière, Bremen. — **2** Henrik Havrehed: *De tyske flygtninge i Danmark 1945–1949.* Odense 1987, S. 335. Vgl. *Flygtninge i Danmark 1945–1949.* Hg. v. der dänischen Flüchtlingsverwaltung Kopenhagen 1950, S. 26. Am 8.5.1945 hielten sich nach Angaben von »Statens civile Luftværn og flygtningeadministrationens folkeregister« 244.493 Flüchtlinge in Dänemark auf. Nach Heimsendung der Soldaten waren es am 1.10.1945 noch 200.321. — **3** Christian Tilitzki: *Alltag in Ostpreußen 1940–45 Die geheimen Lagerberichte der Königsberger Justiz.* Rautenberg 1991, S. 12. Vgl. hierzu auch Alfred Milatz: *Wähler und Wahlen in der Weimarer Republik.* (= Schriftenreihe der Bundeszentrale für politische Bildung 66), Bonn 1965, S. 112, 123 ff. — **4** Siehe zur Zusammensetzung der Flüchtlingspopulation Henrik Havrehed: *De tyske flygtninge i Danmark 1945–1949* (s. Anm. 2), S. 335. — **5** *Flygtninge i Danmark 1945–1949* (s. Anm. 2), S. 26 und Henrik Havrehed: *De tyske flygtninge i Danmark 1945–1949* (s. Anm. 2), S. 300. — **6** Henrik Havrehed: *De tyske flygtninge i Danmark 1945–1949* (s. Anm. 2), S. 170. — **7** Zur illegalen Geschichte der »*Deutschen Nach-richten*« siehe: Hans Uwe Petersen: »Tyske Nyheder«, und zur Zusammensetzung der Redaktion siehe Hans Uwe Petersen: »Hvem stod bag de Tyske Nyheder«, beide Artikel auf der Homepage www.aba.dk. (letzter Zugriff März 2006); Michael F. Scholz: *Skandinavische Erfahrungen erwünscht? Nachexil und Remigration. Die ehemaligen KPD-Emigranten in Skandinavien und ihr weiteres Schicksal in der SBZ/DDR.* Stuttgart 2000; Willy Dähnhardt, Birgit S. Nielsen (Hg.): *Exil in Dänemark. Deutschsprachige Wissenschaftler, Künstler und Schriftsteller im dänischen Exil nach 1933.* Heide 1993; Ole Stender-Petersen: »Den tyske, kommunisti-ke emigration i Danmark 1933 – 1945«. In: *Meddelelser om forskningen i arbejderbevægelsens historie,* Hg. v. Selskabet til Forskning i Arbejderbevægelsens Historie, Nr. 10, Juni 1978; Max Spangenberg: *Antifaschistischer Kampf deutscher Kommunisten in Dänemark.* Berlin 1977. Zur Redaktionsbildung 1945/46 siehe Klaus Schulte: »Nachexil im Exil«. In: Einhart Lorenz, Klaus Misgeld, Helmut Müssener, Hans Uwe Petersen (Hg.): »*Ein sehr trübes Kapitel«? Hit-lerflüchtlinge im nordeuropäischen Exil 1933–1950.* Hamburg 1998. — **8** Klaus Schulte: »Nachexil im Exil« (s. Anm. 7), S. 346. — **9** Michael F. Scholz: *Skandinavische Erfahrungen erwünscht?* (s. Anm. 7), S. 49–52, 55, 76. — **10** Vgl. hierzu im Einzelnen: Klaus Schulte: »Nachexil im Exil« (s. Anm. 7), S. 351–361 und Jef Jefsen: »Deutsche Nachrichten (August 1934 – November 1945) Zeitung für deutsche Flüchtlinge in Dänemark (November 1945 – November 1948).« In: Willy Dähnhardt, Birgit S. Nielsen (Hg.): *Exil in Dänemark* (s. Anm.

7), S. 671. — **11** DN 1945.18.03. Im Folgenden werden wörtliche Zitate von zentralen Aussagen aus den DN eingerückt mit Fußnote wiedergegeben. DN 19xx.yy.zz bedeutet: DN Jahreszahl; Ausgabe Nr.; Seitenzahl. So steht hier DN 1945.18.03 für Deutsche Nachrichten 1945, achtzehnte Ausgabe, S. 3. — **12** Ebd. — **13** DN 1946.30.05. — **14** Karl Jaspers in DN 1947.08.02, Martin Niemöller in DN 1946.16.03. — **15** DN 1946.35.04 und DN 1946.37.04. — **16** DN 1946.16.08. — **17** DN 1946.30.08. — **18** Ebd. — **19** Ebd. — **20** DN 1948.16.08. — **21** DN 1946.04.06 Lager Emdrup Schule. — **22** DN 1947.01.12. — **23** DN 1946.44.09. — **24** *Der Brockhaus in fünfzehn Bänden.* Mannheim 1998, Bd. 12, S. 275. — **25** DN 1946.44.09. — **26** DN 1946.26.08, DN 1946.22.08. — **27** DN 1946.22.08; DN 1946.24.04; DN 1946.28.04. — **28** Die erwachsenen Flüchtlinge des Lagers Allesø verfassten z. B. ein an Reinowski und die DN gerichtetes Protestschreiben, vgl. DN 1946.28.04. — **29** Leonhard Wermuth, Februar 1946. DN 1946. 07.02. — **30** Max Spangenberg, Ende Dezember 1945 in DN 1945.20.02 unter der Überschrift »Gedanken zur Demokratie«. — **31** Reinowski DN 1946.41.02 und Adolf Hirsch DN 1946.46.02. — **32** DN 1947.01.08. Das Zitat ist – Anfang 1947 geschrieben – gleichzeitig Indiz dafür, dass der Versuch der Aufklärung in den DN nicht immer den gewünschten Erfolg hatte. — **33** DN 1946.09. bis 1946.14. Laut Jef Jefsen erstreckte sich die Artikelreihe über elf Nummern. Vgl. Jef Jefsen: »Deutsche Nachrichten«. In: Willy Dähnhardt, Birgit S. Nielsen (Hg.): *Exil in Dänemark* (s. Anm. 7), S. 695. Diese Aussage ist jedoch nicht korrekt. — **34** DN 1947.13.06. — **35** Hal Koch: *Hvad er Demokrati?* (Was ist Demokratie? Übersetzung der Verfasser) Kopenhagen 1945. — **36** DN 1947.05.08. — **37** DN 1946.28.08. — **38** Zu neuen Schulbüchern vgl. DN 1946.17.06. Zur Arbeit an der Volkshochschule Oksbøl vgl. 1945.19.04. Ein Resümee zu den schulischen Bemühungen im Jahre 1946 wurde in DN 1946.41.06 abgedruckt. — **39** DN 1946.27.06, wo von der neuen Lagerschule im Lager Tybjerg berichtet wird. — **40** DN 1946.08.07. — **41** DN 1946.16.06. — **42** Ebd. — **43** DN 1948.11.06 Treuwald, Rye pr. Ry Station. — **44** Auch in Oksbøl wurde den Jugendlichen attestiert, dass sie »aufgeschlossen und wissbegierig« (DN 1948.13.06 Liselotte Uhl) an der Berufsschule lernten. — **45** Vgl. Karl Rowold in DN 1946.27.02., Karl Raloff in DN 1947 04.02., Adolf Hirsch in DN 1947.20.02., Gastbeitrag von Benno Reifenberg in DN 1946.42.02., Karl Raloff in DN 1948.06.02., Adolf Hirsch in DN 1947.20.02 und Karl Raloff in DN 1948.06.02. — **46** DN 1947.04.08. — **47** Ebd. — **48** DN 1946.38.06. — **49** Ebd. — **50** Ebd. — **51** DN 1947.01.12. — **52** DN 1946.44.09. — **53** Ebd. — **54** Ebd. — **55** Es stellte sich nach Veröffentlichung des Briefes heraus, dass die Unterschrift gefälscht war. Vgl. Jef Jefsen: »Deutsche Nachrichten«. In: Willy Dähnhardt, Birgit S. Nielsen (Hg.): *Exil in Dänemark.* (s. Anm. 7), S. 684. — **56** DN 1946.12.06. — **57** Ebd. — **58** Vgl. z. B. den Leserbrief der 16-jährigen Edda Wolf in DN 1946.16.08 und den Leserbrief der jugendlichen Else Michels in DN 1946.39.08. — **59** So auch der 17-jährige Gunther Thomas in DN 1946.44.09. — **60** Vgl. hierzu Hartmund van Bergen, 16 Jahre, in DN 1947.01.12. — **61** Gerda Stromowski DN 1946.04.06 Lager Emdrup Schule. — **62** Hartmut van Bergen, 16 Jahre, DN 1947.01.12 und Reimer Siebenfreund, 18 Jahre DN 1947.05.08. — **63** Vgl. DN 1946.06.06; DN 1946.25.08; DN 1947.13.06; DN 1947.15.08; DN 1947.35.08. — **64** Siehe z. B. Peter Skrodzki, 14 Jahre DN 1946.22.06. — **65** DN 1948.23.07. — **66** Interview mit Oskar Negt von Klaus Schulte, September 1997, Tonband in Klaus Schultes Privatbesitz.

Inge Hansen-Schaberg

»Exil als Chance«
Voraussetzungen und Bedingungen der Integration und Akkulturation

»Wäre ich unter normalen Umständen aufgewachsen, hätte ich wahrscheinlich nie daran gedacht, über meine Jugendzeit zu schreiben. (...) Auf meine
jungen Jahre zurückblickend, dachte ich mit Bestürzung, dass ich eigentlich
keinen großen Gegenwert für ein Leben voll harter Arbeit und Gefahren aufzuweisen habe, auf keinen Fall von der materiellen Seite aus gesehen. Doch
wenn ich es genau überlege, wird mir doch mit Genugtuung klar, dass ich
mehr zurücklasse, als mir beim Einzug in diese Welt mitgegeben wurde. Meinen Kindern hinterlasse ich (...) etwas, dass ich nie hatte: ein eigenes Land!
Eine Heimat!«[1] Diese Vorbemerkung von Gideon Behrendt, Jahrgang 1924,
in seiner Autobiografie »Mit dem Kindertransport in die Freiheit« enthält
die Rechtfertigung für das Verfassen seines Lebensberichts, die Bilanzierung
von Gewinn und Verlust und als Ergebnis die Genugtuung, das gerettete
Leben sinnvoll gestaltet und seinen Kindern eine Heimat gegeben zu haben,
auch wenn er selbst, wie er schreibt, »ein Außenseiter«, »ein Fremder« geblieben ist, denn: »Die Beschimpfungen und Diskriminierungen hinterließen
Narben auf meiner sonst gesunden Seele.«[2]
   Bevor ich im Folgenden vor allem mithilfe von autobiografischen Texten
den Fragen nachgehe, unter welchen Voraussetzungen und Bedingungen
über das physische Überleben der Flüchtlingskinder hinaus auch Chancen
auf eine mentale Gesundung, auf Integration und Akkulturation bestanden,
muss ich vorweg einige Einschränkungen und Problematisierungen vornehmen. Bei der Untersuchung der Lebensgeschichten fällt auf, dass sie meist
den folgenden Aufbau aufweisen: Die Erinnerungen an die Kindheit und Jugend beginnen mit der Beschreibung der familiären Verhältnisse in Deutschland vor 1933, dann werden das Verfolgungsgeschehen unter nationalsozialistischer Herrschaft und die Flucht geschildert. Im Mittelpunkt steht das
Leben im Exil, während die Jahre nach 1945 oft relativ kurz abgehandelt
werden. Anlass zum Verfassen der Autobiografie ist also das ungeheuerliche
Verbrechen gegen die Menschlichkeit und das Festhalten der besonderen
Umstände, unter denen das Leben gerettet werden konnte. Diejenigen, die
schreiben, wollen ein Zeugnis ablegen, können auf die erfolgreiche Verarbeitung der Traumata verweisen und sind rückblickend zufrieden mit ihrer
Lebensleistung. Dementsprechend werden die Erfahrungen organisiert und
weisen, wie Theodor Schulze schreibt, fünf Prozessebenen und Material-

schichten auf: 1. die objektiven Gegebenheiten und Tatsachen, 2. die subjektiven Erfahrungen und ihre Organisation, 3. die späteren Erinnerungen, 4. die nachträgliche sprachliche Darstellung und 5. die kommentierenden Reflexionen und Deutungsversuche.[3] Bei der Nutzung autobiografischer Texte als historische Quellen muss demzufolge beachtet werden, dass Lebensgeschichten konstituiert werden.[4] Zudem ist es nur ein kleiner Ausschnitt aus der Gruppe der ehemals verfolgten und exilierten Kinder, auf den ich mich beziehen kann, wenn es darum geht zu überprüfen, unter welchen Bedingungen das Exil individuell und in der Rückschau als lebensgeschichtlich bestimmende Chance wahrgenommen wurde. Abgesehen davon, dass diejenigen, die deportiert und ermordet wurden, nichts oder wenig, vielleicht einen Koffer, wie Adele Kurzweil[5], oder Tagebücher, wie Anne Frank oder Klaus Seckel[6], hinterlassen haben, sind diejenigen, die den Genozid überlebt haben und über ihre Erinnerungen schreiben, die Ausnahme.

In Kenntnis dieser Problematik habe ich eine Anzahl von Texten[7] untersucht und zusätzliche Quellen herangezogen, in denen unmittelbar oder in einer zusammenfassenden Rückschau Erwachsene, meist selbst Exilantinnen und Exilanten, die in pädagogischen und sozialen Einrichtungen mit Kindern und Jugendlichen zu tun hatten, über die Probleme berichten und ihre Beobachtungen und den Erfolg ihrer Hilfsangebote reflektieren.

Ich habe also unveröffentlichte und veröffentlichte Quellen untersucht, die sich
– autobiografisch mit dem als Kind oder von Kindern erlebten Verfolgungsgeschehen und Exil befassen,
– mit der Situation und den Problemen der Kinder und Jugendlichen im Exil auseinander setzen oder sich
– auf das Exil im Familienverbund und auf pädagogische und fürsorgerische Einrichtungen im Exil beziehen.

Trotz dieser Einschränkungen möchte ich mich mit der Fragestellung befassen, wie die Erfahrungen von Ausgrenzung, Verfolgung und Entwurzelung von Kindern und Jugendlichen individuell verarbeitet werden konnten und welche Lebensumstände dazu beitrugen, dass das »Exil als Chance«, wie Hanna Papanek es ausdrückt, wahrgenommen werden konnte.[8] Ich möchte dabei zwei soziale Situationen der Kinder unterscheiden, nämlich zum einen das Exil im Familienverbund und zum anderen das Exil allein, also ohne Familienzusammenhang, wobei schon vorweg angemerkt werden muss, dass der vermutlich nahe liegende Schluss, die erste Variante sei die günstigere, nicht uneingeschränkt gezogen werden kann.

1. Exil im Familienverbund

»Viele Familien sind mit ein paar Mark und einigen Kleidungsstücken in irgend einem armseligen Pariser Hotel gelandet. Einer Stätte der Zuflucht, ähnlich dem Riff des Schiffbrüchigen. Sind sie damit gerettet? Nein. Ein anderes Drama hebt an. Die Eltern suchen mutig und hartnäckig eine Arbeit, unternehmen Entdeckungsfahrten nach irgend einer Beschäftigung, denn sie wollen die Wohlfahrtspflege nicht in Anspruch nehmen. Das Kind bleibt unterdessen im Hotelzimmer, für gewöhnlich einem sehr engen, finsteren Raum. (...) Ewige Angst der Flüchtlinge, die täglich ihr Kind allein lassen müssen. Ewige Angst des Kindes, wenn die Mutter fortgeht und die Stunden des Alleinseins und des Sichfürchtens herannahen. (...) Die noch vor kurzem heiter und zutraulich waren, jetzt sind sie traurig, nervös, ängstlich, sogar gesundheitlich angegriffen. In den Kinderheimen und Bewahranstalten ist die Überfüllung so stark geworden, dass die Situation dort auch keine bessere ist.«[9]

Das schreibt Luc Dertain im August 1933. In den Anfangsjahren der NS-Herrschaft in Deutschland, als die erste Verfolgungswelle den sozialistisch und kommunistisch politisch engagierten Menschen und den Intellektuellen im Allgemeinen galt und politisch Weitsichtige flüchteten, wenn sie es noch konnten, kamen die Kinder oft in Begleitung ihrer Eltern oder zumindest eines Elternteils ins Exil. Wenn wir uns vor Augen halten, was ein Kind idealerweise für seine Entwicklung bräuchte – Liebe, Orientierung, Geborgenheit, Anregung, Anerkennung, Vertrauen, Verlässlichkeit und Sicherheit –, so können wir davon ausgehen, dass dies alles unter der NS-Herrschaft und in der Flucht- und Exilsituation in unterschiedlichem Maße wegbrach. Das Kind hat wahrscheinlich nicht nur die eigene Hilflosigkeit, sondern auch die Stigmatisierung, die Angst und das Elend der Erwachsenen erlebt, und mit dem Schwinden der Möglichkeiten des elterlichen Schutzes endete das Kindsein unwiederbringlich. Es musste, auf sich alleine gestellt, Erfahrungen sammeln, eigene Orientierungsmuster und Beziehungsebenen entwickeln, die neuen Gegebenheiten verstehen und sich daran anzupassen lernen. Hellmut Stern, geboren 1928, schreibt über sein Exil in China: »Ich lernte Prügel zu beziehen für Sachen, für die ich nichts konnte. Ich mußte mich anpassen. So wurde ich unter Russen Russe, lebte mich in die unterschiedlichen Mentalitäten der Chinesen und Japaner ein und wurde von ihnen akzeptiert. Ich lebte also verschiedene Leben: zu Hause deutsch – ich hatte auch einen Lehrer, der großen Wert auf deutsche Literatur legte – und draußen russisch, chinesisch und japanisch.«[10]

Nun war dies für jedes Kind anders, und wie die Erfahrungen verarbeitet werden konnten, ist in Abhängigkeit von der Familienkonstellation vor dem Exil und dem elterlichen Umgang mit dem Kind während des Verfolgungsgeschehens zu sehen. An den zwei folgenden ausgewählten Beispielen kann authentisch und quellenbezogen aufgezeigt werden, wie sich diametral entgegengesetzte familiäre Konstellationen auf das Erleben des Emigrantenkindes und seine Integration in die neuen Verhältnisse auswirkten: Hanna Papanek geborene Kaiser, Jahrgang 1927, schreibt: »(...) meine drei erzwungenen Exil-Etappen erlebte ich als große Abenteuer. So jedenfalls kam es mir damals vor.«[11] Sie floh als Sechsjährige mit der Mutter aus Berlin zunächst nach Prag, wo sie vier Jahre gemeinsam mit beiden Eltern lebte: »Ich mußte mich daran gewöhnen, daß mein Vater zum ersten Mal mit meiner Mutter und mir zusammenlebte; später kam mein zehn Jahre älterer Halbbruder auch zu uns. Diese Umstellung war für mich, im Alter von sieben bis elf Jahren, vielleicht noch wichtiger als das neue Milieu meiner deutschsprachigen Prager Schule, in der ich mich sehr wohl fühlte. Das Prager Exil war zwar ein konkreter Bruch mit den Kaisers in Berlin, aber meine Mutter, die sehr an ihrer Familie hing und großes Heimweh nach Berlin hatte, hat mir geholfen, den ›Zauberkreis‹ der Berliner Familie aufrecht zu erhalten.«[12] Der von Hanna Papanek geschilderte enge emotionale Zusammenhalt ist sicher die Grundlage dafür gewesen, sich als Jugendliche in ihrem zweiten Exilort, in Paris, von der Familie zu lösen, sie schreibt: »Ich fand auch sehr schnell eine Gruppe von Freunden, die mir viel wichtiger wurden als meine komplizierte Familie. In der französischen Mädchenschule hatte ich keine Freundin, aber in dieser Gruppe und später im Kinderheim fand ich viele Kameraden.«[13]

Im Gegensatz dazu steht die Schilderung von Monique Köpke geborene Lehmann, Jahrgang 1925, die durch die Angewohnheit ihrer Mutter, alles festhalten, alle Briefe und Notizen aufbewahren zu müssen, in der Lage war, eine dokumentenreiche Autobiografie zu verfassen.[14] Sie lebte ab 1933 in Paris, aber meist nicht bei den Eltern, sondern in Emigranten-Kinderheimen, und schreibt darüber: »Ich war sehr unglücklich in den Kinderheimen. Die Armut, die Unsicherheit des ›täglichen Brotes‹, die Enge des Hotelzimmers, der Streit zwischen meinen Eltern, alles zog ich dem geregelten Leben, der guten Ernährung, den doch gepflegten Verhältnissen der Kinderheime vor.«[15] Im Grunde konnten die Eltern nichts mit ihrer Tochter anfangen, da sie in ihrer wirtschaftlich erbärmlichen Situation in Träumen und dem Sichfesthalten an Ideen verfangen waren: Die Mutter fühlte sich zunehmend als Schriftstellerin und nur mit ihrer Schreibmaschine wohl, und der Vater versuchte, eine vor dem Exil begonnene Arbeit an einer marxistisch orientierten Kunstgeschichte fortzusetzen. Deshalb wurden ständig neue Kinderheim- und Ferienaufenthalte für die Tochter organisiert, während diese sich vor allem nach einem Familienleben sehnte, jedoch jedes Mal von den seltenen gemeinsamen Unternehmungen enttäuscht wurde. Nur die zwei Jahre vor der Internierung der Eltern und deren späterer Deportation lebte sie bei ihnen und erlebte das tägliche Elend und die Zerrüttung der Ehe, aber erinnert sich, dass sie sich nur hier »innerlich auf ein Bleiben« einrichten konnte.[16] Sie ging zu dieser Zeit auf die Rothschild-Schule im 20. Arrondissement, über die sie schreibt: »Sie erteilte den jüdischen Emigrantenkindern Hilfe in vieler Hinsicht, z. B. ein billiges Mittagessen, Schulkleidung, Duschmöglichkeit, man konnte bis vier Uhr bleiben und unter Aufsicht die Schulaufgaben machen und manches mehr, was wichtig für uns war. Deshalb hatte mein Vater, gegen seine Überzeugung, eingewilligt, mich dorthin zu schicken.«[17]

Die für die Akkulturation entscheidende Instanz war und ist die Schule. Gerhard L. Durlacher, Jahrgang 1928, beschreibt die immense Bedeutung schulischen Lernens in seinem Exil im holländischen Apeldoorn: »Das tägliche Leben erhält einen Anflug von Normalität. (...) Der Faden meines unterbrochenen Schulbesuchs wird wieder aufgenommen.«[18] Dies währte nur kurze Zeit, denn die deutsche Besatzungsmacht untersagte den Besuch einer nichtjüdischen Schule, aber er erhielt von dem Direktor der Schule und einem jüdischen Lehrer Privatunterricht: »Die politische Bedrohung wurde im Laufe des Jahres 1941 zunehmend stärker. Im Familien- und Freundeskreis wuchs die Angst vor der Zukunft und der Deportation. Die wöchentlichen Unterrichtsstunden bedeuteten für mich keine Last, sondern ein befreites Aufatmen; ein verzauberter Garten, zu dem die Angst keinen Zutritt hatte.«[19]

Da in der Schule in der Regel nicht in der Muttersprache der Emigrantenkinder unterrichtet wurde, ist in fast allen autobiografischen Texten die Problematik der Sprachlosigkeit und ihre Überwindung ein zentrales Thema, z. B. schreibt Henry O. Leichter, Jahrgang 1924: »Wenn man einer fremden Sprache vollkommen ausgeliefert ist, bleibt einem nichts anderes übrig, als sie zu erlernen: Das ist die einzige Rettung. Jeden Tag in der Schule sein zu müssen, fünf Tage in der Woche, von acht Uhr früh bis fünf Uhr am Nachmittag, hat mir dabei sehr geholfen.«[20] Und er erinnert sich: »Mein Vater, mit seinem unersättlichen Bildungsdrang konnte sich keinerlei Bildungspause im Leben seiner Kinder vorstellen.«[21] – eine elterliche Haltung, die auch Pierre Radvanyi, Jahrgang 1926, der Sohn Anna Seghers', bestätigt: »In jeder neuen Stadt, egal unter welchen Bedingungen schickte uns Mutter sofort in eine Schule; sie wollte uns nicht ›um die Beine‹ haben und dachte, das Wichtigste sei für uns ein regelmäßiger Schulbesuch.«[22] Nachdem er in einer öffentlichen Schule ausgegrenzt wurde, besuchte er eine private Schule, in der nach der Freinet-Methode[23] unterrichtet wurde: »Dort fühlte ich mich sehr wohl; Lehrer und Mitschüler (manche treffe ich noch heute) halfen mir schnell, Französisch zu lernen, und ich wurde ein guter Schüler. (...) Vor meinen Lehrern habe ich eine große Achtung. Ich verdanke ihnen vieles. Sie lehrten mich Geographie und Geschichte, Mathematik und Literatur, Naturwissenschaften und Englisch – und vor allem Toleranz, anderen

188   Inge Hansen-Schaberg

zuzuhören. Sie haben mich immer unterstützt und viel zu meiner Integration in Frankreich beigetragen.«[24]

Ein weiteres Beispiel für die Bedeutung von Spracherwerb und Schulbesuch liefert Marion Clara Reizes, Jahrgang 1926: Sie kam als Sechsjährige Ende März 1933 aus Dresden mit ihrem Bruder zunächst nach Wien zu den Großeltern, wo die Kinder zurückgelassen wurden, während die Mutter mit dem von Depressionen geplagten und suizidgefährdeten Vater nach einer neuen Existenz suchte. Marion Clara wurde in Wien eingeschult, der Bruder kam in den Kindergarten. Danach waren die Geschwister für anderthalb Jahre in Meran, bis die Familie in Palästina Zuflucht fand. Marion Clara Reizes erinnert sich: »Ich war sehr gerne in Palestina, wo wir im Jahre 1935 mit den Eltern und meinem Bruder Hans ankamen. Damals war ich 9 Jahre alt, konnte kein einziges Wort hebräisch, aber Kinder lernen schnell. Allerdings verlor ich ein Schuljahr, da ich in Wien die erste Schulklasse mit 7 Jahren machte, dann in Meran in einer italienischen Schule einen Teil des ersten Jahres noch einmal wiederholen musste und dann das zweite Jahr und schließlich kam ich wieder in die 2. Klasse in Tel Aviv, wegen Unkenntnis der Sprache. Ich war eine sehr gute Schülerin, bekam sogar einen Preis für ausgezeichnete Leistung als ich 12 Jahre alt war.«[25] Besonders begeistert war sie über die drei Jahre am Balfourgymnasium in Tel Aviv, in dem sie einen reformpädagogischen Unterricht kennen lernte. 1940 setzte die Familie die Flucht fort, die über Indien nach Argentinien führte. Sie erinnert sich an die Situation als 14-jährige in Buenos Aires: »Eine neue Sprache, die vierte in wenigen Jahren (wenn man den österreichischen Dialekt eine Sprache nennen kann), eine neue Schule, neue Menschen, ganz andere Gebräuche. Es war nicht leicht.«[26] In Buenos Aires besuchten die Kinder die von Emigrantinnen und Emigranten aufgebaute Pestalozzi-Schule, die noch immer als deutsch-argentinische Schule, heute mit Sekundarstufe, besteht. Die Pestalozzi-Schule ist eine der drei im Exil gegründeten Tagesschulen, die mit dem Programm angetreten waren, eine ganze Generation zu retten. Interessant ist das Konzept der Zweisprachigkeit an dieser Schule, das auch an den anderen – meist als Internat geführten – Exilschulen entwickelt wurde. Um die allgemeine Unkenntnis der Landessprache zu überwinden, wurden an der Pestalozzi-Schule einjährige Sonderkurse für Spanisch eingerichtet, damit die Kinder die ihrem Alter entsprechenden Klassen besuchen konnten, mit Erfolg, wie Albert Dang, der damalige Schulleiter, schreibt: »Diese schwere Aufgabe haben mit ganz wenigen Ausnahmen alle die vielen Hunderte von Emigrantenkindern glänzend gelöst. Dabei war oft ein hartnäckiger Widerstand gegen die neue Sprache zu überwinden.«[27] Neben dem Spanischen wurde die intensive Pflege der deutschen Sprache betrieben. Auf diese Weise konnte ein Einleben in Argentinien erfolgen, ohne die Identität aufgeben zu müssen, die an Deutschland, insbesondere »das andere Deutschland«, und das kulturelle Leben gebunden war. Der Erfolg dieses Konzeptes wird besonders deutlich in den Briefen ehemaliger Schülerinnen und Schüler, aus denen Hermann Schnorbach zitiert, der eine ausgezeichnete Untersuchung über die Pestalozzi-Schule vorgelegt hat. Demnach gab die Pestalozzischule den Emigrantenkindern »ein Gefühl der Geborgenheit«[28] und erleichterte die Assimilation, obwohl eines dauerhaft bleibt: »Die Tragik der verlorenen Heimat: Weder ›hier‹ noch ›dort‹ ganz zu Hause.«[29] Sie hielt die »deutsche Identität wach und die Wurzel zur deutschen Sprache«[30], erleichterte »das Trauma der Emigration«, ermöglichte »ein langsames Einleben in die neuen Verhältnisse«[31], und sie gab das »Gefühl unserer Menschenwürde«[32] zurück.

2. Kinder und Jugendliche ohne Familienzusammenhang im Exil

Ein ähnliches Konzept wie an der Pestalozzi-Schule bestand an der 1940 im britischen Exil in Wales in der Nähe von Breconshire gegründeten tschechischen Schule, wie Vera Gissing, Jahrgang 1928, schreibt, die aus Prag mit einem Kindertransport nach Großbritannien kam: »Die Schule hatte sich zum Ziel gesetzt, uns eine zweisprachige Ausbildung zu geben und uns die Möglichkeit zu bieten, in Kontakt mit tschechischer Kultur und Tradition zu bleiben. Wir lernten auch, England zu lieben und zu bewundern (...). In gewisser Weise waren wir die jungen Botschafter eines Landes, von dem die Welt noch wenig wußte.«[33] Die als Internat geführte Schule habe ihr »das Gefühl von Heimat und Sicherheit« gegeben, und es sei eine familienähnliche, bis heute andauernde Verbundenheit der ehemaligen Schülerinnen und Schüler entstanden.[34]

Wie die autobiografischen Texte der Kindertransportkinder[35], die inzwischen vielschichtig untersucht worden sind[36], vielfach belegen, sind lebenslange traumatische Folgen insbesondere dann zu verzeichnen, wenn Kinder vereinzelt, isoliert, im völligen Bruch zu ihrer Herkunft, ihrem Heimatland, ihrem religiösen oder politischen Umfeld aufwachsen mussten und, wie Wolfgang Benz schreibt, »in einem langwierigen und oft freudlosen Akkulturationsprozess Schulunterricht und Ausbildung«[37] erhielten. Dagegen hatten die Kinder, die wirkliche Ersatzfamilien fanden, und auch diejenigen, die in Kinderheimen mit spezifischer pädagogischer Prägung unterkamen, die günstigeren Bedingungen. Gideon Behrendt, Jahrgang 1924, vor die Wahl gestellt, in eine Familie vermittelt zu werden oder in ein Kinderheim zu kommen, wählte Letzteres, denn: »Hier würde ich wenigstens gleich unter Gleichen sein.«[38] Das von Emigranten geführte Hostel für Jungen in der Stainbeck Lane in Leeds wurde dann, wie er schreibt, »für alle, die darin wohnten, ein glückliches Heim«[39], solange Philipp Model aus Hamburg, der zur »Vaterfigur«[40] wurde, das Heim leitete und Musik und Sport unterrichtete. Besonders wichtig war ihm die Erinnerung, dass das Kinderheim nicht nur Spendenempfänger war, sondern der jüdischen Gemeinde in Leeds auch etwas zurückgab, nämlich eine »Galavorstellung« mit artistischen Darbietungen und Chor.aufführung.

Auch in den USA hat es zumindest ein Kinderheim gegeben, das die Absicht verfolgte, »europäische Bildungsziele mit den amerikanischen Prinzipien in Einklang und so die Kinder beider Kontinente zu einer glückhaften Annäherung«[41] zu bringen. In der von Olga Elisabeth Schaeffer gegründeten Amity Hall in New York am Hudson lebten, wie es in dem Bericht von Vera Craener in der Zeitschrift *Aufbau* vom 10. Juli 1942 heißt, »kleine Refugees aus allen Herren Länder des bedrängten Europas mit ihren glücklicheren amerikanischen Altersgenossen« im Alter von 2 bis 16 Jahren zusammen und sprachen Englisch, Deutsch und Französisch.[42] Im Vorstand des an der Odenwaldschule orientierten Kinderheims sollen dem Bericht zufolge der Schriftsteller Stefan Zweig, Ingrid Warburg, aktiv in der privaten Kinderfürsorge, und Trude Pratt vom »International Student Service« tätig gewesen sein. Beim Nachschlagen im *International Biographical Dictionary* musste ich feststellen, dass die Pädagogin Olga Elisabeth Schaeffer nicht verzeichnet ist, wohl aber ihr Ehemann Albrecht Schaeffer, Schriftsteller, dem Handbuch nach mit Irma Bekk verheiratet. Unter seinem Namen findet sich der Eintrag, dass er Kogründer eines Heims für Emigrantenkinder in Cornwall-on-Hudson, N.Y., war.[43]

In Amity Hall ist vermutlich etwas gelungen, was in allen mehr als 20 durch emigrierte Pädagoginnen und Pädagogen neu gegründeten oder wieder eröffneten Schulen im Exil in Großbritannien, in der Schweiz, in den USA, in Frankreich, in Italien, in Dänemark, in Schweden und in den Niederlanden angestrebt wurde[44], nämlich die gemeinsame Erziehung der Flüchtlingskinder mit den einheimischen Kindern.[45] Eine Begegnung zwischen den Kulturen war auch das Ziel z. B. der 1939 konzipierten »Internationalen Schule«, die Minna Specht in England realisieren wollte[46], die aber nach wenigen Wochen im Juni 1940 wegen der Internierung der Lehrkräfte als »feindliche Ausländer« geschlossen werden musste.[47] Rückblickend schreibt Minna Specht über die ca. 50 geretteten Kinder in ihren Schulen erst im dänischen, dann im britischen Exil (1933 bis 1940): »Sie hatten ihre Staatsangehörigkeit, ihr Heimatland, die Gegenwart ihrer Eltern, ihre soziale Herkunft und ihre alten Kameraden verloren, aber sie erhielten die Chance, nach einer kurzen Übergangszeit wieder Wurzeln zu schlagen. Eine vollständige Anpassung wurde nicht erreicht; sowohl alte, in der Erinnerung weit zurückliegende aufregende Erfahrungen als auch die erst kürzlich erlebten erschwerten den Prozeß. Aber wenn ich zurückblicke, meine ich, daß es uns gelang, bei vielen Kindern die für das Wachstum notwendigen Vorbedingungen wieder zu schaffen: *das Vertrauen in andere Menschen und in die eigenen Kräfte.*«[48] Das

Verdienst Minna Spechts und vieler anderer ist es, dass sie in der Lage waren, die notwendigen Voraussetzungen für die Erziehung der heimatlos gewordenen Kinder zu erkennen und ihnen emotional begegnen zu können. Gehandelt wurde nach drei pädagogischen Prinzipien, mit deren Hilfe sich das Vertrauen und Selbstvertrauen der Kinder entwickeln sollte: 1. die Einfachheit der Umgebung, 2. die Unabhängigkeit von der Tradition und 3. das Gemeinschaftsleben. Diese Prinzipien korrespondierten mit der materiellen Lage und den Notwendigkeiten des Exils sowie mit dem reformpädagogischen Ansatz. Eines der in der Exilschule Östrupgaard auf Fünen / Dänemark betreuten Mädchen, Tamen Köhler, Jahrgang 1925, schreibt: »Dort begann das Paradies. (...) In Östrupgaard verlebte ich die schönsten Jahre meiner Kindheit. Sie wären völlig unbeschwert gewesen, hätten nicht Heimweh nach der Mutter und das Wissen um ihre Bedrohung durch die Nazis die Einschlafminuten abends überschattet. Oft kam dann die Furcht bei mir auf, die Nazis könnten eines Tages in Östrupgaard auftauchen. (...) Es war ein herrliches Haus, in dem wir lebten, ein ehemaliges Gut. Es gab einen riesigen Außenhof, eingerahmt von Stallungen, Heuschobern und Geräteschuppen, alles im niedrigen Fachwerk mit durchgehendem Strohdach. Da alles leer stand, turnten wir Kinder gern über die Balken von einem Gebäude ins nächste. Es fehlte nie an Abenteuern.«[49] Solche Orte gab es mit Sicherheit zu wenig.

Es waren hunderttausende Kinder und Jugendliche, die nicht nur aus Deutschland, sondern aus allen annektierten und okkupierten Ländern ohne Begleitung auf der Flucht waren. Die schlechtesten Bedingungen für Flüchtlingskinder waren wahrscheinlich dann gegeben, wenn sie gezwungen waren, sich allein durchzuschlagen, weil sie von Eltern, Geschwistern, Verwandten oder anderen Bezugspersonen aus den verschiedensten Gründen getrennt wurden. Wie war nun die psychische Verfassung dieser großen Mehrheit der Kinder, die nicht der zuvor beschriebenen pädagogischen Fürsorge teilhaftig wurden, die um ihr Überleben kämpften, und wie konnte ihnen geholfen werden? Walther Pollatschek, selbst Emigrant, schreibt über seine Erfahrungen als Betreuer in einem schweizerischen Kinderheim in dem Vortragsskript »Flüchtlingskinder« (1943): »Das Lagerleben haben alle diese Kinder durchgemacht, viele wissen überhaupt nicht, was ein Daheim ist, was bürgerliche Sicherheit bedeutet. So ungefähr sehen ihre Erfahrungen aus: Der Mensch ist eine Bestie. Man kann nur leben, wenn man es versteht, Amtsstellen zu beschwindeln, Schwarzhandel zu treiben, sich falsche Papiere zu verschaffen. Derart also waren diese Kinder: äußerlich und innerlich verwahrlost, teilweise seit Jahren von niemandem erzogen, voller Mißtrauen gegen jeden Menschen.«[50] Trotzdem gab es Möglichkeiten, auch diesen Kindern zu helfen; dabei spielte wiederum der Unterricht eine wichtige Rolle, wie Walther Pollatschek in seinem Tagebuch am 1. Dezember 1943 festhält:

»Der Schulbetrieb hat jetzt voll angefangen, allerdings immer noch mit Umstellungen. Es gibt so allerlei Schwierigkeiten: Kinder, die sich überhaupt nicht interessieren oder bändigen lassen, (...) aber auch manches Schöne. Die überwiegende Mehrheit ist sehr lernbegierig, ganz begeistert von den Stunden«.[51] Nach seinen Erfahrungen war es zum einen wichtig, die Kinder selbsttätig an Themen ihres Interesses arbeiten zu lassen, zum anderen musste man als Bezugsperson sehr präsent sein, denn, »wenn man einmal ihr Vertrauen gewonnen hatte, dann war einem das Wichtigste und Köstlichste möglich geworden: Sie leise und allmählich von dem Abgrunde der Angst und des Mißtrauens den Menschen gegenüber wegzuführen und ihnen ein klein wenig von dem zu geben, was ihnen und schließlich ja einem jeden von uns so wichtig und heilsam ist: Vertrauen in die Menschheit.«[52]

Charlotte Weber, die u. a. 1944/45 auf Schloss Hilfikon in der Schweiz ein Berufsschullager für 38 Flüchtlingsmädchen leitete, die eine Lehre als Schneiderin, Dekorateurin oder Heim- und Betriebsküchenleiterin absolvieren sollten, kommt in ihrem Bericht »Gegen den Strom der Finsternis« (1994) zu ähnlichen Ergebnissen: »Gemeinsam ist eigentlich nur eines, die gegenwärtige soziale Lage: alle sind aus der Bahn geworfen, heimatlos, verfolgt, in der persönlichen Freiheit beschränkt, mit einer völlig dunklen Zukunft vor sich. Dieses Negativum war schliesslich der wirksamste Hebel für die Bildung eines gewissen Gemeinschaftsbewusstseins.«[53] Obwohl es eine Lagersituation war, gelang es Charlotte Weber, ihre, wie sie schreibt, »Bemühungen um Selbstverwaltung, Eigenbestimmung, Freiheit, Verzicht auf Zwang«[54] umzusetzen, so dass aus den internierten Mädchen »selbstbewusstere, selbstsicherere und aktive Menschen«[55] wurden.

3. Zusammenfassung und Schlussbetrachtung

Bei einer Beurteilung der Auswirkungen des Exils und der Voraussetzungen und Bedingungen der Integration und Akkulturation müssen die jeweiligen individuellen bzw. kollektiven Sozialisationsbedingungen beachtet werden: Die Chancen, die durch Ausgestoßensein, Verfolgung und Gewalterfahrungen hervorgerufenen Konflikte, Ängste und Schuldgefühle verarbeiten zu können, waren evtl. gegeben, wenn versucht wurde, die Kinder zu begleiten, wenn Vater- oder Mutterfiguren oder wirkliche Ersatzfamilien gefunden wurden, wenn es gelang, das Vertrauen und Selbstvertrauen zurückzugeben, wenn es gelang, »das ganze in ein großes ›Abenteuer‹ zu verwandeln«, wie Nettie Sutro schreibt[56], und wenn den Asyl suchenden Kindern ein Leben mit der Vergangenheit in einem offenen Milieu, am besten in Gemeinschaft von Leidensgenossinnen und -genossen, ermöglicht wurde. In den an reformpädagogischen Prinzipien festhaltenden Exilschulen und Kinderheimen, z. B.

in den von Ernst Papanek geleiteten Kinderheimen der OSE[57] waren die
Achtung der kindlichen und jugendlichen Persönlichkeit und die Bedürfnisse nach Orientierung, Gemeinschaft, Nähe und Distanz und die Entwicklung des Selbstvertrauens der Mädchen und Jungen die elementare Basis
der pädagogischen Arbeit. Das Kinderheim war, wie Ernst Papanek konstatiert, »nur eine Episode in ihrem Leben, war ein vorübergehender Ruhe-
punkt, der ihnen die Chancen geben sollte, sich auf das neue Leben, das
ihnen bevorstand, vorzubereiten«[58]; die Exilschule muss, wie Hildegard Feidel-Mertz schreibt, »als Zuflucht und Ausgangsbasis« verstanden werden.[59]
Das galt auch für Kinder, die mit ihrer Familie oder einem Elternteil ins Exil
gegangen waren, denn diese Einrichtungen boten eine Chance für positive
Gemeinschaftserlebnisse und für eine religiöse bzw. politische Orientierung.
Auch Jugendgruppen konnten identitätsstiftend sein. Henry O. Leichter
schreibt beispielsweise über seine Zeit in Paris in der sozialdemokratischen
Jugendorganisation »Rote Falken«: »Woran ich mich am besten erinnere, war
der Geist der Solidarität, der Gemeinschaft und des Optimismus.«[60] Und
Hanna Papanek, ebenfalls in dieser Gruppe, erinnert sich: »Durch unsere
politischen Diskussionen lernten wir unsere Situation im Exil begreifen und
uns als Mitglieder des politischen Widerstands verstehen. Wir waren keine
isolierten Flüchtlinge, sondern teilten das Schicksal mit vielen anderen, die
mutig gegen den Nationalsozialismus fochten. (...) Wir sahen uns nicht als
Opfer einer dunklen Macht, die uns aus unverständlichen Gründen verfolgte,
sondern eher als bewusste Kämpfer für ein großes Ideal.«[61]

Die Lebensgeschichten deuten an, dass die Anpassung an die neuen Verhältnisse gelang, wenn sie nicht im Bruch mit der Vergangenheit erfolgte,
und dass eine Phase des vorsichtigen Übergangs für die meisten hilfreich war.
Integration und Akkulturation der Kinder waren, wie die vorgestellten Beispiele zeigen können und wie Anna Seghers es in dem Text »Frauen und Kinder in der Emigration« in Fallschilderungen darstellt, abhängig von einer
sorgsamen Begleitung, damit das Kind »wach und bereit für seine neue Umgebung ist, ohne seine Herkunft abzuschütteln oder gar zu verleugnen.«[62] Es
kam also, wie Anna Seghers schreibt, auf »einen glücklichen Ausgleich zwischen ihrer Herkunft und der Notwendigkeit ihres jetzigen Lebens«[63] an.

Aber was ist eigentlich damit erreicht, was bedeutet hier Akkulturation?
Ich denke, die autobiografischen Texte zeigen, dass es mehr als die Übernahme fremder geistiger und materieller Kulturgüter war, ja, dass das »Kind-
heitsland«, wie Robert Schopflocher schreibt, »in einigen Schichten meines
Seins weiter lebt und wirkt, trotz der unfaßbaren Verbrechen, die in ihm
stattgefunden haben. Das Land und seine Sprache. So lange ich atmen kann,
läßt der Frühling sein blaues Band wieder flattern durch die Lüfte; war es,
als hätt der Himmel die Erde still geküßt, und ist die Treue doch kein leerer
Wahn.«[64] Ich möchte mich zum einen der Position von Christhard Hoff-

mann anschließen, der schreibt, dass lange ausgeblendet blieb, dass »eine neue, interkulturelle Identität erworben«[65] wurde. Bea Green z. B. bezeichnet sich als »bayrisch-jüdische Britin«[66], und Hellmut Stern schreibt, er sei »ein deutsch-jüdischer Kosmopolit geworden, der sich fast überall auf der Welt zuhause fühlt«.[67] Zum anderen hatten die Aufnahmeländer vielfachen Gewinn durch die Exilantinnen und Exilanten, und ich will mit der hoffnungsvollen Einschätzung schließen, die Felix Posen, Jahrgang 1928, als Weltbürger gibt: »Aus meiner persönlichen Erfahrung und im Nachhinein kann ich folgendes sagen: Wenn es denn ein positives Postskriptum der Geschichte zum vermutlich auch in der Zukunft unvermeidlichen Flüchtlingsdasein gibt, dann ist es vielleicht, daß die Flüchtlinge selbst einen großen Einfluß darauf hatten, daß sich die Welt in einen mitfühlenderen und friedlicheren Ort verwandelt hat. Notwendigerweise haben wir Flüchtlinge gewisse Dogmen entwickelt und verbreitet, die uns besonders am Herzen liegen: die Demokratie stärken, den Nationalismus verringern, Vorurteile durchbrechen, generell an der Spitze der Bilderstürmer stehen, die etablierten Autoritäten in Frage stellen und Normen hinterfragen, die angeblich unverrückbar sind.«[68]

1 Gideon Behrendt: *Mit dem Kindertransport in die Freiheit.* Frankfurt/M. 2001, S. 9. — **2** Ebd. — **3** Theodor Schulze: »Autobiographie und Lebensgeschichte«. In: Dieter Baacke, Theodor Schulze (Hg.): *Aus Geschichten lernen.* Weinheim, München 1993, S. 126–173, S. 129 ff. — **4** Ebd., S. 133. — **5** Christian Ehetreiber, Heimo Halbrainer, Bettina Ramp (Hg.): *Der Koffer der Adele Kurzweil. Auf den Spuren einer Grazer jüdischen Familie in der Emigration.* Graz 2001. — **6** *Die Tagebücher der Anne Frank. Vollständige, textkritische, kommentierte Ausgabe.* Frankfurt/M. 1988; *Die Tagebücher des Klaus Seckel: Das letzte Stückchen Eerde.* Assen 1961. Siehe dazu Hildegard Feidel-Mertz: »›Das letzte Stückchen Eerde‹. Die Tagebücher des Klaus Seckel aus der internationalen Quäkerschule Eerde / Holland«. In: Inge Hansen-Schaberg (Hg.): *Als Kind verfolgt: Anne Frank und die anderen.* Berlin 2004, S. 131–145. — **7** Herangezogen habe ich die autobiografischen Publikationen von Gideon Behrendt: *Mit dem Kindertransport in die Freiheit* (s. Anm. 1); Horst Brie: *Davids Odyssee.* Berlin 1997; Ruth L. David: *Ein Kind unserer Zeit.* Frankfurt/M. 1996; Edith Dietz: *Den Nazis entronnen. Die Flucht eines jüdischen Mädchens in die Schweiz.* Autobiographischer Bericht 1933–1942. Frankfurt/M. 2002; Gerhard L. Durlacher: *Ertrinken. Eine Kindheit im Dritten Reich.* Hamburg 1993; Gerhard L. Durlacher: *Streifen am Himmel. Vom Anfang und Ende einer Reise.* Hamburg 1994; Nana Fischer: *Papi und ich. Die Geschichte einer ungewöhnlichen Kindheit und Jugend.* Frankfurt/M. 2001; Vera Gissing: *Heimkehr in die Fremde.* Hamburg 1999; Bea Green: »Mein Leben nach der Shoah«. In: Inge Hansen-Schaberg, Beate Schmeichel-Falkenberg (Hg.): *Frauen erinnern. Verfolgung – Widerstand – Exil 1933 bis 1945.* Berlin 2000, S. 54–59; Ludwig Greve: *Wo gehörte ich hin? Geschichte einer Jugend.* Frankfurt/M. 1994; Ernest G. Heppner: *Fluchtort Shanghai. Erinnerungen 1938–1948.* Berlin 2001; Wilma und Georg Iggers: *Zwei Seiten einer Geschichte. Lebensbericht aus unruhigen Zeiten.* Göttingen 2002; Monique Köpke: *Nachtzug nach Paris. Ein jüdisches Mädchen über-*

lebt Hitlers Frankreich. Köln 2000; Henry O. Leichter: *Eine Kindheit. Wien – Zürich – Paris – USA.* Wien, Köln, Weimar 1995; Hanna Papanek: »Rote Falken, Kinderheim, Flucht«. In: Anne Saint Sauveur-Henn (Hg.): *Fluchtziel Paris. Die deutschsprachige Emigration 1933–1940.* Berlin 2002, S. 316–325; Hanna Papanek: »Exilkind: ... aus dem Garten vertrieben«. In: Inge Hansen-Schaberg (Hg.): *Als Kind verfolgt: Anne Frank und die anderen.* Berlin 2004, S. 31–43; Felix Posen: »Emigration und Weltbürgertum. Der notwendige Abschied vom nationalen Denken«. In: Wolfgang Benz, Marion Neiss (Hg.): *Die Erfahrung des Exils. Exemplarische Reflexionen.* Berlin 1997, S. 49–64; Brigitte Meckauer: *Die Zeit mit meinem Vater.* Köln 1982; Pierre Radvanyi: »Sprache, Schule und Lehrer im Pariser Exil«. In: Anne Saint Sauveur-Henn (Hg.): *Fluchtziel Paris. Die deutschsprachige Emigration 1933–1940.* Berlin 2002, S. 313 ff.; Anja Salewsky: *»Der olle Hitler soll sterben!« Erinnerungen an den jüdischen Kindertransport nach England.* München 2001; Robert Schopflocher: *Eine Kindheit.* Göttingen 1998; Bruno Schwebel: *Das andere Glück. Erinnerungen und Erzählungen.* Hg. v. Christian Kloyber und Karl Müller. Wien 2004; Hellmut Stern: *Saitensprünge. Erinnerungen eines Kosmopoliten wider Willen.* Berlin 3. Auflage 2002; die unveröffentlichten Texte von Tamen Köhler: *Tamen erinnert sich.* Undatiert; Marion Clara Reizes: *Ein paar Erinnerung aus der Kindheit.* Buenos Aires 2003; Marion Clara Reizes: *Reisetagebuch 1940.* Unveröffentlicht. — **8** Siehe hierzu auch Inge Hansen-Schaberg: »Kindheit und Jugend«. In: Claus-Dieter Krohn, Patrick von zur Mühlen, Gerhard Paul, Lutz Winckler (Hg.): *Handbuch der deutschsprachigen Emigration 1933–1945.* Darmstadt 1998, Sp. 81–94. — **9** Luc Dertain: »Emigrantenkinder«. In: *Das blaue Heft* 13 (1933), Nr. 1, 1.8.1933, S. 22. — **10** Hellmut Stern: *Saitensprünge* (s. Anm. 7), S. 60. — **11** Hanna Papanek: »Exilkind« (s. Anm. 7), S. 31. — **12** Ebd., S. 36. — **13** Ebd. — **14** Siehe Rezension von Hiltrud Häntzschel in diesem Band. — **15** Monique Köpke: *Nachtzug nach Paris* (s. Anm. 7), S. 55. — **16** Ebd., S. 108. — **17** Ebd. — **18** Gerhard L. Durlacher: *Streifen am Himmel* (s. Anm. 7), S. 35. — **19** Ebd., S. 37. — **20** Henry O. Leichter: *Eine Kindheit* (s. Anm. 7), S. 154. — **21** Ebd., S. 151. — **22** Pierre Radvanyi: »Sprache, Schule und Lehrer im Pariser Exil« (s. Anm. 7), S. 314. — **23** Zur Freinet-Methode siehe Inge Hansen-Schaberg, Bruno Schonig (Hg.): *Basiswissen Pädagogik: Reformpädagogische Schulkonzepte. Bd. 5: Freinet-Pädagogik.* Baltmannsweiler 2002. — **24** Pierre Radvanyi: »Sprache, Schule und Lehrer im Pariser Exil« (s. Anm. 7), S. 313 f. — **25** Marion Clara Reizes: *Ein paar Erinnerung aus der Kindheit* (s. Anm. 7), S. 1. — **26** Ebd., S. 4. — **27** Albert Dang: »Rettung einer Generation« (1943). In: Hermann Schnorbach: *»Für ein anderes Deutschland« – Die Pestalozzischule in Buenos Aires (1934–1958).* Frankfurt/M. 1995, S. 74–77, hier S. 75. — **28** Roberto Schopflocher, zit. in: ebd., S. 89. — **29** Roberto Schopflocher, zit. in: ebd., S. 90. — **30** Edith Wolf-Aron, zit. in: ebd., S. 91. — **31** Marion Bendix de Cohn, zit. in: ebd., S. 92. — **32** Alfredo Bauer, in: ebd., S. 94. — **33** Vera Gissing: *Heimkehr in die Fremde* (s. Anm. 7), S. 102 f. — **34** Ebd., S. 8. — **35** Siehe z. B. Karen Gershon: *Wir kamen als Kinder.* Frankfurt/M. 1988; Rebekka Göpfert (Hg.): *Ich kam allein. Die Rettung von zehntausend jüdischen Kindern nach England 1938/39.* München 1994; Bertha Leverton, Shmuel Lowensohn (Hg.): *I came alone. The Stories of the Kindertransports.* Lewes 1990; Mark J. Harris, Deborah Oppenheimer: *Kindertransport in eine fremde Welt.* München 2000. — **36** Siehe hierzu Wolfgang Benz, Claudia Curio, Andrea Hammel (Hg.): *Die Kindertransporte 1938/39. Rettung und Integration.* Frankfurt/M. 2003; Barry Turner: *Kinder-Transport. Eine beispiellose Rettungsaktion.* Gerlingen 1994; Rebekka Göpfert: *Der jüdische Kindertransport von Deutschland nach England 1938/39. Geschichte und Erinnerung.* Frankfurt/M., New York 1999; Andrea Hammel: »Identitätsfindung im Text. Autobiographisches Schreiben von ehemaligen Kindertransport-Teilnehmern«. In: Inge Hansen-Schaberg (Hg.): *Als Kind verfolgt* (s. Anm. 6) *Anne Frank und die anderen.* Berlin 2004, S. 169–179. Siehe die Beiträge von Claudia Curio und Andrea Hammel in diesem Band. — **37** Wolfgang Benz: »Emigration als Rettung und Trauma. Zum historischen Kontext der Kindertransporte nach England«. In: Wolfgang Benz, Claudia Curio, Andrea Hammel (Hg.): *Die Kindertransporte 1938/39* (s. Anm. 36), S. 9–16, hier S. 12. — **38** Gideon Behrendt: *Mit dem Kindertransport in die Freiheit* (s. Anm. 1), S. 45. — **39** Ebd., S. 48. — **40** Ebd., S. 54. — **41** Vera Craener: »Ich sah in New York ... Ein Kinderheim am Hudson«. In: *Aufbau* 8 (1942),

10.7. 1942, S. 21. — **42** Ebd. — **43** Siehe *International Biographical Dictionary*. Bd. 2, München 1999, S. 1021. — **44** Siehe Hildegard Feidel-Mertz: »Die Pädagogik der Landerziehungsheime im Exil«. In: Inge Hansen-Schaberg, Bruno Schonig (Hg.): *Basiswissen Pädagogik: Reformpädagogische Schulkonzepte. Bd. 2: Landerziehungsheim-Pädagogik.* Baltmannsweiler 2002, S. 179–201. Siehe den Beitrag von Hildegard Feidel-Mertz in diesem Band. — **45** Irmtraud Ubbens verdanke ich den folgenden Hinweis: Der Mitbegründer des »Landschulheims Florenz« (siehe den Beitrag von Irmtraud Ubbens in diesem Band), Moritz Goldberg, hat in seiner amerikanischen Exilzeit den unveröffentlichten Roman *Die Götter von Manhattan* (o. J.) verfasst, in dem diese Schule beschrieben wird und in dem Olga Elisabeth und Albrecht Schaeffer unter den Namen Lieselotte und Lorenz Bötticher auftreten. In dem Text heißt es, dass die Kinder deutscher Eltern dort »die landesübliche amerikanisch-englische Erziehung« genossen, »aber leben sollten sie dabei in einer bewusst deutschen Umgebung. Das war, insofern es ein praktisches Unternehmen darstellt, Frau Böttichers Idee, aber sie stützte sich dabei auf die Vorstellungen und Wertungen ihres Mannes. Um des Zieles wegen billigte er diese Form der Existenz, wenn er auch die organisatorische Leitung und die tägliche schwere Arbeit im Wesentlichen seiner Frau überliess.« (Goldstein o. J., S. 115 f.). Der Autor äußert sich dann sehr kritisch über das Schulunternehmen, das, wirtschaftlich gesehen, »verfehlt war« (ebd., S. 116) und dessen Ziele ihm fragwürdig erscheinen: »Auf Erwachsenen und Kindern gleichermassen schien etwas von bedrücktem Zwang zu lasten. Am Ende fühlten die Kinder sich gar nicht wohl in deutscher Umgebung. Am Ende wünschten sie sich zu amerikanisieren, so schnell und so gründlich wie möglich. Am Ende träumten sie von keiner verlorenen Heimat, sondern empfanden dieses Land Amerika als ihre Heimat oder wollten es so empfinden.« (ebd., S. 116 f.) Somit stehen die Aussagen des Berichts von Vera Craener und des Romans von Moritz Goldberg sich in der Beurteilung dieser Einrichtung diametral gegenüber. Damit wird aber auch der grundsätzliche Konflikt in der Erziehung von Flüchtlingskindern deutlich, nämlich die Frage, ob Assimilation oder die Bewahrung kultureller Identität angestrebt werden sollte, siehe dazu »3. Zusammenfassung und Schlussbetrachtung« in diesem Beitrag. — **46** Siehe die Edition der Exilschriften: Minna Specht: *Gesinnungswandel. Beiträge zur Pädagogik im Exil und zur Erneuerung von Erziehung und Bildung im Nachkriegsdeutschland.* (= Schriften des Exils zur Bildungsgeschichte und Bildungspolitik. Hg. von Hildegard Feidel-Mertz. Bd. 2). Hg. und eingeleitet von Inge Hansen-Schaberg unter Mitarbeit von Sigrid Rathgens. Frankfurt/M., Berlin, Brüssel, New York, Oxford, Wien 2005, S. 52–55. — **47** Inge Hansen-Schaberg: *Minna Specht – Eine Sozialistin in der Landerziehungsheimbewegung (1918 bis 1951). Untersuchung zur pädagogischen Biographie einer Reformpädagogin.* Frankfurt/M., Bern, New York, Paris 1992, S. 92 ff. — **48** Minna Specht: »Erziehung zum Selbstvertrauen« (1944). In: Hildegard Feidel-Mertz (Hg.): *Schulen im Exil. Die verdrängte Pädagogik nach 1933.* Reinbek 1983, S. 92–103, hier S. 92, Hervorhebung M.S. Siehe auch Charlotte Heckmann: *Begleiten und Vertrauen. Pädagogische Erfahrungen im Exil 1934–1946.* Hg. und kommentiert v. Inge Hansen-Schaberg, Bruno Schonig, Frankfurt/M., Berlin, Bern, New York, Paris, Wien 1995. — **49** Tamen Köhler: *Tamen erinnert sich* (s. Anm. 7), S. 18 f. Siehe auch Nora Walter: »Mit Kindern in Dänemark«. In: Detlev Horster, Dieter Krohn (Hg.): *Vernunft, Ethik, Politik. Gustav Heckmann zum 85. Geburtstag.* Hannover 1983, S. 99–105. — **50** Silvia Schlenstedt: »Kleiner Bericht über Flüchtlingskinder«. In: Inge Hansen-Schaberg (Hg.): *Als Kind verfolgt* (s. Anm. 6), S. 45–52, hier S. 48. — **51** Ebd., S. 47. — **52** Ebd., S. 52. — **53** Charlotte Weber: *Gegen den Strom der Finsternis. Als Betreuerin in Schweizer Flüchtlingsheimen 1942–1945.* Zürich 1994, S. 136. — **54** Ebd., S. 152. — **55** Ebd., S. 137. — **56** Nettie Sutro: *Jugend auf der Flucht 1933–1948. Fünfzehn Jahre im Spiegel des Schweizer Hilfswerks für Emigrantenkinder.* Zürich 1952, S. 183. — **57** Inge Hansen-Schaberg: »Die Wiener Schulreform und ihre pädagogische Umsetzung durch Ernst Papanek in den OSE-Kinderheimen in Frankreich«. In: *Mitteilungen & Materialien* Heft 53/2000, S. 88–99, und in: *Zwischenwelt. Zeitschrift für Kultur des Exils und des Widerstands* 17 (2000), Nr. 2, S. 10–14. — **58** Ernst Papanek: *Die Kinder von Montmorency.* Frankfurt/M. 1980, S. 100; siehe auch die englischsprachige Ausgabe: Ernst Papanek, Edward Linn: *Out of the Fire.* New York 1973. — **59** Hildegard Feidel-Mertz: »Identitätsbildung und Integration«. In: Wolfgang Benz, Claudia Curio, Andrea Hammel (Hg.): *Die Kindertransporte 1938/39* (s. Anm. 36), S. 102–119, hier S. 117. — **60** Henry O. Leichter: *Eine Kindheit* (s. Anm. 7), S. 146. — **61** Hanna Papanek: »Rote Falken, Kinderheim, Flucht« (s. Anm. 7), S. 318. — **62** Anna Seghers: »Frauen und Kinder in der Emigration«. In: Anna Seghers, Wieland Herzfelde: *Gewöhnliches und gefährliches Leben. Ein Briefwechsel aus der Zeit des Exils.* Darmstadt 1986, S. 141. — **63** Ebd., S. 142. — **64** Robert Schopflocher: *Eine Kindheit* (s. Anm. 7), S. 30. — **65** Christhard Hoffmann: »Zum Begriff der Akkulturation«. In: Claus-Dieter Krohn, Patrick von zur Mühlen, Gerhard Paul, Lutz Winckler (Hg.): *Handbuch der deutschsprachigen Emigration 1933–1945* (s. Anm. 8), Sp. 117–126, hier Sp. 121. — **66** Bea Green: »Mein Leben nach der Shoah« (s. Anm. 7), S. 59. — **67** Hellmut Stern: *Saitensprünge* (s. Anm. 7), S. 206. — **68** Felix Posen: »Emigration und Weltbürgertum« (s. Anm. 7), S. 63.

Sabine Hillebrecht

Freiheit in Ankara

Deutschsprachige Emigrantenkinder im türkischen Exil[1]

Abb. 1: »Silvia und Firmin Rohde auf einem Sonntagsspaziergang in der Steppe von Ankara, ca. 1936«. Privatbesitz Silvia Giese geb. Rohde, Berlin.

Peter Eckstein kam 1935 im Alter von knapp sieben Jahren in die Türkei. Sein Vater Albert Eckstein hatte seit 1932 als Direktor die Akademische Kinderklinik in Düsseldorf geleitet, wurde dort aber 1935 wegen seiner jüdischen Herkunft entlassen. Wenig später berief ihn die Kinderklinik am Musterkrankenhaus Ankara zum Direktor. Im Oktober siedelte die fünfköpfige Familie in die Türkei über: die Eltern Albert und Erna mit ihren drei Söhnen Herbert, Peter und Klaus im Alter von neun, sieben und drei Jahren. Die Erinnerungen des damals Siebenjährigen sind sehr positiv, was zunächst überraschen mag: »(Es war) ein ganz herrliches Leben der Freiheit: unbegrenzt Platz, Verkehr gab es nicht, Bekannte lebten zehn Minuten zu Fuß entfernt. Und wenn ich so zurückdenke an meine ersten Ankaraner Jahre, waren die Jahre sehr glücklich, weil eben Freiheit herrschte. Man hatte Schule – das war mal um zehn, das war um neun, das war um elf Uhr – vielleicht eine Stunde, vielleicht zwei Stunden, und der Rest des Tages war frei!

Da musste man Hausaufgaben machen, aber ansonsten lebte man ein sehr freies, unbegrenztes Leben.«[2] Peter Eckstein war ein Emigrantenkind. Im Unterschied zu den Kindern von im Ausland wohnenden Reichsdeutschen war er eines der vielen Kinder, die auf Grund ihrer jüdischen Herkunft vom nationalsozialistischen Deutschland verfolgt wurden oder deren Eltern aus politischen Gründen zu den Verfolgten gehörten. Er zählte zu den vergleichsweise wenigen Kindern, die während der Zeit der Verfolgung in der Türkei aufwuchsen.

Exilland Türkei

Die Türkei als Exilland kam auf Grund der rigiden Aufnahmebestimmungen nur für einen kleinen Kreis von Betroffenen in Betracht. Die diesbezüglichen Aussichten lassen sich im 1938 in Berlin erschienenen *Philo-Atlas. Handbuch für die jüdische Auswanderung* nachlesen: »Visum erforderlich. Konsulat sind Zweck, Ort u. Dauer d. Aufenthalts darzulegen. Konsul kann zunächst bei d. Behörden in d. T.(ürkei) wegen Genehmigung d. Visumerteilung rückfragen. Arbeitnehmer haben d. Konsul einen durch d. t.(ürkische) Arbeitsamt beglaubigten Arbeitsvertrag vorzuweisen. Bei Aufenthalt v. mehr als 15 Tagen muß Aufenthaltsgenehmigung eingeholt werden. Durch Berufssperreges.(etz) ist Ausübung einer großen Zahl v. Berufen f. Ausländer verboten. Wenig Möglichkeiten.«[3] Das seit den 1920er Jahren existierende und 1932 erneuerte »Berufssperregesetz« verbot den Einwanderern die Tätigkeit in vielen ungelernten, handwerklichen und akademischen Berufen.[4] So riet das deutsche Auswärtige Amt schon 1933, dass man die Fahrt in die Türkei zwecks Einreise erst nach Abschluss eines Arbeitsvertrages antreten solle.[5]

Diesen harten Einwanderungsbedingungen standen die Modernisierungsabsichten des Staatspräsidenten Mustafa Kemal Atatürk gegenüber, der seit der Gründung der Republik 1923 mit diktatorischen Vollmachten regierte und die Türkei zu einem Nationalstaat westeuropäischer Prägung machen wollte. Zu seinen Zielen gehörten u.a. eine Reform des Zivil-, Straf- und Handelsrechts sowie die Europäisierung von Bildung, Sprache und Schrift. Zur Realisierung benötigte er westliches Know-how. Ein entsprechendes Angebot von Fachexperten gab es spätestens nach der Ernennung Hitlers zum Reichskanzler und der daraufhin einsetzenden Verfolgungspolitik. Mit der Reform des türkischen Hochschulwesens beauftragte die türkische Regierung 1932 den Genfer Pädagogikprofessor Albert Malche. Die deutschen Wissenschaftler, die in die Schweiz emigrierten, hatten daher auch gute Voraussetzungen, von der Suche der türkischen Regierung zu erfahren. Die Vermittlung übernahm in vielen Fällen die zu diesem Zweck gegründete »Notgemeinschaft deutscher Wissenschaftler im Ausland«. Bereits im Sommer 1933 trafen deutsche Emigranten in der Türkei ein. Sie kamen auf Einladung der türkischen Regierung, und ihnen wurde versichert, dass jeder Einzelne »als Beamter der Republik betrachtet und unter türkischem Schutz stehen werde«.[6] Sie arbeiteten als Professoren, Gutachter, Ratgeber, Reformer und Leitungspersönlichkeiten in den Bereichen Politik, Wissenschaft, Wirtschaft und Kultur. Die zunächst auf drei bis fünf Jahre befristeten Arbeitsverträge beinhalteten die Verpflichtung der Wissenschaftler, innerhalb der Vertragszeit die Vorlesungen auf Türkisch zu halten und türkische Fachbücher zu publizieren. Die Gehälter waren mindestens doppelt so hoch wie die der Ortskräfte, der gesamte Hausstand wurde auf Kosten der türkischen Regierung verschifft, und selbstverständlich konnten auch die Ehefrauen und die Kinder in die Türkei einreisen. Diese »Einladungspolitik« ermöglichte es, dass mindestens 1.000 deutschsprachige Flüchtlinge eine Zeit lang in der Türkei lebten.[7] Unter ihnen waren mindestens 275 Emigrantenkinder. Während die Väter[8], die die Türkei unter Vertrag nahm, weiterhin in ihren vertrauten fachlichen Disziplinen arbeiteten und ihnen in der ersten Zeit bei ihrer Arbeit sogar ein Dolmetscher zur Verfügung stand, war für die mitreisenden Kinder die Emigration in jeglicher Hinsicht eine Umstellung.

Wie fanden sie sich in der neuen Umgebung zurecht, wie lösten sie das Sprachproblem, wo gingen sie zur Schule, und welche Bedeutung hatten die Exiljahre für ihr späteres Leben? Bei der Beantwortung dieser Fragen konzentriere ich mich auf die vergleichsweise übersichtlichen Verhältnisse in Ankara. Die schulische Situation wird zwangsläufig einen breiten Raum einnehmen, denn in der Regel ermöglicht es die Schule einem Kind, eigenständig vom privaten in den öffentlichen Raum zu treten und eigenständig Gesellschaftlichkeit herzustellen. Die Aussagen meiner Interviewpartner und -partnerinnen lassen sich natürlich nicht auf alle Emigrantenkinder in der Türkei übertragen, da die individuellen Voraussetzungen der Kinder in Bezug auf persönliche Veranlagung, Einstellung der Eltern, allgemeine Familiensituation und Alter des Kindes differieren.

In die türkische Hauptstadt kamen mindestens 53 Minderjährige, und mindestens weitere zehn Kinder wurden hier geboren. Von diesen 63 Emigrantenkindern wären 42 auf Grund ihrer jüdischen Herkunft Verfolgungen in Deutschland ausgesetzt gewesen. Fast alle Väter waren Akademiker, das heißt, sie arbeiteten an der Hochschule in Ankara. Die Kinder waren in unterschiedlichem Alter, immerhin 27 Jungen und Mädchen waren zwischen 1925 und 1932 auf die Welt gekommen. Zu dieser Gruppe zählen auch die Betroffenen, die im Rahmen der Recherche zu diesem Thema befragt wurden.[9] Sie waren bei Ausbruch des Zweiten Weltkriegs zwischen sieben und 14 Jahre alt und verfügen sowohl über Erinnerungen an das NS-Deutschland als auch über eine bewusste Wahrnehmung des Exils.

Im fremden Land

Anders als heute hat in den 1930er Jahren die Ankündigung, man fahre in die Türkei, kaum eine Vorstellung von den zukünftigen Lebensbedingungen auslösen können. Cornelius Bischoff kannte das Buch »Durchs wilde Kurdistan« von Karl May und freute sich vor der Abreise 1939 darauf, die beschriebenen Verhältnisse bald selbst zu erleben.[10] Vielfach war es aber weniger das Ziel als die mehrtägige, sehr weite Reise, die bei den meisten Kindern Emotionen hervorrief: »Wir sind mit dem Orient-Express von München nach Istanbul gefahren, und es war natürlich für mich als Elfjährige ziemlich aufregend. Es gab andauernd zu essen. Und in Budapest sind meine Eltern ausgestiegen, um eine Zigarette zu rauchen, und ich habe furchtbare Angst gehabt, der Zug fährt ohne sie nur mit mir weiter.«[11] Abschiedsschmerz kommt in den Erinnerungen der damaligen Kinder eher selten vor. »Die Abfahrt war keineswegs aufregend. Meine besten Freunde waren meine Cousins und Cousinen in Düsseldorf. Und die fuhren nach England! Also, da hatte man nichts verloren: Die fuhren dahin, wir fuhren dorthin.«[12] Den Kindern dürfte die Tragweite des Abschieds nicht richtig klar gewesen sein, hofften doch selbst die Eltern in der Regel, bald wieder nach Deutschland zurückkehren zu können. »Mir war keineswegs bewusst, dass wir flohen. Das war einfach eine Fahrt!«[13] Dafür sprach auch, dass es sich in den meisten Fällen um einen geordneten Umzug handelte, bei dem der gesamte Hausstand verpackt und verschifft wurde. Dazu wurde ein solider Container aus Holz und Dachpappe gebaut, in dem – wenn vorhanden – auch ein Klavier Platz fand.[14] Die Kinder Herbert, Peter und Klaus Eckstein setzten sogar nach einigen Monaten Aufenthalt in Ankara bei ihren Eltern durch, dass ihr deutsches Kindermädchen in die Türkei nachkam. Den Charakter einer »Flucht« gab es eher gegen Ende der 1930er Jahre, also im Vorfeld des Zweiten Weltkriegs.[15]

Istanbul – die erste Etappe in der Türkei – beeindruckte den siebenjährigen Edzard Reuter durch seine Pracht: »Das Meer war natürlich neu für mich, und ich erinnere mich an diesen unglaublichen Anblick der Moscheen, der Minarette, des Topkapı-Palastes in Istanbul als einen Anblick ungeheurer Schönheit. So seltsam das ist: Das hat sogar ein Kind wie mich ungeheuer beeindruckt!«[16] Im Gegensatz zur kulturellen Vielfalt, Größe und Schönheit der Stadt am Goldenen Horn konnte Ankara nur als Ernüchterung erlebt werden: »Wir kamen aus dem Odenwald in eine trockene Steppe – Hochland –, das nun völlig andersartig war, völlig kahl. Steppe bis Wüste. Das war also erst mal ein Schock!«[17] Das Haus der Reuters stand in einer »Sandwüste«: »Da war noch keine Straße richtig angelegt, und wenn es regnete, schwamm alles weg. Und sonst war es ausgedörrt. Und dort konnte es dann passieren, dass ein Treiber mit seiner Herde von Hühnern, Truthähnen oder

Gänsen vorbeikam, um sie zu verkaufen.«[18] Verglichen mit Istanbul hatte Ankara mit seinen ca. 120.000 Einwohnern Mitte der 1930er Jahre eher den Charakter einer Kleinstadt. Das Klima des 900 Meter hoch gelegenen Ortes war mit seiner großen Hitze in den Sommermonaten für den Mitteleuropäer gewöhnungsbedürftig. Nicht anders die Umgebung: Vermisst wurden die grüne Vegetation, die liebliche Landschaft und insbesondere der Wald. Für die Kinder hatte Ankara aber eindeutige Vorzüge gegenüber Istanbul: Auf Grund seiner überschaubaren Größe konnten sich die Kinder frei bewegen. Durch die Mischung aus Stadt und Land, aus aufstrebender Hauptstadt und bäuerlicher Gesellschaft, aus westlich orientierter Modernisierung und orientalischer Tradition waren die Eindrücke und Anregungen besonders vielfältig. Während beispielsweise in der Altstadt viele Handwerker und Händler lebten, die ihre traditionellen Arbeiten in der Gegenwart der Passanten ausübten, während in regelmäßigen zeitlichen Abständen hinter dem modernen Wohnhaus der Familie Ruben eine Kamel-Karawane lagerte, um Salz in die Stadt zu bringen, erfreute sich gleichzeitig das örtliche Kino bei den Emigrantenkindern großer Beliebtheit. Hier reichte das Angebot von Walt Disneys »Schneewittchen« – auf Englisch mit türkischen Untertiteln – über Chaplin- und Garbo-Filme bis hin zu Produktionen von Jean Renoir und René Clair.[19]

Ebenfalls vorteilhaft für die Kinder war die Wohnsituation: Die Emigrantenfamilien zogen in den meisten Fällen in die »Neustadt« von Ankara. Hier, in Yenişehir, erfüllten die Wohnungen europäische Standards. Die äußerlich vom Bauhaus-Stil inspirierten Wohnhäuser bildeten eine Art »Siedlung«, in der sich die Kinder unkompliziert treffen konnten. So verabredeten sich die Emigrantenkinder zum gemeinsamen Spielen, Rollschuhlaufen und Radfahren, zu heimlichen Kutschfahrten, zum Reitunterricht, Fußball, Rudern und zum Schwimmen in Çiftlik.[20] Zu den Kindern der »Kolonie A«, den »Reichs- und Volksdeutschen«, gab es kaum eine Berührung, obwohl es in einigen Fällen im Nachhinein schwierig ist, Mitglieder der »Kolonie A« von denen der »Kolonie B« – den Emigranten – zu trennen.[21] Auch zu den türkischen Kindern gab es nur in Ausnahmefällen Kontakt.[22] Die türkischen Kinder waren einerseits stark in ihrer Familie und andererseits in der örtlichen Schule eingebunden. Die meisten Emigrantenkinder jedoch gingen nicht auf eine türkische Schule.

Die schulische Situation der Emigrantenkinder

Der achtjährige Gerhard Ruben kam in die Türkei, als sein Vater 1935 einen Lehrstuhl für Indologie an der Hochschule von Ankara erhielt. »Ich bin zuerst in eine türkische Schule gegangen, aber das funktionierte absolut nicht. Ich

bekam zwar in »Lesen« eine »eins«, weil ich einfach die Buchstaben gelesen
habe – da war ich besser als die anderen Kinder –, aber ich habe nichts kapiert.
Ich erinnere mich, dass der Direktor versuchte, mir ein paar türkische Wörter zu erklären. Die Lehrer wussten wahrscheinlich gar nicht, wie sie mit mir
umgehen sollten – sie waren ja keine Ausländer gewohnt, das war eine ganz
normale türkische Schule. Und dann haben mich meine Eltern nach ungefähr 14 Tagen wieder herausgenommen.«[23] Gerhard nützten seine Erfahrungen aus einer hessischen Dorfschule nicht viel, der Schulalltag, die Lehrer und das Verhalten der Mitschüler waren in Ankara vollkommen anders.
Bei den meisten Emigrantenkindern wurde die türkische Schule gar nicht
erst in Betracht gezogen. In einem Brief an ihre ehemalige Lehrerin Frau
Kudret erinnert sich 1965 Veronika Gerngroß, die als 15-Jährige 1933 nach
Ankara kam, wie sich bei ihr das Problem der schulischen Ausbildung löste:
»Als ich mit meinen Eltern im Oktober 1933 nach Ankara kam, war die Fort-
bildung für mich Untersekundanerin ein ernstes Problem. Ich musste ziemlich planlos versuchen, dies oder jenes zu lernen. Ich erinnere mich deutlich
an den Tag – ich glaube, es war im Herbst 1934 –, als ich eine Bekannte vor
der alten Yenişehir-Post an der Ecke Mithat Paşa und Sakarya caddesi traf,
die mir freudig erzählte, sie hätte eine wunderbare Französisch-Lehrerin entdeckt, die sie mir nur heiß empfehlen könne. So begann ich, um jedenfalls
irgend etwas Vernünftiges zu tun, mit Französisch-Stunden bei Ihnen und
betrat auf diese Weise eine ganz neue, mir bisher unbekannte Welt: Gleich
zu Anfang schickten Sie mich los, einen ›Nouveau Petit Larousse Illustré‹ zu
kaufen, der mich lehrte, wie man selbständig lernen kann, ohne das Zuer-
lernende ›vorgekaut‹ zu bekommen.«[24] Veronika Gerngroß erhielt Privatstunden. Bald beschränkten sich die Stunden nicht nur auf Französisch, sondern berücksichtigten das gesamte für das Abitur relevante Pensum. Dank
dieses Unterrichts bestand Veronika Gerngroß 1938 die Reifeprüfung als
Externe an der Deutschen Schule in Istanbul. In den übersichtlichen Verhältnissen Ankaras sprach sich diese Möglichkeit der schulischen Ausbildung
schnell herum. So erfuhren beispielsweise Karl Ernst Zimmer und seine Mutter bereits im Zug von Istanbul nach Ankara von dem Privatunterricht: »Im
Zug trafen wir Uta Gottfried und ihre Mutter, die uns von Frau Kudret
erzählten. Und ich glaube, kurz danach beschlossen meine Eltern, dass sie
sich mit Frau Kudret in Verbindung setzen würden. Und ich fing dann an,
mit zwölf Jahren bei Frau Kudret zu lernen, und ich habe das ganze Gym-
nasial-Curriculum bei ihr absolviert.«[25] Hierbei handelte es sich nicht um
Einzelunterricht, sondern um Unterricht in »Lerngruppen«: Es gab den Kreis
der »Großen«, zu denen Renate Ebert, Uta Gottfried, Edzard Reuter, Irene
Melchior, Karl Ernst Zimmer, Gerhard Ruben und vorübergehend Peter Eckstein gehörten. Den Nukleus der »Kleinen« bildeten Wolfgang Ruben, Silvia Rohde, Hans Baade, Lisbeth und Hansi Wilbrandt, Thomas Pulewka,

Christa Ebert und später Brigitte Kleinsorge. Aus einem gewissen Pragmatismus heraus wurde hier ein jahrgangsübergreifender Unterricht praktiziert, der heute in einigen Schulkonzepten pädagogisch intendiert ist.[26]

Die Schüler erlernten nacheinander alles, was der Lehrplan der deutschen Grundschule, der Mittelschule und des Realgymnasiums vorsah. Dazu erhielten die Erstklässler einmal pro Woche eine Stunde Unterricht, in der gerechnet, gelesen und geschrieben wurde. In der zweiten Klasse waren es immerhin schon zwei Stunden. Nach und nach erhöhte sich die Stundenzahl, wobei der Unterschied zu den Präsenzzeiten eines deutschen Schülers an einer regulären Institution trotzdem gewaltig blieb. Klassenarbeiten wurden selten geschrieben, Hausaufgaben hingegen oft kontrolliert und korrigiert. Durch die fehlenden Schulbücher waren die Kinder schon früh gezwungen, den Ausführungen der Lehrerin zu folgen und gleichzeitig mitzuschreiben. Zu Hause sollten die Notizen dann ausgearbeitet werden. Bei diesem Unterricht »(...) war alles so Routine: Man ging eben da hin zu Frau Kudret, und die anderen Kinder auch (...). Und damals fiel es mir auch nicht auf, dass das irgendwie außergewöhnlich war, dass eine Frau Physik, Mathematik, Französisch, Latein, Deutsche Literatur, Geschichte, Biologie, alles unterrichtete. Na ja, das tat sie eben! Und später wurde mir aber bewusst, dass das wirklich eine ganz außergewöhnliche Frau war. Und als ich nach Amerika 1946 kam, war ich besser aufs College vorbereitet als die meisten amerikanischen Schüler, die in Amerika in einer High School gewesen waren.«[27]

Diese Lehrerin hatte ein immenses Schulwissen parat, produzierte es mündlich und präparierte gleichzeitig analoge schriftliche Übungsaufgaben und weiterführende Hausarbeiten, und während des gesamten Unterrichts wechselte sie mühelos von einer Lernstufe in die nächste und von einem Unterrichtsfach in das andere, ohne sich und den Schülern eine Pause zu gönnen. »Hatten wir am Vormittag fleißig eine Stunde Physik und dann gleich anschließend eine Stunde Geschichte gehabt, so sagte unsere Lehrerin: ›Jetzt machen wir zehn Minuten Pause!‹ Aber mit welcher Uhr sie diese ›zehn Minuten‹ maß, das weiß ich bis heute nicht. Ich glaube, es waren kaum jemals mehr als 30 Sekunden. Denn nach dieser Ankündigung schwieg Frau Kudret einen kurzen Augenblick, legte die Hände gerade vor sich auf den Tisch und sagte dann: ›So!‹ Damit war die Pause beendet.«[28]

Die Lehrerin: Frau Leyla Kudret

Wer war diese Frau Kudret, die über solch ein reichhaltiges und gleichzeitig fächerspezifisches Wissen verfügte und die auch die Klaviatur der Rahmen- und Lehrpläne der verschiedenen Jahrgangsstufen so perfekt beherrschte? Sie war 1895 in Wertingen bei Augsburg als Doris Zernott geboren worden und hatte 1913 als erstes Mädchen am Realgymnasium ihrer Heimatstadt Abitur gemacht. Das anschließende Lehramtsstudium in Mathematik, Physik und Chemie absolvierte sie in München. Von 1918 bis 1921 studierte sie Germanistik, Geschichte und Französisch, u.a. auch an der Sorbonne.[29] Anschließend wurde sie promoviert, und 1921 heiratete sie den in Deutschland ausgebildeten Maschinenbauingenieur Kudret Bey und ging mit ihm in die Türkei. Von nun an hieß sie offiziell Dr. phil. Leyla Kudret, später wählte das Ehepaar noch den Nachnamen Erkönen hinzu. Zwischen 1924 und 1934 gab sie Privatstunden in Istanbul. 1934 erhielt Herr Kudret eine Stelle in Ankara, weshalb das Ehepaar in die türkische Hauptstadt umzog. Hier wurde Frau Kudret nun eine Institution.

Die »Ku« – wie sie von ihren Schülern genannt wurde – unterrichtete nicht nur Emigrantenkinder, sondern auch Kinder von »Reichsdeutschen«. Sie respektierte aber die Trennung dieser beiden deutschen Kolonien, so dass die Emigrantenkinder nicht mit Schülern zusammentreffen mussten, die aus nationalsozialistisch gesinnten Elternhäusern kamen. Sie gab Privatstunden in einzelnen Fächern oder bereitete allgemein auf das Abitur oder einen Handelsschulabschluss vor. Zu ihrem Repertoire gehörten mit Ausnahme von Kunst, Sport und Musik alle relevanten Fächer, selbst Schreibmaschine, Stenografie und Handelskunde. Das von ihr angebotene Türkisch wurde jedoch von den Emigrantenkindern kaum in Anspruch genommen, denn die Eltern gingen vielfach davon aus, dass der Aufenthalt in der Türkei nur vorübergehend sei und sich daher der Aufwand nicht lohne, diese schwierige Sprache zu lernen.[30]

Der Unterricht fand in der Wohnung von Frau Kudret statt. »Das Schulzimmer (...) war ein hübsches Zimmer mit vielen Pflanzen, Zimmerlinden und so, und in der Mitte stand ein runder Tisch und da waren Korbstühle – altmodische – ringsum.«[31] Als um das Jahr 1940 die türkischen Behörden Frau Kudret vorübergehend das Unterrichten wegen des unbegründeten Verdachts der Spionage verboten[32], blieb die private Atmosphäre erhalten: Die jeweilige Lerngruppe traf sich nun inoffiziell bei einem Schüler zu Hause, beispielsweise bei der Emigrantenfamilie Zimmer[33], und Frau Kudret hielt dort heimlich ihren Unterricht ab. Aber trotz – oder gerade: wegen? – der Privatheit war die Verbindlichkeit in dieser »Schule« groß. Das war in erster Linie das Verdienst von Frau Kudret, die sich Ungezogenheiten verbat. »Da wurde schon mal ein bißchen geschimpft, und ganz schlimme Leute mussten eventuell mal zum Nachsitzen mit dem Aufgabenzettel zu ihr kommen.«[34] Zur Verbindlichkeit trug außerdem bei, dass die Emigrantenkolonie bis zum Abbruch der diplomatischen Beziehungen zwischen der Türkei und Deutschland im August 1944 räumlich und personell übersichtlich und stabil war. Hinzu kam, dass der soziale Hintergrund und damit Werte wie Bildung und Kultur bei den einzelnen Familien größtenteils identisch waren.

Und schließlich: Auch wenn die Kinder der deutschen Wissenschaftler auf keinen Fall kleine Streber waren – sie fanden durchaus Mittel und Wege, den Hausaufgabenzettel zu kürzen[35] –, mit zunehmendem Alter wussten auch sie um die Bedeutung von »Wissen« und »Lernen«, hatten doch gerade ihre Väter wegen ihrer besonderen Kenntnisse und Fähigkeiten die Möglichkeit erhalten, die Familie vor der Verfolgung in Sicherheit zu bringen.

Und die Kinder hätte auch beeindrucken müssen, wie problemlos jeglicher weiterer Bildungsbedarf von der Solidargemeinschaft der »Kolonie B« gedeckt wurde: Ernst Reuter unterrichtete die »Großen« bei der »Ku« für etwa ein Jahr in Geographie, Gerhard Ruben erhielt von Eugen Merzbacher Mathematikunterricht und von Eduard Zuckmayer Klavierunterricht, Frau Laqueur bot Französisch an, Irmgard Rohde, eine promovierte Archäologin, übernahm während des eingeschränkten Unterrichts von Frau Kudret die Geschichtsstunden, außerdem unterrichtete sie Alt-Griechisch und deutsche Literatur, ihr Mann Georg Rohde brachte einem kleinen Kreis von Interessenten ebenfalls Alt-Griechisch bei, und Laura Kleinsorge unterrichtete ihre Tochter Brigitte zeitweise in allen Fächern selbst – um nur einige Beispiele zu nennen. Einen Engpass gab es lediglich beim jüdischen Religionsunterricht – doch das fiel kaum jemandem auf.

Die türkische Schule

Nur wenige Emigrantenkinder besuchten eine türkische Schule: »Der Entschluss, von Anfang an auf die türkische Schule zu gehen, war mein eigener. (...) So viel ich mich erinnere, hat für mich dabei auch eine Rolle gespielt, dass die türkische Staatsschule kostenlos war. Obwohl meine Eltern nicht an unserer Erziehung gespart haben, waren mir ihre finanziellen Sorgen sehr bewusst.«[36] Die deutschen Wissenschaftler waren zwar besser gestellt als die türkischen Kollegen, doch im Zuge einer rapiden Teuerung in der Türkei hatten auch sie zunehmend finanzielle Probleme.[37] Die Eltern von Eugen Merzbacher waren zum Beispiel gezwungen, den Familienschmuck, den sie 1935 aus Deutschland mitbrachten, allmählich auf dem Bazar in Ankara und Istanbul zu verkaufen.[38]

Besonders schwierig war es für diejenigen, deren Verträge nicht verlängert wurden. Zu ihnen gehörte z. B. der Vater von Marie-Luise van Ess geb. Bremer. Der Botaniker Hans Bremer arbeitete als Sachverständiger im Landwirtschaftsministerium. 1938 wurde sein dreijähriger Vertrag nicht mehr verlängert und von nun an war er einem mittleren türkischen Beamten gleichgestellt. Damit hatten seine Arbeitsverträge nur noch eine Laufzeit von einem Jahr, und sein Gehalt war nun erheblich geringer. Die finanziellen Probleme der Familie führten dazu, dass die Tochter Marie-Luise 1942 eigenmächtig entschied, fortan ein »Ticaret Lisesi« (Wirtschaftsgymnasium) zu besuchen. Die damals Zwölfjährige hatte das Gefühl, sie müsse etwas Praktisches lernen, um später schnell Geld verdienen zu können. Sie erhielt Unterricht in Buchführung, Stenografie und Handelsrecht – nicht ahnend, dass es schon längst ein »Berufssperregesetz« für Ausländer gab und sie nach dem Schulabschluss keine Möglichkeit haben würde, in einem türkischen Betrieb zu arbeiten.[39]

Abgesehen von dem oben genannten Eugen Merzbacher, der sich selbst für eine türkische Schule entschied, gab es nur einen weiteren Jungen, der gleich nach der Ankunft in Ankara eine türkische Schule besuchte: Im Unterschied zu seiner Schwester Silvia durchlief Firmin Rohde die gesamte türkische Schullaufbahn und wurde sogar wiederholt in die Ehrenliste der Jahrgangsbesten aufgenommen, was den Vater veranlasste, mit freudigem Stolz Postkarten an die Großeltern zu schreiben. Firmin glänzte auch mit dem klassenbesten Aufsatz darüber, dass die türkische Fahne die schönste aller Flaggen sei.[40]

Die türkische Schule mit den langen Unterrichtszeiten galt als schwer. Doch für die meisten Eltern war das nicht gleichbedeutend mit einer guten Ausbildung, zumal für Mädchen. Die Schüler trugen Uniformen, und ihnen wurde ein militärischer Drill anerzogen. Morgens prüfte die Lehrerin die Sauberkeit von Kragen und Fingernägeln. Die Prügelstrafe war zugelassen, sie wurde vom Schulleiter ausgeübt, indem er auf die Fußsohlen der Schüler hieb. In eine Klasse gingen etwa 65 Schüler. »In der Grundschule war ich natürlich die große Ausnahme: Der Sohn eines berühmten und sehr geliebten Mannes. Ein Ausländer! Nicht nur, dass ich Ausländer war, ich war natürlich auch ein Falschgläubiger.«[41]

Kaum eine Emigrantenfamilie dachte daran, länger als nötig in der Türkei zu bleiben. Ihnen war es daher wichtiger, dass die Inhalte deutscher Rahmenpläne vermittelt wurden und dass sich die Kinder mittels dieser Lerninhalte mit der deutschen Kultur identifizieren konnten. Diese Grundlage schien ihnen auch sinnvoller für ein Studium in den USA, das viele anstrebten.

Internierung und Wartezeit

Am 2. August 1944 brach die Türkei die diplomatischen Beziehungen zum Deutschen Reich ab, drei Tage später wurden alle deutschen Staatsangehörigen aufgefordert, die Türkei zu verlassen, andernfalls mussten sie sich wegen eines Zwangsaufenthaltes in Anatolien bei der türkischen Polizei melden. Von der Internierung ausgenommen waren Staatsangestellte, einige Universitätsprofessoren und Ärzte. Die Abreise in die drei Internierungsorte

Kırşehir, Çorum und Yosgat fand am 23. August von Ankara aus statt. Da
die Internierten nicht arbeiten durften, waren sie auf finanzielle Unterstützung angewiesen. Sie erhielten von der türkischen Regierung einen Tages-
satz ausgezahlt, der dem von Erdbebenopfern entsprach. Zur Deckung der
Ausgaben trugen außerdem private Sammlungen und die Unterstützung des
International Rescue and Relief Committee bei.

Die Lage der Internierten war recht trostlos: »Es gab dort (in Kırşehir) weder Wasserleitung, noch Kanalisation, noch – natürlich – Gas, und es gab
elektrisches Licht nur auf Stottern.«[42] Schulen für deutsche Kinder gab es
selbstverständlich auch nicht und auch keinen verbindlichen, privat organisierten Unterricht. Um aber trotz des Arbeitsverbotes einer nützlichen Tätigkeit nachgehen zu können, boten einige Personen Unterricht an. Dabei ging
es ihnen nicht um die Bezahlung, denn die Internierten konnten ohnehin
kein Geld für Privatstunden aufbringen. Gerhard und Wolfgang Ruben hatten beispielsweise Englischunterricht bei Uta Gottfried. Französisch erteilte
in Kırşehir die Österreicherin Grünholz und Mathematik Kurt Laqueur.
Auch die kirchlich engagierte Esther von Bülow sowie die internierten Pad-
res und Nonnen des katholischen Krankenhauses in Istanbul unterstützten
die Weiterbildung der Minderjährigen tatkräftig.[43] In Çorum waren einige
Lehrer der österreichischen St.-Georgs-Schule interniert und gaben dort
Unterricht.[44]

Gleichzeitig bot die Internierung ein weites Feld der praktischen Betätigung, obwohl es eigentlich verboten war, den Internierungsort zu verlassen.
Aber hier – wie auch in anderen Fällen – waren die Türken großzügig und
behandelten die Emigranten als ihre »Gäste«, so dass sie sich nicht als »Inter-
nierte« fühlen mussten. So studierten die Ruben-Söhne gemeinsam mit
ihrem Vater alte Grabstätten, mit dem Wirtschaftswissenschaftler Fritz Baade erkundeten sie die Verwertbarkeit des Travertins der Thermalquellen, und
mithilfe eines Handbuchs suchten sie in diesen Steinformationen Obsidian-
Steinwerkzeuge und andere Überbleibsel der Steinzeit. Die Einbeziehung der
Heranwachsenden in die Forschungsgebiete der Professoren verlief planlos,
sie ergab sich durch die fehlende Arbeitsverpflichtung der Väter. Und sie
resultierte aus den Gegebenheiten des Internierungsortes: Daher lernten Gerhard und Wolfgang Ruben durch den ethnologisch interessierten Vater sogar
einen echten Räuberhauptmann kennen.[45]

Nach 18 Monaten wurde der Zwangsaufenthalt in Anatolien zu Weihnachten 1945 wieder aufgehoben, und die Internierten konnten in ihre türkischen Wohnorte zurückkehren. »Mindestens anderthalb Jahre waren wir
raus, in einer völlig anderen Umgebung, und es haben einen dadurch auch
ganz andere Sachen beschäftigt. Nun kam man wieder zurück in die vorhe-
rige Umgebung, man war etwas weiter darüber hinaus, obwohl wir bei der
Internierung nichts erlebt haben. Aber weil das diese ältere orientalische Welt

war, war man irgendwie selbst verändert. Dieses Gefühl hatte ich: Die anderen sind ja noch so wie vorher! Wir saßen in einer kleinen Stadt in der Steppe. Man stelle sich einfach dieses Gefühl vor: Man ist in der Steppe, und man kann laufen und laufen und laufen: Man ist immer noch in der Steppe! Wir waren in eine ganz andere Welt geraten und kamen dann wieder zurück. Wenn diese Welt doch schwieriger und einschränkender gewesen war als Ankara, sie war doch irgendwie eine Art Bereicherung. Man hatte dort Orient wirklich gesehen und gelebt, wenn auch nur in einer primitiveren und späten Form, aber das war ein echter Orient, mit Basar und Räubern und Aberglauben und Derwischen.«[46]

Gerhard und Wolfgang Ruben hatten, wie die anderen internierten Kinder, über ein Jahr Unterricht versäumt. Ihre Schulausbildung verlängerte sich dadurch entsprechend. Aber auch die Kinder, die nicht interniert worden waren, kamen in ihrer Ausbildung nicht recht voran. Als die Türkei die diplomatischen Beziehungen zu Deutschland abbrach, wurde auch die Deutsche Schule in Istanbul geschlossen. Damit hatten die Kudret-Schüler keine Möglichkeit mehr, das deutsche Abitur abzulegen. Die Jugendlichen konnten nur weiterhin Privatunterricht erhalten. Auch nach Ende des Zweiten Weltkriegs änderte sich daran zunächst nichts. So schrieb Ernst Reuter am 7. Februar 1946: »Es bedrückt mich bei allem auch die Lage meines Jungen hier, der nun durch diese ganze sinnlose Trödelei seine beste Zeit mit Warten verbringen muß.«[47]

Sorgen und Sorglosigkeit

Die Kinder im türkischen Exil bekamen mitunter deutlich die Sorgen der Eltern mit: Das bange Warten auf die Verlängerung des Arbeitsvertrages und damit der Aufenthaltsgenehmigung, der Kriegsverlauf und ein möglicher Vorstoß Deutschlands bis in die Türkei, finanzielle Probleme, widrige Arbeitsbedingungen der Väter und die Sorgen um Angehörige in Deutschland. Die Heranwachsenden mussten den Eltern im Exil natürlich eine Stütze sein, aber sie waren nicht gezwungen, verfrüht Erwachsenenrollen zu übernehmen. Drei Voraussetzungen waren hierbei entscheidend: Die Kinder kamen im Familienverband und mit dem beweglichen Familieneigentum nach Ankara, sie lebten dort in stabilen Verhältnissen, und die Türkei blieb bis drei Monate vor Kriegsende offiziell politisch neutral, so dass die Kinder zwar den Kriegszustand mit Lebensmittelrationierungen und Verdunklungsmaßnahmen kennen lernten, aber doch nie in Lebensgefahr schwebten.

Der Emigrantenkreis bot gesellschaftlichen Austausch, gemeinsame Aktivitäten sowie gegenseitige Unterstützung und gab ein Stück Heimat in der Fremde, indem er deutsche Traditionen pflegte und so an der deutschen Kul-

Abb. 2: »Silvia und Firmin Rohde zersägen den Weihnachtsbaum. Da das Bäumeschlagen in Ankara verboten war, musste die Entsorgung des Weihnachtsbaums heimlich auf dem Balkon geschehen. 10.1.1937«. Privatbesitz Silvia Giese geb. Rohde, Berlin.

tur festhielt. Natürlich wurden die deutschen Feste – allen voran Weihnachten – entsprechend gefeiert, es wurde gemeinsam musiziert, ein Lesekreis begründet und mit vereinten Kräften die schulische Bildung der Kinder vorangetrieben. Am Sonntagnachmittag traf man sich zum Kaffee-Klatsch oder zu einem Ausflug in die Umgebung von Ankara. »Oft waren diese systematisch organisiert, und eine große Gruppe von Emigranten ging – in typisch deutschem Stil mit Stock und Hut – auf die Wanderung.«[48]

Die Stellung der Familien im Gastland war sehr vorteilhaft im Vergleich zu anderen Exilländern: Die ohnehin besonders gastfreundlichen Türken hatten gegenüber den deutschen Akademikern eine besondere Hochachtung. Das wurde durch die offizielle Einladungspolitik der Türken noch weiter verstärkt, denn die Deutschen kamen nicht als »Bittsteller« ins Land, sondern sie wurden angeworben. Damit führte das Exil nicht zu einem Statusverlust im unmittelbaren sozialen Umfeld. So blieb auch das Rollengefüge in den einzelnen Familien unerschüttert: Der Vater war weiterhin der Ernährer, die Ehefrau kümmerte sich neben dem Haushalt und den Kindern um den sozialen Zusammenhalt in der »Kolonie B«, und die Kinder konnten Kinder bleiben.

Das bedeutet nicht, dass die Exiljahre nicht auch negative Auswirkungen haben konnten. Wegen der speziellen schulischen Situation war bei den Heranwachsenden die Schulausbildungsphase verlängert. Karl Ernst Zimmer, Schüler von Frau Kudret und heute Professor für Linguistik in Berkeley, konnte sein Abitur überhaupt nicht machen, andere waren schon deutlich über 20 Jahre alt, als sie ihre Hochschulreife ablegten und mit dem Studium begannen. Ein weiteres Problem war der Berufseinstieg: Wegen des Berufssperregesetzes war es für Ausländer fast unmöglich, einen Ausbildungs- oder Arbeitsplatz zu bekommen. Eugen Merzbacher wurde daher notgedrungen Lehrer: »Das war einer der wenigen Berufe, die einem offen standen. Und auch das war nicht einfach. Die Türken haben ja niemanden eingebürgert, das wurde verweigert. Das wäre auch mit Militärdienst verbunden gewesen. Da konnte ich also nicht Staatsbeamter werden und also auch nicht Lehrer an einer türkischen Schule, an einer richtigen Staatsschule. Und da war ich darauf angewiesen, an einer Privatschule eine Stelle zu bekommen.«[49]

Trotz des verhinderten Berufsstarts in der Türkei bzw. einer längeren Wartezeit bis zum Studiumsbeginn in einem anderen Land konnten die Emigrantenkinder den sozialen Status ihrer Eltern vielfach bewahren. Von den 63 namentlich bekannten Kindern gibt es in 32 Fällen einen Hinweis auf den erlernten oder ausgeübten Beruf: Mindestens sieben von ihnen sind Professoren geworden, mindestens 17 weitere haben studiert, davon fünf Medizin. In vielen Fällen lässt sich bei den Kindern eine Affinität zum Beruf des Vaters oder der Mutter erkennen: Zwei der drei Eckstein-Söhne folgten dem Vorbild ihrer Eltern und studierten Medizin, und die drei Kinder des Opernregisseurs Carl Ebert wurden Schriftstellerin, Filmproduzentin und Schauspieler.

Das Exil führte auch dazu, dass sich bei den Kindern nicht zwangsläufig ein »Heimatgefühl« ausbilden konnte. Dieses Manko wird rückblickend unterschiedlich bewertet, es mag auch bei dem Einzelnen je nach Situation unterschiedlich gesehen werden. Peter Eckstein erinnert sich: »Ich fühlte mich immer heimatlos. Man gehörte nicht zu »irgendetwas«: Man war nicht Deutscher, man war nicht Türke. Die Türken betrachteten einen entweder als Deutschen oder als Juden, das kam darauf an, ob sie in dem Augenblick pro-Deutschland oder pro-England waren.«[50] Sein Bruder Klaus sagt heute: »Ich habe einen englischen Pass, ich bin kein Engländer, ich bin kein Deutscher, ich bin kein Türke. Ich bin Weltbürger, und dafür bin ich dankbar. Und das verdanken wir eben der Türkei.«[51]

»frei und ungefährdet«

Zusammenfassend betrachtet war die Zeit des Exils in Ankara für die Kinder eine positive Erfahrung – auch wenn ihre Hoffnungen auf »Das wilde Kurdistan« à la Karl May enttäuscht wurden. Dorothea Brander glaubt, eine »sehr schöne Kinderzeit« verbracht zu haben[52], Edzard Reuter sieht die Türkei als »eine seiner Heimaten« an[53], und auch Silvia Giese spricht von ihrer »schönen Kindheit«, schränkt aber ein, dass man rückblickend zu einer Verklärung tendiere.[54] Viele charakterisieren die Exil-Jahre als »frei«: Klaus Eckstein bezeichnet die Zeit in der Türkei als »frei und ungefährdet«[55], sein Bruder Peter spricht von einem »freien, unbegrenzten Leben«.[56] Natürlich wurde die Türkei im Kontrast zur Verfolgung in Deutschland als frei empfunden, obwohl auch die Türkei damals ein Einparteienstaat mit militaristischen Zügen und einem ausgeprägten Nationalempfinden war. Aber damit waren die Emigranten weniger stark konfrontiert. Für die Kinder bestand die Freiheit vor allem darin, dass sie vergleichsweise wenig verbindlichen Unterricht hatten und dadurch viel Zeit zur freien Verfügung. So wurden verschiedene Sportarten wie das tägliche Reiten gepflegt. Außerdem konnten sich die Kinder vollkommen frei bewegen. Peter Eckstein erinnert sich an die Fahrräder, die die Familie Melchior aus Deutschland mitbrachte: »Dadurch wurden wir vollkommen unabhängig.«[57] Durch die Hitze hielt man sich auch viel in offenen Räumen auf. Die weite Sicht und die Weite des Landes verstärkten das Freiheitsgefühl. Die Töchter Ebert waren nach dem Krieg im Internat in der Schweiz und schrieben: »Es ist schrecklich hier – vor Bergen kann man den Himmel nicht sehen.« Peter Eckstein kann das gut verstehen: »Ich weiß ganz genau, was sie damit meinten. In der Türkei – gerade in Ankara – hat man einen riesigen Horizont. Das kenn' ich sonst nur aus Schottland. Und das ist die Größe und Freiheit, die man dabei genießt.«[58] Mit »Freiheit« meinen die Emigranten also einerseits das unreglementierte, gefahrlose Leben und andererseits die Weite des Landes. Letzteres ist insofern erstaunlich, als es ihnen in der Regel verboten war, ihren Wohnort zu verlassen. Ausnahmen gab es nur für Ärzte und Regierungsangestellte.

Als sich zur Eröffnung der Ausstellung »Haymatloz. Exil in der Türkei 1933–1945« im Januar 2000 viele Emigrantenkinder wiedersahen[59], gab es einen regen Austausch über die Erinnerungen und Erfahrungen. Silvia Giese zog wenig später ein Resümee: »Es stellte sich heraus, dass für fast alle die türkische Landschaft sehr prägend war, während eine starke Bindung an türkische Freunde eher die Ausnahme darstellte. Auch die Sitten und Gebräuche des einfachen Volkes, seine Hilfsbereitschaft und Gastfreundschaft, soweit wir diese kennengelernt haben, haben einen bleibenden Eindruck hinterlassen. So lernten wir vielleicht, bescheidener als die Westeuropäer und Amerikaner zu sein, und sahen, dass man viel einfacher leben kann, ohne etwas zu entbehren.«[60]

Die Zahl der Kinder im türkischen Exil war gering im Vergleich zum Beispiel mit Frankreich, England oder der Tschechoslowakei, und die Rahmenbedingungen waren sehr speziell und daher nicht vergleichbar mit denjenigen anderer Länder. Für die Thematik »Kindheit im Exil« belegen aber die Kindheitserlebnisse in Ankara, dass Heranwachsende das Exil nicht grundsätzlich als traumatisch oder schwer belastend erfahren mussten. Diejenigen, die ihre Kindheit in Ankara verbrachten, sehen rückblickend weniger den Verlust, den sie durch die Emigration erlitten haben. Für sie bedeutete die Zeit in der Türkei eine Bereicherung.

1 Die Recherchen zu diesem Thema sind im Zusammenhang mit der Ausstellung »Haymatloz. Exil in der Türkei 1933–1945« entstanden, die der Verein Aktives Museum Berlin 1997 bis 2000 erarbeitete. Anfang des Jahres 2000 wurde die Ausstellung in der Akademie der Künste Berlin präsentiert und in den folgenden vier Jahren wurde sie als Wanderausstellung in zahlreichen Städten Deutschlands gezeigt. — **2** Interview mit Peter Eckstein, Berlin 10.1.2000. — **3** *Philo-Atlas. Handbuch für die jüdische Auswanderung.* Hg. v. Ernst G. Löwenthal. Berlin 1938, S. 196 f. — **4** Berufssperregesetz (Gesetz 2007), in: *Türkische Post*, 23.6.1932. — **5** Bundesarchiv Berlin, R 09.01 AA, Vermerk 12/12 = Abschnitt zu III O 4464. Weitere Einzelheiten dazu in: *Haymatloz. Exil in der Türkei 1933–1945*. Hg. v. Verein Aktives Museum. Berlin 2000, S. 32–35. — **6** Philipp Schwartz: *Notgemeinschaft. Zur Emigration deutscher Wissenschaftler nach 1933 in die Türkei.* Marburg 1995, S. 49. — **7** *Haymatloz. Exil in der Türkei 1933–1945* (s. Anm. 5), S. 101. — **8** Es ist mir kein Fall bekannt, wo die Kinder auf Grund der Berufstätigkeit ihrer Mutter in die Türkei emigrieren konnten. Die wenigen Frauen, die die Türkei unter Vertrag nahm, waren kinderlos. — **9** Im Einzelnen: Marie-Luise van Ess geb. Bremer, Klaus Eckstein, Peter Eckstein, Dorothea Brander geb. Merzbacher, Eugen Merzbacher, Silvia Giese geb. Rohde, Gerhard Ruben, Wolfgang Ruben, Karl Ernst Zimmer. Ich danke hiermit allen für ihre engagierte Hilfe. Ich danke ebenfalls dem in Istanbul aufgewachsenen Cornelius Bischoff für seine Gesprächsbereitschaft. Für Material und Hinweise danke ich Engin Bagda, Brigitte Kleinsorge und Edzard Reuter. — **10** Cornelius Bischoff im Zeitzeugengespräch mit Sabine Hillebrecht, in: Verein Aktives Museum, Mitgliederrundbrief Nr. 43, Mai 2000, S. 8 ff. — **11** Dorothea Brander geb. Merzbacher im Zeitzeugengespräch mit Sabine Hillebrecht (s. Anm. 10). — **12** Peter Eckstein im Zeitzeugengespräch mit Sabine Hillebrecht (s. Anm. 10). — **13** Ebd. — **14** Interview mit Gerhard Ruben, 17.8.1999. — **15** So beschreibt Gerhard Ruben, wie die Familie 1938 versuchte, das Deutsche Reich zu verlassen: Die Familie flog von Hamburg nach Kopenhagen, fuhr mit Bahn und Fähre zur Nordsee, mit dem Schiff nach Antwerpen, von dort nach Paris, mit der Bahn durch Frankreich und Italien bis nach Venedig und von dort mit dem Schiff in die Türkei. Gerhard Ruben, 17.8.1999. — **16** Interview mit Edzard Reuter, 27.1.1998. — **17** Interview mit Gerhard Ruben, 17.8.1999. — **18** Interview mit Edzard Reuter, 27.1.1998. — **19** Interview mit Silvia Giese geb. Rohde, 10.8.1999. Brief von Eugen Merzbacher,

24.10.1999. — **20** Brief von Dorothea Brander geb. Merzbacher, 29.8.1999. — **21** Vgl. hierzu: Christiane Hoss/Ursula Büchau, »»Deutsche Kolonie B«. Daten und Fakten zu den in die Türkei Emigrierten«. In: *Haymatloz. Exil in der Türkei 1933–1945* (s. Anm. 5), S. 100 ff. — **22** Brief von Karl Ernst Zimmer, 22.9.1999. — **23** Interview mit Gerhard Ruben, 17.8. 1999. — **24** Brief von Veronika Gerngroß / Bedia Bagda vom 22.11.1965 aus der Mappe »Eine Sammlung von Zuschriften alter Schüler anläßlich des 70. Geburtstages unserer verehrten Lehrerin, Frau Kudret, überreicht in steter Dankbarkeit«, 22.11.1965, Privatbesitz Silvia Giese. — **25** Karl Ernst Zimmer im Zeitzeugengespräch mit Sabine Hillebrecht (s. Anm. 10). — **26** Z. B. bei Montessori-Schulen. — **27** Karl Ernst Zimmer im Zeitzeugengespräch mit Sabine Hillebrecht (s. Anm. 10). — **28** Brief von Brigitte Kleinsorge vom Oktober 1965 aus der Mappe »Eine Sammlung von Zuschriften alter Schüler anläßlich des 70. Geburtstages unserer verehrten Lehrerin, Frau Kudret, überreicht in steter Dankbarkeit«, 22.11.1965, Privatbesitz Silvia Giese. — **29** Festschrift anlässlich des 50-jährigen Bestehens der Deutschen Schule Ankara. Ankara 2002, S. 30. — **30** Einige wenige Emigrantenkinder lernten systematisch Türkisch. Das betraf neben Edzard Reuter diejenigen, die auf eine örtliche Schule gingen: Firmin Rohde, Eugen Merzbacher, Klaus Eckstein, dann Peter Eckstein und später Dorothea Merzbacher. — **31** Dorothea Brander geb. Merzbacher im Zeitzeugengespräch mit Sabine Hillebrecht (s. Anm. 10). — **32** Anne Dietrich: *Deutschsein in Istanbul. Nationalisierung und Orientierung in der deutschsprachigen Community von 1843 bis 1956.* Opladen 1998, S. 361, Fußnote 916. — **33** Vgl. Karl Ernst Zimmer im Zeitzeugengespräch mit Sabine Hillebrecht (s. Anm. 10). — **34** Interview mit Silvia Giese geb. Rohde, 19.2. 1999. — **35** Interview mit Wolfgang Ruben, 22.10.1999. — **36** Brief von Eugen Merzbacher, 7.10.1999. — **37** Vgl. Georg Rohde, 18.5.1944, Privatbesitz Silvia Giese, Berlin. — **38** Brief von Eugen Merzbacher, 26.1.2000. — **39** Gespräch mit Marie-Luise van Ess geb. Bremer, 18.11.1999. — **40** Silvia Giese geb. Rohde im Zeitzeugengespräch mit Martin Schönfeld, in: Verein Aktives Museum. Mitgliederrundbrief Nr. 43, Mai 2000, S. 31 ff. — **41** Klaus Eckstein im Zeitzeugengespräch mit Martin Schönfeld (s. Anm. 40). Klaus Eckstein besuchte eine türkische Schule, nachdem er und sein Bruder Peter Probleme mit dem Unterricht von Frau Kudret hatten. — **42** Fritz Baade: »Neues aus Kırşehir«. In: *Mitteilungen der deutsch-türkischen Gesellschaft,* Februar 1965. — **43** Interview mit Gerhard Ruben, 17.8.1999 und Wolfgang Ruben, 25.11.1999. — **44** Cornelius Bischoff im Zeitzeugengespräch mit Sabine Hillebrecht (s. Anm. 10). — **45** In dieser Zeit entstand das kürzlich erstmals veröffentlichte Werk von Walter Ruben: *Kırşehir. Eine altertümliche Kleinstadt Inneranatoliens.* Hg. v. Gerhard Ruben, in der Reihe »Arbeitsmaterialien zum Orient«, Bd. 13, Würzburg 2003. — **46** Interview mit Gerhard Ruben, 17.8.1999. — **47** Zit. nach Hans Otto Eglau: »*Edzard Reuter – Eine Jugend in der Türkei*«. In: DTG Heft 114, Dez. 1991, S. 36. — **48** Brief von Eugen Merzbacher, 24.10.1999. — **49** Eugen Merzbacher im Zeitzeugengespräch mit Christiane Hoss, in: Verein Aktives Museum. Mitgliederrundbrief Nr. 43, Mai 2000, S. 15 ff — **50** Interview mit Peter Eckstein, 10.1.2000. — **51** Klaus Eckstein im Zeitzeugengespräch mit Martin Schönfeld (s. Anm. 40). — **52** Brief von Dorothea Brander geb. Merzbacher, 29.8.1999. — **53** Interview mit Edzard Reuter, 27.1.1998. — **54** Interview mit Silvia Giese geb. Rohde, 10.8.1999. — **55** Kindheitserinnerungen von Klaus Eckstein, niedergeschrieben für Prof. Göksoy, Mai 1999. — **56** Interview mit Peter Eckstein, 10.1.2000. — **57** Ebd. — **58** Interview mit Klaus Eckstein, 17.6.1999. — **59** 8.1.2000 in der Akademie der Künste Berlin. — **60** Brief von Silvia Giese geb. Rohde, Mai 2000.

Doris Ingrisch

»I think I got a sense of being different«
Über als Kinder und Jugendliche vom Nationalsozialismus vertriebene Intellektuelle

Als Maurice Halbwachs in den 1920er Jahren erstmals die soziale Bedingt-
heit des kollektiven Gedächtnisses untersuchte[1], interessierte ihn besonders, auf welche Weise diverse gesellschaftliche Gruppen Zugang zu ihrer
Vergangenheit erhalten, und er wollte verstehen, welche Mechanismen dem
Erinnern und dem Vergessen zu Grunde liegen. Der Zugang zu kollektiven
Deutungsmustern, so fand er heraus, erfolgt über bestimmte Wahrneh-
mungsmodi, die zur eigenen Kultur gehören. Damit legte er die Wechselbe-
ziehung von Gedächtnis und sozialer Wahrnehmung offen. Das Gedächtnis
arbeitet nicht als Reproduzent, sondern entfaltet einen Konstruktionscha-
rakter, der auf kollektiven Erinnerungen basiert, die als Matrix für die soziale Ordnung von Gruppen fungieren. Mit der Moderne veränderte sich die
soziale Rahmung des Gedächtnisses. Die Demokratisierung des Geistes wurde in einer Perspektive der Multipluralität sichtbar, wobei die Differenz der
Geschlechter als Reduktionsmechanismus der Komplexität dient.[2] Es kann
nicht die Funktion von Geschichte sein, unserem Gehirn ethische Lektio-
nen einzubläuen, gibt die als Jugendliche im Zuge des Nationalsozialismus
aus Österreich vertriebene Historikerin Gerda Lerner dann gegen Ende des
20. Jahrhunderts zu bedenken. Sie verweist auf einen anderen Zugang –
Geschichte als »(...) the archives of human experiences and of the thoughts
of past generations; history is our collective memory.«[3]

In diesem Beitrag möchte ich – ausgehend vom Faktum, dass von einer
ganzen Reihe von VertreterInnen der zweiten Generation der vom Nationalsozialismus Vertriebenen[4], die noch Schülerinnen und Schüler waren, als
sie Österreich verlassen mussten, bemerkenswerterweise später bedeutende
intellektuelle Impulse gesetzt wurden – den Spuren nachgehen, die als wesentlich für diese Entwicklung betrachtet werden können und bekräftigen,
sie im kollektiven Gedächtnis der Kontexte zu verankern, aus denen sie einst
vertrieben wurden. Ausgangspunkte werden vor allem die lebensgeschichtlichen Erzählungen – teils in Form von Interviews, teils als autobiografische
Texte – sein, um daraus gemeinsame Muster ihrer intellektuellen Entwicklung abzuleiten. Die sich in der Rückschau herauskristallisierenden Elemente
können dann mit Mary Catherine Bateson im Kontext ihrer Lebenskom-
position als »underlying grammar« gelesen werden[5], wobei die Erzählungen
selbst als Teil des Prozesses zu verstehen sind, das Leben zu komponieren.[6]

I »The topics I have chosen«

»But there is no doubt« schrieb der Soziologe und Friedensforscher Herbert
C. Kelman in einem autobiografischen Text, »that the Holocaust has shaped
my thinking and my concerns since the end of World War II when we all
fully realized the dimension of the horror that had taken place. There has
been scarcely a day, in all these years, that the Holocaust has not been on my
mind in one or another way. And I know that the attempt to confront the
Holocaust – to understand it and to contribute to the prevention of future
Holocausts, whoever their victims might be – has profoundly affected the
discipline I chose to pursue and the topics I have chosen to address with-
in that discipline.«[7] Konformität und Gehorsam, Nationalismus und nationale Identität, ethnische Konflikte und deren Lösung sowie die Ethik der
Sozialwissenschaften bilden die Themen seiner wissenschaftlichen Tätigkeit, deren gemeinsames Element die Aufmerksamkeit für die menschliche
Würde bildet.

Die Germanistin und Professorin für Women's Studies Evelyn Torton Beck
fokussierte in einem Vortrag zum Thema »Leben mit österreichischer Literatur« vor allem die Sprache, das Sprechen und die Frage, ob auch sie in der
Sprache eine Heimat finden konnte. Während sie sich Jahre nach der Vertreibung Deutsch wie eine »Fremd«sprache wieder aneignete, fiel bei einem
Rückblick auf die Themen ihrer wissenschaftlichen Arbeit ins Auge, wie ver-
schlungen die Forschungsambitionen mit ihrem eigenen Leben waren und
sind. »Es ist kein Zufall«, so stellte Evelyn Torton Beck fest, »daß ich mich
in der Literaturforschung mit *Stimme* und Sprache und den Wurzeln der
jüdischen Vergangenheit beschäftige.« Und: »Ich übertreibe nicht, wenn ich
behaupte, daß alle literarischen Probleme, über die ich geforscht habe, mit
meinen Erfahrungen von 1938 zusammenhängen.«[8] Der Bezug zum Nationalsozialismus und Fragen, die sich daran knüpften, sind auch in den Werken der Germanistin Edith Ehrlich und des Philosophen Leonard H. Ehrlich präsent – wie zum Beispiel Reflexionen über das moderne Schicksal der
Juden[9] oder eine große gemeinsame Monografie über *The Choices under the
Duress of the Holocaust.*[10]

Die folgenden Ausführungen gehen von der Gegenwart aus, von den Uni-
versitätsprofessorInnen und Intellektuellen, die diese als Kinder und Jugendliche vertriebenen Menschen in der Zwischenzeit geworden sind[11], und
folgen von diesem historischen Jetzt aus den Spuren zurück in die Vergangenheit. Das bedeutet, die Gesamtheit ihres bisherigen Lebens[12] in den Fokus
nehmend die Verknüpfungen von persönlichen, intellektuellen und historischen Entwicklungen zu umkreisen. Damit treten nicht allein die desaströ-
sen Auswirkungen des Nationalsozialismus in den Blickpunkt, sondern auch
diejenigen Aspekte, die es ihnen erlaubten, nach einem geglückten Entkom-

men aus der Todesmaschinerie Wege zu suchen, produktiv mit der Situation umzugehen. Dies lenkt den Blick nicht zuletzt auf die Kreativität, die aus und in diesem Bemühen entstehen konnte. Es geht also um eine Perspektive, die sowohl den traumatischen wie den konstruktiven Elementen der Biografien Raum bietet. Zunächst also ein Blick in die Zeit der Kindheit.

II »I was going to be a successor of the work of my father«

Erinnerungen an die Kindheit[13] vermitteln zweierlei zentrale Erfahrungen: Einerseits war da die Welt der Geborgenheit und des Behütet-Seins, die ihnen Sicherheit im Antizipieren ihres weiteren Werdeganges vermittelte. »I was going to be a successor to the work of my father who was a lawyer. I even went to lawcourt with him to watch how he works and he was arguing a case«[14], so der spätere Physiker und Wissenschaftshistoriker Gerald Holton. Jungen wie Mädchen sahen sich mit größter Selbstverständlichkeit als Teil der Gesellschaft, in der sie lebten. Die Literaturwissenschafterin Lilian Renée Furst: »This was the world I, a native Viennese, was to inherit.«[15] Ihre Erwartungen gingen ganz selbstverständlich in die Richtung, ein ähnliches Leben wie das ihrer Eltern zu führen. »Naturally, I would study medicine (what else?) and most probably marry one of my park companions, settling down to a life that was a continuation of my parents.«[16] Nicht nur die jungen Männer, auch die jungen Frauen dieses Samples stellten sich vor, einmal einen Beruf auszuüben und eine Familie zu haben. In Bezug auf die Geschlechterperspektive ist das bemerkenswert, verbrachten doch etliche von ihnen einen Teil ihrer Schulzeit im Ständestaat, der seine Geschütze massiv gegen alle emanzipatorischen Ideen, Frau- und Mann-Sein zu leben, richtete und als Frauenbild ein Hausfrau- und Mutterbild propagierte, das mit »qua definitione selbstaufopfernder Tätigkeit in der Familie gegen die Moderne ankämpfte«.[17] In eher sozialdemokratischen und freidenkerischen Milieus, denen eine Reihe der jungen Frauen entstammte, blieb es allerdings ohne Widerhall, wie die Mathematikerin Gertrude Ehrlich schilderte: »Mein Frauenbild hatte sich schon gefestigt. Politisch war das im sozialdemokratischen Wien – wie man im Englischen sagt: It was the in-thing to do. To study, if you were female.«[18]

Die Geschlechterbilder näher betrachtend wird deutlich, dass ein Großteil dieser als Kinder und Jugendliche vertriebenen Frauen bereits in einer weiblichen Genealogie stand, das heißt in der Tradition von Müttern, die ihnen schon ein Leben als berufstätige Frauen – in zum Teil akademischen Berufen – vorgelebt hatten. So war die Mutter der Psychotherapeutin Dorith Whiteman Direktorin und Leiterin einer Mädchenschule, die wiederum von deren Mutter gegründet worden war. Die Professorin für Sozialarbeit Sophie

Freud hatte ebenfalls nicht nur ihre eigene Mutter, Esti Freud, eine Logopä-
din und Sängerin, als berufstätige Frau in ihrer unmittelbar familiären Umgebung, sondern auch ihre Tante, die Psychoanalytikerin Anna Freud. Und
Lotte Bailyn, Professorin für Sozialpsychologie, konnte sich gar nichts anderes vorstellen, als dass eine Frau berufstätig ist. Erst nach dem College in den
Vereinigten Staaten wurde ihr bewusst, dass das für Frauen gar nicht so selbstverständlich war, wie sie gedacht hatte. »You know, I never knew that before
because my mother was a professional, my grandmother was a professional.«[19] Die Namen von Mutter und Großmutter sind international bekannt.
Es handelt sich um die Sozialwissenschaftlerin Marie Jahoda und die Indi-
vidualpsychologin Sophie Larzarsfeld.

Andererseits entfaltete sich in den Erfahrungen der Kindheit, wie die Erinnerungen des Mathematikers Walter Rudin zeigen, auch ein anderer Aspekt
ihres Lebens: die Segregation der Lebenswelten, die vielfach, aber nicht nur
entlang der Definitionen von Juden und Nicht-Juden verlief. Er und ein
Schulkollege seien die einzigen Juden in der Klasse gewesen und »(...) he
was the only of my classmates who ever came to my apartment or whom I
visited in his.«[20] Und er fügte in Klammern hinzu: »This was a normal be-
havior for adults as well. Jews and Gentiles did not mix socially.«[21] Als »com-
fortable middle-class family« assimiliert, das heißt ohne kosheren Haushalt,
»in the best tradition of german culture«[22], betrachteten sich die Mitglieder
in der Familie von Gerda Lerner und somit in erste Linie als liberale Österreicher. Dies aber bedeutete, dass ihr der Umgang mit nichtjüdischen KollegInnen wie mit orthodoxen, jiddisch sprechenden Juden untersagt war.
Antisemitismus sowie die Abschottung davon bildeten den Rahmen der
gesellschaftlichen Verortung; gleichzeitig fanden die Selbstdefinitionen innerhalb eines breiten, historisch gewachsenen Spektrums statt. »So kam es,
daß in Wien Juden auf den verschiedensten Ebenen der Assimilation zusam-
menlebten, von den eben Angekommenen, die in allem, sogar was Kleidung
und Haartracht betrifft, noch ganz in ihren Traditionen lebten, bis zu den
seit Generationen Ansässigen, oft längst Getauften, bei denen das Judentum
nur noch eine vage, gern verleugnete Familienerinnerung war«[23], stellte der
Germanist Egon Schwarz fest. Neuorientierungen, wie sie manche im Zionismus fanden, und die Suche nach Zugang zu gesellschaftlicher Anerkennung waren Teil des Prozesses, sich zu beheimaten. Bildung war einer der
Wege, bestmögliche Voraussetzungen dafür zu schaffen. Doch die Wirkung
unterlag spezifischen Mechanismen, wie Gerda Lerner ausführte: »Scholas-
tic excellence, prized by parents as a guarantee of future success, meant for
jewish children, especially female children, that they were only further mar-
ked off as being different in a world where being different was definitely not
good.«[24] Die Erfahrung, »anders« zu sein, schrieb sich in der einen oder anderen Form schon als Kind in ihr Leben ein.

III »The head of the families«

Im März 1938 erreichte das »Anders-Sein« eine neue Dimension. »Wir waren ausgeliefert«, so Leonard H. Ehrlich, und weiter: »Wir hatten uns als Wiener gedacht und plötzlich hatten sie alle Uniformen angezogen und ›Heil Hitler!‹ geschrieen. Alles war plötzlich auf den Kopf gestellt. Wir waren keine Menschen mehr.«[25] Ausschluss, Isolation, Verlust von Sicherheit und extreme Fremdbestimmung charakterisieren das Erfahrungsspektrum dieser Zeit. Der Historiker Raul Hilberg machte die Radikalität bewusst, mit der sich das Leben der Kinder und Jugendlichen mit dem Einmarsch Hitlers in Österreich änderte: »Meine Kindheit war mit einem Schlag beendet. Ich hörte alles, was die Erwachsenen sprachen, nahm an ihren Ängsten teil. Da mich das Schreckgespenst der unaufhaltsamen Ereignisse in seinen Bann zog, entging mir nichts mehr: Endlose Lastwagenkonvois voller Soldaten, auf dem Weg zur tschechoslowakischen Grenze, Hitlers Ankündigung, er werde – komme, was wolle – am 1. Oktober 1938 ins Sudentenland einmarschieren, die Besetzung Prags, japanische Offensiven in China, Sieg der Falangisten im Spanischen Bürgerkrieg.«[26] Brennende Synagogen, die Befürchtung, von Mitschülerinnen und Mitschülern denunziert zu werden, die Würde des Vaters angegriffen zu sehen, indem er zum Reiben der Straße gezwungen wurde[27], all das sollte den unbeschwerten Kindheitserinnerungen ein abruptes Ende setzen. Nicht immer konnten die Eltern rasch einschätzen, in welchem Ausmaß die Entscheidungen, die sie nun trafen, ihr eigenes Leben und das ihrer Kinder betreffen würden. Die Soziologin Gerda Lederer: »Mein Vater sagte – es war März, April 1938: Wir bleiben hier. Ich habe nie in meinem Leben etwas Böses getan, aber ich habe vielen Menschen geholfen. Ich weiß niemanden, der mir Böses will. Ich weiß so viele Menschen, die mich mögen und die mir beistehen möchten. Das kann nicht dauern, das kann mich nicht betreffen. Wir bleiben hier.«[28] Erst die Misshandlungen, die sein Neffe erleiden musste und die Folgen der »Arisierung« leiteten schließlich ein Umdenken ein. »Mein Vater war ein starrer und ein dogmatischer Mann und es ist mein großes Glück, dass er seine Meinung geändert hat, da er in vielen Dingen seine Meinung zu ändern nicht bereit war.«[29]

Die Willkür des Ausschlusses aus der Gesellschaft war auch für die Kinder und Jugendlichen zutiefst spürbar. Österreich ganz selbstverständlich für ihre Heimat zu halten, hatte sich als trügerische Illusion erwiesen. »Und nun, als mein ungefestigter Glaube an Österreich ins Wanken geriet, wurde ich jüdisch in Abwehr«[30], beschrieb die Germanistin und Autorin Ruth Klüger ihre Reaktion. Das Bedürfnis nach Selbstbestimmung und einer Verankerung des Seins ließ sie auf die Tradition zurückgreifen, die ihr bislang nicht besonders viel bedeutet hatte – das Judentum. Der Name Ruth, den sie mehr unbewusst als bewusst wählte, sollte etwas wie ein Anker einer Gegenwelt werden, in der es sich weiter zu leben lohnte. Ruth, so ihre idiosynkratische Interpretation der biblischen Gestalt, bedeutet »Freundin« und ist der Name der Frau, die ausgewandert ist, weil sie Freundschaft höher schätzte als die Verwandtschaft, »eine frei gewählte Treue, von Frau zu Frau und über Volkszugehörigkeit hinweg.«[31]

Angst und Todesangst wurden in dieser Zeit zu ständigen Begleitern; aber auch völlig ungeahnte Kräfte begannen sich zu entwickeln. »Both, myself and my wife, went through the same thing«, berichtete Gerald Holton, »her father was dragged off for a camp, my father was supposed to be dragged, so he went into hiding. The result was that both, she and I separately became the head of the families for many many months, got the visas and all the things done.«[32] Manchmal hatten dann 16-Jährige Entschlüsse in einer Tragweite zu fassen, die über das Schicksal der ganzen Familie entschieden. Zum ersten Mal mussten viele dieser Kinder und Jugendlichen auf eigenen Füßen stehen. In diesen Momenten spielte das Geschlecht keine Rolle; ob weiblich oder männlich – sie taten, was zu ihrem Überleben notwendig erschien.

Auch wenn sie noch sehr jung waren, so war doch klar, dass sie Zeugen unfassbarer Ereignisse waren, deren Tragweite sich noch nicht abschätzen, aber bereits erahnen ließ. Raul Hilberg: »Als ich aus dem Fenster starrte und das Schauspiel betrachtete, durchzuckte mich ein Gedanke: Eines Tages werde ich über alles schreiben, was ich hier sehe.«[33] Und in der Tat, dieser Gedanke würde einmal Realität werden. Die bedrohlichen Ereignisse, denen die Kinder ausgesetzt waren, würden einmal Material und Movens ihrer Auseinandersetzung mit der Welt bilden.

IV »Under this condition«

»(…) und es kam die Stunde, da saßen mein Vater und ich nebeneinander in einem Wagen und fuhren auf die nahegelegene tschechische Grenze zu. Ich weiß nicht, was sich im Herzen des fünfundvierzigjährigen Mannes abgespielt haben mag, der nun alles zurückließ, (…) aber an das Gemisch widerstreitender Gefühle, die den Sechzehnjährigen in diesem denkwürdigen Augenblick bewegten, erinnere ich mich wohl. (…) Ununterscheidbar mischte sich in heiß aufwallenden Regungen die Liebe zu dem Verlorenen, die Scham und Empörung über den kläglichen Abgang, den einem die Heimat bereitete, und die Erleichterung, sich nun aus diesen lebensgefährlich gewordenen Verstrickungen lösen zu können«[34], erinnerte sich Egon Schwarz an den Moment der Flucht. Wenn auch mitunter die Rede auf die Scham darüber kam, in einer so verzweifelten Lage und einem so menschenunwürdigen Zustand gewesen zu sein, endeten das Erzählen über die Flucht selten ohne Referenz auf die Menschen, die nicht gerettet werden konnten: »Und es waren die glücklichen, die weggekommen sind.«[35] Bis Oktober 1938 schafften 50.000 WienerInnen, die gemäß den Nürnberger Gesetzen aus dem Jahr 1935 als »Jüdinnen/Juden« verfolgt waren, die Auswanderung. Zwischen Oktober 1938 und Juli 1939 gelang es noch weiteren 54.000 Verfolgten, Wien zu verlassen.[36]

Die Zeit der Transition brachte neue Erfahrungen der Differenz mit sich; es galt, sich in fremden Sprachen und ungewohnten kulturellen Kontexten zurechtzufinden. Die Sprachkenntnisse, die sie mitbrachten, reichten oft nicht, um in Alltagssituationen dem »Anders-Sein« nicht so ausgesetzt zu sein: »Also ich hab mich irgendwie durchwursteln können«[37], erinnerte sich die Soziologin Edith Kurzweil; die anfänglich so manches französische Wort erst buchstabieren musste, um verstanden zu werden. Gerald Holton konnte zwar Latein und hatte auch einige Jahre Griechisch, Althochdeutsch, Französisch und Italienisch gelernt. Englisch aber, was er nun notwendig brauchte, war in diesem umfassenden Lehrplan nicht vorgekommen. Er, der Jurist hatte werden wollen, bekam in England sechs Wochen Zeit, um sich für die Aufnahmeprüfung ins Polytechnikum vorzubereiten. Wer diese nicht bestand, »went on to become shepherd in Australia. (…) Under this condition you learn English very fast«[38], erzählte er nunmehr lachend. Erneut waren die jungen Menschen einer Art Selektionsprozess ausgesetzt und das Lernen wurde nun als Möglichkeit wahrgenommen, Schritte in Richtung Selbstbestimmung zu setzen und ihre Chancen zu erhöhen. Zu lesen, zu lernen, sich in den verschiedensten geistigen Bereichen – zum Beispiel auch der Mathematik – zu betätigen, erlaubte ihnen, dem Verzweifelten der Lage etwas entgegenzusetzen. Evelyn Torton Beck formulierte sehr direkt, wie sie es empfand: »Ich glaube, ich habe die ganze Sache überlebt mit dem Lesen.«[39]

Mit der Ankunft in den USA, mit der Frage, ob dieses Land eine neue Heimat bieten würde, begann eine weitere und zugleich neue Phase des »Anders-Seins« wie der Akkulturation. Das Transitorische drängte danach, gegen eine neue »Normalität« ausgetauscht zu werden. Ausbildung, Beruf und LebenspartnerInnen waren Marksteine auf ihrem Weg dorthin. Sophie Freud beschrieb dieses Bedürfnis als »ein Gefühl von Gebrauchtwerden zu bekommen und dazuzugehören, ein geachtetes Mitglied einer Familie, einer Schule, ja einer ganzen Fachkollegschaft zu werden.«[40]

Da die Existenzen ganzer Familien neu aufgebaut werden mussten, war an einen geradlinigen Bildungsweg oft gar nicht zu denken. Während tagsüber Hutbänder eingenäht und anderen Jobs, die Geld einbrachten, nachgegangen wurde, kam für einen Besuch von höheren Schulen und Universitäten nur der Abend in Frage. Edith Ehrlich und Leonard H. Ehrlich wiederum entwickelten ein Phasenkonzept, in dem sie ihre Zeit primär entweder dem Geldverdienen oder der Bildung beziehungsweise Ausbildung widmeten. Egon Schwarz, der zunächst in Südamerika Aufnahme gefunden hatte,

brachte sich als Hilfsarbeiter und Hausierer durch und war Zinnminenar-
beiter, Elektriker und Buchhalter, bevor er weiter in die USA emigrieren und
studieren konnte. Zweifellos fand dieses reiche Repertoire an Erfahrungen
des »Anders-Seins« in den unterschiedlichsten Kontexten auch Eingang in
seine Persönlichkeit und sein Denken. »Wer mitteleuropäische Maßstäbe an
das Geschehene, Erlebte anlegt, wird es nie verstehen. Und dennoch bleibt
einem nichts anderes übrig, als sich eines in Europa ausgebildeten Wahr-
nehmungs- und Erkenntnisapparats zu bedienen, Erwartungen und Vorstellungen einer völlig anderen Kultur auf das neu auf einen Zutretende anzu-
wenden. Darin besteht das Dilemma«[41], schrieb er. Die Zeit würde ein
wichtiger Faktor in dem Prozess des Verstehens sein: »Es wird Jahre dauern,
ehe sich aus dem Mitgebrachten und dem Vorgefundenen ein übergreifen-
des, weitere Bereiche der menschlichen Erfahrung erfassendes Bewußtsein
herausgebildet hat.«[42]

V »Suddenly feeling that other people had homes«

Für viele von ihnen wurden die Erfahrungen der Differenz zum Lebens-
thema. »I was in boarding school in England suddenly feeling that other
people had homes and other people had countries. And I didn't. (…) I think
I got a sense of being different«[43], so Dorith Whiteman. Ganz offensichtlich
war da ein Akzent, der es ihr unmöglich machte, ihren ursprünglichen Traum-
beruf – Schauspielerin – zu ergreifen. Bei Frauen kamen jedoch mit dem Studium spezifische weitere Differenzerfahrungen dazu, welche die Beziehung
von Norm und Devianz in anderen Variationen verhandelten. Für Dorith
Whiteman gipfelten sie in der Aussage eines Professors, der sie wohlmeinend
darauf aufmerksam machte, welche Rolle ihr Geschlecht in der akademischen Hierarchie spielen würde: »You never get anywhere as a woman.«[44]
   Zudem enthielten die Bildungsbiografien dieser als Kinder und Jugendliche vertriebenen Frauen zumeist heterogenere Züge als die ihrer amerikanischen peer group. Neben den finanziellen Erschwernissen hatte der Wunsch
nach Normalität einige von ihnen früh heiraten und eine Familie gründen
lassen, was die beruflichen Ambitionen für eine gewisse Zeitspanne deutlich
zurückstufte. Als Evelyn Torton Beck eine wissenschaftliche Karriere ins Auge
zu fassen begann, machte sie erneut ihre Erfahrungen mit Differenz in der
spezifischen Kombination von Geschlecht, Alter, ihrer Zugehörigkeit zum
Judentum und dem Abweichen von der Normbildungsbiografie, denn sie
war dann »erstens Frau, ältere Frau, damals war ich fast vierzig, jüdisch und
überqualifiziert.«[45] Dorith Whiteman fasste den Status des »Anders-Seins«
auf ihre Art zusammen: »And that sense of being different stayed with me
for good and for bad.«[46] Sich bewusst zu werden, in welchen Kategorien

gesellschaftlicher Zuschreibungen sich Differenz entfaltet, diese Erfahrungen der intellektuellen Auseinandersetzung nicht vorzuenthalten und als Movens zu neuen Aspekten des Denkens zuzulassen und zu nützen, transformierte das persönliche Erleben und beinhaltete die Chance, neue wissenschaftliche Einsichten hervorzubringen.

VI »I was carrying my ›Otherness‹ with me«

In den Schriften der als Kinder und Jugendliche vertriebenen Intellektuellen entfaltete sich das Thema »Differenz« als innovative Kraft. Die intellektuelle Welt war für viele von ihnen der angemessene Ort, der es erlaubte, ihren Reflexionen Ausdruck zu verleihen. »Wir sind eine Generation von Überlebenden«, schrieb Sophie Freud. »Dies ist ein wesentlicher Bestandteil meiner Identität.«[47] Auch wenn es den als Kindern und Jugendlichen Vertriebenen nicht von vornherein bewusst war, im Rückblick erzählen sie ihr Leben in einer Art und Weise, die zentrale Lebenserfahrungen als ebenso zentrale Denkanstöße ihrer Arbeiten anerkennen.

Als Egon Schwarz im Jahr 1949 deutsche und romanische Sprachen und Literatur zu studieren begann, stellte der New Criticism einen wissenschaftlichen Zugang dar, in dem die Erhabenheit der Kunst über alles andere gestellt wurde. Diese Denkrichtung schloss jegliche historische Perspektive rigoros aus. »Gerade mit dieser Geschichte hatte ich aber meine besonderen, unauslöschlichen Erfahrungen gemacht. Mir schien eine Beschäftigung mit Kunst, die dieser Macht keine Rechnung trug, hoffnungslos weltfremd zu sein.«[48] Da er am eigenen Leib erfahren hatte, in welchem Ausmaß die Geschichte mit dem menschlichen Leben in Wechselwirkung stand, schien ihm ein Denken, in dem ihr keine Relevanz zugestanden wurde, weltfremd. »Kurz, zwischen meiner literarischen Ausbildung und meinem geschichtlichen Bewußtsein entstand ein Abstand, den zu schließen mir zu einem existentiellen und professionellen Anliegen wurde. Es war, als bestünde ich aus getrennten Hälften, einer literaturkritischen und einer lebensmäßigen, und als dürfte ich nicht eher ruhen, als bis ich die beiden zusammengebracht hätte, denn die Scheidung meines biographischen von meinem beruflichen Ich bereitete mir fühlbares Mißbehagen.«[49]

Auch Gerda Lerner betonte in den verschiedensten Kontexten, welche Bedeutung spezifische Erfahrungen ihres Lebens auf ihr Denken und damit ihren Zugang zu Themen einnahmen, synthetisiert in der Formulierung »I was carrying my ›Otherness‹ with me.«[50] Die persönlichen Erfahrungen des Ausgeschlossen-Seins öffneten ihren Blick für die Ausschlussmechanismen in der Gesellschaft und in der Geschichte, die bislang unbeachtet geblieben waren. »It was this understanding of the problem of ›Otherness‹ and of the denial of self-definition which led me to the study of the history of women«, erklärte sie. Und: »I have, for the past thirty-five years, tried to comprehend analytically what I experienced and learned as a prototypical outsider – a woman, a Jew, an exile.«[51]

Hans Mayer beschrieb in seiner Monografie *Außenseiter* existenzielles »AußenseiterInnentum« als eines, in dem die Existenz selbst zur Grenzüberschreitung wird, sei es durch das Geschlecht, die Herkunft oder die körperlichen und / oder seelischen Eigenarten.[52] Diesem stellte er das intentionelle »AußenseiterInnentum« gegenüber, welches das gesellschaftliche Fremdsein frei wählt. Dieser Terminologie zufolge bewegen sich die Biografien der zweiten Generation von Vertriebenen im Spannungsfeld von existenziellem und intentionellem AußenseiterInnentum. Existenzielles »AußenseiterInnentum« wird von ihnen in intentionelles »AußenseiterInnentum« transformiert, indem sie die Sensibilisierungen, die sie aus den vielfältigen Formen des »Anders-Seins« erfahren hatten, in die intellektuellen Betrachtungen einfließen lassen. Sie nahmen für sich in Anspruch, das Erlebte nicht allein als ihnen Widerfahrenes zu betrachten, sondern die Erfahrungen auch als eine Art Instrument handhabbar zu machen. AußenseiterInnen, schrieb Julia Kristeva, übernehmen die Arbeiten, die niemand will, aber nicht nur das. Sie sehen auch das, woran niemand gedacht hat. »Als Mann oder Frau für alles, aber auch als Pionier in avantgardistischen Disziplinen, als improvisierter Experte in ungewöhnlichen oder neuen Metiers bringt sich der Fremde ein und verausgabt sich.«[53] Gerda Lerner drückte es für ihre Entwicklung so aus: »Der Wechsel in eine neue Sprachkultur, eine fremde Geschichte und ein neues und anderes Wertsystem war jedoch eine besonders günstige Voraussetzung für die Art von Arbeit, die ich mir vorgenommen hatte.«[54]

Gleichzeitig ist es wichtig, nicht zu leugnen, dass noch eine Reihe weiterer Faktoren am Denken über das Leben wie am Komponieren des Lebens selbst beteiligt waren. Als Herbert C. Kelman die Erlebnisse und Einflüsse, die – abgesehen von seiner Herkunft und der Shoa – auf den Lauf seines Lebens eine prägende Wirkung hatten, näher unter die Lupe nahm, kam er zu folgendem Schluss: »These included my membership in a religious Zionist youth group, which also introduced me to socialist ideas and Kibbutz ideology; my experience with racial segregation in the United States and active involvement in the civil right movement; my encounters with pacifism and philosophical anarchism; and my exposure to existential philosophy.«[55] Damit wies er auf die Vielfältigkeit der Begegnungen hin, die in seinem Werk zum Ausdruck gelangten: »In short, it would be a mistake to overinterpret the influence of the Holocaust on my work by assigning it a wholly deterministic role.«[56]

Wenngleich Frauen wie Männer den Repressionen des Nationalsozialismus ausgesetzt waren, machte sich Differenz innerhalb dieses Samples der zweiten Generation von Vertriebenen in einer besonderen Ausprägung durch das Geschlecht bemerkbar, so zum Beispiel, wenn es um Erfahrungs- und Erinnerungsräume geht. Die Inanspruchnahme traditionell männlich besetzter Erinnerungsräume wie Krieg oder Konzentrationslager durch Frauen konnte völlig unerwartet ein massives Konfliktfeld eröffnen. Ihr Mann, so Ruth Klüger, ein Historiker, reagierte auf ihr Angebot, mit den Studierenden einmal ein Gespräch über Konzentrationslager zu führen, plötzlich mit wilder Abwehr: »Etwas in seinem Gesicht verändert sich, ein Gittertor in seinen Augen knallt zu oder besser, eine Zugbrücke geht hoch, man hört es rasseln, darunter ist stehendes Wasser, gelbgrün, algenreich. Ich will noch sagen, ich hab doch keinen Striptease im Kolloquium vorgeschlagen, (...).«[57] Dies führte sie zu der Erkenntnis, dass in seinen Augen (und nicht nur in seinen) Konzentrationslager nichts seien »für kleine Mädchen, die erwachsenen Männern nicht ganze Erfahrungsbereiche voraushaben dürfen.«[58] Trotzdem sich in ihrer Wahrnehmung nicht beirren zu lassen und Wege zu finden, diese mitzuteilen, wird dann als die Pionierinnentat lesbar, die sie ist. Denn damit wurden die Paradigmen der Autorenschaft wie die der Narrationen selbst zugleich mit den geschlechterspezifisch konnotierten Zuschreibungen der Erinnerungsräume einem Wandel unterzogen. In dieser Inanspruchnahme manifestiert sich eine Haltung den Differenzerfahrungen gegenüber, nämlich die Beanspruchung eines gleichwertigen Platzes im Ganzen. Mit anderen Worten: Denkverhältnisse, basierend auf einem Welt- und Menschenbild, in dem Egalität einen hohen Wert darstellte, traten in Wechselwirkung mit den gesellschaftlichen Verhältnissen.

VII »Contribute to the humanization of the society«

Die Auseinandersetzung mit Macht sowie den hierarchischen und egalitären Strukturen war auch in wissenschaftlichen Zusammenhängen ein zentrales Thema, das sich nicht zuletzt aus Differenzerfahrungen speiste. In den Sozialwissenschaften, um ein Beispiel zu nennen, konnte es bedeuten, die herrschenden Machtgefüge zwischen den forschenden und den untersuchten Personen näher zu beleuchten. Was, so fragte Herbert C. Kelman, bewirken denn die in einem wissenschaftlichen Setting angelegten Machtstrukturen in Bezug auf die Würde der Menschen? »In a proactive mode, I call for research efforts that contribute to the humanization of the society, for the development of participatory research models, and for the democratization of concerns that have prompted my work on the ethics of social research.«[59] Und es verwundert nicht, wenn er sich in seiner Argumentation auf die Bezugsgröße der »Anderen« beruft: »The dehumanization of others by depriving them of identity and community – indeed by placing them into the category of ›the other‹ – is as the heart of genocide and crimes of obedience (…).«[60] In seiner Arbeit als Sozialwissenschaftler wie in seinen Aktivitäten als Friedensforscher nimmt die Haltung gegenüber – wodurch auch immer – zu »Anderen« Gewordenen einen besonderen Stellenwert ein. »But one of the central lessons I have drawn from the Holocaust is the need to be supremely vigilant to any action that degrades others merely because of the category in which they are placed and excludes them from one's own moral community.«[61]

In Bezug auf das Selbstverständnis der hier beschriebenen Personen heißt das, wie an Evelyn Torton Becks Aussage gezeigt werden kann, die Bereitschaft, den rein akademischen Rahmen zu überschreiten, sich nicht allein als Forschende und Lehrende, sondern auch als Aktivistin zu beschreiben: »It has been my aim to use my scholarship in order to change society, to repair the world, as articulated by the Jewish concept of *tikkun olam.*«[62] Dieser aus den traditionellen Kategorien des »tzedakah« stammende Begriff zielt darauf ab, die Welt durch soziale Aktionen im Zeichen der Humanität zu perfektionieren, sei es aus religiöser Absicht, aus einer historischen Perspektive oder der Vorstellung einer jüdischen Zukunft, die um die Werte des tikkun olam organisiert ist.[63] Die durch ihr Leben und Denken entfaltete Sensitivität für alle möglichen Formen von Differenz, die Personen der zweiten Generation von Vertriebenen entwickelten, fand damit auch in gesellschaftsverändernden Ansprüchen und einem diesen entsprechenden Engagement ihren Ausdruck. Gerda Lerner: »There is only one protection against this process of distancing and alienation and that is the understanding that we must abolish the complex system of deviance formation, discrimination and stigmatisation, in what ever form it may manifest itself.«[64]

VIII The underlying grammar

Bei einer Betrachtung der Lebenskompositionen der als Kinder und Jugendliche Vertriebenen und der Frage, worin die »underlying grammar« dieser Kompositionen bestehen könnte, wird noch einmal deutlich, dass Themen ihres Lebens wie Fäden aus der Vergangenheit aufgenommen wurden, die in der Gegenwart ihre eigene Wirkung entfalteten. Mitchell G. Ash hat in diesem Zusammenhang den Ausdruck »Wissenschaftswandel durch Reflexivität oder Lernen aus der eigenen Biographie« geprägt.[65]

Einen sehr spezifischen Part nahm darin die vielfältige Tätigkeit des Übersetzens ein, die als Funktion des Brückenbauens zwischen Kontinenten, Kulturen und Zeiten verstanden wurde. In dem hier betrachteten Sample fand sich der Germanist Harry Zohn, der für seine Übersetzungen der Werke Stefan Zweigs, Kurt Tucholskys, Theodor Herzls, Karl Kraus' und Walter

Benjamins, um nur einen kleinen Teil der Autoren zu nennen, in den USA einen großen Bekanntheitsgrad erlangte. Evelyn Torton Beck wiederum übersetzte etliche Werke von Isaac Bashevis Singer ins Englische. Edith Ehrlich widmete sich der Übersetzung und Herausgabe von Karl Jaspers' Schriften im angloamerikanischen Raum, und Egon Schwarz machte sich die Übersetzung des Werkes von Rainer Maria Rilke zur Aufgabe. Die Kenntnis verschiedener Kulturen wurde hier ins Positive gewendet und erlaubte es ihnen, Verbindungen herzustellen und ihnen Bedeutsames in ihrem neuen Lebenszusammenhang zur Wirkung zu verhelfen. Dass es sich dabei vielfach um jüdische Autoren handelte, ist ebenfalls in dem Kontext zu sehen, einmal in einem ganz unvermuteten Ausmaß mit ihrem Jüdisch-Sein beziehungsweise dem ihnen zugeschriebenen Jüdisch-Sein konfrontiert gewesen zu sein.

Viel weniger hingegen erscheint auf den ersten Blick die Einflussnahme der eigenen biografischen Ereignisse in den Naturwissenschaften nachvollziehbar zu sein. Doch selbst in der Mathematik treten Aspekte zutage, deren Konnotationen im Sinne einer »underlying grammar« gedeutet werden können. So beschrieb Gertrude Ehrlich die Verbindung zwischen dem Erlebten und ihrer Entscheidung für ihr Fach, die Mathematik, mit den Worten: »Es ist das Überregionalste, was man machen kann!«[66] Bei Betrachtung der sozialen Bedeutung von Mathematik wird deutlich, dass ein wichtiges Element darin besteht, sich nicht an äußere Realitäten anzubinden.[67] Mathematik kann als Denk- und Handlungsweise verstanden werden, die sich gleichzeitig von der inneren und äußeren Natur des Menschen distanziert. Die ihr innewohnende Systemhaftigkeit entspricht dem Wunsch nach Zusammenhang und Einigkeit und wird durch Widerspruchsfreiheit und Eigenständigkeit unterstützt. »Mathematik«, so Peter Heintel, »ist des Menschen höchste Abstraktionsleistung gegenüber seiner inneren (sinnlichen) und äußeren Naturbestimmung.«[68] In diesem Sinne wird die Wahl des Faches nicht zuletzt zu einem biografischen, aber auch zu einem kulturellen und politisch-ethischen Statement. Dieses Beispiel zeigt die akademische Welt also ebenfalls als Ort, an dem die durch Differenzerfahrungen entstandenen Bedürfnisse etwas wie eine Heimat fanden. »Anders« zu sein, andere kulturelle Kontexte und Erfahrungshorizonte werden hier in neuer Weise aufgenommen – als Bereicherung des Spektrums. Eva Hoffmann beschrieb diese Situation folgendermaßen: »Eine intellektuelle Leidenschaft – oder vielleicht eine Leidenschaft für die Arbeit des Intellekts – wird durch diese friedlichen Exegesen geschürt. Zum einen habe ich gelernt, daß in einem demokratischen Erziehungswesen, in einer demokratischen Lese-Ideologie mir nie das Gefühl vermittelt wird, daß ich eine auf fremdem Besitz wildernde Außenseiterin bin. In diesem Land des Lernens bin ich genauso willkommen wie die anderen, und die demokratische Macht der Literatur bewirkt, daß ich

mich in Amerika zu Hause zu fühlen beginne, noch ehe ich viel über die
Literatur oder Amerika – oder über das, was beide verbindet – weiß.«[69]

Die mit der Seinsverbundenheit des Wissens (Karl Mannheim) angedachte
Verbindung von Denken und Sein, die in der Betrachtung von Wissenschaft
als Produkt handelnder Personen seine Fortsetzung fand[70], veränderte den
klassischen Wertekanon, in dem Wissenschaft als objektiv, realistisch, universal, wertfrei, kontextungebunden, unpolitisch, zeit- und ortsunabhängig
aufgefasst wurde[71], grundlegend. Die VertreterInnen der zweiten Generation der vom Nationalsozialismus Vertriebenen waren daran in besonderem
Ausmaß beteiligt. »Es wäre doch eine eigenartige Geschichtsschreibung des
zwanzigsten Jahrhunderts, die nicht berücksichtigte, daß die tiefste kulturelle Revolution durch den Einzug der Marginalisierten in die Repräsentation ausgelöst wurde«, formulierte Stuart Hall die Zusammenhänge, »in der
Kunst, der Malerei, der Literatur, überall in den modernen Künsten, in der
Politik und im sozialen Leben im allgemeinen. Unser Leben wurde durch
den Kampf der Marginalisierten um Repräsentation verändert. Sie kämpften darum, nicht einfach durch das Regime eines anderen, imperialisieren-
den Blickes plaziert zu werden, sondern für sich selbst eine Form der Repräsentation zu fordern.«[72]

1 Maurice Halbwachs: *Das Gedächtnis und seine sozialen Bedingungen.* Berlin, Neuwied 1925
sowie ders.: *Das kollektive Gedächtnis.* Frankfurt/M. 1967. — 2 Theresa Wobbe: *Wahlver-
wandtschaften. Die Soziologie und die Frauen auf dem Weg zur Wissenschaft.* Frankfurt/M. 1997,
S. 224. — 3 Gerda Lerner: »Of History and Memory«. In: Dies.: *Why History Matters.* New
York 1997, S. 52. — 4 Vgl dazu: Doris Ingrisch: *Der dis/kontinuierliche Status des Seins. Über
vom Nationalsozialismus aus Österreich vertriebene (und verbliebene) intellektuelle Kulturen in
lebensgeschichtlichen Kontexten.* Frankfurt/M. u.a. 2004. Der Teil der Studie, der die zweite
Generation von Vertriebenen zum Inhalt hat, basiert auf einem Sample von 19 Interviews
und elf autobiografischen Texten von Frauen und Männern, die zwischen 1924 und 1926
sowie 1930 und 1933 geboren wurden, einen Großteil ihrer Kindheit in Wien verbrachten
und als Jüdinnen und Juden vom Nationalsozialismus verfolgt wurden. Der Fokus lag auf
dem Emigrationsland USA. — 5 Vgl. Mary Cathrine Bateson: *Composing a Life.* New York
1990. — 6 Vgl. Jens Brockmeier: *Narrative Realities, Human Possibilities.* Wien 1997, S. 13. —
7 Herbert C. Kelman: »Dignity and Dehumanization. The Impact of the Holocaust on Central Themes of my Work«. In: Peter Suedfeld (Hg.): *Light from the Ashes. Social Science Careers
of Young Holocaust Survivors and Refugees.* Michigan 2001, S. 200. — 8 Evelyn Torton Beck.
In: Dokumentationsstelle für neuere österreichische Literatur/Österreichische Gesellschaft
für Literatur (Hg.): *Leben mit österreichischer Literatur. Begegnung mit aus Österreich stammenden amerikanischen Germanisten 1938/1988.* Wien 1990, S. 55. — 9 Leonard H. Ehrlich: *Die Fraglichkeit der jüdischen Existenz. Philosophische Untersuchungen zum modernen
Schicksal der Juden.* Freiburg, München 1992. — 10 Vol. One: Vienna 1938–1945, Vol. Two:
Theresienstadt 1941–1945 (im Erscheinen). — 11 Respektive zum Zeitpunkt der Interviews

waren, da ein Großteil nun bereits emeritiert ist. — **12** Es sind minimal fünf Phasen zu unterscheiden: 1. Die Zeit in Österreich. 2. Die Zeit unter Hitler. 3. Flucht und Transition, das heißt die verschiedenen Stationen bis in das Land, in dem definitiv zu leben sie sich entschieden. 4. Die Anfänge in diesem Land. 5. Zeit, in der das ehemalige Exilland einen akzeptierten neuen Lebensraum bildete. — **13** Die bei den Personen dieses Samples in Wien stattfand. — **14** Interview mit Gerald Holton 1993 in Cambridge, USA. — **15** Lilian R. Furst, Desider Furst: *Home is Somewhere Else. Autobiography in Two Voices.* Albany 1994, S. 19. — **16** Ebd. — **17** Irene Bandhauer-Schöffmann: »Frauenpolitik im Austrofaschismus«. In: Emmerich Tálos, Wolfgang Neugebauer (Hg.): *Austrofaschismus. Beiträge über Politik, Ökonomie und Kultur 1934–1938.* Wien 1988 (orig. 1984), S. 317. — **18** Interview mit Gertrude Ehrlich 1995 in Washington D.C., USA. — **19** Interview mit Lotte Bailyn 1994 in Boston, USA. — **20** Walter Rudin: *The way I remember it.* Madison 1992, S. 19. — **21** Ebd. — **22** Gerda Lerner: »Of History and Memory« (s. Anm. 3), S. 6. — **23** Egon Schwarz: *Keine Zeit für Eichendorff. Chronik unfreiwilliger Wanderjahre.* Wien 1979, S. 31. — **24** Gerda Lerner: »Of History and Memory« (s. Anm. 3), S. 5. — **25** Interview mit Leonard H. Ehrlich 1993 in Amherst, USA. — **26** Raul Hilberg: *Unerbetene Erinnerung. Der Weg eines Holocaust-Forschers.* Frankfurt/M. 1994, S. 37. — **27** Vgl. u. a. Gerhard Botz: *Nationalsozialismus in Wien. Machtübernahme und Herrschaftssicherung 1938/39.* 3. Aufl., Buchloe 1988, S. 94 ff. — **28** Interview mit Gerda Lederer 1995 in White Plains, USA. — **29** Ebd. — **30** Ruth Klüger: *weiter leben – Eine Jugend.* Göttingen 1992, S. 40. — **31** Ebd., S. 41. — **32** Interview mit Gerald Holton (s. Anm. 14). — **33** Raul Hilberg: *Unerbetene Erinnerung* (s. Anm. 26), S. 37. — **34** Egon Schwarz: *Keine Zeit für Eichendorff* (s. Anm. 23), S. 43. — **35** Interview mit Edith Kurzweil 1995 in New York, USA. — **36** Vgl. Gerhard Botz: *Nationalsozialismus in Wien* (s. Anm. 27), S. 296. — **37** Interview mit Edith Kurzweil (s. Anm. 35). — **38** Interview mit Gerald Holton (s. Anm. 14). — **39** Beatrix Müller-Kampel (Hg.): *Lebenswege und Lektüren. Österreichische NS-Vertriebene in den USA und Kanada.* Tübingen 2000, S. 314. — **40** Sophie Freud: *Meine drei Mütter und andere Leidenschaften.* München 1992 (orig. 1988), S. 170. — **41** Egon Schwarz: *Keine Zeit für Eichendorff* (s. Anm. 23), S. 65. — **42** Ebd., S. 66. — **43** Interview mit Dorith B. Whiteman 1993 in Hollis Hills, New York, USA. — **44** Ebd. — **45** Interview mit Evelyn Torton Beck 1993 in Washington D.C., USA. — **46** Interview mit Dorith B. Whiteman. (s. Anm. 43). — **47** Sophie Freud: *Meine drei Mütter und andere Leidenschaften* (s. Anm. 40), S. 174. — **48** Egon Schwarz: *Keine Zeit für Eichendorff. Chronik unfreiwilliger Wanderjahre* (s. Anm. 23), S. 163. — **49** Ebd. — **50** Gerda Lerner: »Of History and Memory« (s. Anm. 3), S. 11. — **51** Ebd., S. 15. — **52** Vgl. Hans Mayer: *Außenseiter.* Frankfurt/M. 1981 (orig. 1975), S. 18. — **53** Julia Kristeva: *Fremde sind wir uns selbst.* Frankfurt/M. 1990, S. 28. — **54** Gerda Lerner: »Autobiographische Notizen als Einleitung«. In: Dies.: *Frauen finden ihre Vergangenheit. Grundlagen der Frauengeschichte.* Frankfurt/M., New York 1995 (orig. 1979), S. 23. — **55** Herbert C. Kelman: »Dignity and Dehumanization.« (s. Anm. 7), S. 201. — **56** Ebd. — **57** Ruth Klüger: *weiter leben* (s. Anm. 30), S. 234. — **58** Ebd., S. 215. — **59** Herbert C. Kelman: »Dignity and Dehumanization.« (s. Anm. 7), S. 216. — **60** Ebd., S. 218. — **61** Ebd., S. 215. — **62** Evelyn Torton Beck: »The Search for Language, Voice and ›Home‹«. In: Charles S. Merrill, Susan Cernyak-Spatz: *Language and Culture. A Transcending Bond.* New York u. a. 1993, S. 53, Hervorhebung i. O. — **63** Vgl. dazu Leonard Fein: *Where Are We? The Inner Life of America's Jews.* New York 1988 sowie www.jrf.org/adatsmd/tikunola.html (letzter Zugriff April 2006). — **64** Gerda Lerner: »Of History and Memory« (s. Anm. 3), S. 54. — **65** Mitchell G. Ash: »Wissenschaftswandel durch Emigration«. In: Vienna Knowledge Net (Hg.): *Austrian Science in Exile: Traditions – Transformations.* Wien 2002; ders.: »Wissenschaftswandel durch Zwangsauswanderung. Kurt Lewin und Else Frenkel-Brunswik nach 1933«. In: *Tel Aviver Jahrbuch für Deutsche Geschichte* 27 (1998), S. 251–272. — **66** Interview mit Gertrude Ehrlich (s. Anm. 18). — **67** Vgl. Roland Fischer: »Mathematik anthropologisch. Materialisierung und Systemhaftigkeit«. In: Gert Dressel, Bernhard Rathmayr (Hg.): *Mensch – Gesellschaft – Wissenschaft. Versuch einer Reflexiven Historischen Anthropologie.* Innsbruck 1999, S. 166. — **68** Peter Heintel: *Thesen zu einer Philosophie der Mathematik.* Unveröffentlichtes Manuskript,

1979, zit. nach: Roland Fischer: »Mathematik anthropologisch. Materialisierung und System-haftigkeit« (s. Anm. 67), S. 166. — **69** Eva Hoffmann: *Ankommen in der Fremde. Lost in Translation.* Frankfurt/M. 1993 (orig. 1989), S. 200. — **70** Vgl. Kohli Martin: »›Von uns sel-ber schweigen wir.‹ Wissenschaftsgeschichte aus Lebensgeschichten«. In: Wolfgang Lepenies (Hg.): *Geschichte der Soziologie*, Bd. 1, Frankfurt/M. 1980. — **71** Vgl. Yehuda Elkana: *Essays on the Cognition and the Political Organization of Science.* Berlin 1997. — **72** Stuart Hall: »Das Lokale und das Globale. Globalisierung und Ethnizität«. In: Ders.: *Rassismus und kul-turelle Identität. Ausgewählte Schriften 2.* Hamburg 1994, S. 59.

Gabriele Rosenthal

Israelische Familien von jugendlichen ZwangsemigrantInnen aus Deutschland

Zu den transgenerationellen Folgen einer Emigration ohne Eltern und Geschwister

Vorbemerkung

Dieser Beitrag geht auf eine familien- und lebensgeschichtliche Studie zu Drei-Generationen-Familien zurück, in denen die Großeltern während des Nationalsozialismus »rassisch« und teilweise auch politisch verfolgt wurden oder Täter, Mitläufer oder Zeugen der Nazi-Verbrechen waren.[1] Im Folgenden werde ich mich auf Familien konzentrieren, in denen die Großeltern als Jugendliche oder als junge Erwachsene im Rahmen der Jugend-Alija oder der Hechaluz Deutschland bis 1939 verließen, in England oder Palästina Aufnahme fanden und heute in Israel leben. Ich bezeichne diese Gruppe der Großeltern in Anlehnung an Karl Mannheim als Generation jugendlicher ZwangsemigrantInnen.[2]

Die von meinen Mitarbeiterinnen und mir zwischen 1992 und 1996 geführten biografisch-narrativen Interviews und Familiengespräche in diesen Familien liegen zwar etliche Jahre zurück, dennoch zeigen meine weiteren Kontakte mit diesen Familien sowie von mir betreute Forschungsarbeiten mit ähnlicher Thematik, dass unsere Ergebnisse nichts an Aktualität verloren haben. So wirkt die von uns rekonstruierte Dynamik in Familien von jugendlichen ZwangsemigrantInnen bzw. ExilantInnen noch in der Gegenwart und wird weiterhin biografisch bearbeitet. Das zentrale Thema ist in jeder Generation die eigene Haltung zu Israel und zu Deutschland. Der familiale Dialog ist in erster Linie bestimmt durch ein ambivalentes Verhältnis der Großeltern zu Deutschland und zu ihrer Vergangenheit in diesem Land, durch eine aggressive Haltung der Kinder gegenüber der Sehnsucht ihrer Eltern nach Deutschland und bei manchen der jüngeren Geschwister in dieser Generation und bei den EnkelInnen durch eine Hinwendung zu Deutschland und zur eigenen Familiengeschichte in Deutschland. Aus diesen unterschiedlichen Haltungen und der damit im Zusammenhang stehenden Identifikation mit dem Zionismus resultieren teilweise erhebliche Konflikte zwischen den Generationen. Während der Dialog in Familien von Überlebenden der Shoah[3] sich um die Themen »Tod« und »Angst vor Verfolgung und Vernichtung« drehten, ist das bestimmende Thema in den Familien der jugendlichen ZwangsemigrantInnen »Leben in der neuen Gesellschaft«. Interessant ist im Vergleich mit den Familien von ZwangsemigrantInnen, die nach 1945 nach Ost- oder Westdeutschland zurückkehrten und in denen sich der familiale Dialog um das Thema »Emigration« zentriert, dass die Angehörigen der zweiten Generation in den israelischen Familien dieses Thema eher abwehren und fast unerwähnt lassen.[4] Die Kinder der deutschen EmigrantInnen in Israel möchten sich vielmehr – ganz im Unterschied zu den Kindern von Überlebenden der Shoah – als Sabres[5] und als Israelis ohne europäische Wurzeln präsentieren. Ihre Lebensgeschichten konzentrieren sich auf die Verwirklichung zionistischer Ideale (u. a. durch eine starke Bindung an den Kibbuz bzw. an ein zionistisches Leben in Israel). Die deutsche Vergangenheit der Eltern – und damit die Geschichte der Familie in Europa – wird hingegen abgelehnt und ihre Bedeutung minimiert. Einige der jüngeren Geschwister in der mittleren Generation und vor allem Angehörige der dritten Generation beginnen jedoch, sich zunehmend mit dem Emigrantenschicksal der ersten Generation zu beschäftigen und deren latente, aber dennoch spürbare Sehnsucht nach Deutschland zu akzeptieren.

Dieser Anfang und Mitte der 1990er Jahre von uns in den Familien beobachtete, sich allmählich öffnende Dialog korrespondierte mit dem Wandel des öffentlichen Diskurses in Israel. Darin zeigte sich der Beginn eines Prozesses, in dessen Verlauf versucht wird, die Familiengeschichte vor der Migration mit der Familiengeschichte in Israel zu integrieren und die israelische Identität mit einer Vergangenheit in Deutschland zu verknüpfen. Es ist anzunehmen, dass dieser Prozess heutzutage viel weiter fortgeschritten ist. Dies zeigt u. a. die Analyse von gegenwärtiger Belletristik von Yael Zerubavel 2002. Sie geht von einer in Israel generell wachsenden Identifikation mit den – wie sie es nennt – jüdischen Wurzeln im Exil aus, die stark im Kontrast zu der früher zu beobachtenden psychologischen Distanzierung steht.[6] Dan Bar-On verdeutlicht in seinen empirischen Studien zur kollektiven israelischen Identität, dass es in den letzten Jahrzehnten zunehmend nicht mehr möglich war, »eine Vorstellung des israelischen ›Selbst‹ als signifikant verschieden von der Identität des Diaspora-Juden zu konstruieren«.[7] Er zeigt auf, wie Israelis sich zunehmend eingestehen, dass ihre kollektive israelische Identität auch Komponenten aus der Diaspora enthält.

Im Folgenden werde ich zunächst auf die Ausgangssituation deutscher EmigrantInnen in Palästina eingehen und dann die typischen Muster des Umgangs mit der Vergangenheit vor der Emigration und der Haltung zum Einwanderungsland *Erez Israel* (hebräisch: Das Land Israel) in den drei Generationen, wie wir sie vor ca. zehn Jahren aufzeigen konnten, diskutieren.[8]

Die Ausgangssituation deutscher MigrantInnen in Palästina

Juden aus Europa, die zwischen 1933 und 1945 vor den Nazis flüchteten und direkt oder nach Zwischenstationen in anderen Ländern ins englische Mandatsgebiet Palästina kamen, vergrößerten dort den jüdischen Bevölkerungsanteil, den *Jishuw*, um ca. 150 %. Während bei den früheren Einwanderungswellen[9] die Mehrzahl der Einwanderer aus Osteuropa stammte, waren bei dieser so genannten Fünften Alijah[10] viele Juden aus Deutschland und Österreich dabei. Je nach Quelle machten die deutschsprachigen Juden zwischen 20[11] und 30 %[12] der Gesamteinwanderung dieser Alijah aus. Von diesen ca. 52.000 deutschsprachigen Juden kamen im Rahmen der Kinder- und Jugend-Alijah, die 1932 in Deutschland als Projekt ins Leben gerufen worden war, an die 5.000 12- bis 17-Jährige ohne ihre Eltern ins Land.[13] Die Jugend-Alijah, mit der 3.261 Jungen und Mädchen[14] nach Palästina immigrierten, war ab dem 15. Lebensjahr nach einer beruflichen Ausbildung in Deutschland als organisierte Gruppenauswanderung möglich. Erklärtes Ziel war es, die jungen Einwanderer für das Leben in einer landwirtschaftlichen Siedlung auszubilden. Kinder und Jugendliche wurden in Palästina meist in einem Kibbuz aufgenommen. Dasselbe galt für junge Erwachsene, die nach einer üblicherweise anderthalb Jahre dauernden handwerklichen oder landwirtschaftlichen Ausbildung, die sie ab dem 14. Lebensjahr im Rahmen der zionistischen Palästinaorganisation *Hechaluz* (hebräisch: der Pionier)[15] in Ausbildungsstätten, Trainingslagern und auf Bauernhöfen absolvieren konnten, nach Palästina einwandern konnten.

Die deutschsprachigen Juden kamen also in ein Land, in dem die Gemeinschaft der dort lebenden Juden sich in erster Linie aus osteuropäischen MigrantInnen zusammensetzte, die nicht wegen des Nationalsozialismus nach Palästina eingewandert waren und die ihre Alijah auch meist nicht als »Rettung«, sondern als »Erlösung« erlebten.[16] Sie waren in der Regel aus zionistischen Motiven ins Land gekommen, d. h. zum Aufbau eines zionistischen Staates. Die deutschen, österreichischen, aber auch tschechischen ImmigrantInnen, die im Unterschied zu den osteuropäischen Juden meist aus der assimilierten Mittelschicht stammten, über ein hohes Bildungsniveau und eine gute Berufsausbildung verfügten, stießen bei der bereits ansässigen jüdischen Bevölkerung auf erhebliche Ressentiments. Abgesehen von all dem Spott und den Zuschreibungen hinsichtlich ihres deutschen Charakters, insbesondere ihrer Autoritätshörigkeit, warf man ihnen vor, keine wirklichen Zionisten zu sein, sondern sich des Zionismus nur als Mittel zur »Rettung« zu bedienen. Tom Segev verdeutlicht diese Haltung u. a. am Beispiel des späteren Ministerpräsidenten Ben Gurion, der sich über die »Sehnsucht nach deutscher Kultur und die peinliche Gesetzestreue« der »Jecken« lustig machte.[17] Während diejenigen, die als Erwachsene mit dem so genannten Kapitalistenvisum ins Land gekommen waren[18], noch am ehesten dem Klischee des deutschen Juden entsprachen, der das kulturelle und auf den Handel konzentrierte Leben in der Stadt dem Leben in landwirtschaftlichen Siedlungen vorzog, traf das auf die Kinder und Jugendlichen nicht zu, die im Rahmen der Kinder- und Jugend-Alijah oder als junge Erwachsene im Rahmen der Hechaluz eingewandert waren. Die meisten von ihnen widmeten ihr Leben und ihre Zukunftspläne den Kibbuzim oder siedelten später in Moschawim[19] und verkörperten damit das Bild vom neuen Israeli, dem Haluzim. Doch auf Grund der Vorurteile deutschen Juden gegenüber standen diese Jugendlichen und jungen Erwachsenen in ihren Kibbuzim und generell in ihrem gesellschaftlichen Leben ganz besonders unter dem sozialen Druck, mit ihrem Lebensstil und ihrer Lebenshaltung ständig belegen zu müssen, dass sie diesem Klischee nicht entsprachen, sondern vielmehr aufrichtige Zionisten waren, d. h. im Sinne eines Zionismus der »Erlösung«, und als Pioniere bzw. Haluzim beim Aufbau neuer landwirtschaftlich ausgerichteter Siedlungen halfen (siehe auch den Beitrag von Susanne Urban in diesem Band).

Die lebensgeschichtliche Konstellation der aus Deutschland emigrierten Jugendlichen und jungen Erwachsenen in Palästina war geprägt durch einen Anpassungsdruck, der u. a. die Verleugnung ihrer deutschen Sozialisation und ihrer Bindung an Deutschland erforderte. Die mit dieser Ausgangskonstellation verbundene weitere lebensgeschichtliche Dynamik bestimmt nicht nur diese Generation, sondern auch die Dynamik in ihren Familien sowie die Biografien ihrer Kinder und Enkel.

Die Großeltern: zwischen zionistischem Lebensauftrag und Bindung an die ermordeten Eltern

Die von uns interviewten jugendlichen ZwangsemigrantInnen, die nach 1933 Deutschland verlassen konnten und direkt oder auf Umwegen über andere Länder nach Israel kamen, sind zwischen 1918 und 1924 geboren. Sie erlebten die Trennung von ihren Eltern, Verwandten und Freunden und von ihrer vertrauten Umgebung in der mittleren oder späten Adoleszenz. In den meisten Fällen war von der Familie die Ausreise oder Emigration in ein anderes Land als eine vorübergehende Phase geplant. So auch bei Dorit Arad[20], wie wir sie genannt haben. Dorit wurde 1922 als erstes Kind in einer sehr angesehenen Kaufmannsfamilie in Norddeutschland geboren. Die Eltern hatten hohe Leistungserwartungen an ihre Tochter, denen Dorit auch immer gerecht zu werden versuchte. So bemühte sie sich, insbesondere nach 1933, als Jüdin in ihrer Schulklasse die Beste zu sein. 1936 musste sie das Gymnasium verlassen und wechselte auf eine jüdisch-orthodoxe Schule.

Dorit schloss sich der zionistischen Jugend an und begann 1938 im Rahmen der Jugend-Alijah mit einer Umschulung. Sie erwähnt, dass ihre Eltern dazu meinten: »Man kann gehen, die zwei Jahre in die Jugendalija, das ist nicht so schlimm, das sind zwei Jahre und nachher kommt man zurück und lernt was Ordentliches, bis dahin ist ja der Zauber vorbei.« Die Familie ahnte zwar den Krieg voraus, doch sie konnte sich wie so viele andere jüdische Familien nicht vorstellen, dass die Juden in Deutschland von Vernichtung bedroht waren. Erst in der Folge des Novemberpogroms begann die Familie von Dorit an Emigration zu denken. Doch nur Dorit konnte im Frühjahr 1939 aus Deutschland entkommen, ihre Eltern und ihr jüngerer Bruder wurden umgebracht. Einen ganz ähnlichen Verlauf schildert Aharon, den Dorit im Kibbuz kennen lernte und 1941 heiratete. Die Haltung seines Vaters, der meinte: »(...) diese Sache geht vorüber. Ich bin Frontkämpfer, ich habe das EK II«, steht exemplarisch für viele der jüdischen Frontsoldaten. Die Eltern von Aharon versuchten wie so viele andere auch, ihre täglichen Erfahrungen mit den Verfolgungsmaßnahmen als zeitlich vergängliches Phänomen zu verstehen. Bis alles vorüber war, sollte allerdings ihr Sohn das Land verlassen. Aharon schloss sich dem zionistischen Jugendbund an, hatte Glück und wurde 1936 für ein Vorbereitungslager der Hechaluz in Holland ausgewählt. 1937 kam er noch einmal nach Berlin, um die hohen jüdischen Feiertage mit seiner Familie zu feiern. Beim Abschied habe der Vater sehr geweint: »Ich habe es nicht begriffen (...), sie haben mir zwei Wochen lang Theater vorgespielt.« Herr Arad macht sich heute bittere Vorwürfe darüber, dass er die Situation damals zu leicht nahm. Er ahnte nicht, dass er seine Eltern und seine Schwester nie wieder sehen würde.

Bevor ich auf die erhebliche psychische Belastung oder Traumatisierung durch die Ermordung der Eltern und anderer Familienangehöriger eingehe, sei zunächst die Situation in Palästina bis zur Staatsgründung Israels 1948 verdeutlicht: Die jugendlichen EmigrantInnen standen unter der Anforderung, sich auf den Lebensalltag in dem neuen Land einzulassen. Sie lebten in einer lebensweltlichen und politischen Ungewissheit: Wird es einen Staat Israel geben? Wie viele Juden werden von den Engländern an der Einreise ins Land gehindert? Was geschieht mit den in Europa zurückgebliebenen Verwandten und Freunden? Diese Ungewissheiten waren Bestandteil ihres Lebens, von denen sie sich jedoch nicht erdrücken lassen wollten. So drängten sie die damaligen Umstände dazu, die Zweifel an der Rettung ihrer Verwandten zu unterdrücken und einer Wahrnehmung der Verbrechen auszuweichen, die in dieser Zeit stattfanden. In ihren Interviews betonen sie, wie sie als junge ZionistInnen versuchten, mit Optimismus und Gewissheit in die Zukunft zu schauen. Mit ihrer Arbeit für den Aufbau von Erez Israel wollten sie dem Auftrag gerecht werden, der mit ihrer Auswahl zur Jugend-Alijah oder Hechaluz verbunden war. Sie wollten einen jüdischen Staat zum

Blühen bringen, wollten Israelis sein und ihre Vergangenheit in Deutschland vergessen. Dieser Optimismus wie auch die Wahrnehmungsabwehr gegenüber Nachrichten aus Europa wird in den Interviews u. E. jedoch auf Grund ihrer Schuldgefühle überbetont. Es waren auch schwere Jahre, in denen die Jugendlichen mit viel Mühe den sozialen Erwartungen ihrer Umgebung gerecht werden mussten. Ihre Sehnsucht nach Heimat und Eltern und ihre Sorge um die Verwandten und Freunde konnten sie kaum offen zeigen. Dennoch begleiteten diese Gefühle ihren Alltag.

Das Bild einer »Jugend ohne Eltern« gehörte in den 1940er und 1950er Jahren in Israel zum sozial wirksamen Mythos des »neuen Israeli«, der die familiale europäische Tradition ablegt, die Arbeit auf dem Feld liebt, körperlich gesund ist und sich vor allem vom Image des von einem Unterlegenheitsgefühl geplagten Juden aus Osteuropa abzugrenzen versucht.[21] Die Wirksamkeit dieses Mythos ergab sich u. a. daraus, dass er weitgehend der Lebensrealität der in den 1930er und 1940er Jahren im Kibbuz lebenden Jugendlichen entsprach und zudem mit den Bedürfnissen der Adoleszenten korrespondierte, sich vom Elternhaus zu lösen und einen eigenen Lebensentwurf zu verfolgen. Diese Art des Selbstgefühls – keine Vergangenheit und keine Eltern zu haben – birgt für Jugendliche jedoch die Gefahr, dass sie auch im späteren Leben im Adoleszenzkonflikt verhaftet bleiben. Im Falle der jugendlichen ZwangsemigrantInnen wurde diese Gefahr noch dadurch verstärkt, dass die nach 1945 erfolgte Konfrontation mit der Ermordung der Eltern den Ablösungsprozess von ihren Eltern regelrecht »einfrieren« ließ und die Auseinandersetzung mit der vor der Emigration erlebten familialen Beziehung blockierte. Die meist erst nach Ende des Zweiten Weltkriegs empfangene Nachricht vom Tod der Familienangehörigen, die zudem mit der Ermordung von sechs Millionen Juden verknüpft war, konnte vor diesem Hintergrund nicht in ihrer vollen Bedeutung angenommen werden. Die Trauer um den Verlust wurde mehr oder weniger unterdrückt. Diese Abwehr fällt auch heute noch in den Gesprächen mit den Angehörigen dieser Generation auf. Die Schuldgefühle darüber, ihre Familien verlassen und ihnen dann nicht geholfen zu haben, binden sie bis heute sehr an ihre Eltern. Die Schuldgefühle blockieren somit diese Generation, die in ihrer mittleren oder auch späten Adoleszenz von den Eltern getrennt wurde, im Prozess des Trauerns und damit in der Ablösung von den Eltern. Sie können sich selbst ein kritisches Nachdenken über ihre Eltern nicht zugestehen, sondern fühlen vielmehr eine Verpflichtung, ihr Elternhaus und ihre Kindheit insgesamt nur in positivem Lichte zu präsentieren. Das Bedürfnis, das Elternhaus überaus positiv darzustellen, ist eine strukturelle Gemeinsamkeit all derer, die als Jugendliche emigrieren und ihre Eltern zurücklassen mussten. Wir nehmen an, dass die abgewehrte Trauer um den Tod der Eltern erhebliche Auswirkungen auf die Beziehung dieser Generation zu ihren eigenen Kindern hatte.

Nicht nur, dass diese (teilweise) abgewehrte Trauer an die Kinder mindestens unbewusst vermittelt wurde – es ist auch anzunehmen, dass ihre dadurch nur teilweise mögliche Ablösung von den eigenen Eltern wiederum die Beziehung zu ihren Kindern störte.

Generell zeigt sich in den Interviews, dass die seinerzeit jugendlichen EmigrantInnen sich in auffälliger Weise in ihren manifesten Selbstdefinitionen als unabhängig von der Shoah betrachten. Obwohl ihre Eltern und andere nahe Bezugspersonen verfolgt und ermordet wurden, versuchen sie, sich selbst nicht in diesem familiengeschichtlichen Kontext zu präsentieren. Immer wieder konnten wir in den Interviews feststellen, wie sehr sie bemüht sind, ihr eigenes Leben von der Shoah zu trennen. Auf die Ermordung ihrer Verwandten kommen sie nicht selten erst auf Nachfragen seitens der Interviewerinnen zu sprechen. Mit dem Versuch, das eigene Leben von der Familiengeschichte zu trennen, zeigen sie zwar eine Strategie im Umgang mit der bedrohlichen Familienvergangenheit, die wir auch bei Kindern von Überlebenden der Shoah (siehe weiter unten) finden. Doch während es den Angehörigen der Generation der jugendlichen ZwangsemigrantInnen gelingt, ihre eigene Lebensgeschichte in Israel (insbesondere entlang der Themen »Zionismus« und »Leben im Kibbuz«) zu erzählen, sind die Kinder von Überlebenden geradezu darin blockiert, eine eigene Lebensgeschichte unabhängig von der Thematik des Holocaust zu etablieren. Während bei Kindern von Überlebenden in den Einzelinterviews wie in den Familieninterviews das Leiden an der Verfolgung ihrer Eltern manifest als Thema auftaucht, neigen die Kinder von Ermordeten eher dazu, diesem Thema auszuweichen. Dieser Unterschied zeigt sich dann auch bei den Nachgeborenen: Die Kinder und Enkel der Generation der jugendlichen ZwangsemigrantInnen wissen daher zumeist viel weniger darüber, wer in ihrer Familie ermordet wurde, als die Kinder und Enkel von Überlebenden der Shoah.

Die Interviews verdeutlichen aber, wie sehr die EmigrantInnen an ihrer Familiengeschichte leiden, sich dies aber nicht eingestehen können. Ihre biografische Selbstdarstellung ist vielmehr durchzogen von mehr oder weniger manifesten Äußerungen ihrer Schuldgefühle bezüglich ihrer Emigration. Sie machen sich Vorwürfe, Eltern, Verwandte und Freunde in Europa verlassen und die Gefahren für die Zurückgebliebenen nicht erkannt zu haben. Ihre Gefühle von Überlebensschuld sind konkret mit der Zeit verknüpft, in der ihre Eltern in Europa noch lebten und meist von ihrer Verfolgung noch berichten konnten oder in Briefen um Unterstützung für die eigene Emigration baten. Sie sind das Ergebnis der damaligen eigenen Ohnmacht und der Überforderung, zum einen in einem fremden Land auf eigenen Füßen stehen zu müssen und sich zum anderen verantwortlich für die Eltern und Geschwister in Deutschland zu fühlen. Viele der jungen Erwachsenen waren zunächst vollauf damit beschäftigt, eine eigene Familie zu gründen und sich eine Zukunft und eine neue Heimat zu schaffen. Im Rückblick erfahren sie diese biografische Konstellation als ungeheuer belastend.

Auch Dorit und Aharon sind von quälenden Gedanken darüber verfolgt, was sie damals vielleicht zu tun versäumt hatten, um ihre Eltern und Geschwister zu retten. Beide fühlen sich schuldig, ihren Eltern aus Palästina nicht öfter geschrieben zu haben. In ihren Ausführungen wird aber auch deutlich, dass das Interesse für Deutschland und die zurückgelassene Familie auch deshalb schwand, weil man sich mit allen Kräften auf die neue Situation einstellen musste. So berichtet Aharon: »Wir sind ins Land gekommen, wir haben keine Eltern gehabt, unsere Gruppe war zerstreut im ganzen Land. Wir kamen in eine vollkommen fremde Umgebung. Man hat gesucht einen Zusammenhalt, man hat notgedrungen eine neue Familie gründen wollen.« Die ersten Jahre in Palästina, während das Ehepaar Arad von einem Kibbuz in den andern zog, waren von der ständigen Bedrohung durch die arabischen Staaten, harter Arbeit, Armut und Hunger bestimmt. In dieser Situation erhielt Aharon Post von seiner Schwester aus einem Internierungslager in Frankreich. Sie bittet ihn dringend um Nahrungsmittel: »Wir haben selber nichts zu essen gehabt. Wir lebten damals in einem Stadtkibbuz, es gab keine Milch für die Kinder, kein Brot, kein Mehl. Wir haben von denen geschnorrt, die selbst nichts hatten.« Im Interview wird deutlich, dass die entbehrungsreichen Jahre in Palästina eine Übernahme der Perspektive der Familienangehörigen in Deutschland erschwerte. Diese lebensgeschichtliche Konstellation bindet Aharon wie auch Dorit stark an den Kibbuz, in dessen Aufbau und Erhalt sie so viel Energie steckten.

Mit der Vergegenwärtigung der Ermordung der Familienangehörigen und mit der Realisierung des Ausmaßes der Verbrechen durch die Nazis wurde die relative Unbekümmertheit gegenüber den Vorgängen in Europa für die Angehörigen dieser Generation – wie für alle anderen außerhalb Europas lebenden Juden – zu einem lebensgeschichtlichen Problem. Dieses Problem korrespondierte in Israel deutlich mit dem öffentlichen Diskurs über die Shoah. Die jüdische Bevölkerung in Palästina zwischen 1933 und 1945 war mit dem Kampf für einen zukünftigen Staat Israel und gegen das britische Mandat sowie mit dem Aufbau staatlicher und zivilgesellschaftlicher Strukturen beschäftigt. Während dieser Zeit war das Schicksal der jüdischen Bevölkerung in Europa im öffentlichen Diskurs kein zentrales Thema. In den Massenmedien wurde die Bevölkerung vielmehr in gewisser Weise vor einer Realisierung der vollen Realität des Holocaust geschützt, indem beispielsweise vom Holocaust in der Vergangenheitsform berichtet wurde oder Informationen über die Verfolgung in Europa in biblische Klagen und poetische Mottos verpackt wurden: »Auf diese Weise distanzierten die Zeitungen den Holocaust vom Alltagsleben und enthoben ihre Leserinnen und Leser der Pflicht, ihn als Teil der Wirklichkeit zu sehen«.[22] Diese Haltung sowie die nach dem Zweiten Weltkrieg zunehmend publik werdenden gescheiterten und unterlassenen Hilfsmaßnahmen führten zu einem kollektiven Schuldgefühl, das die Institutionalisierung eines kollektiven Schweigens zur Folge hatte. Erst mit dem Eichmann-Prozess 1961 wurde dieses Schweigen durchbrochen und zeitigte einen dramatischen Wandel des öffentlichen Verhältnisses zum Holocaust in Israel. Durch die Übertragung des Prozesses im Rundfunk und die Ausstrahlung vieler Zeugenaussagen von Überlebenden der Shoah begann ihr Leiden nun zu einem öffentlichen und viel beachteten Thema zu werden. Die Form der Beschäftigung mit der Shoah, die uns in den Interviews mit jugendlichen ZwangsemigrantInnen begegnete, entspricht weit mehr dem öffentlichen israelischen Rechtfertigungsdiskurs als der von Überlebenden der Shoah. Während sich Überlebende eher mit Fragen nach ihrer individuellen Schuld quälen, argumentieren die ZwangsemigrantInnen stärker auf einer kollektiven Ebene und rechtfertigen ihre Generation insgesamt und auch den Jishuv. So sprechen sie beispielsweise davon, dass Palästina als Mandatsgebiet und ohne eine Armee nichts gegen die Nazis hätte ausrichten können. Weiterhin fällt auf, dass sich diese Generation im Unterschied zu älteren deutschen ZwangsemigrantInnen viel stärker zu einer zionistischen Lebensweise im Kibbuz verpflichtet fühlt. Die lebensgeschichtliche Konstellation ihrer Jugend führte dazu, dass sich ihr zunächst zur Rettung eingeschlagener zionistischer Lebensweg zu einem Leben für einen israelischen Staat wandelte und sie eine dezidiert zionistische Haltung im Sinne eines Zionismus der »Erlösung« entwickelten. Daraus resultiert auch der Versuch, die Bindung an Deutschland bzw. an Europa zu verleugnen und sich im Habitus als Sabre zu präsentieren. Während die älteren EmigrantInnen oft bis heute nicht Hebräisch lernten, immer noch von den guten Zeiten in Europa sprechen und voller Abwehr gegen die orientalischen Lebensweisen in ihrem Land sind – beispielsweise ihre Essgewohnheiten kaum geändert haben –, identifizieren sich die jüngeren ZwangsemigrantInnen mit ihrem Einwanderungsland. Manche von ihnen lehnten es lange Zeit ab, Deutsch zu sprechen. Die Analyse der Interviews zeigt, dass ihnen ein Leben für den Zionismus, die aktive Mitwirkung am Aufbau Israels, unter anderem dabei hilft, ihre quälenden Schuldgefühle gegenüber ihren ermordeten Familienangehörigen zu mildern. Sie können dem Verlassen ihres Elternhauses einen Sinn geben, indem sie es durch die Notwendigkeit legitimieren, für einen jüdischen Staat zu leben und zu arbeiten. Damit geht jedoch einher, dass sie ihre eigenen schmerzhaften Erfahrungen in Israel und im Kibbuz in ihrer Bedeutung herunterspielen müssen. Sie sind an ihre positive Identifikation mit der zionistischen Lebensführung im Kibbuz oder mit einem Leben für Erez Israel gebunden. Dieser Mechanismus ist vergleichbar mit dem, der bei jugendlichen ZwangsemigrantInnen beobachtet werden kann, die sich in der Westemigration vor 1945 der Kommunistischen Partei anschlossen, nach der Staatsgründung der DDR in den kommunistischen Teil Deutschlands zurückkehrten und dort ein am Sozialismus orientiertes Leben führten.[23]

Unsere Interviews in Israel zeigen jedoch auch, dass die Generation der jugendlichen ZwangsemigrantInnen analog zum öffentlichen Diskurs Israels in den 1980er Jahren begonnen hat, sich allmählich und zögernd mit ihrem Leben vor ihrer Einreise nach Palästina und ihren unterdrückten Sehnsüchten zu beschäftigen. Sie unternehmen Reisen nach Deutschland und Europa, besuchen ihre Heimatstädte und die Häuser, in denen sie als Kinder lebten, schreiben ihre Lebensgeschichten auf und pflegen Kontakte zu Deutschen. So auch das Ehepaar Arad, das seit den 1970er Jahren – zunächst aus beruflichen Gründen – regelmäßig nach Deutschland reist. In diesem Zusammenhang begann dann auch – insbesondere bei Aharon – ein allmähliches Zulassen der abgewehrten Sehnsucht nach Deutschland und vor allem des Nachdenkens über die Ermordung der Eltern und Geschwister. Dorit Arad versuchte der Thematik der Ermordung ihrer Eltern und ihres Bruders zunächst zwar noch auszuweichen, doch es gelang ihr immer weniger. 1990 nahm sie Kontakt zur Autorin auf und bat um ein Interview. Als ich dann das erste Mal mit ihr sprach, versicherte sie mir, dass sie bisher nicht über ihre Vergangenheit vor der Alijah und über die Ermordung ihrer Familie gesprochen habe. Sie betonte, sie habe bis dahin versucht, einem Nachdenken über ihr Leben in Deutschland und über die Ermordung ihrer Familie auszuweichen: »Die Zeit vor meinem Leben in Israel ist für immer vorbei und abgeschlossen und hat nichts mit meinem Leben hier zu tun.« Dennoch gibt es bestimmte Szenen, die Dorit ihr Leben lang verfolgten, über die sie jedoch mit niemandem spricht. Dazu gehört auch der Abschied von ihren Eltern. Dorit erfuhr noch in einem Brief von den Eltern, dass diese und ihr Bruder in ein Konzentrationslager nach Polen deportiert wurden. Lange Zeit hoffte sie, dass sie das Lager überlebt hätten. Bis zum heutigen Tage kann sie den Tod ihres Bruders nicht als Realität akzeptieren. Immer wieder stellt sie sich vor, wie sie ihn wiederfindet. Während Dorit versucht, sich die Bedeutung der Shoah für ihre Familie möglichst nicht zu vergegenwärtigen, beschäftigt sich ihr Mann Aharon mit zunehmendem Alter immer mehr damit und vor allem wehrt er seine Sehnsucht nach Deutschland weniger als Dorit ab. In den Begegnungen mit ihm wurde seine Ambivalenz gegenüber Deutschland und vor allem gegenüber sich selbst als einem (teilweise) mit Deutschland identifizierten Juden sehr deutlich. So sagte er u.a.: »Wenn Sie wissen wollen meine persönliche Einstellung zu Deutschland mit einem Wort – Hassliebe. Ich komm vom Deutschen nicht los. Meine Gedanken sind deutsch, meine Kultur ist deutsch.« Darüber hinaus meinte er: »Ich hasse mich selbst, weil ich die Deutschen nicht hassen kann.« Er sprach auch über seine bis heute andauernde Vorstellung, auf gepackten Koffern zu sitzen und darauf zu warten, dass seine Eltern ihn nach Deutschland zurückrufen würden. Erst Ende der 1980er Jahren begann er, allmählich die Ermordung seiner Eltern und seiner Schwester als Realität anzunehmen und in Archiven zu recherchieren, was mit ihnen geschehen war. Er träumte nun auch häufiger vom Schicksal seiner Familie und stellte sich vor, was seine Angehörigen erlitten hatten. So imaginierte er, wie seine Schwester im Lager verhungert war.

Die Kinder: Zionismus als kollektiver Auftrag

Die zweite Generation, die bisher die latente, aber dennoch spürbare Sehnsucht ihrer Eltern nach Europa ablehnte, hat mit dem Manifestwerden der Bindung ihrer Eltern an Deutschland und deren zunehmend einsetzender Trauerarbeit erhebliche Schwierigkeiten. Diese Generation wurde etwa zwischen 1943 und 1957 geboren. Von ihren Eltern erhielt sie in Übereinstimmung mit dem öffentlichen Diskurs den Auftrag, für die Zukunft Israels zu leben und nicht in die Vergangenheit zu schauen. Mit der einsetzenden Trauerarbeit ihrer Eltern werden die Angehörigen dieser Generation nun zum ersten Mal selbst damit konfrontiert, dass sich ihr bisheriges Bild von sich selbst als Mitglieder einer vom Holocaust unberührten Familie nicht mit ihrer Familiengeschichte deckt. Damit wird ihnen bewusst, dass sie selbst zur dritten Generation von Holocaustopfern gehören, da ihre Großeltern die Lager nicht überlebt haben. Sprachlich äußert sich dieses Bewusstwerden z. B. dadurch, dass sie ansatzweise beginnen, von »meinen Großeltern« zu sprechen statt von »den Eltern meiner Eltern«.

 Viel stärker noch zeigt sich in unseren Gesprächen, wie diese Generation, ebenso wie ihre Eltern, versucht, den mit der Shoah verknüpften Anteil der Familiengeschichte zu dethematisieren. Deshalb können sie nur schwer die Perspektive der Eltern übernehmen und deren Schuldgefühle wahrnehmen. Um nicht selbst von der biografischen Problematik der Eltern bedroht zu werden, wehren die Kinder die Empathie mit ihnen ab, klagen sie vielmehr wegen ihrer europäischen Lebensweise bzw. ihres nicht genügend »israelischen« Habitus an. Verstärkt wird dieser Generationenkonflikt vor allem dadurch, dass die Kinder der jugendlichen ZwangsemigrantInnen kaum ihrem an den Eltern orientierten Ich-Ideal gerecht werden können. Viele der Angehörigen dieser Generation waren bereits am Kampf gegen die Briten vor 1948 und an der illegalen Einreise beteiligt, viele hatten im Unabhängigkeitskrieg gekämpft und seit ihrer Alija ohne Rücksicht auf ihre in Europa begonnenen oder geplanten Berufskarrieren in harter Arbeit den Boden des Landes fruchtbar gemacht. Ihre Kinder standen vor dem Problem, Vorbildern nachzueifern, denen sie unter den mittlerweile veränderten Lebensbedingungen in Israel kaum noch gerecht werden konnten. Sie konnten im wahrsten Sinne des Wortes kaum noch »Steine aus dem Weg räumen«; auch die Zeit des Lebens in Zelten war vorbei. Das von den Eltern positiv besetzte Image einer »Jugend ohne Eltern« wurde mit der Realität konfrontiert. Die nachfolgende Generation konnte diese Form einer belastenden, aber Selbstbewusstsein vermittelnden »Waisenexistenz« nicht mehr erfahren. In den Augen der zweiten Generation der jugendlichen ZwangsemigrantInnen sind die Eltern unerreichbare Helden, ohne die das Land nicht hätte aufblühen können. Sie selbst konnten nicht mehr Pioniere sein, wie es ihre Eltern waren. Dies bringt die 1943 während des Zweiten Weltkriegs geborene Tochter Paz von Dorit und Aharon sehr deutlich zum Ausdruck. Sie spricht immer wieder davon, dass die meisten ihrer Altersgruppe im Kibbuz geblieben sind und sich auch explizit als Zionisten verstehen. Bei diesen Ausführungen vergleicht sie sich immer wieder mit der Generation ihrer Eltern, den Pionieren, und es fallen dabei Sätze wie: »Ich bin nichts nach der ersten Generation.« Während Paz stark mit dem ursprünglichen Anliegen ihrer Eltern identifiziert ist, Israel aufzubauen und zu stabilisieren, klagt sie diese explizit eines Verrats der alten Ideale an. Paz kann nicht verstehen, warum ihre Eltern wieder Kontakt zu Deutschland und zu Deutschen aufgenommen haben.

Die Angehörigen der zweiten Generation sehen sich zwar im Schatten der Pioniere, doch damit wurde für sie das Bild des Sabre (des im Land geborenen Israeli mit Eltern, aber ohne deutsche oder »jeckische« Sozialisation) in Abgrenzung zu ihren Eltern (Pionieren, aber mit einem deutschen bzw. jeckischen Habitus) zu einem wesentlichen Bestandteil ihrer Identität. Es diente ihnen auch dazu, die Nichterfüllung ihres Ich-Ideals zu reparieren, indem sie sich als Sabre in Opposition zu ihren »europäischen« Eltern darstellen und diese für alles kritisieren, was sie selbst als Ausdruck einer europäischen Lebensweise interpretieren. Nicht selten drückt sich dies in einer emotional aufgeladenen antideutschen Haltung aus. Hier zeigen sich jedoch Unterschiede in den jeweiligen Geschwisterkonstellationen: Während die Tochter der Familie Arad voller Ablehnung gegenüber Deutschland ist, auch mit uns deutschen Interviewerinnen kein Interview führen wollte, versucht ihr sieben Jahre jüngerer Bruder Josef, der den Kibbuz verlassen hat, etwas mehr, die Haltung seiner Eltern gegenüber Deutschland zu verstehen und reist auch (aus beruflichen Gründen) nach Deutschland. Im Unterschied zu seiner Schwester akzeptierte er neben einer israelischen auch eine deutsche Interviewerin. Während des Gesprächs bezieht er sich fast ausschließlich auf die deutsche Interviewerin und wendet sich der israelischen Kollegin nur zu, um etwas auf Hebräisch einzuwerfen; meist handelt es sich dabei um die Frage »Warum erzähle ich das alles einer Deutschen?« An der emotional erregtesten Stelle im Interview, an der Josef weint, fragt er – an die israelische Inter-

viewerin gewandt – auf Hebräisch: »Warum weine ich vor einer Deutschen?«
Die starke Ambivalenz zwischen der Bereitschaft, sich auf eine Begegnung
mit einer jungen Deutschen einzulassen, und der Aggression, die diese Begegnung erzeugt, bestimmt das gesamte Gespräch.

Wir könnten nun annehmen, dass diese Charakterisierung der zweiten
Generation als betonte Sabre spezifisch für die zwischen 1943 und 1953
geborenen Jahrgänge ist, die als erste Generation europäischer Juden kurz
vor oder kurz nach der Staatsgründung geboren wurden. Vergleicht man
jedoch die Lebensgeschichten von Kindern der ZwangsemigrantInnen mit
denen von gleichaltrigen Kindern der Überlebenden der Shoah, so zeigen
sich deutliche Unterschiede. Zunächst zu den Gemeinsamkeiten: Diese Jahrgänge erlebten ihre Kindheit im Schatten zweier Kriege – dem Zweiten Weltkrieg in Europa und dem Unabhängigkeitskrieg in Israel. Als Kinder erlebten sie die Staatsgründung Israels und den Sieg im Unabhängigkeitskrieg.
Beide Kriege forderten zwar viele Opfer, trugen aber auch zum Aufbau des
Staates Israel bei. Diese Generation konnte sich nach dem Leiden in Europa mit dem ersten jüdischen Staat identifizieren. Sie wuchs in einer Zeit auf,
in der der aktive Kampf in Abgrenzung vom passiven Leiden der im Holocaust verfolgten Juden betont wurde. Damit war es ihr möglich, sich mit
dem Bild des aktiv für sein Land eintretenden und kämpfenden Israeli zu
identifizieren. Im Kontrast aber zu den jugendlichen ZwangsemigrantInnen
und ihren Kindern, die den »Zionismus als kollektiven Auftrag« erfuhren,
bedeutet der Zionismus für Familien von Überlebenden der Shoah viel stärker »Schutz«. Orientierten sich die Kinder von ZwangsemigrantInnen vor-
rangig an den kollektiven Idealen und dem Erhalt des Staates Israel, konzentrierte sich das Leben der Kinder von Überlebenden – teilweise entgegen
der eigenen Intention und Selbstdefinition – wesentlich stärker auf die Fürsorge für ihre Eltern. So präsentieren sich Kinder von ZwangsemigrantInnen in ihren Lebenserzählungen als Sabre mit einer eigenen Lebensgeschichte, während Kinder von Überlebenden Mühe haben, ihr Leben unabhängig
vom Leiden ihrer Eltern darzustellen.

Der Vergleich der beiden Gruppen verdeutlicht, dass die Kindheit der in
diesen Jahren Geborenen vom Eindruck der Verluste und des Kampfes in
beiden Kriegen geprägt wurde. Dies vermittelt den Kindern von Überlebenden und von ZwangsemigrantInnen gleichermaßen das Gefühl, dass ihr
eigenes, individuelles Leben in diesem Schatten steht. Doch während bei den
Kindern von Überlebenden das eigene Leben im Schatten der Verfolgungs-
vergangenheit ihrer Eltern und der Shoah im Allgemeinen steht, tritt dies
bei den Kindern von jugendlichen ZwangsemigrantInnen hinter der großen
kollektiven Aufgabe zurück, einen jungen jüdischen Staat in seiner Existenz
zu sichern und zu festigen. Ihre Lebenserzählungen sind mit der Entstehungs-
geschichte des israelischen Staates eng verwoben; in ihren Lebensgeschichten

betonen sie die Gegenwart. Das Interesse ihrer Eltern an ihren europäischen Herkunftsländern, insbesondere an Deutschland, können sie kaum nachvollziehen, haben sie doch gelernt, dass die Konsequenz aus der langen Verfolgungsgeschichte der Juden mit der Shoah als ihrer extremsten Ausprägung nur ein Leben nach zionistischen Idealen sein kann. Zionismus bedeutet für diese Generation, ihren Lebensentwurf am zionistischen Kollektiv innerhalb der sich entwickelnden israelischen Gesellschaft auszurichten.

Dieser Unterschied in der Präsentation der eigenen Familiengeschichte bei Kindern von Überlebenden der Shoah und Kindern von ZwangsemigrantInnen wird meist schon in den ersten Zeilen der biografischen Selbstdarstellungen deutlich. So beginnen Kinder von ZwangsemigrantInnen auf die Bitte, ihre Familien- und Lebensgeschichte zu erzählen, ihre Präsentation gleich mit der eigenen Biografie, ohne diese in die Familiengeschichte einzubetten. Ein typischer Anfang lautet: »Ich bin 1950 im Kibbuz M. geboren; als ich sechs Jahre alt war, zogen wir nach Dimona, wo ich dann auch zur Schule ging. Und die deutlichste Erinnerung, die ich an meine Kindheit habe, sind die Ausflüge, das Schlafen in Zelten. Ich war aktiv in der Jugendbewegung.« Im Gegensatz dazu beginnt die Tochter einer Überlebenden auf folgende Weise: »Die ganze Familie meiner Mutter starb im Holocaust. (...) Wir hatten eine Kleiderfabrik in der Slowakei.« In diesen Zitaten wird die Differenz in der Sicht auf die eigene Lebensgeschichte schon in der sprachlichen Feinstruktur deutlich. Die Tochter einer Überlebenden spricht im Plural, als sie die Kleiderfabrik ihres Großvaters erwähnt, und präsentiert sich damit selbst als einen unmittelbaren Bestandteil ihrer Familiengeschichte. Im obigen Zitat vom Beginn der Lebenserzählung eines Sohnes von Zwangsemigranten tauchen hingegen weder die Eltern als Personen auf, noch ist deren Familiengeschichte ein Thema. Er präsentiert sich vielmehr als Sabra, der in Israel geboren wurde und dessen Kindheit hauptsächlich von den Ausflügen mit anderen Kindern geprägt war. Im Unterschied zu den Kindern von Überlebenden erscheint diese Generationseinheit mit dem »Zionismus als kollektivem Auftrag« als wenig an ihre Eltern und ihre Familiengeschichte gebunden. Ihre Lebensgeschichten zeigen vielmehr eine starke Bindung an die zionistischen Ideale, den Kibbuz oder den Staat Israel. Wir nehmen jedoch an, dass – ähnlich wie bereits bei ihren Eltern – diese Bindung auf einer unbewussten oder abgewehrten Bindung an ihre Eltern und somit auf einer nicht erfolgten Ablösung beruht. Da sich diese Generation von ihrer Bindung an die Eltern nicht wirklich gelöst und ihre Loyalität vielmehr auf den Kibbuz oder den israelischen Staat übertragen hat, fühlt sie sich an den Kibbuz oder an Israel gebunden, obwohl viele auch Sehnsüchte nach einem Leben außerhalb des Kibbuz oder Israels verspüren. Diese Sehnsüchte werden nicht selten von ihren Kindern ausgelebt, die ungefähr zwischen 1969 und 1975 geboren wurden.

Die EnkelInnen: zögernde Suche nach den Wurzeln in Europa

Die EnkelInnen der jugendlichen ZwangsemigrantInnen sind zwischen Ende der 1960er Jahre und Anfang der 1980er Jahre geboren. Hierbei handelt es sich um eine Generation, die nach dem »Sechstagekrieg« 1967 wiederum in ein größeres und mächtigeres Israel als das ihrer Eltern geboren wurde und die dann im Kindesalter den Schock des Jom-Kippur-Kriegs 1973 erleben musste. Dieser für Israel völlig unerwartete Angriff ägyptischer und syrischer Truppen am jüdischen Versöhnungstag (Jom Kippur), der so viele Todesopfer forderte, rief die auch in dieser Generation tief verwurzelte Angst vor Vernichtung wieder wach und stellte den Mythos der Unverwundbarkeit Israels schmerzhaft in Frage.[24] Diese dritte Generation wurde somit in einer Zeit sozialisiert, in der die israelische Gesellschaft in ihrer Selbstgewissheit, dem Mythos ihrer Unbesiegbarkeit erschüttert wurde. Ruth Malkinson und Eliezer Witztum[25] sprechen in diesem Zusammenhang von einer Wende vom privaten zum öffentlichen Trauern. Mit dieser allmählich öffentlich einsetzenden Trauerarbeit ging einher, dass man sich von der Konzentration auf den Widerstand löste: Aus den bisher angeklagten Opfern, denen man vorwarf, wie »Lämmer zur Schlachtbank« gegangen zu sein, wurden nun Personen, mit denen man sich identifizieren konnte. Der an diesem Wendepunkt eingeleitete Prozess wurde infolge des Libanonkriegs (1982) immer offenkundiger: Die Trauer um die Toten – vor allem seitens der Eltern, die ihre Söhne in den Kriegen verloren hatten – wurde zu einem öffentlichen Thema. Dies hatte unter anderem erhebliche Auswirkungen auf die pädagogische Arbeit mit Jugendlichen. Zunächst organisiert von den Kibbuzim wurden Jugendlichen ab 1984 Fahrten zu den Gedenkstätten der Vernichtungslager in Polen angeboten; seit 1988 übernahm das Erziehungsministerium dieses Programm mit nunmehr staatlicher Finanzierung.[26] Von diesen Fahrten kehrten die Jugendlichen oft mit vielen Fragen zurück, die sie nun ihren Großeltern stellten und so einen familialen Dialog eröffneten.[27] Ebenfalls ausgehend von den Kibbuzim werden seit den 1970er Jahren 13-jährige Jungen und Mädchen angeleitet, auf der Basis von Interviews mit den Großeltern oder anderen Familienangehörigen »Roots Papers« (Familiengeschichten) zu verfassen. Häufig erfahren Eltern erst durch diese Arbeit ihrer Kinder von der Vergangenheit der Großeltern.[28]

Mit dem gesellschaftlichen Wandel im Umgang mit der Shoah und den damit zusammenhängenden israelischen Mythen und Wertvorstellungen sowie mit dessen konkreten Auswirkungen auf die pädagogische Arbeit entwickelte die Generation der EnkelInnen ein anderes Verhältnis gegenüber der ersten Generation. Sie wandte sich den Verletzungen, Sehnsüchten und der europäischen Vergangenheit der Großeltern nun stärker zu. Dennoch betonten sie in ihrer Version der Familiengeschichte in den Interviews mit uns wie ihre Eltern und Großeltern den Aufbau des Kibbuz bzw. des Staates Israel und minimierten die familiäre Vergangenheit während des Holocaust. Für ihre Eltern sind die Enkel ein Symbol für die Kontinuität des Lebens im Kibbuz oder in Israel. Wenn sie das Land oder auch den Kibbuz verlassen, wird dies von der Elterngeneration, die in den Kriegen für Israel gekämpft oder auch den Kibbuz mit aufgebaut hat, die für die Schaffung stabiler Lebensverhältnisse und die Verwirklichung zionistischer Ideen lebte, in der Regel als Misserfolg verstanden. Immer wieder finden wir in den Familien, dass besonders die zweite Generation erheblichen Druck auf ihre Kinder ausübt, aus ideologischen Gründen in Israel oder im Kibbuz zu bleiben.

Die 1967 geborene Enkelin Galit der Familie Arad, die Tochter von Paz, verließ nach ihrer Heirat und dem Beginn ihres Studiums den Kibbuz. Dennoch präsentiert sie ähnlich wie ihre Mutter ihre Lebensgeschichte im thematischen Feld »Mein Leben im Kibbuz«. Das Verlassen des Kibbuz begründet sie mit dem Gefühl, dort zu ersticken. Ihr Bericht über die Jahre nach dem Verlassen des Kibbuz ist darauf konzentriert, sich als gute Israelin zu präsentieren, die das Land nicht verlässt. Galit hat das Bedürfnis zu rechtfertigen, weshalb sie nicht mehr im Kibbuz lebt, und sie bewertet ihr Leben wie folgt: »Es ist ein Leben zwischen einer Kibbuznik und einer Israelin.«

Galit weiß sehr wenig über die Geschichte ihrer Großeltern. Der fehlende Dialog zwischen ihrer Mutter und den Großeltern in Bezug auf den Holocaust zeigt in dieser Familie seine Wirkungen auch in der dritten Generation. Galit berichtet, ihr Großvater habe es »aufgegeben«, über seine Vergangenheit zu erzählen, da ihm niemand zuhören wollte, und habe stattdessen ein Buch geschrieben. Auf die Frage der Interviewerin, ob sie wisse, was mit ihren Urgroßeltern passiert sei, antwortet sie: »Sie starben in Lagern«; sie wisse aber nicht, in welchen. Nach ihren Fantasien zu deren Tod gefragt, antwortet sie, sie müsse sich ab und zu selbst sagen, dass ja recht nahe Verwandte im Holocaust gestorben seien, denn sie selbst fühle sich davon sehr weit entfernt. Der Weg, sich mit den Toten in der eigenen Familie zu beschäftigen und sich emotional auch der Vergangenheit der Großeltern zu nähern, war für Galit wie für ihre Mutter zum Zeitpunkt der von uns geführten Einzelinterviews noch blockiert. Es ist auch anzunehmen, dass Galit noch zu sehr damit beschäftigt ist, ihren Auszug aus dem Kibbuz zu rechtfertigen und sich deshalb noch nicht der Familienvergangenheit in Deutschland (weiter) annähern kann. Dennoch war sie wie auch ihre Mutter zu einem gemeinsamen Interview mit Dorit und Aharon bereit. Das erste Familiengespräch führten wir mit den Großeltern und Paz und das zweite mit den Großeltern und Galit. In beiden Gesprächen war die Interaktion zwischen den beteiligten Familienangehörigen gleichsam nur über Vermittlung der deutschen und der israelischen Interviewerin möglich, und es wurde sehr deutlich, wie ambivalent die Haltung der Tochter und der Enkelin in dieser Familie gegenüber dem Sicheinlassen auf die Familienvergangenheit immer noch ist. Zum Beispiel verließ Galit das Gespräch, als der Großvater über die Ermordung seiner Eltern zu sprechen begann.

Im Vergleich zur Familie Arad hatte sich in der Familie Weber[29] der Dialog über den Holocaust und über die Vergangenheit in Deutschland und Osteuropa über alle Generationen hinweg schon weit mehr geöffnet. Der Enkel Chen in dieser Familie beteiligte sich 1992 als 17-Jähriger an einer Jugendreise nach Auschwitz und Treblinka. Vor Antritt der Reise sprach er mit seiner Großmutter Lea, die im Rahmen der Jugend-Alijah zunächst nach England ausreisen konnte und 1946 nach Erez Israel emigriert war, über die Ermordung ihrer Eltern. Lea konfrontiert sich weit mehr als Dorit und Aharon Arad mit dem Thema »Trennung von meinen Eltern«. Ihre Tochter, die Mutter von Chen, nähert sich mit Fantasien über die Großeltern im Lager dem Thema »Verfolgung der Großeltern«, und Chen konfrontiert sich mit dem Thema »Ermordung der Urgroßeltern«. Er möchte wissen, wo seine Urgroßeltern ermordet wurden und wo sie begraben liegen. So lässt sich in dieser Familie – wie auch in Familien von Überlebenden der Shoah – ein Trauerprozess über die Generationen beobachten. Chen sucht bereits nach den Gräbern und kann damit die Ermordung der Urgroßeltern stärker als Realität wahrhaben und annehmen als die Generationen vor ihm.

Resümee

Durchgehend zeigen die Interviews mit der Generation der jugendlichen ZwangsemigrantInnen, welche Schwierigkeiten mit dem Prozess der Trauer um die Ermordung der Familienangehörigen verbunden sind. Diese Generation bearbeitet biografisch ihre Schuldgefühle mit einer starken Identifikation mit Israel und dem zionistischen Auftrag und – wie bei der Großelterngeneration der Familie Arad sehr stark ausgeprägt – mit einer Ablehnung ihrer Vergangenheit in Deutschland. Die Kinder in diesen Familien haben den Aufbau, Erhalt und die Verteidigung Israels ebenfalls als Strategie gewählt, die Vergangenheit auf Distanz zu sich zu halten. Es sind die EnkelInnen und die jüngeren Geschwister in der mittleren Generation, die beginnen, sich aus der Identifikation mit dem Zionismus und den damit verbundenen Lebensaufträgen mehr und mehr zu lösen. Damit öffnet sich auch der Weg, sich der Familienvergangenheit in Deutschland bzw. allgemein in der Diaspora kognitiv und emotional zu nähern. Und es ist anzunehmen, dass in den letzten Jahren dieser Weg weiter beschritten wurde.

1 Es handelt sich um eine unter meiner wissenschaftlichen Leitung durchgeführte und von der Deutschen Forschungsgemeinschaft finanzierte Studie, die in Kooperation mit Prof. Dr. Fritz Schütze (Universität Magdeburg), Prof. Dr. Regina Gildemeister (Gesamthochschule Kassel) und Prof. Dr. Dan Bar-On (Ben-Gurion University of the Negev, Israel) stattfand. Wir führten zwischen 1992 und 1996 in 38 nichtjüdischen und jüdischen Familien in West- und Ostdeutschland sowie in Israel Einzelinterviews und Familiengespräche. Vgl. Gabriele Rosenthal (Hg.): *Der Holocaust im Leben von drei Generationen*. Gießen 1997. Zur ausführlichen Darstellung der Methode der Interviewführung und Auswertung vgl. Gabriele Rosenthal: *Erlebte und erzählte Lebensgeschichte*. Frankfurt/M. 1995 sowie Gabriele Rosenthal: *Interpretative Sozialforschung*. Weinheim 2005. — 2 Genau genommen handelt es sich im Mannheim'schen Sinne um eine Generationseinheit und zwar derjenigen jugendlichen deutschen EmigrantInnen, die nach Israel ausgewandert sind. Vgl. Karl Mannheim: »Das Problem der Generationen«. In: *Kölner Vierteljahreshefte für Soziologie*, 7. Jg. (1928), S. 157–185, S. 309–330. Vgl. auch Gabriele Rosenthal: »Zur interaktionellen Konstitution von Generationen. Generationenabfolgen in Familien von 1890–1970 in Deutschland«. In: Jürgen Mansel, Gabriele Rosenthal, Angelika Tölke (Hg.): *Generationen-Beziehungen, Austausch und Tradierung*. Opladen 1997, S. 57–73. — 3 Zu Drei-Generationen-Familien von Überlebenden siehe neben Gabriele Rosenthal (Hg.): *Der Holocaust im Leben von drei Generationen* (s. Anm. 1) die Studie von Dan Bar-On: *Fear and Hope. Three Generations of the Holocaust*. Cambridge 1995. — 4 Bei Familien aus der ehemaligen DDR konnte hingegen das Thema »Emigration« in das sozialistische Selbstverständnis aller drei Generationen eingebettet werden, da mit der Emigration der »antifaschistische« Lebensweg der Großeltern entweder begann oder fortgesetzt wurde. Vgl. Bettina Völter, Gabriele Rosenthal: »Ostdeutsche Familien von ZwangsemigrantInnen«. In: Gabriele Rosenthal: *Der Holocaust im Leben von drei Generationen* (s. Anm. 1), S. 246 ff. sowie Bettina Völter: *Judentum und Kommunismus*. Opladen 2003. — 5 »Kaktus« ist in Israel das gewählte Symbol für einen »wirklichen«, bereits im Land geborenen Israeli. Die stachelige Hülle des Kaktus' und sein süßes, weiches Inneres symbolisieren die Anpassung an das harte Leben in Israel und den Kampf mit den Arabern und zugleich die innere Integrität, die man sich dabei bewahren möchte. Zum »Mythological Sabra« vgl. Amnon Rubenstein: »The Rise and Fall of the Mythological Sabra«. In: Ders.: *To be a Free People* (Hebräisch). Jerusalem, Tel Aviv 1977, S. 101–139. — 6 Yael Zerubavel: »The ›mythological Sabra‹ and Jewish Past: Trauma, Memory and Contested Identities. In: *Israel Studies* (2002), Vol. 7, Nr. 2, S. 115–144. — 7 Dan Bar-On: *Die ›Anderen‹ in Uns. Dialog als Modell der interkulturellen Konfliktbewältigung*. Hamburg 2001, S. 20. — 8 In Teilen basiert der folgende Text auf Gabriele Rosenthal, Bettina Völter, Noga Gilad: »Familien mit Großeltern der ›Jugendalijah-Generation‹«. In: Gabriele Rosenthal (Hg.): *Der Holocaust im Leben von drei Generationen* (s. Anm. 1), S. 209–222. — 9 Die ersten drei Einwanderungswellen (hebräisch: Alijah) kamen zum größten Teil aus Russland, die vierte aus Polen. — 10 Das hebräische Wort »Alijah« bedeutet wörtlich übersetzt »Aufstieg« und wird für Einwanderung nach Erez Israel oder später den Staat Israel verwendet. — 11 Tom Segev: *Die siebte Million. Der Holocaust und Israels Politik der Erinnerung*. Reinbek bei Hamburg 1995, S. 52. — 12 Ludwig Pinner: »Die Bedeutung der Einwanderung aus Deutschland für das jüdische Palästina«. In: Werner Feilchenfeld, Dolf Michaelis, Ludwig Pinner: *Haavara-Transfer nach Palästina und Einwanderung deutscher Juden 1933–1939*. Tübingen 1972, S. 89. — 13 Die Zahlen beziehen sich auf den Zeitraum zwischen 1934 bis Ende März 1939. Sie unterscheiden sich allerdings je nach Quelle. Bei Tom Segev (s. Anm. 11), S. 225 f., sind es bis 1939 5.000 Kinder und Jugendliche aus Deutschland. Pinner (s. Anm. 12), S. 95, gibt die Zahl 4.788 an. Auch während des Krieges konnten nochmals etliche Tausend Kinder und Jugendliche nach Palästina einreisen (Segev gibt 10.000 an, Pinner dagegen nur 2.618). Ebenfalls konnten im Rahmen der Kinder- und Jugend-Alijah nach dem Ende des Zweiten Weltkriegs bis zur Staatsgründung Israels noch einmal 15.000 junge Menschen nach Israel emigrieren. — 14 Juliane Wetzel: »Auswanderung aus Deutschland«. In: Wolfgang Benz (Hg.): *Die Juden in Deutschland 1933–1945*. München 1988, S. 413–430. — 15 Die Organisation *Hechaluz* wurde 1918 zur Durchführung einer beruflichen Vorbereitung für die Alijah

gegründet. Damit war die Möglichkeit verbunden, später mit einem »Arbeiterzertifikat« einzuwandern. Die berufliche Vorbereitung, die auch Hebräischunterricht enthielt, wird als Hachscharah (Ertüchtigung) bezeichnet. Vgl. Jehuda Reinharz: »Haschomer Hazair in Nazideutschland, 1933–1938«. In: Arnold Paucker (Hg.): *Die Juden im Nationalsozialistischen Deutschland*. Tübingen 1986, S. 317–351. — **16** Vgl. Tom Segev: *Die siebte Million* (s. Anm. 11). — **17** Vgl. ebd., S. 84. — **18** Fast die Hälfte der Immigranten aus Deutschland war über 30 Jahre alt und kam mit einem Kapitalistenvisum ins Land. Um dieses von den Briten zu erhalten, benötigte man 1.000 Pfund Sterling (15.000 Reichsmark). Vgl. Eva Beling: *Die gesellschaftliche Eingliederung der deutschen Einwanderer in Israel*. Frankfurt/M. 1967, S. 87. — **19** Beim Kibbuz handelt es sich um eine ländliche basisdemokratisch geführte Kollektivsiedlung mit gemeinsamem Eigentum und beim Moschaw um eine genossenschaftlich ländliche Siedlungsform. — **20** Alle Namen der hier zitierten Interviewten sind anonymisiert. — **21** Amnon Rubinstein: »The Rise and Fall of the Mythological Sabra« (s. Anm. 5). — **22** Vgl. Tom Segev: *Die siebte Million* (s. Anm. 11), S. 517 ff. — **23** Vgl. Bettina Völter: *Judentum und Kommunismus* (s. Anm. 4). — **24** »2.500 Tote waren zu beklagen, jeder tausendste Bürger Israels. Nur im Unabhängigkeitskrieg waren mehr Menschen im Kampf gefallen.« Tom Segev: *Die siebte Million* (s. Anm. 11), S. 518. — **25** Ruth Malkinson, Eliezer Witztum: »Bereavement and Commemoration in Israel«. In: Ruth Malkinson, Simone Rubin, Eliezer Witztum (Hg.): *Losses and Bereavement in Jewish Society in Israel* (Hebräisch). Jerusalem 1993, S. 231–255. — **26** Vgl. Jacki Feldman: »It is my brothers I am seeking«. Israeli youth pilgrimage to Holocaust Poland«. In: *Jewish Ethnology & Folklore Review*. 1995, S. 251–275. — **27** Bar-On diskutiert, dass Fahrten, die mit Familienangehörigen durchgeführt wurden, einen weit stärkeren Effekt auf die Öffnung des familialen Dialogs hatten. Dan Bar-On: »Israeli and German students encounter the Holocaust through a group process: ›Partial relevance‹ and ›working through‹«. In: *International Journal of Group Tensions*, Vol. 22 (2), 1992, S. 81–118. — **28** Vgl. Dan Bar-On: *Fear and Hope. Three Generations of the Holocaust* (s. Anm. 3), S. 32. — **29** Zur ausführlichen Falldarstellung vgl. Noga Gilad, Yael Moore, Gabriele Rosenthal, Bettina Völter: »Intergenerationelle Trauerprozesse: Die Familien von Fred, Lea und Nadja Weber«. In: Gabriele Rosenthal (Hg.): *Der Holocaust im Leben von drei Generationen* (s. Anm. 1), S. 246–286.

Andrea Strutz

»... Something you can recreate without being there«

Aspekte der Erinnerung und des intergenerationellen Gedächtnisses
am Beispiel aus Österreich vertriebener Jüdinnen und Juden und ihrer
Nachkommen

Dieser Beitrag thematisiert die Weitergabe und Transformation von Erinnerungen in Familien von österreichischen jüdischen EmigrantInnen und
stützt sich auf Interviews, die im Rahmen von zwei Video-History-Projek-
ten, nämlich *Emigration. Austria – New York* (1995–1997) und *Erinnerungen
aus der Ferne* (2000–2002), gemeinsam mit Manfred Lechner durchgeführt
worden sind.[1]

Das Projekt *Emigration. Austria – New York* zielte darauf ab, (Lebens)-
Erfahrungen und Stimmungsbilder bei österreichischen Jüdinnen und
Juden, die ihre Heimat auf der Flucht vor den Nationalsozialisten 1938/39
verlassen mussten und in die USA emigrieren konnten, zu dokumentieren
und wissenschaftlich auszuwerten.[2] Gabriele Rosenthal verweist im Umgang
mit den Opfern des Holocaust darauf, dass die biografische Erzählung eine
heilende und integrative Wirkung haben kann: »Voraussetzung für diesen
Integrationsprozess im Gespräch mit Überlebenden nationalsozialistischer
Verfolgung, aber auch mit anderen traumatisierten Menschen ist, sie zur
Erzählung ihrer *gesamten* Lebensgeschichte aufzufordern und sie in diesem
Erzählprozess zu unterstützen. Wenn sie nur um die Erzählung der Verfol-
gungszeit gebeten werden, wird der Verlust ihres Lebensgefühls auf ›Über-
lebthaben‹ weiter zementiert.«[3] Die Strukturierung der Interviews orientierte sich daher an unterschiedlichen biografischen Abschnitten im Lebensweg
unserer GesprächspartnerInnen: Lebenswelt und Alltag in Österreich (Wien)
der 1920er und 1930er Jahre, die Veränderung ihrer Lebensbedingungen
durch die nationalsozialistische Machtübernahme und die Umstände ihrer
zum Teil sehr dramatischen Flucht. Des Weiteren wurden ihnen Fragen zum
Neubeginn und zu den Erfahrungen in einer für sie fremden Kultur gestellt,
ebenso sollten sie über ihre Erwartungen hinsichtlich einer »Wiedergutmachung« sowie über ihr heutiges Verhältnis zu Österreich sprechen. Zentrale
Passagen dieser Interviews wurden in der Videodokumentation *continental
divide. geteilte leben*[4] verarbeitet, wobei einige Elemente der sehr persönlichen Schilderungen und Aussagen über ihre Vergangenheit durchaus als allgemein gültig für diese Gruppe zu bewerten sind. Die Erfahrungen in den Gesprächen mit der ersten Generation der jüdischen Vertriebenen veranlassten

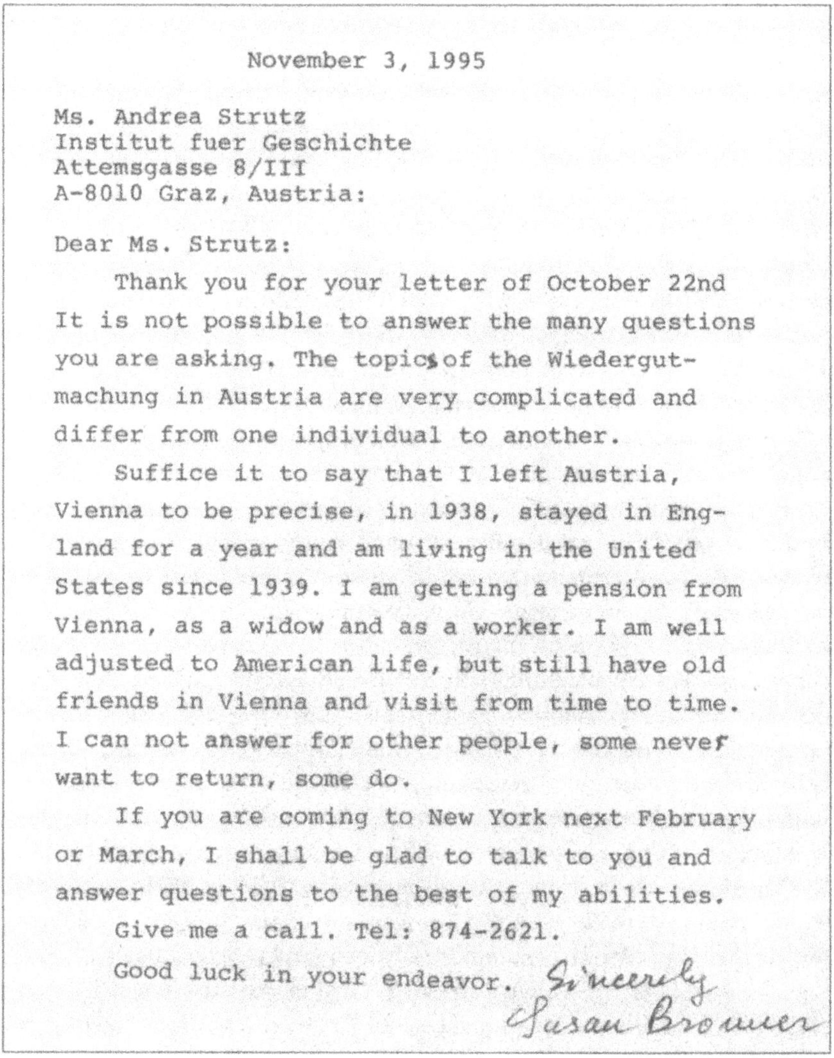

November 3, 1995

Ms. Andrea Strutz
Institut fuer Geschichte
Attemsgasse 8/III
A-8010 Graz, Austria:

Dear Ms. Strutz:

Thank you for your letter of October 22nd
It is not possible to answer the many questions
you are asking. The topics of the Wiedergutmachung in Austria are very complicated and
differ from one individual to another.

Suffice it to say that I left Austria,
Vienna to be precise, in 1938, stayed in England for a year and am living in the United
States since 1939. I am getting a pension from
Vienna, as a widow and as a worker. I am well
adjusted to American life, but still have old
friends in Vienna and visit from time to time.
I can not answer for other people, some never
want to return, some do.

If you are coming to New York next February
or March, I shall be glad to talk to you and
answer questions to the best of my abilities.

Give me a call. Tel: 874-2621.

Good luck in your endeavor. Sincerely

Susan Bronner

Abb. 1: Antwortschreiben vom 3. November 1995 von Frau Susan Bronner auf Anfrage des Forschungsteams (Lechner/Strutz) um Teilnahme am Projekt »Emigration. Austria – New York«.

uns zu einer Erweiterung unseres Forschungsinteresses auf nachgeborene Generationen, denn in den Gesprächen wurde vor allem bei der Enkelgeneration ein Interesse an der ehemaligen Heimat der Großeltern deutlich erkennbar. Hier setzt das zweite Projekt *Erinnerungen aus der Ferne. Zum österreichischen Gedächtnis österreichischer EmigrantInnen bis zur dritten Generation in den USA* ein, das generationsspezifische Österreich-Bilder in Familien jüdischer EmigrantInnen untersucht.[5]

I Erinnerungen der ersten Generation an Österreich

»Der Dreizehnte war ein unverschämt schöner Tag, und ich bin in Wien spazieren gegangen und bin zum Heldenplatz gekommen, und der Flieder war in voller Blüte, und mein erster Gedanke war: Wut, wie kann der Flieder blühen, wenn mein Leben zusammenfällt, das ist eine Unverschämtheit.«[6] Mit diesen Worten beschreibt der ehemalige Wiener Kurt Elias seine Empfindungen am Tag nach dem »Anschluss« Österreichs an das nationalsozialistische Deutschland am 12. März 1938. An diesem Tag veränderten sich die Lebensbedingungen und -perspektiven für die jüdische Bevölkerung auf radikale Weise. Schätzungsweise rund 206.000 Jüdinnen und Juden lebten im März 1938 in Österreich, davon rund 92 % in Wien.[7] Sie waren nun Ziel der »rassisch« motivierten Verfolgungsmaßnahmen durch die Nationalsozialisten, die mit enormer Wucht unmittelbar nach dem »Anschluss« einsetzten: Verhaftung und Einweisung von Juden in Konzentrationslager, Entfernung der Juden aus dem Berufs- und Wirtschaftsleben, finanzielle Ausplünderung durch Enteignung und »Arisierung« ihrer Betriebe und Wohnungen sowie die erzwungene »Auswanderung« aus Österreich. Diese Vertreibung wurde in Wien ab August 1938 über die »Zentralstelle für jüdische Auswanderung« unter Leitung von Adolf Eichmann organisiert. Alle »mit der ›Auswanderung‹ befaßten Stellen (Paß- und Steuerbehörden, Jüdische Gemeinde etc.) wurden in diesem Gebäude konzentriert, was eine wesentliche Rationalisierung und Beschleunigung der bürokratischen Erfordernisse des Auswanderungsvorganges und die Beschaffung aller notwendigen Dokumente gleichsam wie am Fließbandverfahren ermöglichte.«[8] Adolf K. Placzek, der als Student der Kunstgeschichte 1939 aus Wien vertrieben wurde, erinnert sich an seine Erfahrungen mit dieser Stelle so: »Und dann musste man also eine so genannte Reichsfluchtsteuer zahlen, also man ging rein, das war in der Prinz-Eugen-Straße in Wien, das war das ehemalige Rothschild Palais, das war das Hauptquartier, der Eichmann saß dort. Und da ging man rein, und wenn man, als man bei der anderen Seite herauskam, hatte man dann eine Ausreiseerlaubnis und vielleicht blieben einem dann zwanzig Schilling.«[9]

Insgesamt mussten rund 130.000 österreichische Jüdinnen und Juden – beraubt[10] und zumeist völlig mittellos – aus der »Ostmark« fliehen.[11] Von dieser Gruppe emigrierten knapp 38.000 Personen direkt oder über Zwischenemigrationsländer in die USA.[12] Darunter befanden sich auch jene 23 jüdischen ÖsterreicherInnen, die im Rahmen des Projektes *Emigration. Austria – New York* über ihren Lebensweg berichteten.

Die Reaktionen auf den brutalen NS-Terror nach dem »Anschluss« in Österreich fielen in den befragten jüdischen Familien unterschiedlich aus, dennoch war den meisten von ihnen bewusst, dass sie nicht länger bleiben konnten: »Man hat sofort daran gedacht, wie konnte man das überleben. Also am Anfang wusste man nicht, dass erst jede Möglichkeit, Geld zu verdienen, verschwinden würde, und von einem Holocaust, also dem Umbringen von Menschen, weil sie jüdischer Religion waren, hat man überhaupt nicht gedacht. Noch zwei, drei Jahre später war das eigentlich kaum glaubhaft, aber man hat an Auswanderung gedacht, an Emigration, und da hat man eben viele dieser Umschulungskurse aufgenommen. (...) Das war keine bezahlte Lehrstelle in Wien, das hieß Umschulung zu der Zeit, man musste an Auswanderung denken, weil man keine Hoffnung sah, für ein Bleiben in Wien, und man machte, was man für nützlichen Beruf ansah, versuchte es zu lernen. Vater hat Uhrmacherei gelernt, und ich hab mit einem Elektriker gearbeitet, aber es war nicht besonders nützlich.«[13]

Der Großteil der GesprächspartnerInnen gelangte über unterschiedliche Länder und Fluchtwege – beispielsweise über Großbritannien (zum Teil erfolgte die Flucht aus Österreich mit Kindertransporten), über Frankreich (teilweise durch Entlassungen aus Internierungslagern), über die Tschechoslowakei, über Kanada (teilweise über Internierungslager für »feindliche Ausländer«) oder auch nach Kriegsende über Palästina – in die USA. Nur wenige waren in der glücklichen Lage, gleich in den ersten Monaten nach dem »Anschluss« ein Affidavit für die USA zu erhalten: »Ich hatte in dem Fall einfach mehr Glück, weil ich diese Tante, es war eine Cousine meiner Mutter, in Amerika gehabt hab. So hab' ich gewusst, dass sie mir das Affidavit geben wird, nicht wahr. So war ich nicht so verzweifelt, wie viele Leute, (die) im Telefonbuch nachgeschaut haben, wenn jemand, sagen wir, Goldstein geheißen hat (...) hier, und Briefe geschrieben hat an alle Leute, die Goldstein heißen. Manche haben Glück gehabt, und manche haben keinen Menschen gehabt hier.«[14]

Auch wenn unsere InterviewpartnerInnen mit der Flucht ins Ausland ihre Leben retten konnten, so bedeutete die Vertreibung aus der Heimat einen irreversiblen Einschnitt in ihren Biografien. Dazu kommt, dass viele von ihnen Verwandte und Freunde in Österreich zurücklassen mussten, die später in den Konzentrationslagern ermordet wurden. Die traumatischen Erfahrungen des Holocaust wie die Ermordung von Verwandten und Freunden, der Flucht und der Entwurzelung bleiben für die Überlebenden dauerhaft in ihren Lebensgeschichten wirksam. »Ich hab' so viele Nightmares gehabt, you know in my dreams of getting, dass ich verloren bin. Und dann, wie ich das erste Mal in Wien war, hab' ich schon versucht zu gehen in diesen Straßen, wo ich immerfort verloren bin, zwischen der Schule und Zuhaus' usw. in meinen Träumen. So es geht schon tiefer, als man's anerkennt, ich glaub nicht, dass das vergeht. Ich würde schon immer glauben, irgendwen wird's schon – jemand wird mich wieder rausschmeißen wollen und so weiter.«[15] Oftmals scheint eine Verarbeitung des Traumas kaum möglich zu sein, wie

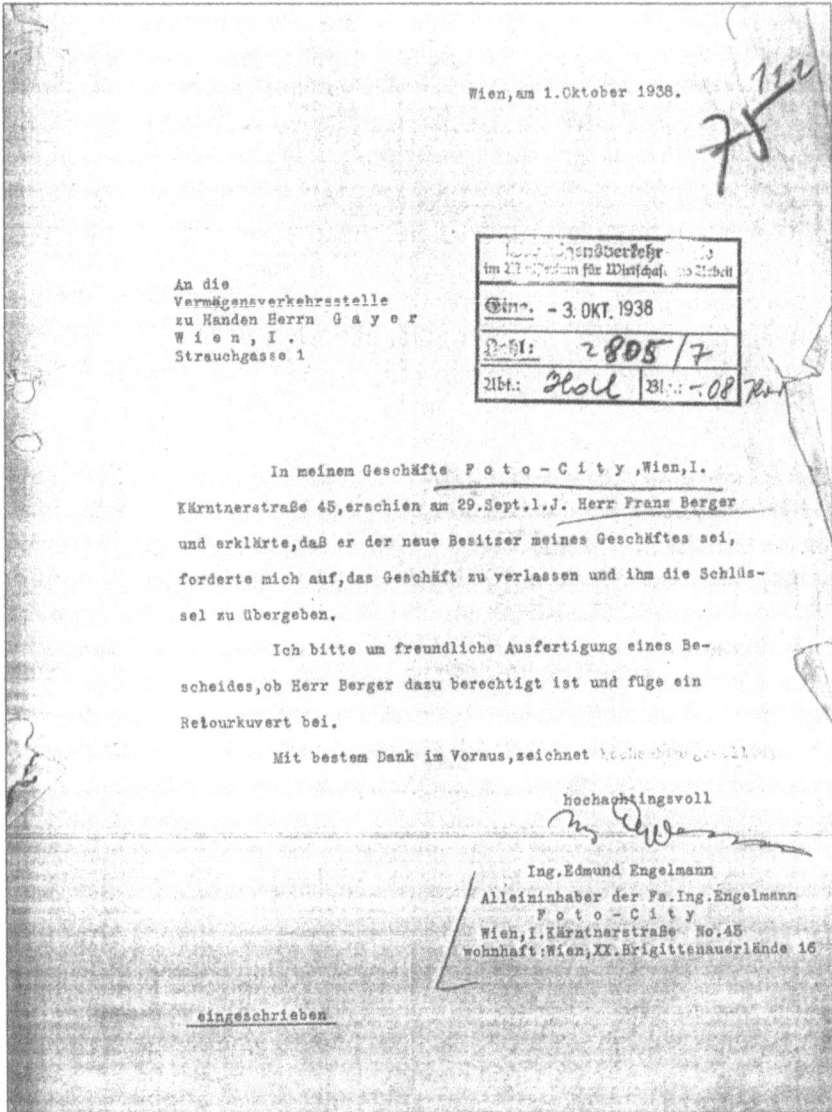

Abb. 2: Schreiben von Edmund Engelmann an die Vermögensverkehrsstelle in Wien bezüglich »Arisierung« seines Geschäftes *Foto City* am 1. Oktober 1938. Quelle: Österreichisches Staatsarchiv, AdR, Statistik 381.

viele Studien zu Therapien von Überlebenden, deren Kindern und selbst deren Enkelkindern aufzeigen.[16]

In den Gesprächen zeigte sich, dass die Integration in das neue Leben in Amerika vor allem den jüngeren Menschen leicht fiel. Signifikant waren die Unterschiede zwischen Männern und Frauen in der Bewältigung der Emi-

Wien,am 3.Dez.1938.

An die
Vermögensverkehrsstelle
W i e n , I .

betrifft:Ergänzung zur Vermögensanmeldung

In Ergänzung meiner Vermögensanmeldung gestatte ich
mir folgendes bekannt zu geben:

Mein Vermögen befand sich infolge des Verbrauches
meiner Barmittel ausschließlich in meinem Unternehmen,Fa.
Ing.Engelmann,Foto-City,Foto und Kinospezialhaus,Wien,I.
Kärntnerstraße 45

Am 27.Sept.l.J.wurde Herrn Franz   B e r g e r die
Vorgenehmigung zur Übernahme meines Geschäftes erteilt.
Dies erfolgte ohne meine Einwilligung,gegen meinen ausdrück-
lichen Willen,da ich andere zahlungsfähige und zahlungswil-
lige Käufer hatte.
Auf meine Urgenzen beim zuständigen Referenten kam
kam es im Monat Oktober l.J.zu einer Aussprache in der Vermögensverkehrsstelle in Anwesenheit des Herrn Referenten,Kommis-
sars und Käufers,bei der der Käufer mit Zustimmung des Herrn
Referenten unter verschiedenen Titeln Abzüge machte,bis bloß
ein Restbetrag von RM.2.000.--blieb,den ich zu erwarten
hätte.
Auch diesen Betrag habe ich trotz meines Gesuches und
unter Hinweis darauf,daß ich vollständig mittellos dastehe und
operiert werden mußte,noch immer nicht erhalten.
Ich bitte Sie daher,freundlichst zur Kenntnis nehmen
zu wollen,daß ich somit nach Ansicht des Herrn Referenten
laut Aussprache vom Oktober l.J.mein derzeitiger Besitz
RM. 2.000.--(RM.zweitausend)beträgt,welchen Betrag ich der-
zeit noch nicht in Händen habe.

Hochachtungsvoll

Ing. Edmund Engelmann
geb.am 21.Mai 1907 in Wien
wohnhaft:Wien,XX,Brigittenauerlände 16

eingeschrieben

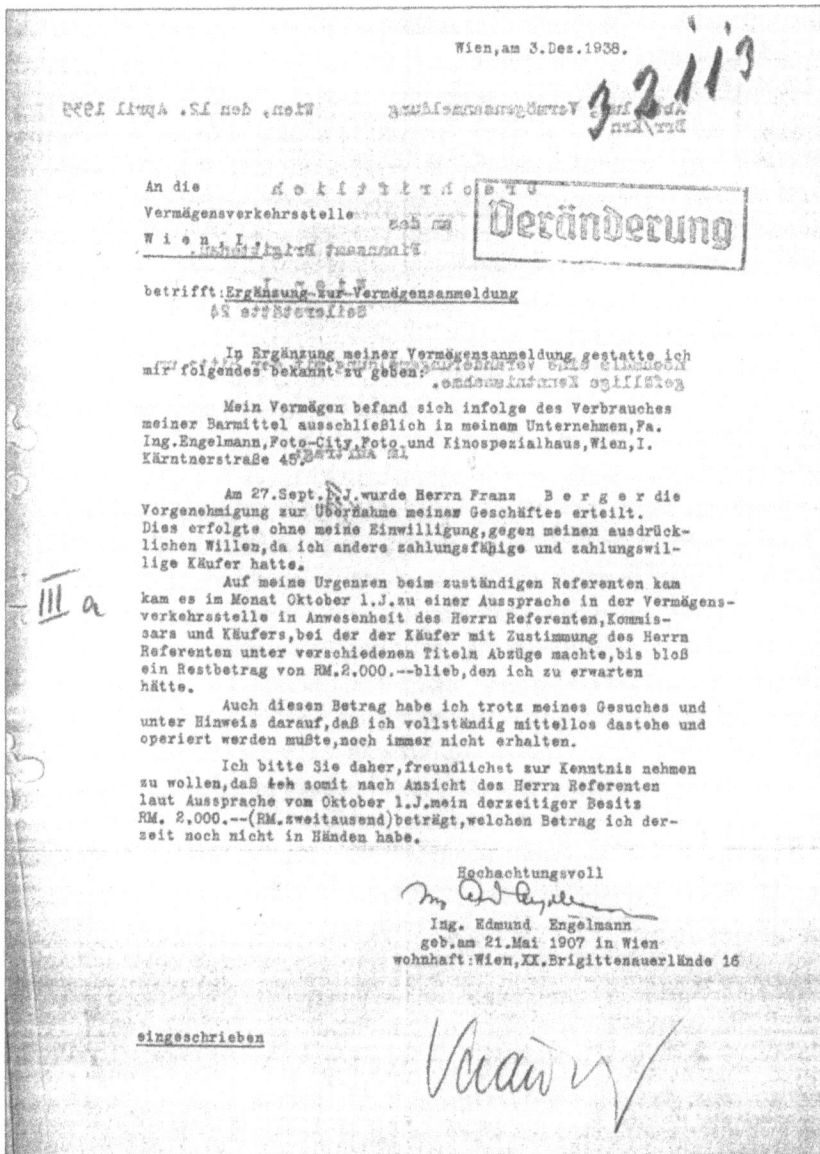

Abb. 3: Schreiben von Edmund Engelmann an die Vermögensverkehrsstelle in Wien bezüglich »Arisierung« seines Geschäftes *Foto City* vom 3. Dezember 1938. Quelle: Österreichisches Staatsarchiv, AdR, Statistik 381.

gration. In der ersten Phase der Emigration übernahmen häufig die Frauen
die Existenzsicherung der Familie, da sie über bessere Möglichkeiten zur
Erwerbsarbeit in den Bereichen Kinderbetreuung, Fabrikarbeit oder Haus-
haltsführung etc. verfügten, während Männer in der Regel aus ihren Beru-

fen und sozialen Einbettungen herausgerissen worden waren und kaum Möglichkeiten zu einem raschen adäquaten Neueinstieg fanden. Zudem ergaben sich für Frauen im liberaleren und emanzipierten New Yorker Klima nicht selten bessere Chancen zur eigenständigen Lebensgestaltung: »Oh, ich glaube, die Frauen haben sich viel leichter eingewöhnt hier als die Männer. Die Männer auf einmal, die hatten kein Einkommen, und Professoren waren auf einmal Dishwasher, sie haben Geschirr gewaschen oder irgendetwas, wenn sie studiert haben, die Ärzte besonders. So es war nicht sehr lustig für sie, aber die Frauen – für mich, ich hab' zum ersten Mal selbst Geld verdient hier, es war phantastisch«.[17]

Da bis zum Kriegsende bei unseren GesprächspartnerInnen ein erfolgreicher Neuanfang im persönlichen wie beruflichen Leben erfolgt war, kam eine dauerhafte Rückkehr nach Europa für sie nicht in Frage: »Wir sind hier eingesessen, zweimal emigrieren ist einmal zuviel (…)«.[18] Zudem waren die Verletzungen durch die Vertreibung aus Österreich zu groß, um diese Möglichkeit ernsthaft in Betracht zu ziehen. Und das offizielle Österreich bemühte sich zu diesem Zeitpunkt kaum um die Rückholung der jüdischen Vertriebenen.[19] Die meisten Familien unserer GesprächspartnerInnen waren von Beraubung und »Arisierung« betroffen bzw. hatten wesentliche Teile ihrer Existenzgrundlage verloren oder zurückgelassen. Dennoch bestand im Kreise unserer InterviewpartnerInnen mit der Wiederherstellung der Republik Österreich 1945 zumeist kein Interesse an materieller Kompensation bzw. waren Informationen über in der Folge durchaus mögliche Entschädigungen kaum verbreitet. Erst die im Zuge der Errichtung des »Nationalfonds für die Opfer des Nationalsozialismus« (1995) bereitgestellten Mittel waren in der Wahrnehmung unserer InterviewpartnerInnen der erste wirkliche Schritt vonseiten der Republik Österreich zur Anerkennung von Schuld an den Verbrechen des Nationalsozialismus.[20] Jedoch waren der späte Zeitpunkt und die nunmehr geringe Anzahl der noch betroffenen Personen Anlass zu durchaus ironischen bis zynischen Kommentaren: »Das ist typisch österreichisch, oder typisch wienerisch, es wundert mich nicht. Was mich wundert ist, dass überhaupt was getan wurde. Die haben's aber billiger gekriegt, weil so viele Leute schon gestorben sind, nicht?«[21]

Auf die Frage nach der »Heimat« erhielten wir ambivalente Reaktionen, die sich eindeutigen Antworten verschlossen. Einige wenige InterviewpartnerInnen sprachen in diesem Zusammenhang von Heimatlosigkeit: »Hab keine, hab keine Heimat, (…) ich fühl mich sehr zu Hause in vielen Plätzen und nirgendwo zu Haus, am wenigsten in New York.«[22] Für einige GesprächspartnerInnen war Amerika zur Heimat geworden, vor allem auf Grund der erlittenen Verletzungen konnten sie diese in Österreich nicht mehr sehen: »Aber ich habe keinen sense of belonging, das ist nicht meine Heimat. Man kann diese Erlebnisse nicht vergessen, (…) die helplessness, die man hat, ist ein Gefühl, das so maßlos schwer ist, das lässt sich nicht beschreiben.«[23] Aber wir sahen auch eine gewisse Verklärung von und ein Festhalten an dem Österreich bzw. dem Wien der Jugendzeit: »Wien ist für mich die Heimat. Ist noch immer meine Heimat. Österreich ist nach wie vor meine – nicht Amerika, sondern Österreich ist meine Heimat.«[24] Und dann gab es noch gemischte Gefühlslagen die eigene Heimat und Identität betreffend »Österreich ist in bestimmten Dingen meine Heimat geblieben, aber ich kann mich nicht mehr als Österreicher bezeichnen. Also man ist zwischen zwei Sesseln, und man findet seinen Weg so von Tag zu Tag.«[25]

Nicht bei allen, aber doch bei vielen gab es hin und wieder Kontakte mit Österreich, und einige kamen sogar regelmäßig auf Besuch. Diese Besuche waren Ferien, teilweise wurden sie als Fahrten aus einer touristischen Perspektive geschildert, manchmal war es auch eine Suche nach Spuren ihrer Jugend. In den Gesprächen mit der Generation der Vertriebenen stießen wir neben all den miterlebten traumatischen Erfahrungen und deren Nachwirkungen auf ein für uns doch überraschend nostalgisch geprägtes Bild von Österreich, insbesondere Wien. Es besteht vor allem eine sentimentale Beziehung zu dem Österreich ihrer Jugendjahre, die sich in den meisten Wohnungen auch in Form von Bildern, Fotos, Büchern, Kalendern oder auch beispielsweise in der Essenskultur abbildet. »Ja, so sentimentale Sachen, mir gefällt die Gegend, die Berge, ich fühl mich auf den Bergen sehr zu Haus, (…) und sogar die Sprache, ist doch Spaß die Muttersprache fließend zu hören. (…) ein gewisser Humor, also z. B. Hans Moser, so was, und wie gesagt, bestimmte Sachen, mit denen man aufgewachsen ist, Musik, Lieder, Essen besonders. Wenn wir Gäste haben, koche ich oft was Wienerisches, Schnitzel oder Palatschinken, aber Beuschel kann ich nicht kriegen.«[26]

II Weitergabe und Transformation von Erinnerungen

Als Vermittler von kulturellen Codes und »Bildern« haben MigrantInnen wichtige Funktionen in Rezeptions- und Reflexionsmechanismen. Daher geht es im Projekt *Erinnerungen aus der Ferne* vor allem darum, (Selbst-)Darstellungen, deren Rezeption und Transformationen zu erfassen. In der Analyse sollen also die Unterschiede in der Rezeption des heutigen Österreichs und des Österreichs der Großeltern in den Erinnerungen und Wahrnehmungen der zweiten und vor allem dritten Generation deutlich gemacht werden.[27] In den Gesprächen wurden unter anderem die Beziehung der Generationen untereinander sowie das vorhandene Wissen und die Anteilnahme am Schicksal der vertriebenen Eltern und Großeltern erörtert. Ein spezielles Interesse galt den »Images« von Österreich, vor allem aber dem, was einzelne GesprächspartnerInnen persönlich mit Österreich verbindet bzw. welche

Narrative die Weitergabe der Erinnerungen der EmigrantInnen an die nach-
kommenden Generationen prägten.

Die ausgewählten GesprächspartnerInnen, drei Frauen und drei Männer,
waren zwischen 28 und 50 Jahre alt. Sie sind im Großraum New York aufgewachsen, der bei allen, bis auf eine Person, der Arbeits- und Lebensmittelpunkt geblieben ist. In einem Fall stammte nur die Großmutter aus Wien,
bei allen anderen waren beide Großeltern oder Eltern aus Österreich, genauer aus Wien.[28]

Österreich, das Herkunftsland der ersten Generation, spielte eine unterschiedlich intensive Rolle beim Aufwachsen der nachfolgenden Generationen. Die Fäden der Überlieferung ließen sich nicht immer eindeutig zuordnen, denn durch den Umstand, dass zum Teil sowohl Großeltern als auch
Eltern unserer InterviewpartnerInnen zur direkten EmigrantInnengenera-
tion gehörten, ergaben sich gewisse Schwierigkeiten hinsichtlich der Gene-
rationszuordnung in der zweiten und dritten Generation. Allerdings lässt
sich für unsere GesprächspartnerInnen eine Verdichtung von Erinnerungs-
und Verhaltensfragmenten feststellen, wenn sowohl Großeltern als auch
Eltern eine zumindest teilweise österreichische bzw. europäische Sozialisation erfahren hatten.

In das Gedächtnis der Nachgeborenen schrieben sich die Geschichten ihrer
Vorfahren ein. Das Thema »Österreich« fand sich in allen Familiengeschichten der GesprächspartnerInnen, nicht immer als das wichtigste Thema, nicht immer im Vordergrund, aber es war stets vorhanden als das Land,
aus dem die Familie vertrieben wurde. »Austria is topic as far as the Holocaust is involved; it is a very emotional topic for my grandparents, ap-
proached often. They speak about it like it was yesterday (...) it is important
for the family tradition.«[29] Auf die Frage: »Was geht Ihnen spontan durch
den Kopf, wenn Sie an Österreich denken?« assoziierten einige GesprächspartnerInnen zu allererst den Gedanken an Verlust, verursacht durch den
Holocaust: »Sadness and fear, I in a sort think of my history being gone. My
family had significant roots there, had a nice big apartment and a business
and dance teachers and music teachers, a real community that they had
known. I feel kind of ripped off, sad that I never got a part of it. The pictu-
res look wonderful. Yes, sadness and a bit of anger I guess are the first thing
I think of.«[30] Trotzdem waren Vertreibung und Holocaust bei unseren
GesprächspartnerInnen keine dominierenden Themen der Erinnerungen,
die an die Nachgeborenen weitergegeben wurden.

Die Intensität der Auseinandersetzung und die Verbundenheit mit Österreich und persönliche Erfahrungen variierten stark in der zweiten und
dritten Generation. Diese Erfahrungen reichen von einmaligen, oftmals
touristischen Besuchen, über längere Aufenthalte in Wien im Zuge einer
Teilnahme an einem internationalen Studienprogramm bis hin zu regel-

mäßigen Aufenthalten in Österreich, die im familiären Jahreslauf einge-
plant waren.

»As a little boy, I traveled with my father, who had a sabbatical. I was just
five years old, and I have not been back since that. I would like to go some-
time and check it out. That would be interesting. Hopefully then my mother
is still alive. But it would also be hard. (…) I have mixed feelings about going
to Austria. There is a part of me that stays away (...) but it gives me a little
bit of a creepy feeling to think my family was basically running for their
lives from their own homes. I would go, but kind of cautiously (...) I would
like to go with my mom and sit in the parks and hear some of her reminis-
cence but there is a part of me that doesn't want to go back much.«[31] Für
andere GesprächspartnerInnen waren Reisen nach Österreich selbstver-
ständlicher Teil ihrer Lebenswelt, und das zeigt sich auch in der Rezeption
von Bildern über Österreich: »(...) we went to Austria almost once a year.
Some people in this country go to the mountains. We had gone to Austria.
In my case Austria was so embedded in our life. It just sort of happened (...).
In London we were visitors. My father did not consider us visitors when we
were in Vienna. Trips to Vienna were more a family visit. By the time I was
ten, I knew where my father fell when he was five (...), I have spent enough
time in Austria to not have the picture of the van Trapp family.«[32]

Ganz andere »Images« prägen Lisa Mehls Auseinandersetzungen mit Österreich und den Wurzeln der Familie. Bilder des Holocaust verschmelzen mit
den von Hollywood geprägten, enthistorisierten, klischeehaften, auf idylli-
sche Landschaften reduzierten Bilder:[33] »I did not trace down my roots,
because we do have a plan to do it with the family. (…) I lived in Madrid for
6 months. Afterwards I backpacked for five weeks. When I first got to Germany, I cried. I had the worst experience. I got the night train and every ten
minutes I felt like Hitler opens up the doors screaming tickets, tickets (...).
I have gone to Germany already and I got it out there, so coming into Vienna I was hesitant, but I felt sad. I felt not welcome in both countries. I felt
sad, loss of time and family and possessions, everything (...), I went for sight-
seeing purposes and tried to visualize with my heart and my eyes what I could.
I choose Salzburg because I know the ›Sound of Music‹ was there. It is my
favorite movie. I watch it like five times a year. It is a really beautiful city (...).
Austria is not special to me. It is special because I am from there, from my
grandparents; I respect it from what they had there.«[34]

So wie die individuellen Kenntnisse über Österreich durch Besuche der
GesprächspartnerInnen stark in ihrer Intensität variieren, so unterscheiden
sich auch die Kompetenzen bezüglich der Sprache der Großeltern. Sie reichen vom Verstehen einiger Worte hin bis zu einem bilingualen Zusammenleben der Generationen. Auffällig war, dass es in den meisten Familien lediglich geringe Motivation für Kinder und Enkelkinder gab, Deutsch z. B. in

der Schule zu lernen, obwohl die deutsche Sprache, genauer das »Wieneri-sche«, im Zusammenleben als Selbstverständlichkeit auftaucht: »I heard an awful lot of German. My mother always spoke to my grandmother in German. Whenever the phone rang, they spoke in German. I took it briefly for like one semester and I have an ear for it. But I never followed it up (...), I had no great use for it (...) but I can understand a decent amount of German.«[35] Oder: »I did not learn German. But I say you this: growing up we used to speak German in the house. I did, to count, things like that, eins, zwei, drei (...) my father speaks a little bit and understands everything. As we go as a family it was English, Viennese, German. English, but the grand-kids always said speak English, speak English. My parents grew up in a house-hold that was bilingual. For us it was different. The language was just part of us growing up. Even now my grandmother will talk to me Viennese just like in the middle of the sentence. And I know what she is saying and she not realizing it.«[36] Und: »My parents spoke English to us. You have to remem-ber my mother had been here a long time before I was born. My sisters were born in New York City but I was born in the Catskill Mountains because the mountains reminded them of the Austrian Alps. My sisters did not spe-ak German until later and my older sister still does not speak German very well. She went to the University of Vienna for one summer. I think she had a radically different experience than I did and never learned German parti-cularly very well. My middle sister studied German in school and actually learned to speak correctly grammatically but never very easily. For neither of them it is a comfort language. For me it is a comfort language and maybe that's because the age I was, when my grandmother moved in with us.«[37]

Bei jenem Teil in der Gruppe, der wiederholte und frühe Kontakte zu Österreich über Reisen und längere Aufenthalte hatte, bildeten sich hohe Sprachkompetenzen aus. In einem Fall vermischten sich im alltäglichen Gebrauch das Deutsche und das Englische: »My father and I were the best for Dschinglish. We would throw words, whatever the easiest word was. (...) I didn't get taught, it was spoken (...), it was spoken to me and when I was hungry and wanted Palatschinken, I guess I realized, it was smarter to say: Ich bin hungrig, würdest du (...). I used German especially when I wanted to get good food from my grandmother. It is so engrained, it is hard to sepa-rate (...) occasionally I find words I know in German and not in English.«[38]

Und deutsch waren bei einigen GesprächspartnerInnen die ersten Kin-derlieder, die sie erlernten oder auch die Gutenachtgeschichten, die ihnen Eltern bzw. Großeltern vorlasen: »I certainly knew ›Hänschen Klein‹ as a child (...). My parents read to me for children books Erich Kästner which they only had in German.«[39] Und für Jonathan Spira erfolgte die Sozialisa-tion in den ersten Lebensjahren in New York überwiegend in Deutsch: »Even my toys and my music box, they played Austrian and German stuff. I have

Abb. 4: Die Brooklyn Bridge. Symbol der Stadt New York und Verbindung zwischen älteren und neueren Wohngebieten der jüdischen Bevölkerung in Manhattan und Brooklyn. Foto: Andrea Strutz, 13. Oktober 2000.

no idea where they came from. I don't know. There must have been some secret Austrian supply store (...) when I grew up the record albums I had, were in German. The children's songs. When you get to an American kindergarten how far can you go with ›Kommt ein Vogel geflogen‹? Kids can be mean. However it is. My upbringing was so different that whomever I meet is proclaiming I cannot be from here. I am not even sure why.«[40]

Auch die innerfamiliären Anredeformen in den untersuchten Familien tragen die Erinnerung an die Herkunft der Generation der Vertriebenen mit sich: »My grandparents were Oma and Opa. There are German constructions, language constructions that even when you speak perfect English – for example a small one is – Americans say my parents or your parents or our parents but in German man sagt: *Die Eltern* and Americans of German descent say *the parents*, did you call *the parents*? I call *the parents*, mom and dad (...) Mutti and Vati, well when my kids have children, I will certainly be Opa. And my parents are Opa and Oma to my children.«[41]

Trotz der individuell sehr differierenden Auseinandersetzung mit Österreich bzw. der emotionalen Bindung an das Land, aus dem die Eltern oder Großeltern vertrieben wurden, tradiert sich die österreichische Küche als elementarer Gedächtnisort in den Gesprächen. In allen Erzählungen der Kinder und Enkelkinder sind Wiener Schnitzel, Sachertorte und Zwetschken-

knödel präsent: »I love Wiener Schnitzel. My grandmother makes the best.
My mother made it; my mother learned a lot of recipes from my grandmother. Wiener Schnitzel and spinach. I am serious. That's what we wanted (...)
Wiener Schnitzel, on the bone or without the bone, with potatoes and with
spinach for me, for her Lisi. I wanted spinach, creamed spinach of course.«[42]

In einigen Familien war die Tradition der österreichischen Küche ein wichtiges kulturelles Unterscheidungsmerkmal gegenüber dem Einwanderungsland, trotz einer wiederholt ausgesprochenen Dankbarkeit für die Aufnahme in die USA: »We had very much Austrian cooking and my grandmother
used to make Apfelstrudel on the table upstairs and she had a plastic cover-
ing and she would role out the dough paper thin. My mother, something
I have said to her repeatedly, I don't know how she would work all day and
come home and make the food she would make. (...) I am talking about the
sauces, the Paprikahendl, and all the different things that she could get on
the table and all the vegetables. What I did think about when I would go to
my friends' houses? My god how boring their food is. It is just broiled meat.
They would have a vegetable, a potato and some broiled meat and I would
think how *not* dinner that is. It is nothing here, just a non-event. Food was
very much part of our lives (...) it was such an important part and that was
when family sat down, it was very much the centre of Sunday dinners.«[43]
Die Kenntnisse über die österreichische Küche, Essgewohnheiten und Fa-
milienrezepte wurden und werden an die nächste Generation weitergegeben,
sind relevanter Bestandteil der Familientradition: »The Austrian habit – if
you want to say habit – I have taken over, is culinary, is that I cook. And
you know, much of what I cook, are Viennese recipes from my grandmother. And the cookbook on my shelf is the Heß cookbook.[44] My kids are
used to Apfelkuchen mit Mürbeteig und Linzertorte, Strudel. You know,
my son who is born in June, knows that for his birthday he gets Marillen-
knödel. And for my birthday it is August, so we get Zwetschkenknödel. I
mean the habit that I have taken over from my grandparents is in the food
area. (...) So I still have my grandmothers' cookbook, with her fathers' handwritten pages and hand binding in it. But you know, also her handwritten
recipes and in fact, what my oldest son wanted for his graduation present
from me, (...) was, he wanted me, to give him all of those family recipes in
his own cookbook. So I went to the store and for one dollar bought a blank
notebook and copied all of my Oma's recipes into the cookbook for him.
So he has them all.«[45]

Und manchmal wurden sogar geschäftliche Entscheidungen für den Fa-
milienbetrieb durch kulinarische Vorlieben aus der ehemaligen Heimat
beeinflusst: »The German speaking society in New York had its own area
in the city, its own large companies that sold stuff that was German, sorry,
and that was close enough to Austrian. When I was little my father used to

take me to the Schaller & Weber store.[46] That's where we went to buy
›Wurscht‹. (...) We had a German baker, Bauer, in fact the story was that my
father moved his business closer – kein Witz – he had the best Sachertorte,
really (...).«[47]
Die Gespräche zeigen, dass der emotionale Wert von Essen und Kochen
gerade auch für die Generation der Vertriebenen sehr groß gewesen zu sein
scheint. Dieser Wert wurde an die zweite und dritte Generation weitergegeben und von ihnen angenommen. »Food has tremendous representational
value, something you can recreate without being there, it has that possibi-
lity, you can't be there, but you can recreate.«[48]

In der Diskussion über Gedächtnisformen plädiert der Sozialpsychologe Harald Welzer dafür, auch Formen der nichtintentionalen Weitergabe von Erinnerung zu berücksichtigen, die er als »Vergangenheitsbildung en passant«
charakterisiert und als »soziales Gedächtnis« benennt.[49] Er argumentiert,
»dass unsere eigene Erinnerung sich nicht abkoppeln lässt von den sozialen
und historischen Rahmenvorgaben, die unseren Wahrnehmungen und Erinnerungen erst eine Form geben, dass viele Aspekte der Vergangenheit bis
in unsere gegenwärtigen Gefühle und Entscheidungen hineinwirken, dass es
transgenerationelle Weitergaben von Erfahrungen gibt, die bis in die Bio-
chemie der neuronalen Verarbeitungsprozesse der Kinder und Enkel reichen (...).«[50] Und (Familien-)Geschichte wird dialogisch tradiert, wird durch
soziale Interaktion von allen Beteiligten durch kontinuierliche Akte des sich
gemeinsamen Erinnerns hergestellt. In den Erzählprozessen spielt auch die
emotionale Färbung eine Rolle, daher »muss der emotionalen Qualität von
Erinnerungen besondere Aufmerksamkeit gewidmet werden, da diese nicht
nur die Grundierung für die Bedeutsamkeit und Dauerhaftigkeit von Erinnerungen liefert, sondern auch im Prozess der Tradierung eine enorm große
Rolle spielt.«[51] Waren also in den Erzählungen der ersten Generation die
traumatischen Erfahrungen der Vertreibung, der Ermordung engster Familienmitglieder und ihre eigene Entwurzelung die bestimmenden Elemente,
so spielten sich in den Interviews mit der zweiten und dritten Generation
andere Dinge, vor allem alltagskulturelle Phänomene, in den Vordergrund.
Und wie Untersuchungen zeigen, bildet sich das Familiengedächtnis zumeist nicht aus den großen Narrationen; vielmehr sind es die kleinen, ge-
wöhnlichen, oftmals fragmentarischen Geschichten »über scheinbar neben-
sächliche Dinge wie Kleidungsstücke oder Marotten einzelner Akteure, ›aus
denen ein Familiengedächtnis gebildet ist und in dem es sich tradiert und
erinnert‹.«[52]
Im Zusammenleben mehrerer Generationen im Familienverband war es
den Vertriebenen möglich, kulturelle Versatzstücke sowie Gewohnheiten und
Erinnerungen aus der alten Heimat »en passant« weiterzugeben: Durch all-

tägliche Handlungen wie z. B. das Kochen, das Vorsingen von österreichi-
schen Kinderliedern, das Vorlesen aus deutschen Kinderbüchern, über die
Art sich zu kleiden, über besondere Möbelstücke in den Wohnungen, über
Fotos und Bilder an den Wänden, über Geschichten aus ihrer Kindheit und
Jugendzeit, über Tischmanieren oder auch über Anregungen zur Beschäftigung mit europäischer Musik und Literatur. Vor allem aber stellt die enge
Beziehung der GesprächspartnerInnen zu ihren Großmüttern[53] ein nicht
unwesentliches Element für die Gesamtbeurteilung der Aussagen der
GesprächspartnerInnen dar und bietet durchaus auch eine implizite Cha-
rakterisierung jenes Segments an Kindern und Enkelkindern, die sich bereit
erklärt hatten, an dieser Arbeit zu partizipieren.[54]

1 Das Projektteam besteht aus Manfred Lechner und Andrea Strutz und verfolgt mit dem
methodischen Ansatz der Video History, der Erweiterung von Oral History durch bewegte
Bilder, den Ansatz, Forschungsergebnisse über den abstrakten wissenschaftlichen Raum hinaus einer größeren Öffentlichkeit zu präsentieren. Video History bedeutet für uns, Fragen zu
stellen, zuzuhören, (Lebens-)Geschichten zu sammeln und zu archivieren. In der Interpretation der Interviews interessieren uns Muster und Emotionen sowie Geschichten, die wir mit
den Stimmen unserer Interviewpartner erzählen können. Geschichten, die trotz und vielleicht
gerade auf Grund der jeweils ganz individuellen Lebens- oder Familiengeschichte auch eine
allgemeine Qualität aufweisen. — 2 Im Jahr 1996 wurden während eines zweimonatigen For-
schungsaufenthaltes in New York Video-Interviews mit 23 ehemaligen ÖsterreicherInnen,
die mithilfe des Austrian Cultural Institut in New York ausfindig gemacht werden konnten,
und die damit einverstanden waren, ihre Geschichte mittels Videokamera zu dokumentieren, geführt. Sie alle mussten 1938/39 aus Österreich bzw. Wien vor der Verfolgung durch
die Nationalsozialisten fliehen, oftmals alleine, manchmal gemeinsam mit Familienmitgliedern. Letztendlich wurde die Stadt New York ihr Lebensmittelpunkt. Die Einschränkung
unserer InterviewpartnerInnen auf New York City erfolgte aus projektlogischen Gründen:
Zum einen verfügt New York über eine große »survivor community« und zum anderen waren
es videotechnische und finanzielle Gründe, die für die Durchführung der Interviews an einem
konstanten Ort sprachen. — 3 Gabriele Rosenthal: *Erlebte und erzählte Lebensgeschichte.
Gestalt und Struktur biographischer Selbstbeschreibungen.* Frankfurt/M. 1995, S. 183. —
4 Andrea Strutz, Manfred Lechner: *continental divide. geteilte leben* (Videodokumentation
am Institut für Geschichte/Zeitgeschichte der Universität Graz, S – VHS, 46 min, 1997);
vgl. Dies.: »drehbuch continental divide. geteilte leben«. In: Abteilung Zeitgeschichte (Hg.):
multiple choice. Studien, Skizzen und Reflexionen zur Zeitgeschichte. Graz 1998, 155–181; vgl.
auch http://www-gewi.uni-graz.at/zg/cd/cd1.htm (letzter Zugriff April 2006). Der Titel der
Dokumentation wurde durch die (Ein-)Teilung einer Fotoschachtel unserer Gesprächspart-
nerin Susan Bronner inspiriert: Ein Karton mit der Aufschrift »continental divide« unterteil-
te ihre gesammelten Fotografien danach, ob diese vor oder nach ihrer Flucht aus Österreich
in die USA entstanden waren. — 5 Das Projekt war Teil des Forschungsprojektes »Transformationen gesellschaftlicher Erinnerung. Interdisziplinäre Forschungen zur österreichischen
Gedächtnisgeschichte in der Zweiten Republik« im Rahmen des Forschungsschwerpunktes
Cultural Studies, siehe http://www.culturalstudies.at (letzter Zugriff April 2006). — 6 Interview mit Kurt Elias (geboren 1918 in Wien), 15. Februar 1996, New York City. Eine ähnliche Schilderung des außergewöhnlichen Frühlings im März 1938 in Wien findet sich in der
Autobiografie von Carl Zuckmayer: *Als wär's ein Stück von mir. Horen der Freundschaft.* Wien
1966, S. 65: »Das Wetter in dieser Zeit war ebenso ungewöhnlich. Wochenlang fiel weder

Schnee noch Regen, der Himmel strahlte tagaus, tagein, man konnte mitten im Winter auf der nackten Grasnarbe in der Sonne liegen, und die Sonne brannte sommerlich in diesem unheilvollen März, so daß alle Vegetation, Obst, Wein, Fliedergesträuch, um Wochen verfrüht zu knospen und blühen begann.« — **7** Vgl. Jonny Moser: *Demographie der jüdischen Bevölkerung Österreichs 1938–1945* (= Schriftenreihe des Dokumentationsarchivs des österreichischen Widerstandes zu Geschichte der NS-Gewaltverbrechen 5). Wien 1999, S. 9, 17. — **8** Gabriele Anderl: »Flucht und Vertreibung 1938 bis 1945«. In: Traude Horvath, Gerda Neyer (Hg.): *Auswanderungen aus Österreich. Von der Mitte des 19. Jahrhunderts bis zur Gegenwart.* Wien, Köln, Weimar 1996, S. 236. — **9** Interview mit Adolf K. Placzek (geboren 1913 in Wien, gestorben 2000 in New York), 21. Februar 1996, New York City. Anmerkung: In einigen Fällen wurden die dargestellten Interviewpassagen im Hinblick auf ihre Verständlichkeit bei der Transkription sanft bearbeitet, das heißt Pausen oder abgebrochene Wörter wurden ausgelassen, eventuell wurde die Satzstellung korrigiert. — **10** Edmund Engelmann äußert sich über seine Empfindungen in Zusammenhang mit der »Arisierung« seines Fotogeschäftes 1938 in Wien: »Es war das Gefühl, dass sie vollständig ohne Recht sind, dass jeder mit ihnen etwas machen kann. Das ist etwas, das man nicht beschreiben kann. Man hat das ganze Leben als ordentlicher Mensch verbracht, mit Werten, mit idealen Werten und auf einmal ist jeder Mensch dein Feind. (...) Ich erinnere mich an die Geschichte, dass in jedem Sommer, wenn nicht viel passiert ist, gab es einen Artikel in der Zeitung unter dem Titel: 's goldene Wienerherz. Tauben, die oben am Dach mit ihren Füßen irgendwie geklammt waren, da ist die Feuerwehr gekommen und hat die Leiter hinaufgeschickt, und da ist der Feuerwehrmann hinaufgegangen und hat die Taube befreit, 's goldene Wienerherz, 's goldene Herz hat Tausende gepeinigt, bestohlen.« Aus: Interview mit Edmund Engelmann (geboren 1907 in Wien), 22. März 1996, New York City. — **11** Weitere 65.000 Personen sind als österreichische Opfer des Holocaust zu beklagen. — **12** Vgl. Jonny Moser: *Demographie der jüdischen Bevölkerung Österreichs* (s. Anm. 7), S. 79. — **13** Interview mit Josef Eisinger (geboren 1924 in Wien), 16. Februar 1996, New York City. — **14** Interview mit Susan Bronner (geboren 1916 als Kind einer österreichischen Familie in Hannover, einige Jahre später erfolgte die Rückkehr der Familie nach Wien), 20. Februar 1996, New York City. — **15** Interview mit Ruth Rogers-Altman (geboren 1917 in Wien), 28. Februar 1996, New York City. — **16** Vgl. Arbeiten von William G. Niederland: *Folgen der Verfolgung: Das Überlebenden-Syndrom Seelenmord.* Frankfurt/M. 1980; Martin S. Bergmann, Milton E. Jucovy, Judith S. Kestenberg (Hg.): *Kinder der Opfer – Kinder der Täter. Psychoanalyse und Holocaust.* Frankfurt/M. 1995; Gabriele Rosenthal (Hg.): *Der Holocaust im Leben von drei Generationen. Familien von Überlebenden der Shoah und von Nazi-Tätern.* Gießen 1997. — **17** Interview mit Stella Hershan (geboren 1915 in Wien), 12. Februar 1996, New York City. — **18** Interview mit Stephen Frischauf (geboren 1920 in Wien), 5. Februar 1996, in New York City. — **19** Vgl. Helga Embacher: »Unwillkommen? Zur Rückkehr von Emigrantinnen und Überlebenden aus den Konzentrations- und Vernichtungslagern«. In: *Frauenleben 1945 – Kriegsende in Wien.* Sonderausstellung des Historischen Museums der Stadt Wien, 21.9.–19.11.1995. o. O., o. J., S. 100–113; Dies.: *Neubeginn ohne Illusionen. Juden in Österreich nach 1945.* Wien 1995. — **20** »Es ist nicht so sehr das Geld als solches, aber die Tatsache – nebenbei, es ist mehr dem Brief verbunden, der die richtigen Worte findet, zum ersten Mal, zum ersten Mal! Dieses Wiedergutmachungsangebot vom Kanzleramt, findet zum ersten Mal die richtigen Worte, die österreichischen Regierungen, wenn Sie wollen, die Regierungen seit 1946, mit dieser Sache nicht ehrlich gehandelt haben. Es mangelt an Ehrlichkeit, es mangelt an Ehrlichkeit, und wenn Sie das Bitterkeit nennen wollen, dann das ist Bitterkeit, in der Beziehung, ja, fühle ich bitter. Und wenn nun das Geld kommt, sagen wir, würde ich mich gegenüber Österreich anders einstellen, da hätte ich ein anderes Gefühl, nicht wegen des Geldes, sondern wegen der Tatsache, dass sie das jetzt zugeben und etwas dazu tun, entschlossen sind. Sie sagen auch darin: Geld kann solche Sachen nie mehr wiedergutmachen, das steht auch da drin, das ist das richtige Wort.« Aus: Interview mit Eric Kruh (geboren 1922 in Wien), 29. Februar 1996, East Hampton, Long Island, NY. — **21** Interview mit Paul Roth (geboren 1918 in Wien), 18. März 1996, New York City. — **22** Interview mit Erwin Chargaff (geboren 1905 in Czernowitz, gestorben 2002 in New York), 6. März 1996, New York City. — **23** Interview mit Edmund Engelmann (s. Anm. 10). — **24** Interview mit Hans Kaunitz (geboren 1905 in Wien, gestorben 1997 in New York), 8. Februar 1996, New York City. — **25** Interview mit Josef Eisinger (s. Anm. 13). — **26** Ebd. — **27** Ausgangsthese war unter anderem, dass die »Bilder« über Österreich bei der zweiten und dritten Generation in unterschiedlicher Intensität sowohl von den Erzählungen der Großeltern über das Österreich der 1930er Jahre, von Berichten über aktuelle politische Ereignisse in Österreich, als auch von ihrer eigenen Sozialisation und Ausbildung in New York geprägt sein werden. Zudem vermuteten wir, auch auf klischeehafte Österreichbilder zu treffen, wie sie beispielsweise im Film »Sound of Music« zu sehen sind. — **28** Die potenziellen InterviewpartnerInnen sollten älter als 18 Jahre sein und mindestens einen jüdischen Großelternteil aufweisen, der 1938/39 Österreich verlassen musste. Die Kontaktaufnahme erfolgte über unterschiedliche Kanäle, z.B über das Jewish Welcome Service Vienna, über Kontakte mit EmigrantInnen in New York, über den Gedenkdienst am Leo Baeck Institute New York, mittels Inseraten im »Kinderlink« sowie über Aushänge an der New York University. Die ausgewählten sechs Personen erfüllten alle erforderlichen Voraussetzungen und waren damit einverstanden, dass beim Interview gefilmt wird. Weitere Personen waren zwar an unserem Projekt interessiert, jedoch wollten sie während des Interviews nicht gefilmt werden. — **29** Interview mit Lisa Mehl (Jahrgang 1973), 25. Mai 2001, New York City. — **30** Interview mit Willy Wiener (Jahrgang 1965), 6. Juni 2001, New York City. — **31** Ebd. — **32** Interview mit Jonathan Spira (Jahrgang 1961), 24. Mai 2001, New York City. — **33** Vgl. Jacqueline Vansant: »›Harry Lime und Maria van Trapp treffen sich am Stammtisch‹: Entnazifizierung Österreichs in amerikanischen Filmen. In: John Bunzl, Wolfgang Hirczy, Jacqueline Vansant (Hg.): *The Sound of Austria. Österreichbild und öffentliche Meinung in den USA* (= Laxenburger Internationale Studien 77). Wien 1995, S. 169–181. — **34** Interview mit Lisa Mehl (s. Anm. 29). — **35** Interview mit Willy Wiener (s. Anm. 30). — **36** Interview mit Lisa Mehl (s. Anm. 29). — **37** Interview mit Catherine Lederer-Plaskett, 22. Juni 2001, Hartsdale, NY. — **38** Interview mit Jonathan Spira (s. Anm. 32). — **39** Interview mit Jerry Elmer (Jahrgang 1951), 17. Juni 2001, New York City. — **40** Interview mit Jonathan Spira (s. Anm. 32). — **41** Interview mit Jerry Elmer (s. Anm. 39). — **42** Interview mit Lisa Mehl (s. Anm. 29). — **43** Interview mit Catherine Lederer-Plaskett (s. Anm. 37). — **44** Olga Heß: *Die moderne Kochkunst.* Wien 1908. — **45** Interview mit Jerry Elmer (s. Anm. 39). — **46** »Schaller & Weber is a Yorkville institution dating from 1937, offering German delicatessen in all its varieties, with wurscht ranging from *brat* to *bauern* to *knock.*« Mark Leeds: *Passport's Guide to Ethnic New York. A complete Guide to the Many Faces & Cultures of New York.* Lincolnwood (Chicago) 1991, S. 50. — **47** Interview mit Jonathan Spira (s. Anm. 32). — **48** Ebd. — **49** Vgl. dazu Harald Welzer: »Das soziale Gedächtnis«. In: Harald Welzer (Hg.): *Das soziale Gedächtnis. Geschichte, Tradition, Erinnerung.* Hamburg 2001, S. 17: Die absichtslose Weitergabe von Vergangenheit erfolgt über unterschiedliche Medien, über Interaktionen wie Gespräche bei Familientreffen und dem Erzählen von persönlichen Geschichten, über Aufzeichnungen, »die überhaupt nicht zu Zwecken der historischen Vergegenwärtigung angefertigt worden sind (...) – das kann ein Sinnspruch in der Küche sein, ein Kriminalroman aus den dreißiger oder vierziger Jahren oder ein Bündel Liebesbriefe, das sich im Familienarchiv befindet und das – jenseits seines intentionalen Inhalts – über Schrift, Papier, Briefmarke, Duktus etc. ein Bild der Vergangenheit mittransportiert.« — **50** Ebd., S. 11 f. — **51** Ebd., S. 20. — **52** Harald Welzer: »Erinnern und weitergeben. Überlegungen zur kommunikativen Tradierung von Geschichte«. In: *BIOS* 11 (1998) 2, S. 163. — **53** In mehreren Fällen sind die Großväter schon während der Flucht oder in den ersten Jahren nach der Emigration in New York City verstorben. — **54** Eine ausführlichere Darstellung über Weitergabe und Transformation von Erinnerungen österreichischer jüdischer Vertriebener an ihre Kinder und Enkelkinder findet sich in: Manfred Lechner, Andrea Strutz: »›Unfortunately the Apfelstrudel died with my father's mother‹. Fragmente generationsübergreifender Erinnerungen«. In: Christian Gerbel et al. (Hg.): *Transformationen gesellschaftlicher Erinnerung. Zur »Gedächtnisgeschichte« der Zweiten Republik* (= kultur. wissenschaften 9). Wien 2005, S. 218–244.

Rezensionen

Siegfried Kracauer, *Werke*. Bd. 8: *Jacques Offenbach und das Paris seiner Zeit.* Hg. v. Ingrid Belke unter Mitarbeit von Mirjam Wenzel. Frankfurt (Suhrkamp) 2005, 608 S.

Kracauers »Gesellschaftsbiographie« *Jacques Offenbach* als Schlüsselwerk sozial-kultureller Analyse der Moderne zu bezeichnen, ist nicht übertrieben. Ursprünglich als »Zweckarbeit« für den Broterwerb des mittellosen Emigranten in Paris konzipiert, stand das Buch lange im Schatten anderer Arbeiten Kracauers, trotz seiner beachtlichen Auflagen. Der deutschen Erstausgabe 1937 in Amsterdam folgten sogleich französische, englische und amerikanische Übersetzungen sowie weitere Ausgaben in Deutschland, Europa und Japan nach dem Zweiten Weltkrieg. Dabei sind die Interdependenzen zu jenen Arbeiten, etwa seinen frühen filmsoziologischen Untersuchungen oder der berühmten Studie über *Die Angestellten* von 1930, kaum zu übersehen. Im *Offenbach* finden sich alle Motive, Topoi und Denkfiguren, die schon diese Analysen Kracauers am Ende der Weimarer Republik geprägt haben. Es sei daran erinnert, dass er mit ihnen zu den frühen Erforschern der damals neuen, rasant wachsenden mittelständischen Zwischenschichten wurde. Damit überwand er nicht nur das orthodoxe dichotomische Klassenschema sozialistischer Theorieansätze, sondern deckte zugleich die Anfälligkeiten jener Schichten für autoritäre und faschistische Ordnungsmodelle auf. In Jacques Offenbach, dem in den 1840er Jahren aus Köln nach Paris emigrierten jüdischen Komponisten, findet Kracauer zwar einige Parallelen zu seiner eigenen Flüchtlingsexistenz, wichtiger aber ist ihm die Darstellung von dessen Operetten als sozialen Spiegelungen des »Zweiten Kaiserreichs«. Sie seien typische »Oberflächenerscheinungen«, deren Signatur er bereits in dem berühmten Aufsatz »Das Ornament der Masse« von 1927 beschrieben hatte; ihre Erfolge dokumentierten anschaulich die Manipulation ideenloser Massen, die ihre geistige Leere und Orientierungslosigkeit durch die von der Kulturindustrie

bereitgestellten »Zerstreuungen« zu kompensieren suchten. Was das Kino oder Varieté für die »kleinen Ladenmädchen« der 1920er Jahre seien die Operetten für die Pariser Bourgeoisie in den 1860er Jahren gewesen: »Asyle der (geistig) Obdachlosen«. Nur der von der Warenwelt des Industriekapitalismus noch nicht deformierte und entfremdete »Flaneur«, ein idealer Vorläufer des modernen Intellektuellen, sei in der Lage, aus der »Exterritorialität« des Boulevards heraus die Unscheinbarkeiten des Alltags zu deuten und durch sie die gesellschaftlichen Mechanismen zu entschlüsseln.

Die geniale Konzeption des für den Markt flott geschriebenen Buches ist daran ablesbar, dass dem so prägnant dargestellten Pariser Sittengemälde eine modellhafte Bedeutung für die moderne bürgerliche Gesellschaft beigemessen wurde, die eine Klärung der Frage erlaubte, wie in einem zivilisierten Land die industrielle Fortschrittsdynamik zur Barbarei des Nationalsozialismus führen konnte – eine Frage, die auch andere kritische Intellektuelle seit Ende der 1920er Jahre umtrieb, man denke nur an Walter Benjamins langjährig vorbereitetes, aber nie erschienenes *Passagen-Werk*. Untersuchungen darüber gab es nicht, die soziologische Forschung steckte überhaupt noch in den Anfängen, erste Hinweise fand man lediglich in Karl Marx' Studie *Der achtzehnte Brumaire des Louis Bonaparte* aus dem Jahre 1869, in der die Machtusurpation Napoleons III., gestützt auf die Mittelklasse zur Aufrechterhaltung der bürgerlichen Herrschaft angesichts der kapitalistischen Verwerfungen in den ersten großen Wirtschaftskrisen dargestellt worden ist. Bismarcks ständige Staatsstreichdrohungen in Preußen-Deutschland seit den 1860er Jahren machten jenes Werk schon in seiner Zeit zu einem viel gelesenen Text, ehe es in den 1920er Jahren zur Grundlage der modernen Faschismusanalysen wurde. Während die vulgären marxistischen Ansätze daraus einen deterministischen Prozess machten, lieferte Kracauers *Offenbach* eine weitergehende dialektische Analyse der Moderne, die nicht allein die Gefahren der

Selbstzerstörung der bürgerlichen Gesellschaft durch die Diktatur thematisierte, sondern auch die von ihr freigesetzten Potenzia-
le von Freiheit und Emanzipation betonte.
Für Kracauer spiegelten die Operetten Offen-
bachs zwar die Epoche wider, aber sie hätten
auch dazu beigetragen, diese zu sprengen; in
den späten Kompositionen wie etwa *Pariser
Leben* (1866) glaubte er gar, den »demokratischen Geist« rudimentär hervorblitzen zu
sehen (12, 265).
Die Darstellung des dynamischen kapitalistischen Fortschrittsprozesses mit seiner Kehr-
seite sozialer Verelendung, Entfremdung und
kultureller Manipulation macht Kracauers
Text gerade heute wieder zu einer aufregen-
den Lektüre. Der in der älteren Ausgabe der
Schriften von Karsten Witte herausgegebene
Band von 1976 ist längst vergriffen. Die unter
der neuen Herausgeberschaft von Inka Mül-
der-Bach und Ingrid Belke erscheinenden
Bände der *Werke* Kracauers zeichnen sich alle
durch sorgfältige Kommentierung aus. Erst-
malig bietet so auch die *Offenbach*-Edition
einen umfangreichen wissenschaftlichen Apparat, der zusammen mit der von Ingrid Belke in ihrem exzellenten Nachwort vorgenom-
menen Einordnung in den biografischen
Kontext des Autors wie in die intellektuellen
Diskurse vor dem Hintergrund von Faschismus und Exil einmal mehr die Qualität dieses Textes herausstellt.

Claus-Dieter Krohn

Inge Hansen-Schaberg (Hg.): *Als Kind verfolgt. Anne Frank und die anderen.* Berlin
(Weidler Buchverlag) 2004, 291 S.

In drei Abschnitten und 20 Beiträgen beschäftigt sich dieser Band mit den historischen
Gegebenheiten von Verfolgung und Exil, im
ersten Teil mit bisher noch wenig erfassten
Einzelschicksalen und mit Zeitdokumenten
in Form autobiografischer oder fiktiver Literatur. Im zweiten Abschnitt bildet, wie im
Untertitel des Buches angedeutet, die Diskussion zum Thema »Anne Frank« einen
Schwerpunkt, es werden aber auch andere
Texte untersucht. Ein Bezug zur Gegenwart
wird schließlich im letzten Teil des Buches
hergestellt: Hier machen Beiträge über aktu-

elle Schulprojekte die pädagogische Bedeutung der Forschung über die besprochenen
Themen für Kinder und Jugenliche von heute deutlich.
Die Beiträge im ersten Teil beschäftigen sich
unter dem Sammeltitel »Verfolgung – das
Ende der Kindheit?« mit den vielfältigen Folgen von Verfolgung und Exil auf die Entwicklung der Betroffenen. Arbeiten von Hanna Papanek und Silvia Schlenstedt stützen
sich auf eigene Erfahrungen des Exils und auf
Familienerinnerungen. Obwohl betont wird,
dass jede Exilerfahrung individuell und ein-
zigartig ist, können doch auf Grund der eigenen Situation wertvolle allgemein gültige
Beobachtungen angestellt werden: Vor allem
der Kontakt mit anderen Jugendlichen, die
ähnliche Erfahrungen gemacht haben, wird
als wichtiger Stabilitätsfaktor gesehen. Hanna Papanek fand im französischen Exil ihre
Bezugsgruppe in der sozialistischen österreichischen Jugendorganisation Rote Falken,
während Silvia Schlenstedt über die Aktivität
ihres Vaters in einem schweizerischen Flücht-
lingsheim berichtet. Die Arbeit von Birgit
Schreiber über im nationalsozialistischen
Deutschland versteckt überlebende Kinder
beruht weitgehend auf einem Interview mit
einer dieser Überlebenden. Die psychologische Analyse dieses Interviews und damit eine
Analyse der Überlebenden selbst erscheint
aber, auch wenn sie ihre Erlaubnis zur Auswertung des Interviews gegeben hat, durch die
namentliche Nennung der Betroffenen vom
ethischen Standpunkt etwas zweifelhaft. Das
Thema jedoch, die Untersuchung der lebenslangen Auswirkungen des jahrelangen Verstecks, ist wichtig, und für die Forschung
besteht hier noch ein Nachholbedarf, wie die
Autorin betont.
Auch die in diesem Band besprochenen autobiografischen oder autobiografisch beeinflussten fiktiven Texte beschäftigen sich mit
den Auswirkungen von Verfolgung und Exil:
Ein interessanter Beitrag von Andrea Hammel befasst sich mit Theorien und Konzepten
über die Autobiografie im Spannungsfeld zwischen Ressource und literarischem Diskurs
und gibt Beispiele aus Texten von Teilnehmern an den Kindertransporten.
Drei Arbeiten in diesem Band tragen zur akademischen Diskussion zum Thema »Anne
Frank« bei: Wolfgang Benz hinterfragt die
Popularität des Tagebuchs in den USA und in

Deutschland und verweist dabei auf einen »feel-good factor«, denn trotz des bekannten tragischen Schicksals der Autorin stehen im Tagebuch positive Aspekte des Erwachsenwerdens im Vordergrund; die Leser müssen sich also nicht direkt mit dem Holocaust beschäftigen. Dadurch wird aber einer gewissen Sentimentalisierung Vorschub geleistet und damit auch einer Trivialisierung des Schicksals von Anne Frank. Weitere Beiträge beschäftigen sich mit Kontroversen in der Textauslegung und Interpretation sowie den verschiedenen Versionen des Tagebuchs, wobei Laureen Nussbaum die Kritik von Wolfgang Benz nicht teilt und stattdessen auf die Verwendungsmöglichkeiten des Tagebuchs in Schulen verweist.

Die Konzentration der Forschung auf Anne Frank kann die Beschäftigung mit anderen Texten möglicherweise etwas überschatten. Der wissenschaftlich sehr gründlich recherchierte und fundierte Beitrag von Hildegard Feidel-Mertz befasst sich mit viel weniger bekannten autobiografischen Texten, nämlich den Tagebüchern von Klaus Seckel, die er während seiner Zeit in der Internationalen Quäkerschule Eerde in Holland sechs Jahre hindurch schrieb. Als 15-Jähriger kam er, wie Anne Frank, im Konzentrationslager um. Die Autorin betont den dokumentarischen Wert der Texte, betont jedoch, dass jugendliche Tagebücher als Quelle nicht so zu bewerten sind wie autobiografische Aufzeichnungen Erwachsener über ihre Kindheitserfahrungen.

Der letzte Abschnitt des Sammelbands mit dem Titel »Ethik der Erinnerung« weicht in seiner Thematik von den ersten beiden eher wissenschaftlich ausgerichteten Teilen ab: Hier geht es um die Frage, wie die Information über Verfolgung, Exil und Holocaust den Kindern und Jugendlichen in Schulen nahe gebracht werden kann. Dass die aktive Beteiligung der Jugendlichen an der historischen Aufarbeitung dieser schwierigen Themen eine wichtige Rolle spielt, wird an Bettina Ramps Beschreibung eines Projekts gezeigt, an dem sich eine Schule in Österreich und in Frankreich gemeinsam beteiligten. Durch diese Art von aktiver Beschäftigung mit der Geschichte wird nicht nur Information weitergegeben, sondern den Schülern werden auch Werte vermittelt, und sie werden zu reifen Menschen erzogen. Ein weiterer Beitrag von Dirk Krüger stellt die Frage, ob der Nationalsozialis-

mus schon in den Grundschulen besprochen werden solle. Hier ist die Auswahl des geeigneten, kindgerechten pädagogischen Materials besonders wichtig. Wie der letzte Beitrag betont, können die von Verfolgung und Exil betroffenen Kinder und Jugendlichen in vielerlei Hinsicht Vorbilder für nachkommende Generationen darstellen. Sie sollen daher trotz ihrer harten Erfahrungen nicht nur als Opfer gesehen werden. Und schließlich kann die Beschäftigung mit der Vergangenheit auch zu einem besseren Verständnis für die heutige Situation von Fremden und Ausländern führen.

Abschließend soll die eindrucksvolle künstlerische Gestaltung des Bandes erwähnt werden: Die Mutter der Malerin Monica Weiss erlebte als Kind selbst Vertreibung und Exil, als sie mit ihrer Familie aus Nazi-Deutschland flüchtete und über mehrere Exilstationen nach Argentinien emigrierte. So sind das Umschlagbild, Kindermantel no 96 1866, sowie die drei Bilder am Beginn eines jeden der drei Abschnitte des Buches berührende visuelle Einführungen in die Thematik der Forschung.

Marietta Bearman

Monique Köpke: *Nachtzug nach Paris. Ein jüdisches Mädchen überlebt Hitlers Frankreich.* Erkelenz (Altius Verlag) 2000, 416 S.

2005 feierte Monique Köpke ihren 80. Geburtstag, mit ihrem Mann, ihren fünf Kindern, einer wachsenden Enkelschar. Am Anfang dieses Lebens steht eine ebensolche Familie, von ihrer mörderischen Zerschlagung handelt dieses Buch.

Die Rede von der Erinnerungsarbeit geht gelegentlich sehr leicht von den Lippen. Selten ist sie so zutreffend wie hier: Schachteln und Umschläge voller Briefe und Karten, unleserliche Zeilen, Fotos aus zwölf heillosen Jahren sind der Schatz, der von einer weit verzweigten Familie am Ende des rassistischen Zerstörungswerks geblieben ist und ein verlorenes 20-jähriges Mädchen. »Das Ende meiner Berliner Kindheit kam mit einem Donnerschlag.« Denn im März 1933 war dieses Kind, gerade sieben Jahre alt, von der Mutter in Berlin in den Nachtzug nach

Paris gesetzt worden, allein, irgendeinem ihm unbekannten Mann anvertraut, dem Vater entgegen, der sofort nach dem Reichstagsbrand und Hausdurchsuchungen durch die SA sich hatte nach Frankreich in Sicherheit bringen müssen. Die Familie ist hoch gefährdet, nicht nur weil sie von väterlicher wie mütterlicher Seite jüdisch ist, sondern weil der Vater Erich Lehmann-Lukas sich in der KPD engagiert. Wegen der politischen Arbeit hatte er sein Kunststudium bei Heinrich Wölfflin nicht abgeschlossen, aber er vernarrte sich in »das gewaltige Projekt, eine Geschichte der Kunst vom marxistischen Standpunkt aus zu schreiben«. In Paris sitzt das Kind tagsüber allein im Hotelzimmer und wartet auf den Vater, der in der Bibliothèque Nationale an seinen Forschungen arbeitet. Erst im Herbst 1934 kommt die Mutter nach, aber ein Familienleben gibt es nur noch selten; für Monique werden es Jahre einer Odyssee durch Kinderheime. »Einst hatte meine große Familie den Rahmen abgegeben: Großmutter, Tanten, Onkel, Kusinen, Vettern. Der Rahmen war zersprengt. Die wenigen Überlebenden sind auseinandergerissen. Meine Erinnerungen laufen ins Leere. Ich kann mich nur an die zufällig erhaltenen Bilder und Briefe halten, um die Fragmente meiner Erinnerungen zu stützen. Und ich komme immer wieder zu dem Ergebnis: Diese Jahre meiner Kindheit sind mir abhanden gekommen.« (S. 15 f.) Es bedurfte des Abstandes eines langen Lebens, einer eigenen Familie, bis sie sich an die Scherben der Hinterlassenschaft wagen kann – und ihres Ehemanns Wulf Köpke (Deutscher, Literaturwissenschaftler, Exilforscher), der ihr hilft, die emotionale Überwältigung durch die sachliche, gleichwohl empathische Distanzierung des Historikers aufzufangen. Es heißt, eine Kindheit zusammenzusetzen wie einen zersprungenen Spiegel; zahllose Lücken lassen blinde Stellen übrig, werfen Fragen auf. Wo die Scherben am schwärzesten sind, etwa in den erhaltenen Berichten an Dritte über den letzten Besuch der 17-jährigen Tochter bei der hoffend-hoffnungslosen Mutter im Internierungslager Gurs, da glänzen sie plötzlich auf. So verrückt es klingen mag: »(...) aber für mich wurde das scheußliche Lager Gurs einer der Höhepunkte meines Lebens.« (S. 255) Es ist die Geschichte eines aus der eigenen Welt gefallenen Kindes, mit lauter Pubertätsirritationen und

Teenagerproblemen zugleich, die Geschichte eines Erwachsenwerdens mit einem unharmonischen intellektuellen Elternpaar, dessen beide Partner um ihr Leben und um ihr schöpferisches Werk bis zur letzten Minute vor der Deportation kämpfen und doch darum betrogen werden. Was war das für ein Werk, dem Mutter und Vater so obsessiv sich widmeten? Das Schreiben der Mutter, ihre rasende Angst, »alles könnte verloren gehen, und sie wäre nie imstande, das Werk wirklich zu formen« (S. 266), ein Werk, dem die sehnlich gewünschte Anerkennung versagt blieb, Aufzeichnungen von Träumen aus Paris und Gurs, die nur bruchstückhaft erhalten sind? Oder die Arbeit des Vaters, von der nur ein erstes Kapitel zur mittelalterlichen Kunst ausgearbeitet an den Bruder ging? Wie soll die Tochter mit der lebenslangen Verstörung fertig werden, die der letzte Brief des Vaters aus dem Internierungscamp Noé vom 6. August 1942 in ihr auslöste (zwei Tage vor dem Abtransport nach Drancy, sechs Tage vor der Deportation nach Auschwitz), als er über das Schicksal seiner vereinsamten, in Kinderheimen herumgeschobenen Tochter nur einen hilflosen Satz übrig hatte und sie mit aufwendigen Forschungen und Bücherwünschen zu kunsthistorischen Fragen nach irgendwelchen Kirchenbauten überforderte? Was habe ich damals gefühlt, warum ließ man mich in diesem Moment im Stich, was ging in der unglücklichen Mutter vor, und wann gab es doch Spuren von Glück, welche Bedeutung hatten die der Not, dem miserablen Farbband, der Lichtlosigkeit abgerungenen Briefe und Briefabschriften für die zwischen Deutschland, Frankreich, der Schweiz und Palästina zerrissene Familie? Die bedrückendste Frage muss das Mädchen unbeantwortet durchs Leben tragen: »Haben sich meine Eltern (die in verschiedenen Camps interniert waren und beide mit dem ersten Transport über Drancy nach Auschwitz deportiert wurden) in Drancy getroffen, war der letzte ›Transport‹, durch Frankreich, Deutschland und Polen, den ich nicht die Kraft habe, mir vorzustellen, war er vielleicht in einem Wagen, zusammen, vielleicht mit einem Gespräch – selbst wenn sie nicht wußten, daß es das letzte sein mußte?« (S. 314) Dem Mädchen selbst gelang damals mit einer Gruppe von Pfadfinderinnen die gefährliche Flucht über die Grenze in die Schweiz.

Das zersprungene, löchrige Bild spiegelt am Ende wie wenige Exilberichte den Horror vor der Hässlichkeit der Armut, die Anstrengungen der Selbstbehauptung bei unerträglicher Abwesenheit jeglicher Freude. »Diese Briefe (der Mutter) und andere liegen seit so vielen Jahren lastend in meinem Innern, machen mir die Glieder schwer, stören mich beim Ein- und Ausatmen. Indem ich sie hier ans Licht befördere, die dunklen Gestalten sozusagen dem Leser mit anvertraue, können wir die Last gemeinsam tragen.« (S. 254) Fünf Fassungen bedurfte es, bis die Arbeit endlich den Lesern anvertraut werden konnte. Wer sich auf diese Dokumente und Reflexionen einlässt, wird sich an dieser schmerzhaften Arbeit beteiligen müssen, muss auf Umwegen, in Tunnels, zu Nebenfiguren mitgehen, er muss die kleinsten Schnipsel der Erinnerung mit auflesen‹ helfen.

Hiltrud Häntzschel

Pierre Radvanyi: *Jenseits des Stroms. Erinnerungen an meine Mutter Anna Seghers.* Aus dem Französischen von Manfred Flügge. Mit 18 Abb. und 4 Faksimiles. Berlin (Aufbau-Verlag) 2005, 153 S.

Jenseits des Rheins war die Rettung. Nach Frankreich zu entkommen, wurde für die Eltern, Anna Seghers und ihren Mann Laszlo Radvanyi, überlebensnotwendig. Für den Sohn Peter aber bedeutete es das Ende seiner deutschen Kindheit. Von nun an lebt die Familie im Exil: seit 1933 in Paris, dann, erzwungen durch den Verlauf des Zweiten Weltkriegs, ab 1941 in Mexiko. Für die Kinder der Schriftstellerin teilt das Überschreiten des Rheins im Frühjahr 1933 ihre Existenz in zwei Hälften, die kulturelle Herkunft und das ganze spätere Leben. »Wie oft habe ich jene beneidet, die der Region ihrer Herkunft, dem Dorf oder der Stadt, verbunden blieben, wo sie Freunde behalten haben und ihre Familien über Generationen lebten, wohin sie immer wieder zurückkehren und ihre Erinnerungen auffrischen können. All das«, schreibt er, »habe ich nicht gehabt.«
Pierre Radvanyi (geb. 1926 in Berlin) lebt seit Kriegsende wieder in Paris, konnte dort, dank eines Stipendiums der französischen Regie-

rung, Physik studieren, wurde Mitarbeiter von Irène und Frédérique Joliot-Curie im Forschungszentrum Centre national de la recherche scientifique (CNRS) in Orsay (heute Universität Paris-Sud), das er bis zu seiner Emeritierung leitete. Nun, im Alter, vergewissert er sich noch einmal der Erinnerung an seine Eltern, an die Stationen des Exils, daran, was ihm von seiner berühmten Mutter geblieben ist.
Der Zwang, sich als Fremder in der Fremde einzurichten, betrifft Kinder ebenso stark wie Erwachsene. Anna Seghers selbst hat das in ihrem Essay »Frauen und Kinder in der Emigration«, entstanden Ende der 1930er Jahre in Paris, reflektiert. Es gilt, dennoch so etwas wie einen normalen Lebensalltag zu schaffen. Die Schulzeit unter den französischen Gleichaltrigen ist die Bewährungsprobe, ob es gelingt, sich einzufügen in die andere Kultur, sich die Sprache, die Lieder, die Spiele der Kameraden anzueignen. Fühlt er sich anfangs noch als Außenseiter, so weicht dieses Empfinden mit zunehmender Beherrschung der fremden Sprache einem Dazugehörigkeitsgefühl. Während er mit den Eltern zu Hause Deutsch spricht, unterhalten sich die Geschwister Peter und Ruth untereinander bald nur noch auf Französisch. Manchmal hilft eine kleine solidarische Geste von Klassenkameraden, oder die Direktorin kommt den Eltern mit reduziertem Schulgeld entgegen.
1940, als die deutsche Wehrmacht in Paris einzieht und Anna Seghers erneut auf den Suchlisten der Gestapo steht, müssen sie weiterfliehen. Der Vater, linksorientierter Philosoph und Soziologe, wird bereits im Mai 1940 mit vielen anderen »feindlichen Ausländern« in die Internierungslager gebracht – zunächst nach Le Vernet, schließlich nach Les Milles bei Marseille. Fortan ist der Sohn, das ältere der Kinder, der wichtigste Vertraute der Mutter. Er, der die Sprache akzentfrei beherrscht, sich mit Landkarten und anderen praktischen Dingen des Alltags auskennt, wird zu ihrem Berater und Helfer. Es gibt nur ein Ziel: nach Süden zu gelangen, über die Loire, in den noch unbesetzten Teil Frankreichs. Diese Wochen der Flucht, von der Wehrmacht getrieben und überrollt, bei französischen Bauern Unterschlupf und Hilfe findend, oft in Lebensgefahr, sind für den 14-Jährigen dennoch auch ein Stück Abenteuer. Als Halb-

wüchsiger, noch in kurzen Hosen, ist er unauffälliger als die Mutter, kann ihr manche riskanten Wege abnehmen, geht auf Erkundung und organisiert Lebensmittel. Man liest von diesem existenziellen und doch alltäglichen Gefühl des Aufeinanderangewiesenseins der Generationen. Mutter und Kinder stehen einander bei, geben sich die Zuversicht, nicht allein zu sein und es trotz allem schaffen zu können. Die tiefe Verbundenheit zwischen Peter und seiner Mutter, die sich in dieser unruhigen Zeit nur noch fester schließt, bleibt ein Leben lang bestehen. Dann, nach monatelangem, zähem Ringen, mit Rückschlägen und Entmutigungen gelingt endlich der ganzen Familie die Flucht mit dem Schiff aus dem Hafen von Marseille. Anna Seghers hat diese Erfahrungen tausender Flüchtlinge in dem Roman *Transit* verarbeitet. Pierre Radvanyi erinnert sich einer Episode während der Atlantiküberfahrt, als die Mutter bereits an Entwürfen des Buches arbeitet: »Als sie mich fragte, ob der Held der Geschichte, der Erzähler, am Ende in Frankreich bleiben oder fortgehen solle, antwortete ich ihr ohne zu zögern: dableiben.« So geschieht es tatsächlich im Roman. Doch in der Realität schließen sich die Jahre in der Neuen Welt an. Wie Anna Seghers schon auf der Flucht in Frankreich ihre Kinder immer wieder sogleich in der Schule anmeldet, wenn sie in einer Stadt auch nur für kurze Zeit bleiben, so sorgt sie in Mexiko dafür, dass ihre Kinder das Abitur am französischen Gymnasium machen können. Sie will ihnen einen so weit es irgend geht normalen Weg, eine glückliche Jugend ermöglichen.

Der Atomphysiker Pierre Radvanyi, ein ganz und gar theoretischer Denker, erweist sich in diesem Buch der Erinnerung als ein einfühlsamer, bildreicher ja poetischer Erzähler. Auch nach Kriegsende, als Anna Seghers wieder in Berlin lebt, besucht er sie regelmäßig aus Paris. In vertraulichen Gesprächen erfährt er aus nächster Nähe die Konflikte und Sehnsüchte seiner Mutter, ihren Schmerz darüber, dass die Ideale ihrer Jugend, die sie gemeinsam mit Laszlo Radvanyi zu ihren politischen Überzeugungen geführt hatten, so zäh nur oder gar nicht in die Wirklichkeit umgesetzt werden. Er schildert Anna Seghers als zärtliche, liebevolle Mutter und Großmutter, die der Familie als wichtigen Halt und Lebensmittelpunkt bedurfte. Ein Buch, das ei

nen neuen, unverstellten Blick auf diese große Erzählerin wirft.

Monika Melchert

Lilo Linke: *Tage der Unrast. Von Berlin ins Exil: ein deutsches Mädchenleben 1914–1933.* Mit einem Nachwort und hg. von Karl Holl. Aus der englischen Sprache von Dorothea Hasbargen-Wilke. (= Exil – Forschungen und Texte. Hg. von Hélène Roussel. Bd. 1). Bremen (edition lumière) 2005. 340 S.

Autobiografien, die die dauernde Krisenlage während der Zeit der Weimarer Republik und die Aufstiegsbedingungen des Nationalsozialismus reflektieren, gibt es in Mengen – von den historischen Analysen ganz zu schweigen. Was die Publikation der deutschen Übersetzung dieser bereits 1935 als Exilwerk in Großbritannien sowie in den USA erschienenen englischsprachigen Aufzeichnungen (*Restless Flags* bzw. *Days*) rechtfertigt und lohnend macht, sind der Ton und die Perspektive der Autorin. Dargestellt wird die Entwicklungs- und Bildungsgeschichte eines Mädchens (geb. 1906) aus kleinbürgerlichem Elternhaus, das sowohl die Sozialisationsbedingungen eines heranwachsenden Kindes in und nach dem Ersten Weltkrieg als auch dessen allmählichen Politisierungsprozess im Engagement für die demokratische Republik wiedergibt. Erfrischend unbefangen geschrieben (und exzellent übersetzt), entfaltet sich das Panorama einer namenlosen Beobachterin, das auch dem Kenner der Verhältnisse zahlreiche neue Einsichten vermittelt. Dass jugendliche »Abzieh«-Delikte kein heutiges Krisensymptom sind, sondern bereits im Ersten Weltkrieg zum Alltag gehörten, ist ein ebenso verblüffendes Detail wie die emotionale Abgeklärtheit und die moderne gender-theoretische Reflexion, die den beruflichen Weg der Autorin und Ich-Erzählerin begleiteten. Er führte von der Ausbildung als Buchhändlerin über die gewerkschaftliche Jugendbewegung (Gewerkschaft der Angestellten/GdA) zu den Jungdemokraten und der DDP – wo sie als Sekretärin im Organisationsapparat arbeitete, gleichzeitig aber auch als Rednerin auftrat – sowie schließlich Anfang der 1930er Jahre in die SPD. Sensibel für die ideolo gischen Widersprüche und den politischen Opportunismus im Bürgertum zeigt sie im Mikrokosmos ihres Milieus zum einen am Beispiel des Elternhauses, wie dumpfer Antisemitismus und Nationalismus zu den Grundlagen der Republikfeindschaft zählten, zum anderen den Karrierismus von Parteipolitikern, deren Selbstbild in auffallendem Gegensatz zur Reichweite ihrer Möglichkeiten stand und von denen nicht wenige 1933 schnell und geräuschlos Anschluss an die NSDAP oder die SA fanden.

Ursprüngliche Absicht der Originalausgabe war es, die britische Öffentlichkeit im Zeichen der Appeasementpolitik über die Zustände in Deutschland aufzuklären. Zugleich markiert der Band die Etablierung der Autorin, die, ohne direkt gefährdet zu sein, ins Exil gegangen war, als Schriftstellerin und Übersetzerin (u. a. von Wolfgang Langhoffs *Moorsoldaten*, 1935). Besonders als Reiseschriftstellerin ist sie hervorgetreten, zunächst in England und nach ihrer Weiterwanderung ab 1940 in Ecuador.

Max Stein

Natalija Mussijenko, Alexander Vatlin: *Schule der Träume. Die Karl-Liebknecht-Schule in Moskau (1924–1938)*. Aus dem Russischen übersetzt von Nina Letnewa. (= Reformpädagogik im Exil. Bd. 10. Neue Folge der Schriftenreihe »Pädagogische Beispiele«. Dokumentationen zur Realgeschichte von Erziehung und Bildung vor und nach 1933. Hg. von Hildegard Feidel-Mertz und Inge Hansen-Schaberg). Bad Heilbrunn (Verlag Julius Klinkhardt) 2005. 486 S., zahlreiche Abb.

Die Schriftenreihe »Reformpädagogik im Exil« verfolgt wie die frühere Reihe das Ziel, progressive Ansätze zu dokumentieren und zu kommentieren, die insbesondere während der Weimarer Republik umgesetzt worden sind. Nach 1933 sind sie sowohl faktisch als auch aus dem Bewusstsein zum größten Teil verdrängt, im Exil indessen bewahrt und für die Erneuerung von Erziehung und Bildung in einem Deutschland nach Hitler weiterentwickelt worden. Die ersten neun Bände sind inzwischen vergriffen. Der Band über die Karl-Liebknecht-Schule in Moskau besteht aus zwei gleichgewichtigen

Teilen. Der erste behandelt die Geschichte der Schule von 1924 bis 1938, ergänzt um 48 kommentierte Fotografien und Abbildungen, darunter die handgeschriebene Einladung des ersten sowjetischen Kommissars für Volksaufklärung Anatolij Lunartscharskij an den schweizerischen Lehrer und Schriftsteller Otto Volkart. Den Abschluss bildet ein Anhang mit Abkürzungen, Zeittafel, Biografien, Quellen- und Literaturverzeichnis. Teil zwei enthält 121 kurz kommentierte Dokumente aus der Geschichte und pädagogischen Praxis, unterteilt in Dokumente zur Schulgeschichte, aus der pädagogischen Praxis sowie solche der Erinnerung, die überwiegend aus den Interviews und der Korrespondenz mit ehemaligen Schülerinnen und Schülern entstanden sind. Der Buchtitel leitet sich vom Titel der Ausstellung über die Karl-Liebknecht-Schule ab, die 1996 im Moskauer Stadtmuseum mit Unterstützung auch des Goethe-Instituts stattgefunden hatte.

Die Schule war zunächst als Bildungszentrum für Russlanddeutsche konzipiert worden, denen die damalige Minoritätenpolitik innerhalb der UdSSR das Recht auf eigenständige kulturelle Entwicklung einräumte, ehe sie zur Einrichtung für Kinder von Deutsch sprechenden Arbeits- und politischen Emigranten und von Angehörigen der »neuen sowjetischen Nomenklatura« wurde. Ihre Schülerzahl betrug in der Schlussphase 1938 fast 600 Kinder. Die Anzahl der deutschen Kinder umfasste stets etwa die Hälfte, die nächstgrößeren Gruppen waren die aus Österreich und aus Ungarn. 1935 besuchten Kinder aus 22 Nationen die Schule, aber es war nicht wichtig, »welcher Abstammung oder Staatsangehörigkeit sich dieser oder jener Schüler der Karl-Liebknecht-Schule zurechnete, denn sie erzog die Kinder zu einer neuen Generation, in welcher die nationalen und sozialen Vorurteile überwunden werden sollten.« (S. 88 f.) Wie die Zusammensetzung der Schülerschaft war auch die des Lehrkörpers »ungewöhnlich« international: »Es gab keine andere Schule in Moskau, an der Ausländer die Mehrheit des Lehrerkollektivs ausmachten und Ausländern auch noch leitende Funktionen anvertraut wurden.« (S. 95) Die umfassend und aufwändig recherchierten Biografien der ausländischen Lehrkräfte und pädagogischen Mitarbeiter/-innen der Karl-Liebknecht-Schule sind für sich schon eine

spannende und lohnende Lektüre und eine
Grundlage für weitere biografische Forschungen.
1931 bis 1938 war die Karl-Liebknecht-Schule,
wie sie seit 1932 hieß, das Wirkungsfeld
von insgesamt 62 Emigrantinnen und Emigranten
in verschiedenen Funktionen, fünf
waren bereits vor 1931 dort gewesen. Von
ihnen stammten 44 aus Deutschland, die
Arbeitssprache im Lehrerkollektiv war
Deutsch. »Das frühe Engagement für politische
oder gewerkschaftliche Bewegungen, die
aktive pädagogische Mitarbeit an der Kinderfreunde-
und Jungpionierbewegung prägten
die Lebenswege der meisten emigrierten Lehrerinnen
und Lehrer der Karl-Liebknecht-
Schule.« (S. 96) Für die meisten Lehrer war
eine hohe Qualifikation typisch, manche
waren in ihren Berufserfahrungen oder in
ihrer Bildung durch reformpädagogische Einflüsse
geprägt. Helmut Schinkel, Schulleiter
der Karl-Liebknecht-Schule 1932 bis 1934,
stand der Kunsterziehungsbewegung nahe,
war Lehrer auf dem Barkenhof in Worpswede
und, wie auch Henry A. Friedag, an der
Rütli-Schule in Berlin-Neukölln gewesen.
Das Ehepaar Stümpfel hatte an der Freien
Schul- und Werkgemeinschaft Letzlingen
unterrichtet. Gleich fünf ehemalige Schüler
der Karl-Marx-Aufbauschule in Berlin-
Neukölln, die von Fritz Karsen geleitet wurde,
unterrichteten später als Lehrer an der
Karl-Liebknecht-Schule (ihnen ist, wie Helmut
Schinkel in Kap. 2.6, ein eigenes Kapitel
gewidmet). Reformpädagogische Erfahrungen
brachten auch viele der österreichischen
Lehrkräfte mit. Progressive Tendenzen und
hohe Professionalität gingen von den ungarischen
Lehrerinnen aus. So ist für das pädagogische
Profil der Karl-Liebknecht-Schule
bezeichnend, dass der Unterricht vielfach auf
hohem fachlichem Niveau erteilt wurde und
man große Anforderungen an die Schüler
stellte. Methoden wie selbstständiges Lernen,
Wissenschaftlichkeit, Selbsttätigkeit, Gruppenarbeit,
»Einbeziehung von lebensnahem
Material« (S. 141) und soziales Lernen (»Teile
deine Kenntnisse mit Zurückgebliebenen«,
S. 135) fanden Anwendung. Die Eltern selbst
strebten nach einer mustergültigen Schule.
Ausgehend von Freizeitaktivitäten wie Wanderungen,
Erkundungen, Sport, musikalischen,
künstlerischen und politischen Aktivitäten
wurde ein freundschaftlicher, vertrauensvoller
Umgang gepflegt. Den Lehrern kam es darauf
an, »trotz des von oben vorgeschriebenen
Dogmatismus den Schülern die Fähigkeit zu
selbständiger Meinungsbildung beizubringen«.
(S. 141)
Die Geschichte der Schule endete 1938, als
durch einen Parteibeschluss der KPdSU alle
Schulen der nationalen Minderheiten in der
Sowjetunion geschlossen wurden, da man sie
als »Spionagezentren« verdächtigte. Die
sowjetische geheime Polizei hatte auch die
Karl-Liebknecht-Schule ständig überwacht,
die jetzt ebenfalls mehrere Verhaftungswellen
erlebte. Unter den vielen zum Tode Verurteilten
befanden sich Lehrer und Schüler. Für
die Jugendlichen war es als Überlebensstrategie
»nicht üblich über die Verhaftungen zu
reden«. (S. 171) Die offenen und »unsichtbaren
Dramen« wurden manchmal bis ins
Erwachsenenalter verdrängt. Fragen, die sich
bezüglich der Kinder und Jugendlichen in
Hitlerdeutschland stellen, stellen sich auch
hier: Wie haben sie auf das Verschwinden der
Mitschüler und Mitbürger reagiert, welche
Auswirkungen haben diese Erfahrungen auf
sie gehabt?
50 Opfer unter den Schülern sind den Autoren
als »Preis für die Entscheidung der
Eltern dieser Kinder, die Sowjetunion als Exilland
gewählt zu haben, doch viel zu hoch.«
(S. 181)
Wolfgang Leonhard, Markus Wolf und auch
Jan Vogeler zählen zu den in der Bundesrepublik
bekanntesten Schülern der Karl-Liebknecht-Schule.
Es ist der Verdienst von Natalija
Mussijenko und Alexander Vatlin, dass bei
ihnen auch solche ehemaligen Schüler und
Schülerinnen zu Wort kommen, die in Russland
geblieben oder weniger prominent sind.
Sie schufen mit ihrer Arbeit eine Art Grundsicherung
von Quellen, die in vielerlei Hinsicht
nur russische Autorinnen und Autoren
leisten konnten. Natalija Mussijenko, freischaffende
Historikerin und Lehrerin, bis
1989 an der Botschaftsschule der DDR in
Moskau, und Alexander Vatlin, Professor für
moderne deutsche und russische Geschichte
an der Moskauer Lomonossow-Universität,
stützten ihre Forschungen auf eine Vielfalt
privater Dokumente wie Erinnerungen, Fotos,
Lehrbücher sowie Schulhefte, Tagebücher,
Briefe, Zeugnisse und Klassenarbeiten.
Die Dokumente erhellen nicht nur die Schulgeschichte
und die pädagogische Praxis, son-

dern ersetzen auch das nicht erhaltene Schularchiv der Karl-Liebknecht-Schule. Sie konnten zudem einige zeitweise geöffnete und inzwischen wieder gesperrte staatliche russische Archive einsehen.

Hermann Schnorbach

Erwin Piscator: *Die Briefe.* Bd. 1: *Berlin – Moskau (1909–1936).* Hg von Peter Diezel. Berlin (Bostelmann & Siebenhaar) 2005, 485 S.

»Wenn ein Revolutionär, Agitator, Moralist erst genügend tot ist, uns entrückt, wird er zum Gegenstand unserer Studien: Archive werden durchforscht (...), um nun endlich zu erfahren, wer der Mann eigentlich war, was er gewollt hat und ob er für uns noch von Bedeutung ist«, schrieb Heinrich Goertz 1974 in seiner Piscator-Biografie, die bis heute die einzige geblieben ist, obschon sowohl in der BRD als auch in der DDR zahlreiche Publikationen über Piscator und auch mehrere Editionen seiner Schriften, Tagebücher und Briefe erschienen sind, wenngleich eine Gesamtausgabe der Letzteren bislang noch ausstand. Diese Lücke schließt nun die von Hermann Haarmann herausgegebene »Berliner Ausgabe« mit einer auf drei Bände geplanten Edition, deren erster Band alle »Karten, Briefe und Briefentwürfe« Piscators von der Zeit als Schauspieleleve (ab 1909) bis zum Ende seines sowjetischen Exils und der endgültigen Übersiedelung nach Paris versammelt. Dabei handelt es sich anscheinend um alle von Haarmann und Peter Diezel im Laufe einer achtjährigen weltweiten Recherche aufgefundenen Briefe, was allerdings nicht ausdrücklich gesagt wird.
Der Band enthält die privaten Briefe Piscators an seine Eltern, seinen Bruder und seine Freunde, die in Piscators frühen Jahren als Schauspieleleve und Student in München überwiegen, und in denen er oft von Geldsorgen schreibt. Seine Briefe von der Front – er wurde 1915 eingezogen – drehen sich zwar häufig um die Fresspakete, die er von daheim bekommt, verdeutlichen aber auch, wie sehr er vom Weltkriegserlebnis geprägt war, das ihn zum überzeugten Pazifisten und zum Kommunisten werden ließ, und sie berichten vom Fronttheater, an dem Piscator erste prak-

tische Erfahrungen sammelte. Es war Piscators tiefe Überzeugung, dass das Theater die gesellschaftliche Entwicklung nicht nur kritisch reflektieren, sondern sich auch aktiv am politischen Kampf beteiligen müsse. Dafür ist Piscator stets konsequent und unerschrocken eingetreten, mit seinen Inszenierungen und seinen verschiedenen Theatergründungen ebenso wie in seinen zahlreichen Artikeln und seinem 1929 erschienenen Buch *Das politische Theater.*
Ende 1918 war er gemeinsam mit George Grosz und den Brüdern Herzfelde der KPD beigetreten, für die er 1924 mit der »Revue Roter Rummel« im Wahlkampf trommelte, aber trotz seines Engagements hat die KPD ihn und seine Theater-Unternehmungen keineswegs in demselben Maß unterstützt, schon gar nicht finanziell. Trotz seiner von der Kritik zahlreich gefeierten Inszenierungen scheiterte Piscator mit seinen eigenen Theaterunternehmungen immer wieder an den ökonomischen Bedingungen, und seine Bühnen gingen bankrott. Mit seinem Honorar für eine Filmregie bei der deutsch-russischen Filmgesellschaft Meshrabpom hoffte Piscator 1930, sein Theater finanziell zu sanieren. Ursprünglich wollte er einen Film über den deutschen Matrosenaufstand 1917/18 drehen, was sich jedoch sofort nach Piscators Ankunft in Moskau zerschlug. Stattdessen drehte er »als eine Art Experimental- und Lehrfilm« den Fischerfilm nach Anna Seghers »Aufstand der Fischer von St. Barbara«. Mit diesem Film, dessen Produktion sich bis Anfang 1934 hinzog und der die Meshrabpom an den Rand des Bankrotts trieb, vollzog Piscator den ersten Schritt ins Exil. Seine Briefe aus der Moskauer Zeit, einschließlich einiger Briefe aus Paris 1936, wohin Piscator im Auftrag der Komintern fuhr, bilden den Schwerpunkt des ersten Bandes und machen mehr als die Hälfte der Edition aus. Sie kreisen im Wesentlichen um drei Themen: 1. die mehrjährigen Auseinandersetzungen mit Meshrabpom um Geld und um die sich drei Jahre lang hinziehenden Dreharbeiten an dem Film »Aufstand der Fischer«, der Piscators einziger Film bleiben sollte; 2. Piscators Versuche zur Reorganisation des Revolutionären Internationalen Theaterbundes, dessen Präsident er seit 1934 war; 3. das Engels-Projekt, die Gründung eines deutschen Exiltheaters in der wolgadeutschen Republik, das Piscator als reprä-

sentatives antifaschistisches Theater mit zahlreichen exilierten Schauspielern aus dem
Westen errichten wollte. Noch während seines Pariser Aufenthalts 1936 warb er bei exilierten Theaterschaffenden in der Schweiz
und in Österreich für das Projekt, obwohl er
da schon längst de facto abgelöst war – was
wohl lediglich er selbst noch nicht begriffen
hatte.

Dieser umfangreiche Briefkomplex ist in mehreren Büchern von Haarmann und Diezel
über Piscator, das Exiltheater in der UdSSR
und über den Revolutionären Internationalen Theaterbund (IRTB) bereits ausgewertet
und dort teilweise dokumentiert bzw. in Aus-
zügen zitiert und in den Gesamtzusammen-
hang eingeordnet worden, so dass der Briefwechsel inhaltlich keine Überraschungen
mehr bietet. Wohl aber lässt sich in dieser Ge-
samtedition gut verfolgen, wie Piscator auch
im Moskauer Exil unermüdlich Pläne schmie-
dete und eine geradezu rastlose Tätigkeit
entwickelte, welche Kämpfe er mit der sowjetischen Bürokratie führte und wie er die po-
litisch-gesellschaftliche Realität der UdSSR
völlig verkannte. Geradezu grotesk mutet es
an, dass er sich 1934 direkt an Stalin wendet
und ihn um Hilfe bittet für die Gründung
einer internationalen Filmgesellschaft zur
Herstellung antifaschistiseher Filme, die in
London ansässig sein und gemeinsam von
Piscator und Willi Münzenberg geleitet werden sollte – obschon dieses Projekt vom
Sekretär der Abteilung Kultur der sowjetischen KP bereits abgelehnt worden war. Das
Beispiel verdeutlicht, dass Piscator seine Pläne lediglich aus der Perspektive des Emigranten entwarf und sowohl die spezifischen
Bedingungen des Film- und Theaterbetriebs
in der UdSSR als auch die Bedürfnisse der
sowjetischen Künstler zu wenig berücksichtigte, wie sich auch beim Engels-Projekt zeigt.
Die am Theater in Engels arbeitenden deutschsprachigen sowjetischen Schauspieler stufte
er als »schwache Kräfte« ein, die er für sein
ehrgeiziges Projekt eines repräsentativen
antifaschistischen Theaters und einer damit
verbundenen antifaschistischen Filmproduk-
tion, für nicht geeignet hielt und die er auch
nicht in seine Pläne einbezog. Trotz all seiner
Bemühungen und seines enormen Arbeits-
einsatzes blieb er der Sowjetunion fremd und
wurde selbst wohl auch nicht akzeptiert. Dazu
trug bei, dass Piscator zur Rechthaberei neig-

te und jede Kritik als persönliche Kränkung
empfand.

Auch Piscator war in die stalinistische Verfol-
gungsmaschinerie geraten, befand sich zu der
Zeit aber nicht mehr in der UdSSR, weshalb
Wilhelm Pieck ihn während seines Aufenthaltes in Paris 1936 von allen Funktionen
entband und ihm nahe legte, sich nur noch
seiner künstlerischen Tätigkeit zu widmen.
Dieser früher von Diezel als Warnung inter-
pretierte, neuerdings als Verbannung einge-
schätzte Brief vom 8. Oktober 1936 ist leider
nicht in diesem Band abgedruckt, und es ist
insgesamt ein schwer wiegender Mangel der
umfangreichen Edition, dass alle Gegenbriefe fehlen, aus denen nur gelegentlich in den
Anmerkungen zitiert wird. Schon für die
1920er Jahre wäre zum besseren Verständnis
der Auseinandersetzungen die Kenntnis der
Antwortbriefe nützlich, für Piscators jahre-
lange Streitigkeiten mit Meshrabpom sind
sie geradezu unentbehrlich, und auch beim
Engels-Projekt wäre es unbedingt notwendig,
die Gegenbriefe nachzulesen, um Piscators
Position richtig einzuschätzen.

Die Edition leidet noch unter anderen
Schwächen, denn obwohl die Briefe philo-
logisch korrekt ediert sind, sind die Anmerkungen zu Personen und Sachverhalten
keinesfalls ausreichend und erscheinen oft
willkürlich. So wird beispielsweise auf S. 205
in einer Anmerkung erläutert, wer der in
einem Brief an Franz Jung beiläufig erwähnte Theodor Beye ist – jedoch fehlt auf derselben Seite jeglicher Hinweis darauf, dass der
»Liebe Genosse Kirillov«, an den Piscator
einen langen Brief über die bisherigen Aufnahmen zum Film »Aufstand der Fischer«
schrieb, einer der beiden Kameramänner des
Films ist. Nicht einmal sein Vorname Mich-
ail wird im Register mitgeteilt. Es ließen sich
mehrere solcher Beispiele anführen. Auch
wäre für das Verständnis der Briefe sinnvoll
gewesen, die zahlreichen Parteiorganisatio-
nen, mit denen Piscator zu tun hatte, in ihrer
Funktion und Organisationsstruktur darzustellen, sie werden jedoch lediglich in einem
Abkürzungsverzeichnis aufgeführt. Schon
für Piscator war der Moskauer Bürokratie-
dschungel undurchsichtig, um wie viel weniger durchschaut der heutige Leser diese kafka-
esk anmutende Bürokratie-Hydra. Es bleibt
verwunderlich, dass der auf dem Gebiet des
Exiltheaters mehrfach ausgewiesene Kenner

Diezel den Akzent nicht stärker auf die inhaltliche Kommentierung gelegt hat, und man kann nur hoffen, dass dies in den beiden Folgebänden, die jeweils in zwei Teilbänden erscheinen sollen, geändert wird.

Helmut G. Asper

Grundbegriffe und Autoren ostmitteleuropäischer Exilliteraturen 1945–1989. Ein Beitrag zur Systematisierung und Typologisierung. Hg. von Eva Behring, Alrun Kliems und Hans-Christian Trepte. Stuttgart (Franz Steiner Verlag) 2004, 747 S.

Welche Anregungen der Blick auf andere Exile für die Erforschung des durch die NS-Herrschaft verursachten Exils bieten kann, zeigt dieses monumentale wissenschaftliche Werk ohne jede Einschränkung. Das Buch publiziert die Ergebnisse jahrelanger Arbeit einer Forschungsgruppe aus Wissenschaftlern aller einschlägigen Philologien, die, unterstützt von Historikern und Kulturwissenschaftlern aus den osteuropäischen Ländern und gefördert von der DFG, am Geisteswissenschaftlichen Zentrum Geschichte und Kultur Ostmitteleuropas in Leipzig arbeitete. Die aus zahlreichen, sehr gut koordinierten Einzelstudien hervorgegangene Gesamtstudie ist komparatistisch angelegt. Sie versucht, durch vergleichende Untersuchung der polnischen, tschechischen, slowakischen, ungarischen und rumänischen Exilliteratur charakteristische Gemeinsamkeiten herauszuarbeiten und doch die nationalen und sonstigen Differenzierungen nicht zuzudecken.
Gerade ein Leser, dem die deutschsprachige Exilliteratur nach 1933 gegenwärtig ist, wird der interphilologischen Forschungsgruppe attestieren, dass sie ein hohes Maß an supranationalen Elementen herauszuarbeiten vermag – nicht nur die ironische Gemeinsamkeit offenbar aller Exilliteraturen, dass die politische wie die poetologische Einheit der Exilanten stets hinter den Erwartungen ihrer *post festum* agierenden Interpreten zurückbleibt. Auf dieser allgemeinen Ebene ergeben sich die meisten Vergleichspunkte mit dem deutschsprachigen Exil nach 1933. Die zahlreichen Schriftsteller, die nach 1945 die westlichen Staaten des sowjetischen Machtbereichs verließen, stellten quantitativ keinen so bedeutenden Anteil an der jeweiligen literarischen Intelligenz dar wie die Vertreibung durch die politische und rassische Säuberung der deutschen Kultur ab 1933 – aber das historisch spätere Exil aus den Volksdemokratien hat mehr als die dreifache Dauer und treibt manche Konsequenzen der Exilsituation noch deutlicher hervor. Das zeigt zum Beispiel der Umstand, dass der Kulturschock, den die deutschen Exilanten vor allem in den transatlantischen Exilländern erfuhren, in vielen Fällen zum Dauerzustand des Exilantendaseins wird: Noch stärker als die frankophilen deutschen Autoren im »unholden Frankreich« (Feuchtwanger) waren gerade die Emigranten nach den politischen Krisen im Ostblock (Ungarn 1956, ČSSR 1968, den verschiedenen polnischen Protestbewegungen) davon überzeugt, in Länder zu gelangen, in denen ihre eigenen freiheitlichen Ideale uneingeschränkt realisiert seien, so dass ihnen, die wegen der Freiheit und oft auch wegen christlicher Werthaltungen ihre Heimat verlassen hatten, höchste Anerkennung und nachhaltige Unterstützung bei ihrem Kampf um die Freiheit in ihrem Herkunftsland zuteil werden müssten. Nun mussten die meisten feststellen, dass sie in den Exilländern mit nationaler Herablassung behandelt und zum Teil regelrecht ausgegrenzt wurden, obwohl sie doch, anders als die deutschen Exilanten ab 1939, keineswegs als *feindliche* Ausländer galten. Zum dergestalt ausgelösten Kulturschock trug auch die bescheidene Rolle der Literatur in der Öffentlichkeit bei, die sie sich vor dem Erfahrungshorizont sozialistischer Funktionalisierung und insofern auch Wertschätzung der Literatur nicht vorstellen konnten. Ihre Probleme ähneln hier denjenigen der deutschen Autoren vor allem in der zweiten Exilphase nach 1939. So gibt es im Schwanken zwischen Selbstbehauptung und Akkulturation, zwischen durch eigenen Entschluss noch verstärkter Isolation und entschlossenem Sicheinlassen auf die neuen Umstände prägnante Analogien, zumindest was die ersten Phasen des jeweiligen persönlichen Exils angeht. Andere überall anzutreffende Elemente des Überlebens und des Schreibens im Exil treten bei der Untersuchung der ostmitteleuropäischen Exilliteratur deutlicher in den Blick: Das gilt etwa für das Leben und Arbeiten in einer nicht muttersprachlichen

Umgebung, die forcierte Bindung an die Herkunftssprache, und nicht zuletzt für das (im deutschsprachigen Exil seltenere) Sicheinlassen auf die Zwei- oder Mehrsprachigkeit als eine produktive Herausforderung.

Vergleiche mit den Methoden und Ergebnissen der Erforschung des Exils der Jahre 1933 bis 1945 anzustellen, bleibt nicht dem Leser überlassen. Vielmehr argumentieren die Verfasser auf der Basis einer gründlichen Aufarbeitung dieser Forschung. Ins Auge fällt das vor allem beim ersten Kapitel, das die Begriffe »Exil« und »Exilliteratur« im Licht der Bedeutungsfelder dieser Bezeichnungen in den Sprachen der Herkunftsländer wie aus der Perspektive des Selbstverständnisses der Exilanten behandelt. Das zweite Kapitel klärt die Präferenzen der Exilschriftsteller für bestimmte Gastländer vor dem jeweiligen kulturgeschichtlichen Hintergrund. Es zeigt eine Typologie der Begründungen für die Wahl des Ziellandes auf und erläutert die Hierarchie der gewählten Aufnahmeländer und Zentren; zugleich wird deren Einwanderungspolitik dargestellt. Wichtig für das Exil, aber auch für die vergleichende Exilforschung ist das Geflecht von Zeitschriften, Gesellschaften, Verlagen, Editionsreihen, Bibliotheken und institutionalisierten Organisationen von Schriftstellern, in denen Informationen und Meinungen ausgetauscht werden. Dieses dynamische und gewiss hochkomplexe System der kulturellen Kommunikation der Exilanten untersucht das dritte Kapitel. Der Streit über den Beitrag, den die Exilliteratur zur Nationalliteratur des Herkunftslandes leistet, findet im ostmitteleuropäischen Exil nach 1945 schon vor dem Ende der Exilzeit statt, nicht erst, wie in Deutschland, Jahrzehnte später. Dieser Auseinandersetzung ist ein weiteres Kapitel gewidmet. Da die Selbstdarstellung kultureller Identität des ostmitteleuropäischen Exils vor allem durch die nationale Geschichte, die religiöse Tradition und die Literaturgeschichte der Heimatländer erfolgt, wird die ins Exil »mitgebrachte« kulturelle Identität untersucht und auf landesspezifische Entwicklungen (z. B. in Polen) überprüft.

Das sechste Kapitel beschäftigt sich mit dem Sprachwechsel als existenzieller Grunderfahrung des Scheiterns, aber auch des Gelingens. Die Autoren gehen der Frage nach, inwieweit der Einfluss von Sprache und Exilerfahrung auf die kulturelle Identität wie auch auf die Schreibstrategie eines Autors den Rahmen einer an vorwiegend nationalphilologischen Vorgaben orientierten Literaturwissenschaft sprenge. Die Studie schenkt der Haltung derjenigen Exilautoren, die in der Konfrontation mit einer anderen Sprache eine produktive Herausforderung sehen, große Aufmerksamkeit. Die produktionsästhetischen Konsequenzen des Sprachwechsels – des partiellen, des vollkommenen, aber auch des verweigerten – werden eingehend und mit sehr anregenden Resultaten untersucht. Ein vergleichbares Anregungspotenzial bietet auch die Darstellung der Heimatkonzepte, der an die Herkunft Gebundenen wie der »Heimat Europa«.

Das achte Kapitel, »Paradigmenwechsel in der Schreibstrategie – Elemente einer Ästhetik des Exils« – vertritt die These, dass sich über die lange Zeit des Schaffens im Exil literarische Normen herausgebildet haben, die zu bestimmten Perioden bestimmten Strategien dienten, sich darüber hinaus aber zu einem Kanon verselbstständigten. In eine ähnliche Richtung weist die Analyse der vielen Anthologien der jeweiligen Nationalliteratur des Herkunftslandes, die im Exil erstellt wurden, wie der dort praktizierten Literaturkritik. Die vergleichende Darstellung der Remigration nach 1989 weist viele Besonderheiten auf, aber auch überraschende Parallelen zu Remigrationsschwierigkeiten nach 1945, vor allem zu den intrinsischen Problemen, die sich in Anna Frajlichs skeptischer Frage zusammenfassen, ob man »aus dem Exil emigrieren« könne.

Der Anhang umfasst außer dem großen Apparat von Quellen- und Literaturnachweisen Kurzbiografien von 51 Exilanten. Die Studie mobilisiert außerordentlich viel und sehr hohen disziplinären Sachverstand, den sie geschickt zusammenführt und koordiniert. Sie gehört in jede Bibliothek, die einen Schwerpunkt Exilforschung unterhält.

Natalia Shchyhlevska, Bernhard Spies

Caroline Flick: *Werner Hegemann (1881– 1936). Stadtplanung, Architektur, Politik. Ein Arbeitsleben in Europa und den USA.* 2 Teile. (= Einzelveröffentlichungen der Historischen

Kommission zu Berlin Bd. 84). München (K.G. Saur) 2005, 1.262 S.

Von den fast 1.300 Seiten des Bandes entfallen knapp 50 auf die Exiljahre des Stadtplaners und Architekturkritikers Werner Hegemann, der der weiteren Öffentlichkeit unter anderem durch seine stadtsoziologische Untersuchung *Das steinerne Berlin* (1930) oder die satirische NS-Kritik *Entlarvte Geschichte* (1933) bekannt geworden ist. Das ersparte dem Rezensenten eine eingehendere Lektüre des gesamten Textes, dessen zwölfseitiges Inhaltsverzeichnis und die folgende Textmenge bereits alles anderes als einladend sind. Spätestens ein punktuelles Festlesen hier und da lässt jede Motivation selbst des neugierigsten Lesers im Keim ersticken. Die auf eine Magisterarbeit von 1989 zurückgehende Studie (eine Dissertation?) – auf diesem Stand bewegt sich in den verifizierten Abschnitten auch das Literaturverzeichnis – ist eine steinbruchartige Aneinanderreihung des mit Fleiß gesammelten Materials, die nicht zwischen Wichtigem und Unwichtigem zu unterscheiden weiß. Das Ganze wird darüber hinaus in einer unbeholfenen, gleichwohl häufig verquast aufgeblasenen Sprache und eigenwilliger Syntax präsentiert – von den vielen grammatischen Fehlern, nicht verständlichen Anknüpfungen, Tempuswechseln, Wiederholungen etc. ganz abgesehen. Die Autorin sagt beispielsweise nicht, Hegemann hob erfreut die gärtnerische Gestaltung des Parks hervor, sondern zu seinen »Innovationen gehörte die Enthusiasmierung ob der ästhetischen Qualität des Parks« (S. 1.038). Auf mangelnde Sorgfalt verweisen die durchweg ungenauen Institutionenbezeichnungen aus dem kleinen Abschnitt der Exiljahre. Wie viele Intellektuelle hatte Hegemann nach der Flucht aus Deutschland bereits im Februar 1933 vor dem Reichstagsbrand zunächst eine Anstellung an der New School for Social Research in New York gefunden, nicht »of« Social Research (S. 1.035 u. Abk.Verz. XXII) oder gelegentlich auch New School für Social Research« (S. 1.004). Und es war das Emergency Committee in Aid of Displaced German Scholars und kein von der Autorin genanntes Emergency Committee of Displaced Foreign Scholars, bei dem Hegemann eine Finanzierung für seine Anstellung am Architektur-Department der Columbia University

während seines letzten Lebensjahrs zu erhalten suchte.

Die Biografie Hegemanns, eines promovierten Ökonomen, der sich in den Jahren vor dem Ersten Weltkrieg in den USA einen Namen als Stadtplaner (Boston, Berkeley, Oakland) gemacht hatte und als Ausstellungsmacher zum Multiplikator dieser neuen Interdisziplin geworden war, der an Stelle der weitgehend funktionalen Betrachtung der Stadtplanung seiner Zeit auch auf deren soziale Bedeutung hingewiesen hat und der schließlich mit seinen politischen Veröffentlichungen sowie anderen Einmischungen in den Jahren der Weimarer Republik seine die Fachgrenzen überschreitende intellektuelle Mobilität zeigte, hätte mehr verdient als dieses Werk. Hilfreicher, wenngleich enger fachbezogen bleiben daher die Arbeiten der amerikanischen Architekturhistorikerin Christiane Crasemann Collins, die soeben eine neue umfangreiche Studie über *Werner Hegemann and the Search for Universal Urbanism* vorgelegt hat. Der Text Flicks, der immerhin in einer nicht unbedeutenden wissenschaftlichen Reihe erschienen ist, wirft demgegenüber die grundsätzliche Frage auf, wer ihn vor der Drucklegung überhaupt gelesen hat, oder ob so etwas, wenn ein paar Stichworte im Inhaltsverzeichnis stimmig erscheinen, nur noch durchgewunken wird. Man lese dazu die aufgesetzten Exkurse »Profession Bildungsbürger« (S. 962 ff.) und »Nachwort oder die Profession ›Bildungsbürger‹« (S. 1.037 ff.).

Claus-Dieter Krohn

Monika Faber, Janos Frecot (Hg.): *Portrait im Aufbruch. Photographie in Deutschland und Österreich 1900–1938*. Ostfildern-Ruit (Hatje Cantz Verlag) 2005, 176 S., 137 Abb.; Laure Beaumont-Maillet: *Robert Capa. Retrospektive*. Berlin (Nicolaische Verlagsbuchhandlung) 2005, 252 S., 218 Abb.; F.C. Gundlach (Hg.): *Martin Munkacsi*. Mit Texten von Klaus Honnef und Enno Kaufhold. Göttingen (Steidl Verlag) 2005, 416 S., über 300 Abb.; *Roman Vishniacs Berlin*. Hg. von James Howard Fraser, Mara Vishniac Kohn, Aubrey Pomerance im Auftrag des Jüdischen Museums Berlin. Berlin (Nicolaische Verlagsbuchhandlung) 2005, 132 S., 100 Abb.;

Roland Jaeger: *Fritz Block. Mit der Leica um die Welt. Teil 1: Europa, Teil 2: Amerika.* In: Leica Fotografie International, Heft 4 und 5, 2005; »*Meinem besten Porträtisten ...*« *Porträtfotografien und -zeichnungen aus den Beständen des Deutschen Exilarchivs 1933–1945.* Ausstellung und Begleitbuch: Sylvia Asmus und Brita Eckert. Leipzig, Frankfur/M., Berlin 2005, 97 S., zahlr. Abb.

»Portrait im Aufbruch« lautete der Titel einer zuerst in New York und dann im Sommer 2005 in der Wiener »Albertina« gezeigten Ausstellung. Diese Präsentation wie der parallel erschienene Begleitband liefern wahren Augenschmaus, bieten doch beide trotz einiger bedauernswerter Auslassungen einen prächtigen Überblick über die Porträtfotografie der ersten drei Dekaden des 20. Jahrhunderts. Der fokussierte Zeitrahmen endet 1938. Dieses Jahr mit dem »Anschluss« Österreichs und dem als »Reichskristallnacht« bezeichneten Pogrom vom November 1938 bildete auch für viele der in diesem Ausstellungs- und Buchprojekt vorgestellten Fotokünstler einen traurigen Höhepunkt beruflicher und rassischer Verfolgung. Insbesondere das Pogromgeschehen war für viele das Fanal zum »Aufbruch«, weniger euphemistisch: zur keineswegs freiwilligen Emigration. Von den in dieser Dokumentation vorgestellten 48 Fotografen verließen allein 18 Deutschland oder Österreich; Else Neuländer-Simon, besser bekannt als Yva, bot sich diese Chance nicht, sie wurde 1942 aus Berlin deportiert und vermutlich im KZ Majdanek ermordet. Bei allem ästhetischen Genuss, den auch das Begleitbuch offeriert, verärgert allerdings der inflationäre Gebrauch des nationalsozialistischen Terminus »Machtergreifung« in dem durchaus nützlichen biografischen Anhang.
Schaut man auf weitere, auch überregional bedeutsame Ausstellungen und Buchpublikationen des Jahres 2005, möchte man meinen, die verantwortlichen Beteiligten und Herausgeber hätten sich die längst überfällige Entdeckung der Fotografie (und der Fotografen) im Exil zu Herzen genommen und sich zur verspäteten Kompensation entschlossen. Doch bei genauerer Betrachtung zeigt sich, dass z. B. die umfassende Würdigung von Leben und Werk Robert Capas (1913–1954) unserem (Ge-)Denken in Dezennien verpflichtet ist. 50 Jahre nach Capas Tod eröffnete eine 2004

von der »Bibliothèque nationale de France« konzipierte und dort zuerst präsentierte, später auch im Martin-Gropius-Bau in Berlin gezeigte Ausstellung die Möglichkeit, unterschiedliche Facetten im Œuvre Robert Capas kennen zu lernen. Unzweifelhaft ein Dokumentarist des Krieges (in Spanien 1936, China 1938, Nordafrika, Süditalien 1943/44, in der Normandie 1944, Nürnberg und Berlin 1945, Südostasien 1954), präsentieren Ausstellung wie Buch aber auch den Fotografen zivilen Lebens, z. B. seine Reportage über die Tour de France. Ebenso wird Capas erstes veröffentlichtes Foto dokumentiert: Leo Trotzki während einer Rede im November 1932, das am 11. Dezember 1932 im *Weltspiegel,* der illustrierten Beilage des *Berliner Tageblattes* erschien. Es ist überaus begrüßenswert, dass hier wie auch an anderer Stelle auf den Kontext und konkreten Gebrauchswert der Fotos verwiesen wird, so im Zusammenhang mit Capas Fotos aus dem Israel von 1948 und dem im gleichen Jahr erschienenen, durch Capa-Fotos illustrierten Buch *This is Israel.* Lobende Erwähnung verdienen die Buchbeiträge »Robert Capa, ein Leben voller Leidenschaft« von Laure Beaumont-Maillet sowie Richard Whelans »Zum Beweis der Authentizität des Bildes ›Tod eines spanischen Loyalisten‹ von Robert Capa«.
Ein weiterer »big shot« unter den (Exil-)Fotografen erfuhr 2005 ebenfalls die ihm gebührende Beachtung: der wie Capa in Ungarn geborene Martin Munkacsi (1896–1963). Eine umfassende, im Haus der Photographie der Hamburger Deichtorhallen gezeigte Retrospektive würdigte diesen überaus rührigen Fotojournalisten. Seit 1928 in Berlin ansässig, zählte er sehr schnell zu den namhaftesten Vertretern seines Faches, schuf Titelbilder und Reportagen für die Ullstein-Presse. Es darf als Glücksfall angesehen werden, dass viele seiner Originalaufnahmen, z. B. seine durch ungewöhnliche Perspektiven wie effektvolle Dynamik geprägten Sportfotos, im Archiv des Berliner Ullstein-Verlages erhalten geblieben sind. Beeindruckend auch seine Fotoreportage über seine Flugreise mit der »Graf Zeppelin«, die, wie seine Bilder vom Aufenthalt in Rio de Janeiro, als mehrseitige Fotostrecken in der *Berliner Illustrierten Zeitung* erschie-nen. Hier veröffentlichte Munkacsi auch seine Fotos vom 21. März 1933, dem »Tag in Potsdam«, jener propagandistischen

Inszenierung, in deren Verlauf der neue Reichskanzler Hitler auf den greisen Hindenburg traf.

Seit 1934 lebte und arbeitete Munkacsi in den USA, konnte sich hier schnell als gefragter Modefotograf etablieren. Er wurde Vertragsfotograf der Zeitschrift *Harper's Bazar*, auch das illustrierte Magazin *Life* druckte seine Arbeiten. Für das *Ladies' Home Journal* nahm er seit 1940 die viel beachtete Fotoserie »How America Lives« auf. Trotz großer anfänglicher Erfolge, die ihm ein opulentes Leben ermöglichten, erfuhr Munkacsi seit Mitte der 1940er Jahre wiederholt berufliche, dann – neben gesundheitlichen – auch private Rückschläge. Seit seinem Tod 1963 weitestgehend vergessen und nur noch wenigen Kennern bekannt, bot die Hamburger Ausstellung »Martin Munkacsi: Think while you shoot« eine vorzügliche Chance der Wiederentdeckung des Fotojournalisten. Der voluminöse wie prächtig gestaltete Ausstellungskatalog erinnert bleibend an den einstigen Starfotografen.

Eine kleine Sonderausstellung des Jüdischen Museums Berlin zeigte bislang unveröffentlichte Aufnahmen des Fotografen Roman Vishniac (1897–1990), bislang vor allem als Fotograf des Lebens osteuropäischer Juden bekannt. Es sind diese Fotografien, die er in der zweiten Hälfte der 1930er Jahre im Auftrag des »Jewish Joint Distribution Committee« erstellt und 1983 unter dem Titel *A Vanished World* veröffentlicht hatte, die ihn berühmt machten. Posthum erschien 1999 sein Buch *Children of a Vanished World*. Dass Vishniac aber seit 1920 und bis 1939 in Berlin lebte, erst dann über Frankreich in die USA emigrierte, wurde oftmals übersehen. Als visueller Stolperstein erweist sich nun die erwähnte Ausstellung, vor allem aber der Begleitband *Roman Vishniacs Berlin*. Auf etwas mehr als 100 Seiten versammelt dieses Buch Fotos aus dem Berlin der 1920er und 1930er Jahre, Straßenszenen, Berliner »Typen«, Freunde und Familienmitglieder sowie jüdische Einrichtungen nach 1933. Vishniac hatte Kontakte zur 1934 gegründeten Fotogruppe der Berliner Zionistischen Vereinigung »T'munah«, einer Gruppe von Amateur- und Berufsfotografen, in deren Kreis er wiederholt referierte. Von besonderem Interesse sind gewiss Vishniacs 1938 erstellte Fotos vom Gut Winkel, dem Landsitz des Kaufhausmagnaten und

Verlegers Salman Schocken, das dieser zur Vorbereitung für die Auswanderung jüdischer Jugendlicher zur Verfügung gestellt hatte.

An etwas abseitigem, jedoch themenbezogenem Ort veröffentlichte der Hamburger Kunst- und Architekturhistoriker Roland Jaeger zwei längere, illustrierte Beiträge zu dem Fotografen Fritz Block (1889–1955). Schon in seiner 1996 erschienenen Dissertation über die beiden Hamburger Architekten Block und Hochfeld hatte Jaeger in einem längeren Exkurs auf die ungewöhnliche Entwicklung des Architekten Block hingewiesen, der in der Emigration erfolgreich unter dem Namen »Dr. Block Color Production« einen Farbdiaservice für Schulen und Universitäten ins Leben rief. Es wäre überaus wünschenswert, wenn diese beachtliche Lebensleistung Fritz Blocks sowie seine faszinierenden Fotografien bald in einer Monografie sowie einer Ausstellung gewürdigt werden könnten.

Dem Thema »Fotografie und Exil« widmete sich im Dezember 2005 auch das Deutsche Exilarchiv in Frankfurt/M., um »auf die Bestände an Porträtfotografien und -zeichnungen von Emigranten und Emigrantinnen aufmerksam zu machen, die meist auch von emigrierten Künstlerinnen und Künstlern geschaffen wurden«. So präsentierten Ausstellung wie Begleitbuch Aufnahmen des in die USA emigrierten Fotografen Fred Stein, Porträtzeichnungen von Benedikt Fred Dolbin, Fotografien aus Palästina von Walter Zadek, Emigranten-Porträts von Eric Schaal, Fotografien von Erich Hartmann und Herbert Sonnenfeld aus dem Archiv der New Yorker Wochenzeitung *Aufbau*, Originalabzüge von Florence Homolka, die insbesondere Porträtaufnahmen von Katia und Thomas Mann schuf. Von ihm stammt auch das titelgebende Zitat: »Meinem besten Porträtisten ...« lautete die Widmung, mit der Mann ein Porträtfoto für den Fotografen Eric Schaal signierte. Bleibt zu hoffen, dass dieses Ausstellungs- und Buchprojekt dazu beiträgt, dass die Fotografie und die Fotografen im Exil nicht erneut aus dem Blickfeld geraten mögen.

Wilfried Weinke

Kurzbiografien der Autorinnen und Autoren

Marietta Bearman, Studium der Geschichte an der Universität Wien, Dr. phil., Dozentin am Imperial College London, Mitglied des Research Centre for German and Austrian Exile Studies an der Universität London. Publikationen u. a. mit Charmian Brinson, Richard Dove u. a. *Wien – London, hin und retour. Das Austrian Centre in London 1939–1947* (2004).

Charmian Brinson, Professorin für Germanistik am Imperial College London, Gründungsmitglied des Research Centre for German and Austrian Exile Studies an der Universität London. Publikationen u. a. *The Strange Case of Dora Fabian and Mathilde Wurm. A Study of German Political Exiles in London during the 1930s* (1997); mit Marietta Bearman, Richard Dove u. a. *Wien – London hin und retour. Das Austrian Centre in London 1939–1947* (2004).

Claudia Curio, Dr. phil., geb. 1971 in Berlin, Studium der Geschichte und Soziologie in Wien, Berlin und an der University of Essex, England. Promotion 2005 am Zentrum für Antisemitismusforschung der TU Berlin zu den Kindertransporten 1938/39 nach Großbritannien. 2000 bis 2005 Archivarin des Zentrums für Antisemitismusforschung. 2003 bis 2004 Charles-Revson-Fellow am Center for Advanced Holocaust Studies des USHMM.

Hildegard Feidel-Mertz, Dr. phil., Prof. em. für Jugend- und Erwachsenenbildung an der Universität Gesamthochschule Kassel. Veröffentlichungen zur Geschichte und Theorie der Erwachsenen-, insbesondere Arbeiterbildung, Pädagogik und Sozialarbeit im Exil nach 1933, Frauenbildungsarbeit.

Andrea Hammel, geb.1968, Studium der Literaturwissenschaften und Soziologie. Promotion zu den Romanen von Exilschriftstellerinnen in Großbritannien. Seit 2002 Research Fellow am Centre for German-Jewish Studies an der University of Sussex in Brighton, außerdem Dozentin für Germanistik. Veröffentlichungen zu Exilliteratur, Autobiografik und Kindertransporten.

Inge Hansen-Schaberg, Dr. phil, geb. 1954, apl. Professorin für Erziehungswissenschaft mit besonderer Berücksichtigung der Historischen Pädagogik an der Fakultät der Technischen Universität Berlin, 2. Vorsitzende der Gesellschaft für Exilforschung e.V., Leiterin der AG »Frauen im Exil«. Veröffentlichungen u. a. zur Reformpädagogik, Koedukation, Pädagogik im Exil, Biografieforschung.

Sabine Hillebrecht, geb. 1962 in Berlin. Studium der Geschichtswissenschaft und Romanistik in Berlin und Paris. 1991 bis 1993 wissenschaftliche Mitarbeiterin am Jüdischen Museum Berlin, seit 1993 Studienrätin, Lehrbeauftragte an der TU Berlin und freiberufliche Historikerin. Vorstandsmitglied des Berliner Vereins »Aktives Museum«. Wissenschaftliche Publikationen zu den Bereichen NS-Geschichte und Berliner Regionalgeschichte sowie Veröffentlichungen für schulische Zwecke.

Doris Ingrisch, Dr. phil., Privatdozentin für Zeitgeschichte an der Universität Wien, studierte Geschichte, Germanistik und Soziologie an der Universität Wien. Sie ist Lehrbeauftragte an den Universitäten Wien, Salzburg und Klagenfurt sowie freiberufliche Wissenschaftlerin. Ihre Forschungsprojekte und Publikationen umfassen die Bereiche Wissenschaftsgeschichte, Cultural Studies, Exil / Emigrationsforschung österreichischer Intellektueller sowie Gender Studies.

Madeleine Lerf, geb. 1977 in Zürich, Studium der Geschichte, Betriebswirtschaftslehre und Kunstgeschichte an den Universitäten Lausanne und Basel. Seit Herbst 2003 Doktorandin bei Prof. Dr. Georg Kreis an der Universität Basel. Wissenschaftliche Mitarbeiterin im Archiv für Zeitgeschichte an der Eidgenössischen Technischen Hochschule (ETH) in Zürich.

Salome Lienert, geb. in Basel, studierte an der Universität Genf Geschichte, Anglistik und Politikwissenschaften, Magisterexamen 2003. Die Magisterarbeit Jüdische Flüchtlingskinder in der Waldeck in Langenbruck, Baselland, 1939–1945 wurde mit dem Prix Arditi 2004 ausgezeichnet. Seit 2003 Arbeit an einer Dissertation über das Schweizer Hilfswerk für Emigrantenkinder.

Gabriele Rosenthal, Dr. phil., geb. 1954 in Schwenningen / Neckar, Studium der Soziologie und Psychologie an der Universität Konstanz. Wissenschaftliche Mitarbeiterin an der Freien Universität Berlin 1980 bis 1985. Promotion an der Universität Bielefeld 1986. Wiss. Assistentin an der Universität Bielefeld 1986 bis 1989. Seit 1989 Gastdozenturen an der Ben Gurion University of the Negev, Beer-Sheva, Israel. 1993 Habilitation in Allgemeiner Soziologie, insbesondere Interpretative Soziologie an der Gesamthochschule Kassel. Seit 2001 Professorin für Qualitative Methoden, Georg-August-Universität Göttingen, Methodenzentrum Sozialwissenschaften. Forschungsschwerpunkte: Interpretative Sozialforschung, Biografie- und Sozialisationsforschung, Generationenforschung, Familiensoziologie. Ausgewählte Veröffentlichungen: *» Wenn alles in Scherben fällt ...« Von Leben und Sinnwelt der Kriegsgeneration* (1987); *Erlebte und erzählte Lebensgeschichte. Gestalt und Struktur biographischer Selbstbeschreibungen* (1995); *Der Holocaust* *im Leben von drei Generationen. Familien von Überlebenden der Shoah und von Nazi-Tätern* (1997); *Generationen-Beziehungen, Austausch und Tradierung* (hg. mit J. Mansel und A. Tölke, 1997); *Interpretative Sozialforschung* (2005).

Oliver Sadowsky, geb. 1967 in Menden/Sauerland. Seit 1993 wohnhaft in Kopenhagen. 2000–2005 Studium der Geschichte und Germanistik an der Universität Roskilde.

Søren Seitzberg, geb. 1953 in Kopenhagen. 2005 Abschluss des Studiums der Geschichte und Germanistik an der Universität Roskilde und in Potsdam.

Andrea Strutz, geb. 1964 in Judenburg, Studium der Geschichte, Philosophie und Medienkunde an der Universität Graz. Wissenschaftliche Mitarbeiterin und Lehrbeauftragte am Institut für Geschichte/Zeitgeschichte der Universität Graz sowie Mitarbeiterin des Ludwig Boltzmann Instituts für Gesellschafts- und Kulturgeschichte. Forschungsschwerpunkte und Veröffentlichungen zur Gedächtnisgeschichte, Oral und Video History, Migration und Zwangsmigration, politische Kultur und zu Themen der »Wiedergutmachung« nationalsozialistischen Unrechtes in Österreich.

Irmtraud Ubbens, geb. 1939, Germanistin und Kulturwissenschaftlerin. Veröffentlichungen u. a.: »*Aus meiner Sprache verbannt ...« Moritz Goldstein, ein deutsch-jüdischer Journalist und Schriftsteller im Exil.* München 2002.

Susanne Urban, Dr. phil., geb. 1968. Historikerin und freie Autorin. Seit 1990 freie Mitarbeiterin des Jüdischen Museums in Frankfurt/M., u. a. als Kuratorin der Ausstellung »›Rettet die Kinder!‹ – Die Jugend-Aliyah 1933–2003«. 2004 bis 2005 Assistentin an der Hebrew University Jerusalem. Veröffentlichungen in israelischen und deutschen Zeitschriften. Jüngste Publikationen: gemeinsam mit dem ersten Botschafter Israels in der Bundesrepublik Deutschland, Asher Ben-Natan, die Bücher *Brücken bauen, aber nicht vergessen* (Düsseldorf 2005) und *Die Bricha* (Düsseldorf 2005); *Überleben in Angst. Vier Juden berichten über ihre Zeit im Volkswagen-Werk 1943–1945* (Wolfsburg 2005). 2004 Fellow Researcher in Yad Vashem; seit 2005 Mitarbeiterin des European Desk der International School for Holocaust-Studies Yad Vashem/Jerusalem.

Klaus Voigt, geb. 1938, war an der Universität Paris III, am Europäischen Hochschulinstitut in Florenz und am Institut für Geschichtswissenschaften der TU Berlin sowie freiberuflich tätig. Seine Forschungsschwerpunkte sind das deutschsprachige Exil in Italien nach 1933 und die Geschichte der europäischen Einigungsidee.

Exilforschung. Ein internationales Jahrbuch

Herausgegeben von Claus-Dieter Krohn, Erwin Rotermund,
Lutz Winckler, Irmtrud Wojak und Wulf Koepke

Band 1/1983
Stalin und die Intellektuellen und andere Themen

391 Seiten

»... der erste Band gibt in der Tat mehr als nur eine Ahnung davon, was eine
so interdisziplinär wie breit angelegte Exilforschung sein könnte.«

Neue Politische Literatur

Band 2/1984
Erinnerungen ans Exil – kritische Lektüre der Autobiographien nach 1933

415 Seiten

»Band 2 vermag mühelos das Niveau des ersten Bandes zu halten, in manchen Studien wird geradezu außergewöhnlicher Rang erreicht ...«

Wissenschaftlicher Literaturanzeiger

Band 3/1985
Gedanken an Deutschland im Exil und andere Themen

400 Seiten

»Die Beitrage beschäftigen sich nicht nur mit Exilliteratur, sondern auch mit
den Lebensbedingungen der Exilierten. Sie untersuchen Möglichkeiten und
Grenzen der Mediennutzung, erläutern die Probleme der Verlagsarbeit und
verfolgen ›Lebensläufe im Exil‹.«

Neue Zürcher Zeitung

Band 4/1986
Das jüdische Exil und andere Themen

310 Seiten

Hannah Arendt, Bruno Frei, Nelly Sachs, Armin T. Wegner, Paul Tillich,
Hans Henny Jahnn und Sergej Tschachotin sind Beiträge dieses Bandes
gewidmet. Ernst Loewy schreibt über den Widerspruch, als Jude, Israeli,
Deutscher zu leben.

Band 5/1987

Fluchtpunkte des Exils und andere Themen

260 Seiten

Das Thema »Akkulturation und soziale Erfahrungen im Exil« stellt neben der individuellen Exilerfahrung die Integration verschiedener Berufsgruppen in den Aufnahmeländern in den Mittelpunkt. Bisher wenig bekannte Flüchtlingszentren in Lateinamerika und Ostasien kommen ins Blickfeld.

Band 6/1988

Vertreibung der Wissenschaften und andere Themen

243 Seiten

Der Blick wird auf einen Bereich gelenkt, der von der Exilforschung bis dahin kaum wahrgenommen wurde. Das gilt sowohl für den Transfer denkgeschichtlicher und theoretischer Traditionen und die Wirkung der vertriebenen Gelehrten auf die Wissenschaftsentwicklung in den Zufluchtsländern wie auch für die Frage nach dem »Emigrationsverlust«, den die Wissenschaftsemigration für die Forschung im NS-Staat bedeutete.

Band 7/1989

Publizistik im Exil und andere Themen

249 Seiten

Der Band stellt neben der Berufsgeschichte emigrierter Journalisten in den USA exemplarisch Persönlichkeiten und Periodika des Exils vor, vermittelt an deren Beispiel Einblick in politische und literarische Debatten, aber auch in die Alltagswirklichkeit der Exilierten.

Band 8/1990

Politische Aspekte des Exils

243 Seiten

Der Band wirft Schlaglichter auf ein umfassendes Thema, beschreibt Handlungsspielräume in verschiedenen Ländern, stellt Einzelschicksale vor. Der Akzent auf dem kommunistischen Exil, dem Spannungsverhältnis zwischen antifaschistischem Widerstand und politischem Dogmatismus, verleiht ihm angesichts der politischen Umwälzungen seit 1989 Aktualität.

Band 9/1991
Exil und Remigration
263 Seiten

Der Band lenkt den Blick auf die deutsche Nachkriegsgeschichte, untersucht, wie mit rückkehrwilligen Vertriebenen aus dem Nazi-Staat in diesem Land nach 1945 umgegangen wurde.

Band 10/1992
Künste im Exil
212 Seiten. Zahlreiche Abbildungen

Beiträge zur bildenden Kunst und Musik, zu Architektur und Film im Exil stehen im Mittelpunkt dieses Jahrbuchs. Fragen der kunst- und musikhistorischen Entwicklung werden diskutiert, die verschiedenen Wege der ästhetischen Auseinandersetzung mit dem Faschismus dargestellt, Lebens- und Arbeitsbedingungen der Künstler beschrieben.

Band 11/1993
Frauen und Exil
Zwischen Anpassung und Selbstbestimmung
283 Seiten

Der Band trägt zur Erforschung der Bedingungen und künstlerischen wie biographischen Auswirkungen des Exils von Frauen bei. Literaturwissenschaftliche und biographische Auseinandersetzungen mit Lebensläufen und Texten ergänzen feministische Fragestellungen nach spezifisch »weiblichen Überlebensstrategien« im Exil.

Band 12/1994
Aspekte der künstlerischen Inneren Emigration
1933 bis 1945
236 Seiten

Der Band will eine abgebrochene Diskussion über einen kontroversen Gegenstandsbereich fortsetzen: Zur Diskussion stehen Literatur und Künste in der Inneren Emigration zwischen 1933 und 1945, Möglichkeiten und Grenzen einer innerdeutschen politischen und künstlerischen Opposition.

Band 13/1995
Kulturtransfer im Exil
276 Seiten

Das Jahrbuch 1995 macht auf Zusammenhänge des Kulturtransfers aufmerksam. Die Beiträge zeigen unter anderem, in welchem Ausmaß die aus
Deutschland vertriebenen Emigranten das Bewußtsein der Nachkriegsgene-
ration der sechziger Jahre – in Deutschland wie in den Exilländern – prägten, welche Themen und welche Erwartungen die Exilforschung seit jener
Zeit begleitet haben.

Band 14/1996
Rückblick und Perspektiven
231 Seiten

Methoden und Ziele wie auch Mythen der Exilforschung werden kritisch
untersucht; der Band zielt damit auf eine problem- wie themenorientierte
Erneuerung der Exilforschung. Im Zusammenhang mit der Kritik traditio-
neller Epochendiskurse stehen Rückblicke auf die Erträge der Forschung
unter anderem in den USA, der DDR und in den skandinavischen Ländern.
Zugleich werden Ausblicke auf neue Ansätze, etwa in der Frauenforschung
und der Literaturwissenschaft, gegeben.

Band 15/1997
Exil und Widerstand
282 Seiten

Der Widerstand gegen das nationalsozialistische Herrschaftssystem aus dem
Exil heraus steht im Mittelpunkt dieses Jahrbuchs. Neben einer Proble-
matisierung des Widerstandsbegriffs beleuchten die Beiträge typische
Schicksale namhafter politischer Emigranten und untersuchen verschiedene
Formen und Phasen des politischen Widerstands: z.B. bei der Braunbuch-
Kampagne zum Reichstagsbrand, in der französischen Résistance, in der
Zusammenarbeit mit britischen und amerikanischen Geheimdiensten sowie
bei den Planungen der Exil-KPD für ein Nachkriegsdeutschland.

Band 16/1998

Exil und Avantgarden

275 Seiten

Der Band diskutiert und revidiert die Ergebnisse einer mehr als zwanzig-
jährigen Debatte um Bestand, Entwicklung oder Transformation der historischen Avantgarden unter den Bedingungen von Exil und Akkulturation;
die Beiträge verlieren dabei den gegenwärtigen Umgang mit dem Thema
Avantgarde nicht aus dem Blick.

Band 17/1999

Sprache – Identität – Kultur
Frauen im Exil

268 Seiten

Die Untersuchungen dieses Bandes fragen nach der spezifischen Konstruk-
tion weiblicher Identität unter den Bedingungen des Exils. Welche Brüche
verursacht die – erzwungene oder freiwillige – Exilerfahrung in der individuellen Sozialisation? Und welche Chancen ergeben sich möglicherweise
daraus für die Entwicklung neuer, modifizierter oder alternativer Identitäts-
konzepte? Die Beiträge bieten unter heterogenen Forschungsansätzen litera-
tur- und kunstwissenschaftliche, zeithistorische und autobiografische Analysen.

Band 18/2000

Exile im 20. Jahrhundert

280 Seiten

Ohne Übertreibung kann man das 20. Jahrhundert als das der Flüchtlinge
bezeichnen. Erzwungene Migrationen, Fluchtbewegungen und Asylsuchen-
de hat es zwar immer gegeben, erst im 20. Jahrhundert jedoch begannen
Massenvertreibungen in einem bis dahin unbekannten Ausmaß. Die Beiträge des Bandes behandeln unterschiedliche Formen von Vertreibung, vom
Exil aus dem zaristischen Russland bis hin zur Flucht chinesischer Dissi-
denten in der jüngsten Zeit. Das Jahrbuch will damit auf Unbekanntes aufmerksam machen und zu einer Erweiterung des Blicks in vergleichender
Perspektive anregen.

Band 19/2001

Jüdische Emigration
Zwischen Assimilation und Verfolgung, Akkulturation
und jüdischer Identität

294 Seiten

Das Thema der jüdischen Emigration während des »Dritten Reichs« und Probleme jüdischer Identität und Akkulturation in verschiedenen europäischen und außereuropäischen Ländern bilden den Schwerpunkt dieses Jahrbuchs. Die Beiträge befassen sich unter anderem mit der Vertreibungspolitik der Nationalsozialisten, richten die Aufmerksamkeit auf die Sicht der Betroffenen und thematisieren Defizite und Perspektiven der Wirkungsgeschichte jüdischer Emigration.

Band 20/2002

Metropolen des Exils

310 Seiten

Ausländische Metropolen wie Prag, Paris, Los Angeles, Buenos Aires oder Shanghai stellten eine urbane Fremde dar, in der die Emigrantinnen und Emigranten widersprüchlichen Erfahrungen ausgesetzt waren: Teilweise gelang ihnen der Anschluss an die großstädtische Kultur, teilweise fanden sie sich aber auch in der für sie ungewohnten Rolle einer Randgruppe wieder. Der daraus entstehende Widerspruch zwischen Integration, Marginalisierung und Exklusion wird anhand topografischer und mentalitätsgeschichtlicher Untersuchungen der Metropolenemigration, vor allem aber am Schicksal der großstädtischen politischen und kulturellen Avantgarden und ihrer Fähigkeit, sich in den neuen Metropolen zu reorganisieren, analysiert. Ein spezielles Kapitel ist dem Imaginären der Metropolen, seiner Rekonstruktion und Repräsentation in Literatur und Fotografie gewidmet.

Band 21/2003

Film und Fotografie

296 Seiten

Als »neue« Medien verbinden Film und Fotografie stärker als die traditionellen Künste Dokumentation und Fiktion, Amateurismus und Professionalität, künstlerische, technische und kommerzielle Produktionsweisen. Der Band geht den Produktions- und Rezeptionsbedingungen von Film und Fotografrie im Exil nach, erforscht anhand von Länderstudien und Einzelschicksalen Akkulturations- und Integrationsmöglichkeiten und thematisiert den Umgang mit Exil und Widerstand im Nachkriegsfilm.

Band 22/2004
Bücher, Verlage, Medien
292 Seiten

Die Beiträge des Bandes fokussieren die medialen Voraussetzungen für die Entstehung einer nach Umfang und Rang weltgeschichtlich singulären Exilliteratur. Dabei geht es um das Symbol Buch ebenso wie um die politische Funktion von Zeitschriften, aber auch um die praktischen Arbeitsbedingungen von Verlagen, Buchhandlungen etc. unter den Bedingungen des Exils.

Band 23/2005
Autobiografie und wissenschaftliche Biografik
263 Seiten

Neben Autobiografien als Zeugnis und Dokument sind Erinnerung und Gedächtnis in den Vordergrund des Erkenntnisinteresses der Exilforschung gerückt. Die »narrative Identität« (Paul Ricœur) ist auf Kommunikation verwiesen, sie ist unabgeschlossen, offen für Grenzüberschreitungen und interkulturelle Erfahrungen; sie artikuliert sich in der Sprache, in den Bildern, aber auch über Orte und Dinge des Alltags. Vor diesem Hintergrund stellt der Band autobiografische Texte, wissenschaftliche Biografien und Darstellungen zur Biografik des Exils vor und diskutiert Formen und Funktionen ästhetischen, historischen, fiktionalen und wissenschaftlichen Erzählens.

Ausführliche Informationen über alle Beiträge in den bisherigen Jahrbüchern EXILFORSCHUNG sowie über alle Bücher des Verlags im Internet unter: **www.etk-muenchen.de**

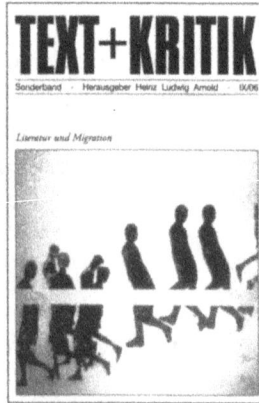

www.ingramcontent.com/pod-product-compliance
Lightning Source LLC
Chambersburg PA
CBHW020511270326
41926CB00008B/835